EL
DON
DEL
ESPIRÍTU
SANTO

Y SU PODER EN LA IGLESIA

Gary S. Shogren

Editorial CLIE
www.clie.es

EDITORIAL CLIE
C/ Ferrocarril, 8
08232 VILADECAVALLS
(Barcelona) ESPAŃA
E-mail: clie@clie.es
http://www.clie.es

EL DON DEL ESPÍRITU SANTO Y SU PODER EN LA IGLESIA
ENSAYOS DE INVESTIGACIÓN EXEGÉTICA, TEOLÓGICA E HISTÓRICA
ISBN: 978-84-17620-70-7
Depósito legal: B 14579-2023
Teología cristiana / Neumatología
REL067090

Acerca del autor

Gary S. Shogren es doctor en Exégesis del Nuevo Testamento por el Kings College, de la Aberdeen University; Master en Divinidades y en Nuevo Testamento por el Biblical Theological Seminary; B. S. en Biblia y Estudios Pastorales, Philadelphia College of Bible. Ordenado como pastor bautista, ejerció el pastorado en Penacook Bible Church. Posteriormente fue profesor de Nuevo Testamento en el Conservative Baptist Seminary of the East y el Biblical Theological Seminary en los Estados Unidos. Desde 1998 es profesor de Nuevo Testamento en el Seminario ESEPA, en San José, Costa Rica. Sirve como editor de la Biblia para Asociados Wycliffe. Es autor de numerosos libros en inglés y español entre los que destacan sus comentarios a Romanos, 1 Corintios, y 1 y 2 Tesalonicenses, y también libros prácticos como *¡Témpano a la vista!: Cuando los obreros de Dios chocan con la fría y dura realidad.*

DEDICATORIA

Con gratitud a la Dra. Ruth B. Edwards, Universidad de Aberdeen, Escocia.

Por ser mi mentora durante mi trabajo doctoral, y por demostrar la verdad profética y apostólica de que Dios ha derramado su Espíritu sobre todos los hijos y todas las hijas de su familia.

Sucederá que en los últimos días –dice Dios–,
    derramaré mi Espíritu sobre todo el género humano.
Los hijos y las hijas de ustedes profetizarán,
    tendrán visiones los jóvenes
    y sueños los ancianos.
En esos días derramaré mi Espíritu
    aun sobre mis siervos y mis siervas,
    y profetizarán.

Hechos 2:17-18

El siguiente material fue usado con permiso de los titulares de los derechos de autor:

Capítulo 8, "¿Nos sanará Dios? Una reevaluación de Santiago 5:14-16a" originalmente fue publicado como "Will God Heal Us? A re-examination of James 5:14" por *Evangelical Quarterly* 61 (1989): 99-108. Los derechos de autor pertenecen al autor.

Capítulo 10, "La profecía cristiana y el canon en el siglo II: una respuesta a B. B. Warfield", fue originalmente publicado como "Christian Prophecy and Canon in the Second Century: A response to B. B. Warfield" por *Journal of the Evangelical Theological Society* 40/4 (December 1997): 609-26. Impreso con permiso del editor.

Capítulo 12, "1 Cor 13:8-12 en la exégesis patrística: ¿cómo vendría el 'perfecto'?" fue originalmente publicado como "1 Cor 13:8-12 in Patristic Exegesis: How did they suppose the 'the perfect' would come?" por *Journal of Pentecostal Theology* (Sheffield) 15 (1999): 97-119. Impreso con permiso del editor.

Capítulo 14, "Los 'ultracarismáticos' de Corinto y los pentecostales de América Latina como la religión de los marginados" fue originalmente publicado como "The 'Ultracharismatics' of Corinth and the Pentecostals of Latin America as the religion of the disaffected" por *Tyndale Bulletin* 56.2 (2005): 91-110. Impreso con permiso del editor.

Algunos capítulos son de Gary S. Shogren, *Primera de Corintios: un comentario exegético-pastoral* (Barcelona: Clie, 2021): capítulo 2, "El bautismo y la llenura del Espíritu Santo"; capítulo 3, "Hablar en lenguas y profetizar: ¿qué son?"; capítulo 4, "Exposición de 1 Corintios 13:8b-13"; capítulo 5, "¿Realmente 'ningún ojo no ha visto'? o, ¿el Espíritu ya nos ha abierto los ojos?"; capítulo 9, "El templo del Espíritu Santo en 1 Corintios 3:16-17 y 6:19". Impreso con permiso del editor.

Apéndice: Craig Keener, "Una reseña de John MacArthur, *Fuego Extraño: el peligro de ofender al Espíritu Santo con adoración falsa*" es de *Strangers to Fire: When Tradition Trumps Scriptures* (2014; Empowered Life Academic-Harrison House Publishers); traducido e impreso con permiso del autor, Craig Keener, y del titular de los derechos de autor, The Foundation for Pentecostal Scholarship, Inc. (tffps.org).

Mi agradecimiento a todos los editores por su amable permiso de reeditar estos materiales.

Gracias a Rubén Cardona S., por su labor en la traducción de este libro.

Citas del Nuevo Testamento Griego son de *Novum Testamentum Graece,* Nestle-Aland, 28va ed. © 2012 Deutsche Bibelgesellschaft, Stuttgart.

Si no decimos lo contrario, los textos bíblicos son de la *Santa Biblia,* Nueva Versión Internacional © 1999 por la Sociedad Bíblica Internacional (NVI), usada con permiso.

Otras citas son de *Santa Biblia* Nueva Traducción Viviente, © Tyndale House Foundation, 2010. Usado con permiso de Tyndale House Publishers, Inc., 351 Executive Dr., Carol Stream, IL 60188, Estados Unidos de América. Todos los derechos reservados (NTV); *Santa Biblia* Reina Valera Revisada, © 1960 Sociedades Bíblicas en América Latina (RV 60), usada con permiso; *Dios Habla Hoy,* © Sociedades Bíblicas Unidas, 1994 (DHH), usada con permiso; *Santa Biblia* Reina Valera Contemporánea, © Sociedades Bíblicas Unidas, 1994 (RVC), usada con permiso; *Santa Biblia La Biblia de las Américas,* © Copyright 1986, 1995, 1997 por The Lockman Foundation, usada con permiso (LBLA).

Citas de la literatura judía son de A. Díez Macho, ed., *Apócrifos del Antiguo Testamento*, 6 tomos (Madrid: Ediciones Cristiandad, 1984-2011); Carlos del Valle, ed., *La Misná*, BEB 98 (2da ed.; Salamanca: Ediciones Sígueme, 1997); Florentino García Martínez, *Textos de Qumrán* (5ta ed.; Madrid: Trotta, 2000); José-María Triviño, *Obras completas de Filón de Alejandría*, 5 tomos (Buenos Aires: Catedrático de la Universidad Nacional de La Plata, 1976); Jacob Neusner, *The Babylonian Talmud: a translation and commentary*, 22 tomos (Peabody, MA: Hendrickson, 2005, 2011).

Índice

Abreviaturas 13

Prólogo por Robert Menzies 19

Introducción 23

El Espíritu de Dios en textos escogidos del Nuevo Testamento

1. El Espíritu Santo. El don escatológico de Dios 43
2. El bautismo y la llenura del Espíritu Santo 73
3. Hablar en lenguas y profetizar: ¿qué son? 79
4. Exposición de 1 Corintios 13:8b-13 97
5. ¿Realmente "ningún ojo no ha visto"? o, ¿el Espíritu ya
   nos ha abierto los ojos? 105
6. "La letra mata y el Espíritu vivifica" 113
7. ¿Los apóstoles siempre obedecieron el Espíritu Santo en Hechos?
   Algunos casos 129
8. ¿Nos sanará Dios? Una reevaluación de Santiago 5:14-16a ... 141
9. El templo del Espíritu Santo en 1 Corintios 3:16-17 y 6:19 ... 155

El Espíritu en la iglesia patrística

10. La profecía cristiana y el canon en el siglo II: una respuesta
    a B. B. Warfield 165
11. El don de lenguas en la iglesia del siglo II: una respuesta a
    Cleon Rogers 193
12. 1 Corintios 13:8-12 en la exégesis patrística: ¿cómo vendría
    "lo perfecto"? 209

El Espíritu en la iglesia de América Latina

13. El sacerdocio universal de todos los creyentes....................................245
14. Los 'ultracarismáticos' de Corinto y los pentecostales de
    América Latina como la religión de los marginados...........................265
15. La iglesia del 'Bastón de la palabra': cómo el control del
    micrófono reemplaza la obra del Espíritu en el culto 287

Apéndice

CRAIG KEENER: "Una reseña a *Fuego extraño: el peligro de
ofender al Espíritu Santo con adoración falsa*, de John MacArthur"....309

ABREVIATURAS

Biblia:

Génesis	Gn	Eclesiastés	Ecl
Éxodo	Éx	Cantares	Ct
Levítico	Lv	Isaías	Is
Números	Nm	Jeremías	Jr
Deuteronomio	Dt	Lamentaciones	Lam
Josué	Jos	Ezequiel	Ez
Jueces	Jc	Daniel	Dn
Rut	Rt	Oseas	Os
1 Samuel	1 S	Joel	Jl
2 Samuel	2 S	Amós	Am
1 Reyes	1 R	Abdías	Abd
2 Reyes	2 R	Jonás	Jon
1 Crónicas	1 Cr	Miqueas	Mi
2 Crónicas	2 Cr	Nahúm	Na
Esdras	Esd	Habacuc	Hab
Nehemías	Neh	Sofonías	So
Ester	Est	Hageo	Hag
Job	Job	Zacarías	Za
Salmos	Sal	Malaquías	Ml
Proverbios	Prov		
Mateo	Mt	Hechos	Hch
Marcos	Mc	Romanos	Rm
Lucas	Lc	1 Corintios	1 Cor
Juan	Jn	2 Corintios	2 Cor

Gálatas	Gá	2 Pedro	2 P
Efesios	Ef	1 Juan	1 Jn
Filipenses	Flp	2 Juan	2 Jn
Colosenses	Col	3 Juan	3 Jn
1 Tesalonicenses	1 Ts	Judas	Jd
2 Tesalonicenses	2 Ts	Apocalipsis	Ap
1 Timoteo	1 Tm	Tobías o Tobit	Tob
2 Timoteo	2 Tm	Judit	Jud
Tito	Tt	Sabiduría de Salomón	Sab
Filemón	Flm	Eclesiástico, Sirácida	Eclo
Hebreos	Hb	Baruc	Bar
Santiago	St	1 Macabeos	1 Mac
1 Pedro	1 P	2 Macabeos	2 Mac

Otra literatura antigua:

T. Aser	*Testamento de Aser, versión Díez Macho*
T. Jud.	*Testamento de Judá, versión Díez Macho*
1QH[a]	Hodayot[a]
1QpHab	Peshar Habacuc
1QS	*Regla de la Comunidad*
1QSb	Regla de las Bendiciones
4Q504 Frags.	4Q Palabras de los Luceros[a]
CD	Documento de Damasco

Fuentes modernas:

AB	*Anchor Bible*
ABD	*Anchor Bible Dictionary (también llamado Anchor Yale Bible Dictionary)*
ACCS	Ancient Christian Commentary on Scripture
ACW	Ancient Christian Writers. 1946-
AGJU	Arbeiten zur Geschichte des antiken Judentums und des Urchristentums
AnBib	Analecta Bíblica
ANF	*Ante-Nicene Fathers.* Editado por Alexander Roberts y James Donaldson. 1885-1887. 10 tomos. Repr. Peabody, Mass.: Hendrickson, 1994.
ANTC	Abingdon New Testament Commentary
BAC	Biblioteca de Autores Cristianos
BCG	Biblioteca Clásica Gredos

BEB	Biblioteca de Estudios Bíblicos
BEC	Baker Exegetical Commentary
BJ	Biblia de Jerusalén
BNCT	Black's New Testament Commentaries
BSac	*Biblioteca Sacra*
CBC	*Comentario Bíblico Contemporáneo*
CBQ	*Catholic Biblical Quarterly*
CETGNT	Comentario Exegético al Texto Griego del Nuevo Testamento
DHH	Dios Habla Hoy
DTNT	*Diccionario Teológico del Nuevo Testamento*
EKKNT	Evangelisch-katholischer Kommentar zum Neuen Testament
EQ	*Evangelical Quarterly*
ExpTim	*Expository Times*
FC	Fathers of the Church. Washington, D.C., 1947
GCS	Die griechische christliche Schriftsteller der ersten [drei] Jahrhunderte
HTKNT	Herders theologischer Kommentar zum Neuen Testament
HUT	Hermeneutische Untersuchungen zur Theologie
ICC	International Critical Commentary
IBC	Interpretation: A Bible Commentary for Teaching and Preaching
JAAR	*Journal of the American Academy of Religion*
JBL	*Journal of Biblical Literature*
JECS	*Journal of Early Christian Studies*
JETS	*Journal of the Evangelical Theological Society*
JPTSS	Journal of Pentecostal Theology Supplement Series
JSNT	*Journal for the Study of the New Testament*
JSNTSS	Journal for the Study of the New Testament: Supplement Series
JTS	*Journal of Theological Studies*
LBLA	*La Biblia de las Américas*
LSJ	Liddell, H. G., R. Scott, H. S. Jones, *A Greek-English Lexicon*. 9va ed. with revised supplement. Oxford, 1996.
LXX	Septuagint (*Göttingen Septuagint, 67 tomos*, 1931-)
NCITG	El Nuevo Comentario Internacional al Testamento Griego
NIGTC	New International Greek Testament Commentary
NAPSPMS	North American Patristic Society, Patristic Monograph Series

NA²⁷	*Novum Testamentum Graece,* Nestle-Aland, 27ma ed.
NA²⁸	*Novum Testamentum Graece,* Nestle-Aland, 28va ed.
NovT	*Novum Testamentum*
NovTSup	Novum Testamentum Supplement Series
NPNF¹	*Nicene and Post-Nicene Fathers,* Series 1. Editado por Philip Schaff. 1886-1889 14 tomos. Repr. Peabody, MA: Hendrickson, 1994
NPNF²	*Nicene and Post-Nicene Fathers,* Series 2. Editado por Philip Schaff. 1886-1889 14 tomos. Repr. Peabody, MA: Hendrickson, 1996
NTS	*New Testament Studies*
NTV	Nueva Traducción Viviente
NVI	Nueva Versión Internacional
PG	Patrologia graeca (= Patrologiae cursus completus: Series graeca). Editado por J.-P. Migne. 162 tomos. París, 1857-1886
PL	Patrología latina (= Patrologiae cursus completus: Series latina). Editado por J.-P. Migne. 217 tomos. París, 1844-1864.
RNT	Regensburger Neues Testament
RV 1909	Reina Valera 1909
RV 60	Reina Valera Revisada, 1960
RVA	Reina Valera Actualizada
RVC	Reina Valera Contemporánea
SB	Sources bibliques
SC	Sources chrétiennes. París: Cerf, 1943
SecCent	*Second Century*
SNTW	Studies of the New Testament World
TDNT	*Theological Dictionary of the New Testament.* Editado por G. Kittel y G. Friedrich. Traducido por G. W. Bromiley. 10 tomos. Grand Rapids, MI: Eerdmans, 1964-1976
TLG	*Thesaurus linguae graecae: Canon of Greek Authors and Works.* Editado por L. Berkowitz y K. A. Squitier. 3ra ed. Oxford, 1990
TM	Texto Masorético
TS	*Theological Studies*
TynBul	*Tyndale Bulletin*
VP	Versión Popular (ver Dios Habla Hoy)
WA	Weimarer Ausgabe (Obras de Martín Lutero)

WBC	Word Biblical Commentary
WTJ	*Westminster Theological Journal*
WUNT	Wissenschaftliche Untersuchungen zum Neuen Testament
ZECNT	Zondervan Exegetical Commentary on the New Testament
ZKG	*Zeitschrift für Kirchengeschichte*

PRÓLOGO

Conocí a Gary Shogren en el otoño de 1985 en Aberdeen, Escocia. Yo acababa de llegar a la Universidad de Aberdeen para comenzar mis estudios de doctorado en Nuevo Testamento. Gary era un veterano que estaba terminando su tesis doctoral. Recuerdo vivamente mi primer día en el campus y mis recelos. ¿Estaba yo preparado para este nivel de estudios académicos? ¿Encajaría en este grupo de eruditos?

Uno de los primeros compañeros que conocí fue Gary. Su cálida sonrisa, su humor contagioso y sus modales amables me hicieron sentir como en casa al instante. Cuando hablé con Gary, sentí que yo estaba en el lugar correcto. Dios utilizó a este buen hermano, junto con otros, para confirmarme que realmente había oído 'Su' voz.

Ahora, casi cuarenta años después, tengo la alegría de escribir este prólogo para el excelente libro del Dr. Gary Shogren. He tenido un contacto limitado con Gary desde aquellos primeros días en Aberdeen. Él se hizo misionero en América Latina. Yo me fui a China. Sin embargo, creo firmemente que este libro es un reflejo auténtico de la vida y el ministerio de Gary. Digo esto, porque esta colección de ensayos sobre el Espíritu Santo está marcada por cualidades que vi en Gary hace tantos años.

En primer lugar, este libro está repleto de ricas ideas extraídas de un asombroso conocimiento de la Biblia y de la historia de la iglesia. El capítulo inicial, "El Espíritu Santo como don escatológico de Dios", es un gran ejemplo de hábil exégesis expresada con claridad y convicción. En este capítulo Gary desentraña la riqueza de la comprensión del Nuevo Pacto de la obra del Espíritu Santo llevando al lector en un viaje estimulante a través de la Biblia. También recurre a un rico conocimiento de la historia de la iglesia. Su capítulo sobre "El sacerdocio universal de todos los creyentes" vale por sí solo el precio del libro. Con acertadas citas de

Lutero, Calvino y Wesley, Gary revela lo que esta importante doctrina significa para la iglesia contemporánea, particularmente para la iglesia en América Latina.

En segundo lugar, este libro tiene un fuerte tono pastoral. No pude evitar recordar mis anteriores encuentros con Gary mientras leía. Una cualidad notable y edificante impregna el análisis y la aplicación. Me sentí especialmente motivado y alentado por su descripción de las auténticas reuniones de culto apostólico y, más concretamente, por su llamamiento a que nuestras iglesias expresen más plenamente la realidad de que "en Cristo" somos un reino de sacerdotes.

Por último, este libro es inmensamente creativo y está lleno de un rico humor. Esto también es un reflejo de la persona que conocí durante nuestros días juntos en la Universidad de Aberdeen. Gary era ingenioso y divertido. También era un pensador creativo que poseía una vívida imaginación. Está claro que sigue siendo todo eso. Me encantan los numerosos ejemplos, evocadores y a menudo humorísticos, que Gary utiliza para iluminar su mensaje. Desde un "bastón de la palabra" hasta viajes en el tiempo, desde pirámides y obeliscos hasta un concertista de piano al que empujan fuera del escenario, la obra está salpicada de ilustraciones memorables y apasionantes. En resumen, este libro es rico en contenido, edificante en tono y un placer de lectura.

Estoy encantado, pero no sorprendido, de que este libro haya sido escrito en español. La dedicación y los dones que permitieron a Gary sobresalir en sus estudios de doctorado, sin duda ayudaron a Gary a abrazar otro idioma, cultura y gente. Creo que la ubicación de Gary en América Latina también le ha animado a estudiar y escribir sobre el Espíritu Santo. En vista del crecimiento fenomenal de la iglesia evangélica en esa región en los últimos treinta años, particularmente el ala pentecostal, es maravilloso ver los dones académicos de Gary enfocados en este tema. Aunque no estoy totalmente de acuerdo con Gary –soy un pentecostal clásico, Gary no lo es– me beneficié enormemente de la lectura de este, su último libro. Gary es un hermano cristiano maravilloso, un misionero dedicado y un erudito excepcionalmente dotado. Recomiendo encarecidamente este libro a todos los que deseen comprender y experimentar más profundamente la obra del Espíritu Santo.

Después de leer este libro, me acordé de las palabras que el Dr. Russell Spittler compartió conmigo. El Dr. Spittler, que falleció recientemente, fue un líder pentecostal y el ex rector del Seminario Teológico Fuller en Pasadena, California. El Dr. Spittler me dijo una vez: "La primera teología sistemática verdaderamente pentecostal se escribirá en español y no tendrá notas a pie de página". El libro de Gary me anima a pensar que el Dr. Spittler tenía razón a medias. La primera teología sistemática verdaderamente pentecostal se escribirá en español, pero tendrá muchas notas a pie de página; y no pocas harán referencia a *El don del Espíritu Santo*.

Robert Menzies, Ph.D, Universidad de Aberdeen.
Ha vivido y servido en China
durante la mayor parte de las tres últimas décadas.
Es Director del Asian Center for Pentecostal Theology
(www.pentecost.asia)
y autor de varios libros sobre el Espíritu Santo.

INTRODUCCIÓN

CREEMOS EN EL ESPÍRITU SANTO, SEÑOR Y DADOR DE VIDA
Del Credo de Nicea-Constantinopla, suscrito en la Iglesia de Santa Irene

Menguada por la Mezquita Azul y opacada por la gran Iglesia de Santa Sofía, la Iglesia de Santa Irene ("Santa Paz") no recibe una segunda mirada por parte de los millones de turistas en Estambul. De hecho, incluso no estaba abierta para los visitantes durante mis visitas a la ciudad. Cuando me decepcionó por segunda vez por el letrero de CERRADO, y calculando que podría no tener más oportunidad de ir, decidí que estaba justificado entrar a escondidas, por un minuto. Después de todo, fue en ese lugar donde se reunió el (Primer) Concilio de Constantinopla en 381 d. C., que hizo una proclamación resonante acerca del Espíritu Santo, una que aún se afirma hoy.[1]

Allí, los padres de la iglesia decidieron que necesitaban expandir el decreto niceno original de 325: algunos habían encontrado dentro de su abrupto "y (creemos) en el Espíritu Santo" la maniobra que necesitaban para rechazar la deidad eterna del Espíritu. Constantinopla quería asegurarse de que todos los cristianos, de todas partes, supieran que el Espíritu es una persona, que él es Señor, que, junto con el Padre y el Hijo, él es el único Dios, en resumen, ¡que ningún cristiano sano dejaría a un lado al Espíritu Santo![2] Ellos se decidieron por la siguiente formulación:

---

[1] Como muchas iglesias antiguas, Santa Irene ha sido nivelada, reconstruida y reutilizada una y otra vez; el edificio en sí no es del siglo IV, pero es el *lugar sagrado* de Santa Irene.

[2] Una razón para Constantinopla era ocuparse del continuo rechazo de la trinidad en el semi-arrianista macedonianismo (también llamados los pneumatómacos): el

Y creemos en el Espíritu Santo, Señor y dador de vida,
que procede del Padre
que con el Padre y el Hijo recibe una misma
adoración y gloria,
que habló por los profetas.

Esta es la única declaración del credo sobre el Espíritu Santo que es aceptada formalmente hoy por la gran mayoría de cristianos en el mundo, incluyendo la mayoría de los cristianos evangélicos.[3]

En esta colección de ensayos nos enfocaremos en ciertas verdades bíblicas sobre el Espíritu. Pero antes de empezar, distanciémonos de dos acercamientos extremos de su persona y obra.

"EL VIENTO SOPLA POR DONDE QUIERE", SÍ, PERO ¿REALMENTE LO OÍMOS SILBAR?

La mayoría de las definiciones del evangelicalismo incluyen que somos cristocéntricos. Tan esencial como eso suena, agreguémosle que, no puede existir sano predicador de Cristo que no sea al mismo tiempo un predicador del Dios trino, y, por tanto, un heraldo del Espíritu Santo y sus obras. Un milenio y medio ha pasado desde Santa Irene, y por triste que sea, es aún necesario señalar esto. Por ejemplo, Francis Chan, más conocido por su libro *Loco Amor,* se había sentido presionado para publicar *El Dios olvidado: como revertir nuestra trágica desatención al Espíritu Santo*.[4] El desatendido Espíritu: no es un Dios desconocido del mercado de Atenas, sino una persona de la trinidad misma. ¿Cuál podría ser la causa de esta

---

macedonianismo rehusó aceptar la fórmula nicena *homoousios* y la deidad eterna del Espíritu.

[3] No nos debe distraer, el hecho de que la iglesia occidental más tarde amplió la segunda cláusula a "procede del Padre y del Hijo". Todos los que creen en el *Filioque*, "y del Hijo", por definición también confiesa que "procede del Padre". Para más información sobre el Primer Concilio de Constantinopla, ver J. N. D. Kelly, *Primitivos credos cristianos*, tr. S. Talavero Tovar (Salamanca: Ed. Secretariado Trinitario, 1980), cap. 10, "El credo constantinopolitano".

[4] Por Francis Chan (Lake Mary, FL: Casa Creación, 2013). Originalmente, *Forgotten God: reversing our tragic neglect of the Holy Spirit* (2009). También recomendado es Michael Horton, *Redescubrir el Espíritu Santo: la presencia perfeccionadora de Dios en la creación, la redención y la vida diaria* (Nashville, TN: Vida, 2017), capítulo 1, "Señor y dador de vida".

renuencia a hablar del Espíritu? Ya que, para muchos cristianos, la pregunta "¿Quién es el Espíritu Santo, y cuáles son sus obras?", resulta en una rica cosecha de la *vía negativa* –"Bueno, no esto, aquello, o lo otro…"– sino una escasa cosecha de la *positiva*, que debe en algún punto incluir una fuerte declaración: "Bien, él es el Señor, el dador de vida".

Me encontré con esta renuencia cuando era adolescente. Yo estaba en un coro que cantaba esta maravillosa canción:[5]

Ven, Espíritu Santo, porque oscura es la hora;
Necesitamos Tu llenura,
Tu amor y Tu inmenso poder.
Muévete ahora entre nosotros, incítanos a orar.
Ven Espíritu Santo, reaviva a la iglesia hoy.

El seminarista que estaba al lado de mí en el coro me dio un codazo y me susurró que eso "no era bíblico". Yo no pensé en preguntarle por qué pensaba eso; aún no sé por qué. ¿Será que él quería que el Espíritu regresara al reino de lo "desconocido"? O ¿pensaba que sonaba muy pentecostal? Esa podría ser la explicación: aunque nosotros los evangélicos somos los campeones en una exégesis sólida, algunos tropiezan justo en ese punto cuando la interpretación obvia de un texto podría apoyar las afirmaciones de los pentecostales. Un ejemplo de esto podría ser el texto: "Conocemos y profetizamos de manera imperfecta; pero cuando llegue lo perfecto, lo imperfecto desaparecerá" (1 Cor 13:9-10). Yo creo que, por todas las reglas del contexto, la semántica, la gramática, la historia, y la regla de fe, que este es un texto que debe ser interpretado *escatológicamente*, que la venida de la perfección es el regreso de Cristo.[6] Pero ya que eso podría dar ayuda y consuelo a un oponente teológico, podría ser menos incómodo hacer de "lo perfecto" un candidato menos probable, por ejemplo, el cierre del canon del Nuevo Testamento. Otro ejemplo es Hb 2:4 – que "Dios ratificó" el testimonio de los oyentes de Jesús "con señales, prodigios, diversos milagros y dones distribuidos por el Espíritu Santo según su

---

[5] "Come, Holy Spirit" por John W. Peterson, nuestra traducción. En inglés es, "Come Holy Spirit, dark is the hour; We need Your filling, Your love and Your mighty power. Move now among us, stir us we pray. Come Holy Spirit, revive the church today". Hasta donde sé, la canción no es conocida en español.

[6] Me ocupo del pasaje en detalle en mi comentario de Corintios, y también en los capítulos 4, 10, 11 y 12 de este libro.

voluntad". Este texto se ha transmutado para decir lo que no dice: que, *solo* los testigos oculares de la enseñanza de Jesús tenían poder para hacer milagros, y por tanto los milagros han cesado.[7] Ahora bien, no estoy diciendo que esta doctrina, por tanto, debería estar *equivocada*, solo que este manejo de Hb 2:4 está basado en un argumento falaz y como tal es *poco convincente*. Es la misma falacia de generalización errónea la que encontramos aquí, alguien usa la declaración:

Mi abuelo una vez tenía un sombrero de color café.

Y erróneamente se infiere la conclusión que, por lo tanto:

Solo mi abuelo tenía un sombrero de color café, y no solo eso, después de que mi abuelo murió, dejaron de fabricar sombreros de color café.

¿Cómo puede alguien que diariamente trabaja entre las páginas de las Escrituras perder la centralidad del Espíritu? Una posible razón es que cada estudiante de la Biblia se acerca al texto con sus propios lentes: su mente aquí hace que algunos textos brillen más vivamente, y allí hace que otros textos queden nublados. Esto puede explicar el porqué, en algunos círculos, puede aparecer un prejuicio cognitivo que filtra las referencias al Espíritu.

Para algunos, el mismo Jesús dijo que *debíamos* minimizar al Espíritu Santo. Porque, ¿no dijo que el Espíritu se enfocaría en Jesús?

Pero el Consolador, el Espíritu Santo, a quien el Padre enviará en mi nombre, les enseñará todas las cosas y les hará recordar todo lo que les he dicho (Jn 14:26).

Y aún más fuertemente:

Cuando venga el Consolador, que yo les enviaré de parte del Padre, el Espíritu de verdad que procede del Padre, él testificará acerca de mí (Jn 15:26).

---

[7] Ambas interpretaciones de Hebreos 2 y 1 Corintios 13 se encuentran en Charles C. Ryrie, *El Espíritu Santo: un estudio completo de la tercera persona de la trinidad y su obra en el creyente* (Grand Rapids, MI: Editorial Portavoz, 1978), 100, 107-08.

A partir de estos se extrae, usando la misma falacia citada arriba, la exégesis equivocada:

Dado que el Espíritu viene a hablar de Jesús,
Por tanto, el Espíritu habla *solo* de Jesús y nunca de sí mismo.

Podríamos dar muchos ejemplos, pero aquí hay dos, el primero de un no-pentecostal, y el segundo de un pentecostal.

El Espíritu Santo nunca llama la atención hacia sí mismo ni hacia los hombres, sino que centra toda la atención en el Señor Jesucristo y lo que Dios ha hecho en su Hijo y mediante él.

(El Espíritu Santo) nunca nos habla de sí mismo. Él viene a glorificar a Jesús, ayudándonos a ver más a Jesús, a entender mejor a Jesús, a que respondamos más obedientemente a Jesús, y a que amemos con un compromiso más profundo de corazón.[8]

Nuevamente, sí, todo lo que el Espíritu dice tiene que ver con la obra de Dios en Cristo, ¡pero el texto en ninguna parte dice que él hablaría *exclusivamente* de Jesús![9] De hecho cuando el Espíritu vino, él también dio mucho testimonio de sí mismo, su palabra dada por los antiguos profetas, su indispensabilidad, su poder, su gloria. Él le dio a la iglesia un canon

---

[8] Citas de J. Hampton Keathley, *ABCs for Christian growth* (Richardson, TX: Biblical Studies Foundation, 2004), 204; lo escojo porque está citado con aprobación por John MacArthur, *Fuego extraño: el peligro de ofender al Espíritu Santo con adoración falsa* (Nashville, TN: Nelson, 2014), 265 n. 13. La segunda cita es de Jack Hayford, "Symbols of the Holy Spirit", https://www.jackhayford. org/teaching/articles/symbols-of-the-holy-spirit/, nuestra traducción.

[9] Me parece que la doctrina de la "no autorreferencia del Espíritu" se debe derivar también de una lectura errónea de Juan 16:13, en la cual algunas versiones más antiguas en inglés (King James, Douay-Rheims) es "he shall not speak of himself"; en inglés "of" es equívoco y podría confundirse con "él no hablará *sobre* sí mismo". En la Biblia del Oso de 1569 y en la RV del 1909 hay una redacción similar a King James: "porque no hablará de sí mismo" *podría* interpretarse equivocadamente como "no hablará *sobre* sí mismo". Casi todas las demás versiones en español traducen correctamente ἀφ' ἑαυτοῦ/*af jeautou* como "no hablará por su propia cuenta"; en inglés ahora se traduce igual, "on his own (authority)". Vea D. A. Carson, *The Gospel according to John*, PNTC (Grand Rapids, MI: Eerdmans, 1991), 540, nuestra traducción – "Así como Jesús nunca habló o actuó por iniciativa propia, sino que dijo e hizo exactamente lo que el Padre quería que hiciera y dijera... así también el Espíritu *habla solo lo que oye*".

del Nuevo Testamento que, según mis cálculos, tiene al menos 250 referencias explicitas del Espíritu de Dios. Incluso en el mismo evangelio de Juan, el Espíritu está pobremente ocultado. Lo esencial de las palabras del Señor a Nicodemo, por ejemplo, fueron sobre el Espíritu y su obra en hacer que las personas nacieran de nuevo.

Tomemos dos pequeñas porciones de la Biblia y apliquémosle una simple prueba sobre el testimonio del Espíritu de sí mismo. Los números crudos no son suficientes para construir una teología, sino que ilustran mi punto:

Hechos 1-2 – Hay en un conteo 31 referencias a Jesús en estos versículos.[10] Hay 12 referencias al Espíritu.[11]

Gálatas 3-6 es un pasaje particularmente lleno de verdades del evangelio. En él, hay aproximadamente 25 referencias a Jesucristo.[12] Y hay 16 referencias al Espíritu.[13]

En ambos casos, para estar seguros, se refiere más a Jesucristo que al Espíritu. Sin embargo, el Espíritu está regular y gloriosamente presente en el texto, y a menudo es el enfoque primario de algún párrafo u otro. Y así, debemos preguntarnos: ¿cómo podría el Espíritu haber inspirado a los autores de Hechos o Gálatas a escribir sobre sí mismo, si la modestia le impide hacerlo?

Y ahora que lo pienso, ¿qué nos dice, que cuando Pablo escribe en 1 Cor 2:2 que el predica solo a Cristo, aun así *en la misma carta* él hace referencia al Espíritu, su poder de resurrección, sus dones, su transformación del corazón, aproximadamente 35 veces?

Una vez leí un aclamado comentario académico sobre Gálatas que parecía ser muy insustancial en su tratamiento del Espíritu; una rápida mirada al índice confirmó mi sospecha de que el autor aparentemente no "veía" al Espíritu en las páginas de esa epístola, aunque se mostraba radiante. De hecho, la defensa del evangelio de Pablo en esa carta se basa en las preguntas: "¿Quién tiene el Espíritu? ¿Cómo lo reciben? Y, ¿cuál es el resultado de la presencia del Espíritu en el creyente?".

Romanos también puede ser leído ventajosamente con estos lentes, tal como 1 y 2 Corintios.

---

[10] Hch 1:1-11, 1:16, 1:21-22, 2:21, 2:22-28, 2:30-36, 38-39.
[11] Hch 1:2, 1:4, 1:5, 1:8, 1:16, 2:4 (2x), 2:17, 2:18, 2:33, 2:38, 2:39.
[12] Gá 3:1, 3:13, 3:14, 3:16, 3:22, 3:24, 3:26-29, 4:4, 4:6, 4:14, 4:19, 5:1, 5:2, 5:4, 5:6, 5:10, 5:24, 6:2, 6:12, 6:14, 6:17, 6:18.
[13] Gá 3:2-5, 3:14, 4:6, 4:29, 5:5, 5:16-18, 5:22-23, 5:25, 6:1, 6:8.

Resulta, entonces, que el Espíritu habla de sí mismo todo el tiempo, aun en las cuatro así llamadas "Epístolas Capitales" de Pablo. Y que puede solo significar que un creyente cristocéntrico por definición también será Espíritu-céntrico.

Este es un lado de la moneda, la relativa negligencia del Espíritu Santo. Es por esto por lo que yo, un no pentecostal, he escrito mucho sobre la obra del Espíritu. Y cuando un grupo de académicos pentecostales reunía artículos para una refutación de la exégesis cesacionista, me pidieron que contribuyera con algunos ensayos.[14]

Seguimos adelante: la situación puede ser igualmente desagradable en el otro extremo, entre aquellos que se presentan como extraordinariamente (e incluso únicamente) ungidos por el Espíritu.

"EL VIENTO SUPUESTAMENTE SOPLA POR DONDE QUIEREN LOS APÓSTOLES MODERNOS", PERO ¿REALMENTE ELLOS TIENEN RAZÓN?

El error usualmente aparece en pares binarios. El diablo se deleita en jugar con nosotros: ahora invitándonos a un error, y luego nos atrae a su igual y opuesto. De cualquier forma, somos defraudados, y cualquiera que sea el extremo al que vayamos, él se place en los resultados.[15] Él insta a algunos a negar la deidad de Cristo, él presiona a los gnósticos a negar su encarnación. Y si una de sus tentaciones es el *desatender* del Espíritu, entonces podríamos estar mejor si buscamos su error opuesto.

No imaginemos nunca que la estratagema del Maligno es hacernos pensar demasiado en el Espíritu, porque esto no es posible. Pero se estaría satisfecho si le diéramos "una misma adoración y gloria" a una *falsa imagen* del Espíritu o –más probablemente en el ambiente de hoy– una falsa doctrina de la *obra* del Espíritu.

---

[14] Ver Robert W. Graves, *Strangers to fire: when tradition trumps Scripture* (Woodstock, GA: Foundation for Pentecostal Scholarship, 2016). Yo creo que era el único no pentecostal en contribuir con esta colección.

[15] Esto lo expresa mejor C. S. Lewis, *Cartas del diablo a su sobrino* (New York: HarperOne, 2006), Prefacio: "En lo que se refiere a los diablos, la raza humana puede caer en dos errores iguales y de signo opuesto. Uno consiste en no creer en su existencia. El otro, en creer en los diablos y sentir por ellos un interés excesivo y malsano. Los diablos se sienten igualmente halagados por ambos errores...".

El objetivo oculto del infierno es que olvidemos la obra del Espíritu en cada creyente, en cada cuerpo de creyentes, en el cuerpo entero de Cristo, en sus dones, en su guía hacia Dios, en su avivamiento, en su transformación. Si descuidamos al Espíritu, como fue explicado antes, el enemigo cumple con su meta. Pero él también gana si nos convencemos de que *solo muy pocos líderes* son ungidos, guiados, dotados y transformados. Este error no fue intrínseco en la historia del pentecostalismo que, por cierto, era en el fondo sociológicamente *nivelado*: "Pentecostés" por su nombre recuerda el hecho de que el Espíritu es derramado a toda carne, hombre y mujer, rico y pobre, joven y anciano, y no solo a individuos, principalmente varones que tienen sus propios programas de televisión. La red de televisión neo-pentecostal más conocida está, en su mayoría, repleta de gente cuyo mensaje es su propia conexión íntima con el Espíritu. Ellos pueden a veces insinuar que otros pueden tener la misma unción, pero al final, *ellos* son los escogidos, los que llaman al Espíritu "mi compañero", "mi mejor amigo", o lo saludan todos los días con un *Buenos Días.*

Y, ¿qué pasa en este paradigma con el que no está ungido? Si ellos realmente son sensibles al impulso del Espíritu, los que no son ungidos sabrán que deben dar su dinero al ungido, y mientras más dinero, mejor. *Después de todo, ¡el ungido les ha dicho que esto es lo que el Espíritu dice!* La red de televisión internacional en la que estoy pensando tiene como su página principal un aviso que dice "Ofrendar". Cuando hice un conteo de sus predicadores, encontré que más del 80% de ellos –y no importe si eran hombres o mujeres, de diferentes razas, o con diferentes estilos de enseñanza– estaban predicando una variación del mismo mensaje: "Siembren una semilla en el predicador ungido –¡yo!– para que muestren que tienen fe y recibirán una bendición".

El decimotercer capítulo de esta colección podría parecer tangencial a mi tema del Espíritu Santo. Pero no lo es. "El Sacerdocio Universal de Todos los Creyentes" ha sido históricamente infravalorado en Latinoamérica; es la doctrina que, para verdaderamente entender el don del Espíritu se debe empezar a comprender el sacerdocio de todos y afirmar nuestros mutuos dones. Ha sido necesario defender esta verdad en dos frentes. Por un lado, hemos tenido que identificar y alejarnos del modelo de sacerdocio jerárquico romano: que mientras el Espíritu bendice al laico en algún nivel, es a través del sacerdote ungido que uno debe acercarse a Dios. Y, estábamos avanzando a un punto de vista más bíblico, el que se recuperó parcialmente en la Reforma. Pero entonces, justo en ese momento, llegaron los predicadores ungidos a desviar a la mayoría de la iglesia con la mentira de que no todos los creyentes son iguales ante los ojos de Dios. Esta falsa mutación del pentecostalismo tiene raíces históricas en el montanismo del segundo siglo. No identifiquemos al pentecostalismo histórico y bíblico con el montanismo, como muchos teólogos hacen, ya sea pentecostales[16] o no-pentecostales.[17] Pero el montanismo *sí* tiene paralelos con el sacerdocio de los súper-ungidos: al menos en la forma original del movimiento, Montano y las profetisas Priscila y Maximila eran la manifestación de lo "perfecto" que había de venir (1 Cor 13:8-12), y el Paráclito se limitó a ellos (ver nuestro capítulo 12).

Existen otras toxinas que circulan por toda América Latina. Hemos dicho que las más distorsionadas en esta área tienen que ver con la *obra* del Espíritu. Esto no sugiere que la herejía doctrinal es menos tóxica que la confusión sobre nuestras prácticas, sino que tener una falsa imagen del Espíritu, si bien es un error exponencialmente más grave y ofende más a Dios, está en lo actual causando cuantitativamente menos daño directo a la iglesia.

Una desviación doctrinal es negar la trinidad. Nuestra época ha sido testigo del regreso de la herejía de Sabelio, quien argumentaba que, si Dios es uno, entonces podemos decir que el Padre *es* el Hijo, y el Hijo *es* el Espíritu, el Espíritu *es* el Padre, y por tanto, "el Padre murió por nuestros pecados" (la doctrina, "patripasionismo") y que el Espíritu es Jesucristo. Encontramos esta enseñanza "modalística" en el pentecostalismo unicitario. Esta herejía había sido analizada y rechazada antes del Concilio de Constantinopla.

En segundo lugar, está la negación implícita o explicita de la *persona* del Espíritu, es decir, tratarlo como una fuerza impersonal. Por supuesto, los Testigos de Jehová desde hace tiempo han negado la deidad de Cristo, pero también a la persona del Espíritu: "Hasta cierto grado puede compararse con la electricidad, una fuerza que puede emplearse para una gran variedad de funciones".[18] Pero uno no tiene que ser un Testigo para actuar como si él fuera una fuerza para ser adquirida, empleada, o compartida. Incluida en esta, está la doctrina Rhema, la Palabra de Fe; porque su

---

[16] Así lo argumenta Lucien Jinkwang Kim, "Is Montanism a heretical sect or Pentecostal antecedent?", *Asian Journal of Pentecostal Theology* 12.1 (2009): 113-24.

[17] Jan Hanko, "Pentecostalism and its relation to Montanism", *Critique* 33b.10 (1975); Frederick Dale Bruner, *A theology of the Holy Spirit: the Pentecostal experience and the New Testament witness* (Grand Rapids, MI: Eerdmans, 1970), 35-37.

[18] "El Espíritu Santo... la fuerza activa de Dios". https://wol.jw.org/es/wol/d/r4/lp-s/1101989306.

influencia está muy esparcida, yo considero esta como la doctrina más dañina de nuestros días. Existen autores que tratan estas doctrinas con mayor profundidad, y recomiendo al lector tenerlas en cuenta.[19] Simplemente para dar una ilustración, citaré el libro de Agnes Sanford, *The Healing Light* (*La luz que sana*). Fue publicado en 1947 y hasta donde sé nunca traducido al español. Dudo que muchos latinoamericanos hayan oído sobre ella, sin embargo, debido a su gran influencia en pentecostales de habla inglesa, millones en América Latina han escuchado o predicado sus doctrinas sin estar conscientes de ello. Noten cómo se acerca al Espíritu –o más ampliamente a Dios– usando el lenguaje de la "fuerza" o el "poder" en vez de utilizar el término "persona": "El primer paso para buscar resultados por medio de algún poder es contactar ese poder... El segundo paso es encenderlo... El tercer paso es creer que este poder se está usando y aceptándolo por fe". También: "Todo el universo está lleno del (poder creativo de Dios), pero solo una cantidad de dicho poder que fluye entre nosotros servirá". "Una forma de entender una fuerza de la naturaleza inexplorada hasta el momento es experimentar con la fuerza inteligentemente y con mente abierta".[20] Este es el mismo camino que la gente está siguiendo hoy cuando hablan de "activar el poder de Dios" o "darse cuenta cuanta fuerza espiritual de fe obra para que puedas recibir todo lo que Dios prometió en su Palabra" o "la fe es como un principio científico". Esto no es ni sana doctrina ni (para usar el modelo de Sanford) buena ciencia; tiene sus raíces en una visión mágico-pagana.

El tercer asunto es el desprendimiento de la doctrina sana del texto de la Escritura, con una novedosa interpretación de 2 Cor 3:6, "la letra mata, pero el Espíritu da vida"; esto exploraremos en el capítulo 6.

---

[19] Por ejemplo, Stanley M. Horton, *El Espíritu Santo revelado en la Biblia*; Michael Horton, *Redescubrir el Espíritu Santo*.

[20] La cita completa es del capítulo 1 de su libro: "Si intentamos encender una plancha eléctrica y no funciona, nos fijamos en el cableado de la plancha, el cable, o la casa. No nos quedamos consternados ante la plancha y gritamos: '¡Oh, electricidad, *por favor*, ven a mi plancha y hazla funcionar!'. Nos damos cuenta de que mientras el mundo entero está lleno de ese misterioso poder que llamamos electricidad, solo la cantidad que fluye a través del cableado de la plancha hará que la plancha nos sirva. El mismo principio es cierto para el poder creativo de Dios. Todo el universo está lleno de él, pero solo la cantidad que fluye a través de nuestros propios seres nos servirá". Agnes Sanford, *The healing light: the art and method of spiritual healing*, 1947.

Cuarto, y esta vez en una dirección completamente diferente, son varias manifestaciones del neo-mesianismo, que tiene como intención ser un retorno a las raíces hebreas, pero es de hecho un recién envuelto judaizante. Esto busca destronar al poderoso Espíritu y reemplazarlo con una lista de reglas, lo que resulta en una negación de la obra santificadora del Espíritu, justo como Pablo lo constató en la lista de las obras de la carne en Gálatas: sin el Espíritu "siguen mordiéndose y devorándose". En la versión falsa del mesianismo, se encuentra una aplicación válida de 2 Corintios: "el Espíritu no les da vida, entonces la letra siempre los mata".

De una forma u otra, el falso pastor usa el púlpito para despojar a la familia de Dios del Santo Espíritu. El predicador que subestima su importancia –sea el que se unge como portavoz de Dios, sea el que dice falsedades acerca de quién es el Espíritu– es culpable de robarnos al Espíritu.

MI PROPIO PEREGRINAJE

Estoy feliz de escribir sobre el Espíritu Santo en parte por los muchos giros –algunos mejores que otros– que he tomado en mi propio viaje.

Primer acto: A principios de los años 1970s, el movimiento carismático se propagó desde las Asambleas de Dios y otros grupos pentecostales a los cristianos de otras denominaciones.[21] En ese contexto, oré por el don del Espíritu, e interpreté lo que entonces me aconteció –mi vida dio un giro completo– nada menos que la obra de Dios. Empecé a devorar el Nuevo Testamento. Leí el libro *El Espíritu Santo y Tú* de Dennis Bennett, y entre otros libros *La luz que cura*. Iba a una reunión de oración el jueves por la noche, que se llevaba a cabo en una escuela al otro lado de la ciudad. Nos sentábamos en círculo, cantábamos coros, leíamos las Escrituras, y alguien podía dar un mensaje profético o –y aquí es donde a veces yo contribuía– hablar en lenguas. (Existe, por cierto, gente que dice que no deberías enseñar sobre el Espíritu Santo si nunca has hablado en lenguas. Yo no estoy de acuerdo, pero de hecho esa "regla" no se aplica a mí de todos modos). En nuestra reunión nunca hubo ninguna confusión, ni saltos, solo un tiempo de adoración tranquilo y ordenado. Cuando alguien hablaba en lenguas,

---

[21] En inglés, "charismatic" tiene un significado diferente que "carismático" en español. En español se refiere usualmente a un católico que tiene una experiencia pentecostal. En inglés, un "carismático" es una persona de denominaciones no pentecostales que tiene una experiencia pentecostal.

todos esperaban para que alguien lo interpretara. Deseo alguien hubiera pensado en filmar una reunión; siguió las instrucciones de Pablo en 1 Corintios 14 de una manera que no he visto desde entonces.

Como carismático, escuché testimonios de personas de nuestro grupo que ellos habían pasado años, décadas, en la iglesia, pero solo recientemente habían llegado a conocer a Cristo como su Señor y Salvador. Por otro lado, conocí a otras personas, usualmente adolescentes o jóvenes adultos, que tomaron otro camino: algunos tenían una sed insaciable de lenguas, y sufrieron durante meses y meses, rogando a Dios para que pudieran recibir el don. Entre unos de mis compañeros jóvenes había un enfoque a lo espectacular, pero menos interés en la vida santa.

Segundo acto: La Biblia fue mi punto de entrada al movimiento carismático; al final también fue mi salida. Intenté seguir el axioma de que, aunque las experiencias personales pueden abrir nuestros ojos a la verdad de Dios, al final la Palabra tiene que ser el juez de nuestras experiencias. Releí Hechos y 1 Corintios y miré dentro de mi corazón y miré a mis amigos carismáticos. Concluí que "la gente afirma que habla en otros idiomas, pero lo que oigo no corresponde con la 'interpretación' que se ofrece". Por ejemplo, alguien podría "en lenguas" pronunciar una frase muy corta, pero la interpretación era mucho más larga y compleja; o una frase en lenguas podría repetirse una y otra vez, pero la interpretación no reflejaba esa reiteración. Había otras discrepancias. Finalmente tuve que hacer la pregunta, ¿debo continuar en un movimiento que tiene mucho de bueno, pero que ahora me parece equivocado en algunos aspectos importantes? Decidí que no.

Compré una Biblia Scofield: la versión de la Biblia era la misma que yo había estado usando, ¡pero *ahora* estaban esas iluminadoras notas a pie de página! Estas me decían que había estado totalmente equivocado en el acto anterior de mi vida; que no *había* bautismo del Espíritu después de la conversión; que no había lenguas ni profecía hoy, no desde que el canon se cerró. ¡Concluí —muy apresuradamente, sin cuidado— que yo había sido miembro de una falsa secta! Que mientras que al principio había concluido que *algunas* cosas que había visto en el movimiento carismático eran incorrectas, ahora *todo* lo que había visto era un engaño. Aquellos encuentros apacibles en la escuela, los recordaba como salvajes y caóticos. Ahora entiendo que hay procesos cognitivos presentes cuando una persona se convierte de una orientación a otra, que hay una tendencia a recordar mal el pasado y a interpretar nuestros recuerdos a través de nuevos lentes. Aunque me aferré a este acercamiento dispensacionalista hasta que fui al seminario, no se me ocurrió que no estaba mirando la Biblia solamente, sino que la estaba leyendo a través de un sesgo cognitivo diferente, uno que me había sido dado.

Tercer acto: Durante la mayor parte de mi vida adulta he concluido que ni mis experiencias ni mi interpretación de ellas en el primer o segundo acto hicieron justicia a la verdad de la Palabra de Dios. (También supongo que todavía tengo una gran cantidad de sesgo cognitivo, y que algún Cuatro Acto puede estar siempre a la vuelta de la esquina; por favor, Señor, ¡que la Biblia siempre nos sorprenda con una visión más profunda!). Y como después de muchos años de educación estaba mejor equipado para hacer mi propia investigación, y estaba bajo poca presión de los empleadores o denominaciones para obtener los resultados "correctos," me sentí libre de hacer de nuevo las preguntas que siempre he tenido. *¿Quién es el Espíritu? ¿Por qué vino? ¿Qué bendiciones tiene para la iglesia?* Y también: *¿Me estoy perdiendo las bendiciones que él quisiera darme? ¿Algunas de las obras del Espíritu en mí realmente coinciden con la Biblia? ¿Cómo evalúo yo lo que veo que sucede en las iglesias, particularmente como misionero en América Central?* Yo enseño en un seminario que no tiene ningún credo en cuanto a los dones espirituales aparte de su norma de que la Biblia debe guiarnos; esto lleva a la feliz situación de que algunos de mis colegas son pentecostales, otros no, y todos mis compañeros/as tratan de ser guiados por la Biblia. Mi experiencia me muestra mis amigos pentecostales bíblicos disciernen mejor que nadie los errores del *neo*-pentecostalismo.

En los últimos años, algunos cristianos de todo el mundo se han identificado ellos mismos como "abiertos pero cautelosos" a la obra del Espíritu hoy día. Como no soy ni pentecostal ni cesacionista, se podría suponer que esta tercera *Vía Media* es la que he estado buscando. Pero, de hecho, el adjetivo "cauteloso" no me gusta. ¡El hecho de que necesitemos un gran discernimiento en estos tiempos no debería dejarnos tímidos!

Mi lema, entonces, es: Seamos agradecidos, gozosamente abiertos y con vista clara.

LA NATURALEZA DE ESTE LIBRO

El presente libro no es un tratamiento completo del Espíritu y sus dones; existen otros volúmenes que hacen ese trabajo, y tendremos una lista recomendada de títulos al final de este capítulo. Por ejemplo, no analizo a fondo el tema vital de la Nueva Reforma Apostólica, aparte de argumentar aquí y allá que es un error de doctrina y un gran fracaso en la práctica. Esta colección es más bien una exploración de ciertas verdades del Espíritu y su obra en la iglesia.

Estos son artículos que he escrito durante 40 años, es decir, durante mi vida adulta entera. Una versión temprana de "¿Nos sanará Dios? Una reevaluación de Santiago 5:14-16a" sirvió como mi trabajo final de exégesis en la universidad. Algunos de mis artículos los he escrito solo para esta colección: "El Espíritu Santo, el don escatológico de Dios"; también "La letra mata y el Espíritu vivifica" de 2 Cor 3:6. "El sacerdocio universal de todos los creyentes" fue una ponencia que di en el 500 aniversario de la Reforma en la institución donde he enseñado la mayor parte de mi ministerio, el Seminario ESEPA en Costa Rica. "¿Los apóstoles siempre obedecieron el Espíritu Santo en Hechos? Unos casos" es de mi blog.

Los otros artículos fueron publicados en revistas o en mis libros y reflejan el desarrollo en mis pensamientos en un momento u otro. Por mucho que quisiéramos creer que es así, los cristianos no desarrollamos nuestra doctrina en una *tabula rasa*, "renglón tras renglón, línea sobre línea, un poquito allí, otro poquito allá". De hecho, usualmente creemos lo que alguien nos ha dicho que creamos, hasta el punto en que no lo hacemos. En un caso, un colega mío me dio la idea de lo que finalmente se convirtió en "La profecía cristiana y el canon en el siglo segundo: una respuesta a B. B. Warfield": le había dicho que no había informes históricos del carisma de la profecía más allá de la muerte de los apóstoles.[22] Mi colega respondió que tal vez yo tenga razón, pero que él no estaba seguro. Después de investigar mucho, tuve que concluir que había sido mal informado, y que había numerosas referencias a la profecía en los siglos segundo y tercero. Entonces se me ocurrió que, si yo no tuve los hechos en *ese* caso, ¿podría no haber sido lo que ocurrió en *otros* casos? Y así "1 Cor 13:8-12 en la Exégesis Patrística: ¿Cómo vendría el 'Perfecto?'" y "El don de lenguas en la iglesia del siglo segundo" siguieron, usando la misma heurística: *¿Cómo sé que lo que sé es verdad, a menos que haya examinado la evidencia de primera mano?* Por supuesto, ¡uno no tiene que ser un "opositor", prejuzgando los resultados al suponer que todo lo que uno ha oído ya era equivocado! Eso también sería una forma de mente cerrada.

---

[22] Se podría mencionar la opinión de Michael Horton de que "ya a mediados del siglo segundo existía un consenso cada vez mayor en cuanto a que se estaban desvaneciendo". Horton, *Redescubrir el Espíritu Santo*, 257.

Después de esto, pasé algunos años escribiendo sobre 1 de Corintios.[23] Esa es la fuente de los artículos "El bautismo y la llenura del Espíritu Santo"; "El templo del Espíritu Santo en 1 Corintios 3:16-17 y 6:19"; "Hablar en lenguas y profetizar: ¿Qué son?"; "¿Realmente 'ningún ojo no ha visto'? O, ¿el Espíritu ya nos ha abierto los ojos?"; "Exposición de 1 Corintios 13:8b-13"; y por fin, "Los 'ultracarismáticos' de Corinto y los pentecostales de América Latina como la religión de los desafectos", que también publiqué como artículo aparte.

Mi ensayo final, "La iglesia del 'Bastón de la palabra': cómo el control del micrófono reemplaza la obra del Espíritu en el culto", es uno que ha estado dando vueltas en mi cabeza durante muchos años. Es un tratamiento más "travieso" sobre el tema del sacerdocio universal de los creyentes, y su relevancia me llevó a terminarlo como conclusión de esta colección.

También hemos incluido como apéndice especial, un ensayo del académico pentecostal Craig Keener. Cuando el *Strange Fire* de John MacArthur salió en 2013 (versión en inglés; la versión en español *Fuego extraño: el peligro de ofender al Espíritu Santo con adoración falsa* salió en 2014), la cuidadosa y conciliadora reseña de Craig del libro fue incluida en la refutación, *Strangers to fire: When tradition trumps Scripture* (2016). La versión en español de su reseña ha circulado informalmente durante algunos años, pero nunca ha sido incluida en ningún libro. Muchas gracias a Craig y al editor Robert W. Graves por permitirme incluirla.

"EL ESPÍRITU Y LA NOVIA DICEN: ¡VEN!"

Algunos creen que una vez que el libro del Apocalipsis fue escrito, la era inaugural del Espíritu Santo se cerró.[24] O al menos, dicen, el brillo de su presencia se mitigó, ya sea porque era el plan de Dios todo el tiempo o porque la gente lo abandonó. Pero lo que me llama la atención es que en la conclusión del Apocalipsis (22:17), la parte que invita al mundo perdido

---

[23] *Primera de Corinthios: un comentario exegético-pastoral* (Barcelona: Clie, 2021; también en Logos Bible Software); en inglés, *1 Corinthians: an exegetical and pastoral commentary* (Logos Bible Software) y Publicaciones Kerigma.

[24] Esto a veces se basa en una mala exégesis de la advertencia de Juan contra la alteración del texto del propio Apocalipsis (Ap 22:18-19). Más bien, su autor seguía una tradición de muchos siglos de pronunciar maldiciones sobre aquellos que alteraban cualquier escrito, y especialmente los escritos sagrados.

a compartir la Nueva Jerusalén. Y, ¿quién los invita? "El Espíritu y la novia dicen: '¡Ven!'; y el que escuche diga: '¡Ven!'". El comentarista Greg Beale lo expresa así:

El Espíritu es el Espíritu Santo. La novia representa al verdadero pueblo de Dios... que dice a través del poder del Espíritu Santo, "Ven". (…) No todos en la iglesia visible pueden decir "ven", sino solo aquellos que tienen oídos para escuchar la exhortación del Espíritu (como se muestra en): "Y que el que oiga diga: 'Ven'".[25]

El poderoso Espíritu Santo está trabajando, y siempre quiere estar trabajando más y más a través de su iglesia. Escuchemos perpetuamente su llamado y volvamos al mundo, y en su poder, invitemos a todos a *venir*.

LECTURA RECOMENDADA: para una visión general del tema del Espíritu en la iglesia, las siguientes obras seleccionadas representan una variedad de perspectivas.

Kuyper, A. (1900). *La obra del Espíritu Santo*, 3 tomos. Glorified Word Project, orig. Ver http://es.gospeltranslations.org/wiki/La_Obra_del_Esp%C3%ADritu_ Santo.

Keener, C. S. (2017). *Hermenéutica del Espíritu: leyendo las Escrituras a la luz de Pentecostés*. Salem, OR: Publicaciones Kerigma.

Carson, D. A. (2000). *Manifestaciones del Espíritu: una exposición teológica de 1a Corintios 12-14*. Barcelona: Andamio.

Chan, F. (2013). *El Dios olvidado: como revertir nuestra trágica desatención al Espíritu Santo*. Lake Mary, FL: Casa Creación.

Lacueva, F. (2003). *Espiritualidad trinitaria*. Barcelona: Clie.

Fee, G. D. (2007). *Pablo, el Espíritu y el pueblo de Dios*. Miami, FL: Editorial Vida. Este libro es una versión más breve de su magistral texto inglés de 967 páginas, (1994). *God's Empowering Presence: the Holy Spirit in the letters of Paul*. Peabody, MA: Hendrickson.

Dunn, J. D. G. (1977). *El bautismo del Espíritu Santo*. Buenos Aires: La Aurora.

_____. (1981). *Jesús y el Espíritu*. Salamanca: Secretario Trinitario.

Horton, M. (2017). *Redescubrir el Espíritu Santo: la presencia perfeccionadora de Dios en la creación, la redención y la vida diaria*. Nashville, TN: Vida.

Deiros, P. (1998). *La acción del Espíritu Santo en la historia: los primeros 500 años*. Miami: Editorial Caribe.

---

[25] Greg Beale y David Campbell, *Revelation: a shorter commentary* (Grand Rapids, MI: Eerdmans, 2015), 522; nuestra traducción.

Horton, S. M. (1992). *El Espíritu Santo revelado en la Biblia,* ed. rev. Miami, FL: Editorial Vida.

Deidun, T. J. (2006). *New Covenant Morality in Paul*, AnBib 89, 2da ed. Rome: Gregorian & Biblical Press.

Grudem, W. ed. (2004). *¿Son vigentes los dones milagrosos? Cuatro puntos de vista.* Barcelona: Clie.

Menzies, W. W. y Menzies, R. P. (2004). *Espíritu y Poder, fundamentos de una experiencia Pentecostal.* Miami, FL: Editorial Vida.

Vondey, W. (2019). *Teologia Pentecostal: viviendo el evangelio completo.* Salem, OR: Publicaciones Kerigma.

EL ESPÍRITU DE DIOS EN TEXTOS ESCOGIDOS DEL NUEVO TESTAMENTO

Capítulo 1

EL ESPÍRITU SANTO.
EL DON ESCATOLÓGICO DE DIOS

¡Cuán amplia es la obra del poderoso Espíritu Santo en su pueblo! De hecho, uno no puede concebir cualquier faceta de la experiencia cristiana que no sea directamente por o a través del Espíritu: la convicción de pecado, la regeneración/el nuevo nacimiento, la elección, el llamado, el bautismo, la transformación, la nueva naturaleza, la santificación, la llenura, el poder, los dones y las virtudes divinas que son "fruto" del Espíritu. La cadena se extiende sin que falten eslabones. Él incluso nos lleva a la "glorificación" en el siglo venidero (Rm 8:30): cuando Pablo llama a nuestro cuerpo resucitado "un cuerpo espiritual" (1 Cor 15:44, 46), no está diciendo que seremos fantasmas; mejor, la palabra "espiritual" es el equivalente de "del Espíritu (Santo)". como el mismo Pablo lo explica en el capítulo 15:45: "Nuestro futuro está en el Espíritu que da vida".

Como lo afirma un proverbio antiguo: "Los peces serán los últimos en descubrir el agua": es la saturación del Espíritu de nuestro mundo lo que puede cegarnos ante lo inesperado de su presencia. Porque de hecho nuestra experiencia es radicalmente diferente de la del pueblo de Dios antes del Pentecostés.

Examinemos esta ruptura entre lo antiguo y lo nuevo. Un breve panorama en este capítulo nos dará un contexto para el resto del libro.[1]

---

[1] No es necesario ahora explorar hasta qué punto los santos del Antiguo Testamento experimentaron el Espíritu. Yo afirmaría, por ejemplo, que ningún

I. CRISTIANISMO Y JUDAÍSMO. DOS PNEUMATOLOGÍAS EN CONFLICTO

Ni el Antiguo Testamento, ni el judaísmo del Segundo Templo, ni en los rabinos había una clara señal de que Dios dotaba a cada miembro de su familia con la llenura del Espíritu, al menos no antes del siglo venidero. Esto explica por qué en la teología magistral del Antiguo Testamento de John Goldingay, él se refiere con poca frecuencia al Espíritu Santo, y luego usualmente a cómo entendemos el Antiguo Testamento desde la perspectiva de Cristo.[2] Michael Horton detecta un rol más generoso para él en las Escrituras Hebreas, por ejemplo, en Job 33:4, Eliú revela que "El Espíritu de Dios me ha creado; me infunde vida el hálito del Todopoderoso". Dice Horton que: "La teología de Eliú podrá ser poco digna de confianza en muchos puntos, pero aquí su confesión está de acuerdo con la interpretación que tiene Dios de la realidad. En esta conversación con Job, Eliú no está hablando de la creación, sino de su propia existencia. El Espíritu aún le sigue dando vida a todo lo que vive".[3] Pero aun entonces, lo que Horton descubre no es la nueva vida prometida en el evangelio, sino la doctrina de la providencia de Dios en mantener la creación.

El evangelio afirma que sin la obra inmediata del Espíritu no se puede agradar a Dios, porque solo "los que viven conforme al Espíritu fijan la mente en los deseos del Espíritu" (Rm 8:5b). Cuando hizo esa afirmación, Pablo era muy consciente de que él estaba en oposición al judaísmo, cuya interpretación del pecado de Adán difiere de casi toda versión cristiana: nunca ha existido una doctrina judía de la caída, no en el sentido paulino. Lógicamente, empezando con la suposición de que no hay ninguna naturaleza caída, el judaísmo no ve la necesidad de liberarse de la victoria inevitable del pecado y la muerte. Y así, un paradigma muy diferente se desarrolló en el periodo del Segundo Templo: que cualquier persona de cualquier raza nace con dos impulsos, la inclinación por el bien y la inclinación por el mal. En hebreo se llaman el *yeser tôb* y el *yeser raᶜ*; otros usaban el término espíritu/*ruaj*; o en griego *diaboulion*.

---

creyente de ninguna época ha llegado a la fe en Dios sin el mover del Espíritu. Pero nuestro enfoque ahora es el cambio radical a la Nueva Alianza, no una explicación detallada de la antigua.

[2] John Goldingay, *Old Testament theology*, 3 tomos (Downers Grove, IL: IVP, 2003-2009).

[3] Michael Horton, *Redescubrir el Espíritu Santo: la presencia perfeccionadora de Dios en la creación, la redención y la vida diaria* (Nashville, TN: Vida, 2017), 37.

La doctrina de las dos inclinaciones se refiere a que, cualquier ser humano puede escoger *libremente* entre estos dos impulsos del bien o del mal, es un asunto de ejercitar la voluntad.[4] Esta lucha continua seguiría hasta el siglo venidero: "Dios los ha dispuesto por partes iguales hasta el tiempo final…".[5] El Nuevo Pacto era para ese siglo venidero, cuando el israelita encontraría alivio de la lucha diaria. Pero esto también significaba que un israelita que estaba atento a la Torah y alimentando el impulso del bien podría, en teoría, vivir justamente ante Dios durante este tiempo presente. Cuando ya existe una habilidad natural para hacer el bien, no hay necesidad urgente de una solución radical. En otras palabras, "Yo no tengo necesidad de nacer del Espíritu para servir a Dios".

Miremos cómo el Nuevo Pacto encaja con el judaísmo.

II. LA ESPERANZA ISRAELITA POR UN NUEVO PACTO

En la narrativa de Deuteronomio, la verdad es simple: Si Israel obedece la Torah, ellos serán bendecidos y habitarán la tierra. Si son apóstatas, incurrirían en la ira de Dios y serían expulsados de la tierra. Si al final se arrepentían, serían perdonados y regresarían a la tierra (ver especialmente Dt 27:1-28:68). Esta visión "deuteronómica" de la historia predomina en Josué y Jueces, 1-2 Samuel, 1-2 Reyes, y también sirve de base para algunos de los profetas.[6]

---

[4] Hay un resumen del desarrollo rabínico de la doctrina en Jewish Virtual Library, https://www.jewishvirtuallibrary.org/inclination-good-and-evil. Para dar un solo ejemplo, hay un midrás rabínico del Salmo 41:1 –"Bienaventurado el que piensa en el pobre; en el día malo lo librará Jehová", donde "el pobre" es interpretado como una referencia al buen *yeser*. De esta exégesis proviene una bendición: "Debido a que no todo el mundo obedece a la buena inclinación, bienaventurado el que sí la obedece". En la literatura testamentaria hay varias referencias a las dos inclinaciones, por ejemplo: "Hay dos caminos, del bien y del mal, y para ellos hay en nuestro pecho dos facultades (el plural *diaboulia*) que los juzgan. Si el alma pretende estar en el buen camino, todas sus acciones se ejecutan en la justicia, y si peca alguna vez, enseguida se arrepiente. Pues, pensando rectamente, y arrojando de sí la perversión, el alma derroca rápidamente a la maldad y erradica el pecado" (*T. Aser* 1:5-7), de A. Díez Macho, ed., *Apócrifos del Antiguo Testamento*, 6 tomos (Madrid: Ediciones Cristiandad, 1984-2011), 5:130.

[5] 1QS 4:16-17, pág. 53. Todas las citas de Qumrán son de Florentino García Martínez, *Textos de Qumrán* (5ta ed.; Madrid: Trotta, 2000).

[6] Ver Norbert Lohfink, "Balance después de la catástrofe: la obra histórica deuteronomista", en *Palabra y mensaje del Antiguo Testamento: introducción a su problemática*, ed. J. Schreiner (Barcelona: Herder, 1972), 269-85.

Sin embargo, hay una corriente del oráculo profético que amplía esa tercera parte del pacto: Que el arrepentimiento de Israel no sería simplemente su propia decisión, sino parte de un acto divino para cambiar su carácter interno.

Para esto echamos un vistazo a Jeremías y Ezequiel, y también a Isaías y Joel.[7]

Jeremías se enfoca en la *otredad* del Nuevo Pacto.

> Vienen días –afirma el Señor– en que haré un nuevo pacto con el pueblo de Israel y con la tribu de Judá. No será un pacto como el que hice con sus antepasados el día en que los tomé de la mano y los saqué de Egipto, ya que ellos lo quebrantaron a pesar de que yo era su esposo –afirma el Señor–. "Este es el pacto que después de aquel tiempo haré con el pueblo de Israel –afirma el Señor–: Pondré mi ley en su mente, y la escribiré en su corazón. Yo seré su Dios, y ellos serán mi pueblo. Ya no tendrá nadie que enseñar a su prójimo, ni dirá nadie a su hermano: "¡Conoce al Señor!", porque todos, desde el más pequeño hasta el más grande, me conocerán –afirma el Señor–. Yo les perdonaré su iniquidad, y nunca más me acordaré de sus pecados" (Jr 31:31-34).

El Nuevo Pacto no provee simplemente el perdón de los pecados antiguos, pues eso no sería considerado como "nuevo" del todo. Lo que es nuevo es una internalización de la ley de Dios, esto es, una transformación psicológica comprensiva de los individuos para comunicar un conocimiento innato de Dios, que a su vez los obligará a hacer lo que Dios quiere. "(En Jeremías 31) Dios promete intervenir personalmente. Intervenir no solo en la historia –ya que esto solo no sería suficiente– sino en lo más íntimo de cada hombre, renovándole y configurándole...".[8]

Ezequiel 36 pone de manifiesto el mismo tema, pero de otra forma, en cuanto al lavado por agua y por un espíritu nuevo. Después de que regresan del exilio:

> Los rociaré con agua pura, y quedarán purificados. Los limpiaré de todas sus impurezas e idolatrías. Les daré un nuevo corazón, y les infundiré

---

[7] La mejor obra sobre el Nuevo Pacto es por T. J. Deidun, *New Covenant morality in Paul*, AnBib 89 (2da ed.; Rome: Gregorian & Biblical Press, 2006).

[8] Notker Füglister, "Un hombre tomado por Dios a su total servicio: Jeremías", en *Palabra y mensaje del Antiguo Testamento*, 262.

un espíritu nuevo; les quitaré ese corazón de piedra que ahora tienen, y les pondré un corazón de carne. Infundiré mi Espíritu en ustedes, y haré que sigan mis preceptos y obedezcan mis leyes (Ez 36:25-27).

Nuevamente, hay una purificación de los pecados, aun de la innata maldad de la apostasía. Y también hay elementos novedosos que son ajenos al Antiguo Pacto: un nuevo corazón, un nuevo espíritu humano, la presencia del Espíritu (noten el uso doble de "espíritu nuevo" [*ruaj hᵉdoshah*] y "mi Espíritu" [*ruaj*], es decir, de Dios); y una real obediencia a Dios.

En Isaías 42:6, 49:8, el mismo Siervo del Señor es un pacto para Israel, un pasaje usualmente tomado como mesiánico. Ver también Is 59:21:

En cuanto a mí –dice el Señor–,
este es mi pacto con ellos:
Mi Espíritu que está sobre ti,
y mis palabras que he puesto en tus labios,
no se apartarán más de ti,
ni de tus hijos ni de sus descendientes,
desde ahora y para siempre
–dice el Señor–.

Pablo parece vincular este pasaje con la Parusía en Rm 11:27, lo cual puede indicar que para él también, mientras el Nuevo Pacto está presente, existe incluso hoy una "reservación" de la bendición escatológica que llegará a su pleno cumplimiento.

Joel 2 es digno de mencionar, dado que Pedro proclamó que esto se cumplió en Pentecostés:

Después de esto,
derramaré mi Espíritu sobre (toda carne).
Los hijos y las hijas de ustedes profetizarán,
tendrán sueños los ancianos
y visiones los jóvenes.
En esos días derramaré mi Espíritu
aun sobre los siervos y las siervas.

Debemos discrepar de la traducción de la NVI del hebreo *kal basar* (literalmente "toda carne") como "todo el género humano" (la versión en inglés de la NIV lo traduce como "sobre todas las personas", lo cual es mucho mejor). En el contexto de Joel, los hijos y las hijas son "de ustedes", de los israelitas, más específicamente, de Judá. Joel conecta su predicción con las señales celestiales del Día del Señor, la intervención de Dios para juzgar y salvar.

El tema del Nuevo Pacto continuó más allá del canon. El segundo siglo a. C. libro de los *Jubileos* hace eco de los profetas: Moisés ora por la restauración de Israel, y la respuesta divina es la misma promesa de un nuevo espíritu dentro de Israel, vinculada a un cálculo del fin. Lo citamos detalladamente:

> Respondió el Señor a Moisés: Yo conozco la terquedad de su pensamiento y su dura cerviz: no escucharán para conocer su pecado y los de sus padres. Pero luego se volverán a mí con toda rectitud, todo corazón y todo espíritu. Cortaré el prepucio de sus corazones y los de su descendencia, y les crearé un espíritu santo, purificándolos para que no se aparten de mí desde ese día por siempre. Su alma me seguirá a mí y todos mis mandamientos, que serán restaurados entre ellos: yo seré su padre, y ellos, mis hijos. Serán llamados todos hijos de Dios vivo, y sabrán todos los ángeles y espíritus que ellos son mis hijos, y yo, su padre recto y justo y que los amó... (Esto sucederá cuando) yo descienda y more con ellos por todos los siglos de los siglos. (*Jubileos* 1:22-26)[9]

En resumen, lo que llamamos la teología del "Nuevo Pacto" (la etiqueta que le da Jeremías) es que el ciclo interminable de desesperación –pecado, castigo, arrepentimiento, restauración, otra vez pecado– Dios mismo lo romperá. Él intervendrá y, como resultado de eso, dará su Espíritu a todo su pueblo. Aunque el Espíritu daría nuevas revelaciones (Joel), el milagro más grande es que transformará a la incorregible y rebelde naturaleza humana. No solo *perdonará* Dios su apostasía, como siempre lo ha venido haciendo, sino que impedirá que Israel tenga necesidad de más perdón, convirtiéndolos en una nueva especie humana: una especie que conozca a Dios, que lo ame, que perciba y se deleite en su voluntad, y que quizá lo más maravilloso de todo, que posea la habilidad de *llevar a cabo* la voluntad de Dios.

---

[9] Díez Macho, 2:83.

III. UN CASO ESPECIAL: EL NUEVO PACTO EN EL QUMRÁN

Dado que los textos del Qumrán hablan específicamente del Nuevo Pacto, se merecen su propia sección. Empezaremos con la Regla de la Comunidad. La comunidad también anhelaba una renovación del pacto, y esto es también escatológico: llegará en el "tiempo final" (1QS IV 17), "el tiempo de su visita" (IV 18-19), "el momento decretado para el juicio" (IV 20).

> Entonces purificará Dios con su verdad toda (*sic*) las obras del hombre, y refinará para sí la estructura del hombre arrancando todo espíritu de injusticia del interior de su carne, y purificándolo con el espíritu de santidad (*ruaj hakodesh*) de toda acción impura. Rociará sobre él el espíritu de verdad (*ruaj amath*) como aguas lustrales (para purificarlo) de todas las abominaciones de falsedad y de la contaminación. (1QS IV, 20-21, García Martínez, pág. 53-54).

Aunque el remanente del Qumrán, como la iglesia, podía hablar de un pacto *presente*, debemos tener cuidado de hacer las distinciones necesarias. Lo que tenían en común es que Dios ya había hecho algo nuevo con su remanente elegido: en el caso del Qumrán, los miembros fueron "los que entraron en la alianza nueva (*berith hahªdashah*, el lenguaje de Jeremías) en la tierra de Damasco". (CD VI, 19, pág. 84; también VIII, 21). Dios ha "renovado" su pacto sacerdotal con los "hijos de Zadok" (1QSb III, 22-24, 26, pág. 449). El Instructor (Maestro de Justicia) es ungido por el Espíritu Santo, pero en la forma de la unción profética antigua, no como el cumplimiento de Joel: "Y yo, el Instructor, te he conocido, Dios mío, por el espíritu que me has dado, y he escuchado fielmente tu secreto maravilloso por tu santo espíritu" (1QHª XX, 11-12, pág. 392). Los apóstatas del mensaje del Maestro son aquellos que se desvían de este Nuevo Pacto, ellos son "los traído(res a la alianza) nueva, puesto que no creyeron en la alianza de Dios (y profanaron) su santo nombre" (1QpHab II, 1-4, pág. 248).

Aunque los del pacto creían ser un remanente escatológico, su Nuevo Pacto se asemejaba a una experiencia *elevada* de las renovaciones del pacto que eran eventos repetidos dentro de la historia israelita. Pero ellos no habían llegado al final mismo de los tiempos, y ni mucho menos al derramamiento del Espíritu "sobre todas las personas", ya sea para todo Israel o todos los pueblos.

Y todos los que entren en la Regla de la Comunidad establecerán una alianza ante Dios para cumplir todo lo que ordena y para no apartarse de su seguimiento por ningún miedo, terror o aflicción, *que suceda durante el dominio de Belial*. Cuando entren en la alianza, los sacerdotes y los levitas bendecirán al Dios de salvación y a todas las obras de su fidelidad, y todos lo que entren en la alianza dirán: "Amén, Amén" (1QS I, 16-20, pág. 49-50, énfasis agregado).

Y aunque esta experiencia del pacto era muy nueva, no era señal de ningún abandono o reemplazo de la Torah, sino más bien su obediencia intensificada a su nueva interpretación. Si Dios nos ha dado su Espíritu, es para los que ya observan la Torah: "para introducir en su corazón el volver a ti y el escuchar tu voz según todo lo que ordenaste por mano de Moisés, tu siervo. Pues tú has derramado tu santo espíritu sobre nosotros para colmarnos de tus bendiciones" (4Q504 Frags. 1–2 V, 12-16, pág. 430).

Como vemos arriba, esta renovación del pacto es un nuevo actuar de Dios, en la que la comunidad entra en este tiempo, "durante el dominio de Belial". En el Qumrán, el Nuevo Pacto tiene más del Antiguo Pacto que del final de los tiempos. Tal como lo resume Simon Gathercole: "Dios ha hecho un pacto con su pueblo, un pacto que puede referirse como un Nuevo Pacto o como un antiguo pacto, cuyos elementos escondidos se han revelado solo en la historia reciente de la comunidad del Qumrán".[10]

De este modo era el mundo del Segundo Templo; pasemos ahora a la enseñanza del Nuevo Testamento sobre el don escatológico del Espíritu.

IV. EL DON "ESCATOLÓGICO"

Es en este punto en el que debemos parar para considerar qué significa el término "escatológico". Es un vocablo relativamente moderno y "escatología es una palabra notoriamente escurridiza en la cual hay una desconcertante variedad de definiciones que nos confrontan".[11] Su etimología hace

---

[10] Ver Simon J. Gathercole, "Covenantal Nomism", en *The Eerdmans dictionary of Early Judaism,* ed. J. J. Collins y D. C. Harlow (Grand Rapids, MI: Eerdmans, 2010), 495.

[11] Pág. 119, K. E. Brower, "'Let the reader understand': temple and eschatology in Mark", en K. E. Brower y M. W. Elliot, eds., *The reader must understand: eschatology in Bible and theology* (Cambridge: Apollos, 1997), 119-44. También, I. Howard Marshall, "Slippery words: eschatology", *ExpTim* 89.9 (1978): 264-69.

referencia a "lo que tiene que ver con las últimas cosas", tradicionalmente eventos del fin del tiempo y el reino eterno. La esperanza israelita, latente en los profetas, pero más vinculada al pensamiento del judaísmo del Segundo Templo, se basa en una visión lineal de la historia, con un firme comienzo, medio y fin (por tanto, *eschaton*). De este modo, había una línea identificable entre dos periodos de tiempo: este siglo (en hebreo *olam-hazzeh*) y el siglo por venir (*olam-habba*), también llamado *Gan Eden* (Huerto de Edén). Pablo se sentía en casa con este lenguaje, como por ejemplo en Ef 1:21: Cristo está sentado a la mano derecha de Dios, muy encima de "cualquier otro nombre que se invoque, no solo en este mundo sino también en el venidero". Si bien muchos judíos esperaban un tipo de figura mesiánica, no fue la venida de él (o ellos), salvo la intervención de Dios mismo en el Día de Yahweh, lo que separó un tiempo del otro. Por su parte, Jesús usaba el término "reino de Dios" o "reino de los cielos" aún más a menudo que sus contemporáneos. Cuando él lo usaba en su sentido *escatológico*, por ejemplo, "Dichosos los pobres en espíritu, porque el reino de los cielos les pertenece", fue como sinónimo del "siglo venidero".[12]

Por lo que sabemos de los profetas y del judaísmo del Segundo Templo y más allá, el Nuevo Pacto no estaba disponible para Israel en el tiempo presente. El siglo venidero podría ser lejano o (Qumrán, otros) podría ser inminente, pero el Nuevo Pacto estaba muy fuera de alcance hasta que Dios mismo viniera en el Día del Señor. Cuán maravilloso es, entonces, que en el evento de Cristo, la resurrección de los cuerpos ya ha comenzado, y que él está a la derecha de Dios, día tras día destruyendo la obra del diablo, y aun en "este tiempo" su nombre es sobre todo nombre, y todos

---

[12] Ver H. L. Strack y P. Billerbeck, "Das Himmelreich (Gottesreich)" [El Reino de los Cielos (Reino de Dios)], en *Kommentar zum Neuen Testament aus Talmud und Midrasch*, 3 tomos (München: C. H. Beck'sche, 1922-28), 1:172-84, sobre Mateo 4:17 – "...en el mundo futuro el Dominio de Dios comenzará a ser externamente visible en aspecto. Israel percibía como una anomalía que solamente la nación que había tomado el Dominio de Dios sobre sí misma, ahora estuviera sirviendo a las naciones del mundo que rechazaron el Dominio de Dios, y que los poderes del mundo desdeñaran a ese Dios, que está solo el Rey del mundo. Pero la fe de Israel también sostiene fuertemente que desaparecerá esta anomalía: viene un tiempo –y que podría venir pronto, es la petición reiterada de la congregación judía– en que la esclavitud de Israel cesará, y en que solo Dios será reconocido como el único Soberano, también por las naciones gentiles. Entonces Dios será enteramente el Rey y, el Dominio de Dios emergerá en su gloria". (1:178, nuestra propia traducción del alemán). A pesar de lo que implica Strack-Billerbeck, los judíos *no* usaban mucho "reino de Dios" para designar el siglo verdadero.

los poderes están bajo sus pies. Para apreciar esta tensión como lo hicieron los primeros creyentes, tomaremos prestado el lenguaje de Hebreos: "Ahora bien, es cierto que todavía no vemos que todo le esté sujeto (a la raza humana por medio de Cristo). Sin embargo, *vemos a Jesús*, que fue hecho un poco inferior a los ángeles, coronado de gloria y honra por haber padecido la muerte" (Hb 2:8-9). En Cristo ya "se ha cumplido el tiempo. El reino de Dios está cerca" (Mc 1:15). "Cerca", pero no ha llegado del todo, por medio del Espíritu, el río que un día fluirá a través del Edén en el *olam habba* ha empezado a desbordar sus orillas, y el pueblo de Dios en el *olam hazzeh* se encuentra en el camino de sus bendiciones.

Nicodemo es un ejemplo excelente de un teólogo del Segundo Templo que trató de reconciliar el antiguo paradigma con lo que conoció de Jesús.

V. NICODEMO SE ASOMBRA POR LA ENSEÑANZA DE JESÚS

Cuando los cristianos leen Juan 3 están en desventaja, porque nunca podrán escucharlo como Nicodemo lo hizo, ya que lo sabemos de antemano, *¿qué más podría decir?, que Jesús se referirá al nuevo nacimiento.* A Nicodemo, a pesar a todo su entrenamiento, incluyendo la memorización del Antiguo Testamento hebreo, no le va muy bien en la presencia de la nueva verdad de Jesús. Sí, él comienza firmemente, reconociendo lo que muchos otros rabinos repudiaban: Yo, Nicodemo, y algunos otros como yo "sabemos que eres un maestro que ha venido de parte de Dios, porque nadie podría hacer las señales que tú haces si Dios no estuviera con él" (3:2). Como el evangelista explica acerca del poder de Cristo: "Dios mismo le da su Espíritu sin restricción" (3:34).

No sabemos si la respuesta de Jesús realmente fue tan abrupta como lo indica el texto; en cualquier caso, él no responde agradeciendo el apoyo de Nicodemo ni aplaude su sabiduría o piedad. Al contrario, él dice: "De veras te aseguro que quien no nazca de nuevo (el griego puede significar también, "de arriba") no puede ver el reino de Dios" y, aún más relevante para nuestro estudio aquí, "Yo te aseguro que quien no nazca de agua y del Espíritu, no puede entrar en el reino de Dios... lo que nace del Espíritu es espíritu... El viento sopla por donde quiere, y lo oyes silbar, aunque ignoras de dónde viene y a dónde va. Lo mismo pasa con todo el que nace del Espíritu" (3:3, 5-6, 8). La mejor explicación de Juan 3, *nacer de agua y del Espíritu*, es que Jesús está usando un lenguaje que le es familiar a partir de Ezequiel.[13]

Nicodemo era un "fariseo" (3:1), totalmente en sintonía con la diferencia entre *olam-hazzeh* y *olam-habba*, ese tiempo de la resurrección cuando "los que son fieles al Señor resucitarán para la vida eterna, su vida, en la luz del Señor, no cesará nunca".[14] Esto explica por qué él ahora se enfrentaba a una severa disonancia cognitiva: un dato era que Dios iba a derramar su Espíritu en el siglo venidero, en el reino de Dios; un segundo dato era su conocimiento de que *aún no* era el siglo venidero. Sin embargo, aquí llega Jesús a alterar las cosas con una tercera verdad, que los israelitas podían entrar a un tiempo futuro ("reino de Dios") solo *después de haber tenido* esta experiencia con el Espíritu.[15] La mente de Nicodemo no podía contener la idea de *entrar al reino —¡solo después de la venida de la cual Israel nacería otra vez!— uno debe previamente haber nacido otra vez*. ¿Qué clase de contradicción era esta? ¿Cómo podría alguien tener un tiquete para entrar al reino, si ese tiquete solo fuera entregado a la gente que ya ha entrado? Y así, él apela a aseverar, o simplemente está bromeando con un compañero rabino, que nadie puede regresar al vientre de la madre para nacer de nuevo. Debió haber pasado algún tiempo para que entendiera las afirmaciones de Jesús, y como los demás discípulos, experimentó el significado del nuevo nacimiento en Pentecostés.

Nicodemo era uno de los pocos humanos que escucharon que el Espíritu Santo iba a invadir la historia humana pre-*Gan Eden*, haciendo posible que una persona fuera transformada completamente en el ahora, para nacer de nuevo, para llegar a ser lo que Pablo acuñaría como un "nuevo hombre".

---

[13] Sorprendentemente, muchos comentarios de Juan no llaman atención a la intertextualidad entre Juan 3 y Ezequiel 36. Con respecto a otro tema, Raymond E. Brown, *El Evangelio según Juan*, 2 tomos (Madrid: Ediciones Cristiandad, 1999), 1:376-80, tiene una exposición detallada sobre la relación entre el don del Espíritu y el sacramento del bautismo.

[14] De los autores (probablemente) farisaicos Salmos de Salomón 3:12, en *Apócrifos del Antiguo Testamento*, 2:29.

[15] Brown, 1:375, sugiere que Nicodemo no debería haberse sorprendido en absoluto por la enseñanza de Jesús, dado que fue prefigurada en los profetas y en el judaísmo del Segundo Templo. Brown puede estar perdiendo la persistente creencia de la sinagoga, a la que Nicodemo seguramente se aferró, de que el Espíritu vendría sólo en el siglo *venidero*.

En el capítulo siguiente de Juan, se habla de una persona muy diferente, una laica samaritana que escucha el mismo nuevo paradigma de "el Espíritu de ahora, o mejor, de *casi* ahora".

VI. LA SAMARITANA APRENDE QUE LA ADORACIÓN QUE DIOS DESEA ES "DEL ESPÍRITU"

Como los lectores bíblicos saben, los samaritanos y judíos estaban continuamente en desacuerdo entre sí. Primero que todo, los judíos de los días de Jesús no consideraban a los samaritanos como verdaderos israelitas. Más bien, los consideraban como una mezcla de las tribus del norte con pueblos paganos que los asirios habían instalado en esa región después del exilio de Israel (2 R 17:23-24).[16] Esto para indicar que los samaritanos eran considerados como una raza mezclada y no como el verdadero pueblo de Dios, Israel. Aquí podemos confiar en Josefo para entender la actitud de los judíos hacia los samaritanos en el primer siglo d. C.; él los llamó "desertores" y "apóstatas":

> Los samaritanos son de una índole, como he descrito anteriormente, que cuando a los judíos las cosas les van mal, niegan que sean parientes, con lo cual dicen la verdad; pero cuando advierten que están favorecidos, inmediatamente se jactan de su parentesco con ellos, afirmando que son consanguíneos y haciendo remontar su origen a los hijos de José, Efraín y Manasés.[17]

Pero no eran los samaritanos los únicos que se asignaron con un estatus mixto. Para los propósitos de la misión de los Doce, Jesús dijo: "No vayan entre los gentiles ni entren en ningún pueblo de los samaritanos. Vayan más bien a las ovejas descarriadas del pueblo de Israel" (Mateo 10:5-6).

---

[16] Más, una tradición judía, que puede ser tan temprana como el primer siglo d. C., que afirma que ningún judío debería tocar o tener interacción con cualquier mujer samaritana, así que ella siempre es ritualmente impura. La Misná registra esta enseñanza en m. Niddá 4:1 – "Las hijas de los samaritanos (se consideran impuras como) menstruantes desde la cuna". De Carlos del Valle, ed., *La Misná*, BEB 98 (2da ed.; Salamanca: Ediciones Sígueme, 1997), 1026.

[17] Josefo, *Antigüedades* 11.8.6 §340, de *Antigüedades de los judíos*, ed. A. Ropero (Barcelona: Clie, 2013), 440.

Pero luego en la historia de la redención, en Hechos 8, los samaritanos serían tratados como israelitas apartados, diferente a los gentiles.

El trasfondo de Juan 4 es que los samaritanos construyeron su propio templo en Gerizín en el cuarto siglo a. C. Parte de su hostilidad hacia los judíos puede explicarse por el hecho de que el judío Juan Hircano lo destruyó en el año 128 a. C. En los días de Jesús, los samaritanos continuaron realizando sus ritos religiosos "en este monte", como dijo la mujer samaritana, pero no "en este templo".

Empecemos por el principio, con lo que el Mesías le dijo a la mujer samaritana. He aquí, mi propia traducción de Jn 4:19-24, y destaco los tiempos verbales, los cuales son muy relevantes:[18]

La mujer le dice: Señor, veo que usted es un profeta.
Nuestros antepasados en este monte adoraron (pasado)
y
ustedes dicen que en Jerusalén es donde se debe adorar (presente).
Jesús le dijo: Créame, señora,
que viene (*sentido* futuro, pero no tiempo futuro) la hora cuando
    ni en este monte
    ni en Jerusalén
   adorarán (tiempo futuro) al Padre.
Ustedes adoran (presente) lo que no conocen (presente).
Nosotros adoramos (presente) lo que conocemos (presente),
   porque la salvación es (presente) de los judíos.

---

[18] Echando un vistazo a las diferentes versiones "mesiánicas" del Nuevo Testamento, vemos en general que ellos traducen la frase clave en Juan 4:22 en la dirección de implicar que los judíos son la *fuente*, no el canal, de la salvación. Entonces, la Versión Israelita Nazarena –"la salvación *procede de* los yahuditas". En la Kadosh Israelita Mesiánica – "la salvación *viene de* los judíos". El *Código Real*, "la salvación *viene de* los yehudim"; *El Código Real Nuevo Testamento: Versión Textual Hebráica*, ed. D. A. Hayyim (Maor Hayyim Publishing), 167. Como veremos, el CR totalmente interpreta mal 4:23. Más, hay otros supuestos rabinos mesiánicos quienes se enfocan en Juan 4, por ejemplo: Ver "La salvación viene de los judíos", http://estudioskehilavirtualmundial.blogspot.com/2013/01/la-salvacion-viene-de-los-judios.html. Dice: "Como pueden observar, La salvación no viene por el catolicismo, no viene por las iglesias cristianas evangélicas, tampoco por los testigos de Jehová y mucho menos por los musulmanes, los adventistas o mormones. El propio Mesías, Yahshua, nos dice que la salvación viene por los judíos". Otros instan a los gentiles a regresar a sus "raíces judías".

SIN EMBARGO (allá/ἀλλά)

la hora viene (*sentido* futuro, no tiempo futuro) y ahora es (presente), cuando

los verdaderos adoradores adorarán (tiempo futuro) al Padre
en Espíritu y en verdad.

Porque además el Padre busca (presente) tales personas que así
lo adoran.

Dios es Espíritu,

y quienes lo adoran

en Espíritu y verdad tienen que (presente) adorar(lo).

En ese momento, Jesús no se refirió a la teología de los esenios, quienes rechazaron el templo de Jerusalén como si estuviera contaminado, y en su lugar vieron su comunidad en Qumrán como el verdadero templo espiritual de Dios; él habla solo de Gerizín como una seudoalternativa a Jerusalén.

Lo importante aquí es el término "sin embargo" (en el original, *allá/ ἀλλά*), puesto que Cristo está señalando que un gran cambio de paradigma está por venir, y de hecho ya ha comenzado. ¿Cuál es este cambio? Que no importa si uno cumple el rito judío o el samaritano. De hecho, dentro de 40 años el templo de Jerusalén iba a ser demolido por los romanos, pero Cristo habla de algo inmediato, que todo eso está cambiando ya, *ahora*. Como un antiguo comentarista dijo: *Los judíos en ese momento tenían una ventaja por encima de los samaritanos; ¡pero no por mucho tiempo!*

Y como leemos en Hechos, ni los samaritanos (Hechos 8) ni los gentiles (Hechos 10-11) necesitaban convertirse al judaísmo, porque el "sin embargo" ya había ocurrido, y ahora Dios solo está interesado en quién le sirve en Cristo, a través del Espíritu.

¿Cuál es la nueva y verdadera adoración? No con rituales, ni con sacrificios, sino a través del Espíritu Santo. Tal como Pablo lo señala en Rm 12:1: "Por lo tanto, hermanos, tomando en cuenta la misericordia de Dios, les ruego que cada uno de ustedes, en adoración espiritual, ofrezca su cuerpo como sacrificio vivo, santo y agradable a Dios". Ya, hace 2000 años, la pregunta sobre cuál era el lugar de adoración se había vuelto obsoleta.

Un segundo asunto del contexto teológico tiene que ver con el punto, ¿qué quiere decir, adorar a Dios "en Espíritu" o "en el Espíritu"? Aquí se está usando el término veterotestamentario del Espíritu Santo de Dios (Ez 36:27). Es decir, uno pasa por alto completamente el enfoque de Jesús, al traducirlo como "con un buen espíritu" en el sentido de una buena actitud. El cambio viene desde afuera, y para participar en esta adoración "es primeramente necesario que el hombre venga colmado y penetrado por el Espíritu de Dios".[19]

Qué lástima, entonces, leer esta "traducción mesiánica" del *Código Real* de Jn 4:23-24, que es realmente una paráfrasis sectaria libre, no anclada en ningún manuscrito bíblico. Subrayamos las dos frases cuestionables:

"Pero viene una hora, y ya ha llegado, cuando los verdaderos servidores, servirán al Padre <u>con la motivación correcta</u> y <u>según la Torah</u>, porque a los tales el Padre busca para que le sirvan. Elohim es espíritu, y los que le sirven, en espíritu y <u>según la Torah</u> deben servirle".[20]

El lector debe estarse preguntando acerca de estas dos frases en v. 23 – "la motivación correcta" e incluso peor, "según la Torah", que se repite en el v. 24. ¿De dónde viene la frase "según la Torah"? Únicamente de la prolífica imaginación del editor. Este texto dice "en espíritu" o mejor dicho "en el Espíritu", y es la misma frase exacta que Juan usa también en el v. 24, donde el *CR* se contradice y lo traduce "en espíritu"; es mejor entender ambas frases como "en Espíritu".

Regresando a la samaritana: qué maravilloso es recordar que Jeremías predijo, "haré un nuevo pacto *con el pueblo de Israel* y con la tribu de Judá" (31:31, énfasis agregado). Es decir, el reino del norte, anteriormente exiliado (llamado "Efraín" antes en el capítulo) y el reino del sur serán llamados para salvación. Y en el pasaje de restauración en Ezequiel, también Dios promete la reunificación: "Voy a tomar la vara de José que está en la mano de Efraín, y a las tribus de Israel que están unidas a él, y la uniré a la vara de Judá. Así haré con ellos una sola vara, y en mi mano serán una sola" (Ez 37:19).

Entonces, ¿qué predicó Felipe en Samaria, a esa tribu "espuria"? Predicó a Cristo, y ya: "Felipe bajó a una ciudad de Samaria y les anunciaba al Mesías" (Hch 8:5), "al Mesías", no el judaísmo puro, ni el templo auténtico, sino a Cristo. Y los apóstoles oraban para que ellos recibieran el Espíritu: "les impusieron las manos, y ellos recibieron el Espíritu Santo" (8:17). Desde ese momento no hubo ninguna discusión sobre genética, ni

---

[19] Rudolf Schnackenburg, *El evangelio según san Juan*, 3 tomos (Barcelona: Herder, 1980), 1:508.

[20] *Código Real*, 167. Yo participé en un debate con el editor del *Código Real* en 2010, que se puede leer en https://razondelaesperanza.com/2010/08/10/el-debate-sobre-el-codigo-real-introduccion/.

la pregunta rabínica *¿Mihu yehudi?* ("¿quién [técnicamente] es un judío?"): ellos necesitaban adorar, no en "este monte" ni en Jerusalén (donde seguían excluidos), sino "en Espíritu y verdad". Dios les envió el don del Espíritu, a pesar de que ellos no estaban alineados con el judaísmo. Y todo eso por fe, como indica Hch 8:12: "creyeron a Felipe". Ellos disfrutaron de la comodidad de ese mismo Espíritu más adelante, junto con sus hermanos cristianos entre los judíos: "Entonces por toda Judea, Galilea *y Samaria* la iglesia tenía paz. Iba edificándose y vivía en el temor del Señor, y con el consuelo del Espíritu Santo se multiplicaba" (Hch 9:31). ¡Qué concepto tan revolucionario: *la iglesia de Samaria*! Discípulos samaritanos-no-judíos, bautizados en el Espíritu Santo, receptores del Nuevo Pacto.

VII. LOS APÓSTOLES APRENDEN QUE EL ESPÍRITU ESTÁ POR VENIR SOBRE ELLOS

Debido a que el tema es muy amplio, nos enfocaremos en algunos pasajes seleccionados.[21]

La promesa del Espíritu Santo llega en la última etapa del ministerio de Jesús, pero existían fuertes indicaciones de su venida muy desde el principio. En el evangelio de Lucas, primero Zacarías (1:41-42, 67), Simeón (2:26-27) y Ana (2:38) experimentaron el Espíritu de profecía, de una forma alejada de Israel durante aquella época: cuando el reino de Dios se acercaba, el Espíritu dio nuevos destellos de experiencia carismática en Israel.

Luego, también Juan el Bautista dio un salto proféticamente en el vientre de su madre (Lc 1:41) y cuando era adulto predicó a multitudes lo que Dios le había "dicho":

Aquel sobre quien veas que el Espíritu desciende y permanece es el que bautiza con el Espíritu Santo (Jn 1:33).

Y en la tradición sinóptica también, se recuerda que Juan el Bautista había hablado de Jesús y del Espíritu Santo:

---

[21] El lector debe consultar el artículo excelente por Matthias Wenk, "Espíritu Santo" (en los evangelios), en *Diccionario de Jesús y los evangelios*, ed. J. B. Green, J. K. Brown y N. Perrin (Barcelona: Clie, 2016).

Él los bautizará con el Espíritu Santo y con fuego (Mt 3:11).

Y por supuesto, Jesús recibió el Espíritu, como el ungido por Dios (Is 11:1-4), pero también como un tipo de primicia de quienes recibirían más tarde su derramamiento.

El evangelio de Juan va mucho más allá:

En el último día, el más solemne de la fiesta, Jesús se puso de pie y exclamó: ¡Si alguno tiene sed, que venga a mí y beba! De aquel que cree en mí, como dice la Escritura, brotarán ríos de agua viva. Con esto se refería al Espíritu que habrían de recibir más tarde los que creyeran en él. Hasta ese momento el Espíritu no había sido dado, porque Jesús no había sido glorificado todavía (Jn 7:37-39).

Es el evangelista el que interpreta la metáfora del agua para nosotros, una explicación que los apóstoles entendieron completamente en retrospectiva, mucho después de la Fiesta de las Cabañas: el Espíritu "no había sido dado" (7:39), es decir, *no dado en el sentido al que Jesús se refería aquí*, una llenura del agua y del Espíritu desde Ezequiel y comunicado antes a Nicodemo.

Es en la tradición de la Pasión que el Espíritu entra en primer plano. El lector nos perdonará si mezclamos la tradición juanina con la lucana y la paulina, ya que todas fueron formuladas y escritas durante años siguientes al Pentecostés y con una apreciación más profunda de lo que Jesús quiso decir cuando prometió el Espíritu.

Para apreciar las "palabras de institución", debemos recordar que ellos celebraban la Pascua, y cada uno de los elementos –como la vestimenta, la comida, las copas de vino, la liturgia tradicional, las oraciones, las canciones– podían estar precedidos con un: *Este es el pacto del Señor con Israel cuando los sacó de Egipto.* Por tanto, estas hierbas amargas son la amargura de la esclavitud en Egipto; este cordero es el sacrificio para salvar a los primogénitos; el pan sin levadura muestra la premura de la partida. Ninguno de los que celebraba la Pascua esa noche en Israel hubiera pensado llamarla la celebración del "Antiguo Pacto": era *el* pacto, y punto. Sin embargo, Jesús va mucho más allá: "Ahora, *este* pan es mi cuerpo, entregado por ustedes; hagan esto en memoria de mí" y luego, "*Esta* copa es el nuevo pacto en mi sangre, que es derramada por ustedes" (Lc 22:19-20). Más tarde, Pablo citaría la versión lucana de la Cena del Señor, incluyendo la referencia del Nuevo Pacto: "Esta copa es el nuevo pacto en mi sangre" (1 Cor 11:25); y luego se presenta a sí mismo y a su equipo como "servidores de un nuevo pacto" (2 Cor 3:6; más de este versículo se verá en el capítulo 6 de este libro).

En la versión juanina hay mucha más información: "Yo le pediré al Padre, y él les dará otro Consolador para que los acompañe siempre" (14:16). "Consolador" recoge el significado de *parakletos*, aunque "abogado" es otro sentido de esa exquisita palabra.[22] El Paráclito es como Jesús, y enseñará, guiará, y dará poder a los discípulos ante la ausencia de Jesús. "Les enseñará todas las cosas" se mantiene firmemente dentro de la promesa de los profetas de que el Señor enseñará a su pueblo directamente. Esto se ve reflejado también en 1 Ts 4:9 – "Dios mismo les ha enseñado".

Observemos a Lucas-Hechos, una sola obra literaria que fue producida en dos partes.[23] Dado que había un autor de ambos tomos, Lucas (según mi consideración) usó la técnica antigua de empezar el segundo rollo (Hechos) con un breve *resumen* del anterior. Por esa razón, el estudiante de la Biblia no debe tratar de entender la promesa del Espíritu y la Gran

---

[22] Debemos evitar los dos errores lingüísticos que comúnmente se evidencian con Jn 14:16. Uno es que la gente le da demasiada importancia a "otro", diciendo que el adjetivo aquí, *allos*, significa "otro de la misma clase" mientras que *jeteros* significaría "otro de una clase diferente". A pesar de lo que Trench dijo en su obra, ahora anticuada, *Synonyms of the New Testament* (*Sinónimos del Nuevo Testamento*), esa distinción ya no existía en el griego *koinē*, y los adjetivos eran más o menos intercambiables en este período. Por lo tanto, leemos que el Espíritu es un consolador *diferente* que es *como* Cristo, porque eso es lo que dice el contexto, no necesariamente por el adjetivo particular utilizado. En segundo lugar, debemos evitar el truco etimológico de traducir *parakletos* como "uno llamado *al lado de alguien*", que no era exactamente el sentido que se pretendía dar al sustantivo. Algunas veces el verbo cognado da una indicación útil de lo que puede significar un sustantivo, y es cierto que *parakaleō* significa "ser llamado a" o "convocado"; pero en el caso del sustantivo *parakletos*, el paralelo puede ser engañoso. Para un estudio completo, vea Schnackenburg, "Excursus 16: El Paráclito y las sentencias sobre él", en *El evangelio según san Juan*, 3:177-95.

[23] Hay un paralelo a Lucas-Hechos en la obra de dos tomos, *Contra Apión*, por Josefo. Él comienza el primer tomo con "...noble (*kratiste*) Epafrodito... como observo que muchas personas, influenciadas por las calumnias maliciosas de ciertos individuos... he creído que debía escribir brevemente sobre todos esos puntos, para poner de manifiesto la maldad y la deliberada falsedad de nuestros detractores, enmendar la ignorancia de los otros y dar a conocer a todos los que lo deseen la verdad sobre la antigüedad de nuestra raza" (Libro I, 1-3). Luego empieza el segundo tomo así: "A lo largo del primer libro, mi muy noble (*kratiste*) Epafrodito, he mostrado la verdad sobre la antigüedad de nuestro pueblo... Comenzaré ahora a refutar a los restantes autores que han escrito contra nosotros" (Libro II, 1-2). Tomado de Josefo, *Autobiografía. Contra Apión*, BCG 189 (Madrid: Editorial Gredos, 2008), 194, 258.

Comisión en Hechos 1 antes de explorar el material más detallado en Lucas 24. Lo citamos detalladamente:

> Cuando todavía estaba yo con ustedes, les decía que tenía que cumplirse todo lo que está escrito acerca de mí en la ley de Moisés, en los profetas y en los salmos. Entonces les abrió el entendimiento para que comprendieran las Escrituras. Esto es lo que está escrito –les explicó–: que el Cristo padecerá y resucitará al tercer día, y en su nombre se predicarán el arrepentimiento y el perdón de pecados a todas las naciones, comenzando por Jerusalén. Ustedes son testigos de estas cosas. Ahora voy a enviarles lo que ha prometido mi Padre; pero ustedes quédense en la ciudad hasta que sean revestidos del poder de lo alto (Lc 24:44-49).

Este párrafo programático expone en su totalidad la agenda para los discípulos después de la ascensión de Cristo.

- Todas las Escrituras, para sorpresa de todos, predijeron que el Mesías vendría, sufriría, y se levantaría al tercer día, además, que el Espíritu vendría tal como fue prometido.
- El Mesías dejaría, entonces, a los discípulos, y ellos serían los responsables de predicar el evangelio en el nombre del Cristo ausente (arrepentimiento y perdón), empezando, enfáticamente, en Jerusalén.
- La misión sería para todas las naciones. Latente en esta y en Hch 1:8 es una misión samaritana y gentil, aunque Lucas-Hechos permite al lector asumir que los discípulos no lo entendieron en su tiempo.
- Jesús enviaría la "promesa" del Padre, que traería poder celestial.

Pasamos a Hechos 1, el cual resume la enseñanza de Jesús antes de la ascensión:

- Jesús mismo les enseñó en el poder del Espíritu Santo.
- Nuevamente, el Espíritu es la "promesa"; nuevamente, los discípulos necesitan esperar en Jerusalén; y nuevamente, el Espíritu les daría poder para ser testigos de Jesús.
- La obra del Espíritu es también "bautizarlos", prestando atención en todo el regreso a la predicación de Juan el Bautista en Lc 3:16.
- La misión es "hasta los confines de la tierra", otra vez con una implicación de la misión a los gentiles, pero, otra vez, en este momento de la historia, su sentido pleno se pierde.

Lucas resume su enseñanza con un "les habló acerca del reino de Dios", usando "reino" como una sinécdoque del evangelio (como en Hch 8:12, el evangelio es "las buenas nuevas del reino de Dios y el nombre de Jesucristo"); es decir, su predicación incluía, pero no se limitaba, al siglo venidero. Incluso así, no es de extrañar que hagan la pregunta a Jesús en Hch 1:6, "Señor, ¿es ahora cuando vas a restablecer el reino a Israel?". Porque este era el elemento que no fue mencionado en Lucas 24, pero que por supuesto estaría en la mente de los judíos. Jesús desecha la pregunta, viéndola como inapropiada, y reenfoca su atención a la Gran Comisión.

El enfoque lucano está en el cumplimiento de la Escritura: Lo que sea que hagan los discípulos en el libro de los Hechos, tiene sus raíces en lo que Jesús les mostró de las Escrituras en el aposento. Se nos da a entender que esto incluye no solo las "predicciones mesiánicas" tradicionales, sino otros textos más; de lo contrario, ¿cómo sabía Pedro que la Biblia prediría la traición de Judas y la necesidad de reemplazarlo? (Hch 1:15-21, ver nuestro capítulo 7, "¿Los apóstoles siempre obedecieron el Espíritu Santo en Hechos? Unos casos"). Y podríamos imaginar también que habló sobre el Espíritu de Dios y los pasajes del Nuevo Pacto. De lo contrario, el lector se preguntaría cómo hubiera sabido Pedro decirle a la multitud que la venida del Espíritu era el cumplimiento de Joel 2:28-32. Y cuando la multitud pregunta qué debían hacer, les dijeron que, si creyesen, también recibirían la "promesa" profética del Nuevo Pacto del perdón y el Espíritu (Hch 2:38-39).

"Cuando llegó el día de Pentecostés" el Espíritu descendió sobre ellos, para "llenarlos" (Hch 2:4) y también para "bautizarlos" (1:5). Ahora miremos esto desde la perspectiva de los espectadores.

VIII. LOS JUDÍOS DE LA DIÁSPORA SON TESTIGOS DE LA VENIDA DEL ESPÍRITU

Cuando el Espíritu descendió durante la Fiesta de Pentecostés, una multitud de judíos estaban reunidos en Jerusalén. 3000 es un número mínimo para aquellos que atestiguaron el milagro pentecostal y escucharon la señal de lenguas.[24]

---

[24] Tomo las lenguas en Pentecostés como un *milagro del habla* (los discípulos estaban hablando en otros idiomas), no como un *milagro de la escucha* (es decir, no fue que Dios hizo que los extranjeros escucharan sus propios idiomas,

Pedro dice "lo que pasa es lo que anunció el profeta Joel", o sea, esto es eso; él cita el oráculo desde el comienzo hasta el final: "Y todo el que invoque el nombre del Señor será salvo". El pasaje de Joel fue particularmente adecuado, ya que guiaba a la multitud en Pentecostés de la evidencia de los ojos y oídos a la verdad que ellos necesitaban para invocar el nombre del Señor Jesús ("bautícese cada uno de ustedes en el nombre de Jesucristo") para ser salvos. Él también les prometió eso (2:38), "recibirán el don del Espíritu Santo". De este modo, la experiencia del Pentecostés no era única para los apóstoles, ni para el gran número de discípulos, 120 en número, presentes en el evento, sino para todos los que estaban presentes.

Se nota que en 2:17, Pedro no citó la Septuaginta, ni parece que él lo tradujo del hebreo. El indicador de tiempo en Joel 2:28 en hebreo (3:1 en el TM, también en la LXX) es "Después de eso (*ajaré jen*), derramaré mi Espíritu"; en la Septuaginta "después de estas cosas" (*meta tauta*) tiene el sentido de "en algún momento en el futuro". ¿Después de qué? Después de que ellos buscaran al Señor, él los restauraría. La explicación del texto en la frase de Joel 2, es que Pedro hace lo que los apóstoles a veces hacen: *parafrasea a* Joel, usando la frase "en los últimos días" (*en tais esjátais jemérais*).

No podemos saber, por qué nadie le respondió a Pedro: *Bueno, pero ¿dónde están los prodigios en el cielo y en la tierra?* En la narrativa, ese no fue el enfoque del autor.[25] Sin embargo, sí es seguro que, en la venida de *Jesús* ya estamos en los últimos días; el pueblo de Dios siempre vive en el precipicio del final, y es en el seguir a Jesús donde uno experimenta la salvación profética: "Queridos hijos, esta es la hora final" (1 Jn 2:18).

La revelación de Dios es progresiva: Joel no previó la venida del Mesías ni el don del Espíritu, miles de años antes del fin de esta época. Pedro, lleno del Espíritu, y habiendo sido instruido por el Cristo resucitado, descubrió nuevos misterios de Dios en el texto. Sin embargo, no dijo nada

---

a pesar de que no se hablaban). Ver el capítulo 3 de este tomo: "Hablar en lenguas y profetizar: ¿Qué son?".

[25] Dinorah Méndez dice que, "Para Pedro, el descenso del Espíritu constituía una clara señal de que había comenzado *la edad escatológica* anunciada en el AT, habían llegado *los últimos días*. Esto explica por qué identificó un pasaje del AT como pertinente para la edad mesiánica, y por qué interpretó el evento de Pentecostés a la luz de las Escrituras". Ver Dinorah Méndez, "Hechos", *Comentario bíblico contemporáneo* (Buenos Aires: Kairos, 1999), 1384, énfasis agregado. En mi opinión es mejor evitar la frase "la edad escatológica", así que podría hacernos pensar que estamos en el siglo venidero.

sobre ninguna aplicación universal de "toda carne". En Hechos 2, fueron los judíos quienes recibieron al Espíritu. Parece que Pedro tampoco entendió Joel 2 como un indicador de una misión que iba "hasta los confines de la tierra" y que incluiría a los gentiles; pero él mismo, años después, vio la conversión de no judíos, y dijo (Hch 11:15, 17) – "Y cuando comencé a hablar, cayó el Espíritu Santo sobre ellos también, como sobre nosotros al principio". La visión de Pedro en Jope, la visión angelical de Cornelio, y, sobre todo, la evidencia clara de que "el Espíritu Santo descendió sobre todos los que escuchaban el mensaje… pues los oían hablar en lenguas y alabar a Dios" (Hch 10:44, 46): fueron nuevas revelaciones que guiaron a la iglesia a cumplir la misión a las naciones. Esto siempre fue inherente en Lc 24:47 – "en su nombre se predicarán el arrepentimiento y el perdón de pecados a todas las naciones".

IX. CORNELIO ESCUCHA QUE DIOS PRETENDE DARLE SU ESPÍRITU

Cuando visité Israel, por supuesto, estaba conmovido por nuestras visitas al Monte Sion, el mar de Galilea, Megido. Incluso vimos el tradicional "aposento", donde el Espíritu descendió en Pentecostés. Pero lo que me dejó emocionalmente abrumado fue un cubo común y corriente de un solo piso, una casa en la antigua ciudad de Jope (la moderna Jaffa). Sobre la puerta principal estaba un letrero que decía: "La Casa de Simón, el Curtidor", o al menos es el sitio tradicional de su casa. ¡Qué diminuto y ordinario era! Con una modesta escalera, yo hubiera podido subir al techo, para ver donde Pedro tuvo la visión de la gran sábana descendiendo desde el cielo y su interpretación sobre, "Lo que Dios ha purificado, tú no lo llames impuro" (Hch 10:9-16).[26] En pocas horas, el primer gentil fue salvado por Cristo.

En más o menos una década que transcurrió entre el Pentecostés y Hechos 10, cada creyente era algún tipo de israelita, es decir, si incluimos a los samaritanos dentro de la más amplia definición de esa categoría.

---

[26] Y puesto que este asunto surge muy frecuentemente, vamos a señalar lo siguiente: como un (verdadero) creyente mesiánico, Pedro se mantuvo guardando *kosher*, por implicación, toda su vida (Hch 10:14); lo mismo hizo Pablo (1 Cor 9:20); y nosotros podemos deducir que así lo hizo Timoteo, puesto que él se circuncidó (Hch 16:3), poniéndose bajo el yugo de toda la Torah.

Incluso en el caso de Nicolás, un "prosélito" de Antioquía (Hch 6:5), él ya se había convertido al judaísmo antes de creer en Cristo. Él empezó su vida como un gentil, pero eventualmente fue "lleno del Espíritu" escatológico como un judío cristiano (Hch 6:3, 5).

Cornelio fue un temeroso de Dios, lo que significaba que él creía en Yahveh, pero era incircunciso y no estaba bajo la obligación de obedecer los otros ritos de la Torah. Pero sobre estas personas vino el sello de aprobación divino en lo que se conoce como "El Pentecostés gentil".

Mientras Pedro estaba todavía hablando, el Espíritu Santo descendió sobre todos los que escuchaban el mensaje. Los defensores de la circuncisión que habían llegado con Pedro se quedaron asombrados de que el don del Espíritu Santo se hubiera derramado también sobre los gentiles, pues los oían hablar en lenguas y alabar a Dios (Hch 10:44-46).

El orden de los eventos es importante: aunque ellos no estaban circuncidados, es decir, no cumplían con la Torah, recibieron el Espíritu Santo, como se evidenció en la señal de las lenguas.

Además, es importante para la narración que ellos *permanecieron* no judíos, y como consecuencia se creó el grupo de los "cristianos gentiles", grupo que incluyó millones de creyentes en Cristo desde entonces. Pedro solo pudo señalar que esto era obviamente la voluntad de Dios; admiremos la lógica de su afirmación: que "si Dios les ha dado a ellos el mismo don que a nosotros al creer en el Señor Jesucristo, ¿quién soy yo para pretender estorbar a Dios?" (Hch 11:17). Es claro en esa afirmación que Cornelio no había dado hasta el momento ningún paso para la observancia de la Torah, si lo hubiera hecho, la queja sobre la circuncisión y la ley nunca hubiera surgido.

Este acontecimiento fue luego ratificado mucho después en el Concilio de Jerusalén. Algunos afirmaban que: "Es necesario circuncidar a los (creyentes) gentiles y exigirles que obedezcan la ley de Moisés". Es decir, parte de convertirse en un seguidor de Cristo era convertirse en un prosélito y aceptar todos los 613 mandamientos de la ley. Pedro no respondió que, *Bueno, hace unos años, Cornelio confió en Cristo y desde entonces se ha convertido en un observante de la Torah.* Por lo contrario, nuevamente, emplea su argumento: Si los gentiles *–como gentiles–* reciben al Espíritu Santo cuando creen, entonces la única explicación es que Dios los *acepta* en ese momento como *creyentes gentiles.* "Dios, que conoce el corazón humano, mostró que los aceptaba dándoles el Espíritu Santo, lo mismo que a nosotros" (Hch 15:8). Pablo usaría la misma lógica con los gálatas: "¿Recibieron el Espíritu por las obras que demanda la ley, o por la fe con que aceptaron el mensaje?" (Gá 3:2), que, si Dios les dio como creyentes gentiles, su Espíritu, él los aceptó completamente como gentiles en Cristo, y punto. Convertirse en prosélito judío es un paso innecesario, un asunto de indiferencia; no, peor aún, en aquellos casos donde los gentiles nacidos buscan ser completos, cumplir, o supuestamente "profundizar" su fe cristiana al ser convertidos por circuncisión, pierden lo que ya tienen en Cristo. Al despreciar el Nuevo Pacto y favorecer el antiguo, perderán el poder del Espíritu Santo que los hace santos (esto es todo el argumento de Gálatas 5).

Que los cristianos gentiles no se convertían al judaísmo se ilustra más adelante en Hechos por medio del caso de Trófimo. Cuando él visitó la ciudad de Jerusalén en el 58 d. C., como miembro del equipo de Pablo, algunos judíos asumieron falsamente que Pablo lo había llevado a un lugar donde solo estaban permitidos los varones judíos (Hch 21:29). Ah, claro, él podía visitar el área exterior, el Atrio de los Gentiles (abierto a todo el mundo), pero nunca el Atrio de las Mujeres (abierto a judíos y judías) ni el Atrio de Israel (abierto a los varones judíos). Pablo no lo llevó al atrio interno, porque, aunque él era un santo y plenamente aceptado por Dios en Cristo, era un gentil no circuncidado, y en lo que concierne a las reglas del templo, era ritualmente impuro.

El resto del Nuevo Testamento revela que los cristianos gentiles participaron plenamente en la misión del evangelio, junto con sus hermanos judíos. Y Dios aprobó esto cuando él inspiró al gentil Lucas a escribir el evangelio y los Hechos, incluso este mismo pasaje sobre Pedro y Cornelio; de hecho, una cuarta parte del Nuevo Testamento fue escrito por Lucas, un creyente no judío. Y luego Pablo afirma la misión y la obra de enseñanza de Epafras, Lucas, Demas (Col 4:12-14); también Tito (Gá 2:1-5) y, por supuesto, Trófimo (Hch 21:29), además de muchos otros gentiles que se enumeran como siervos de Dios en Romanos 16.

X. LOS CRISTIANOS ROMANOS APRENDEN SOBRE EL PODER TRANSFORMADOR DEL ESPÍRITU

La epístola a los romanos se considera como un legado escrito de Pablo del evangelio de la justificación por la fe. Podríamos llamarlo con igual exactitud el Evangelio del Espíritu; ya en esta época, como cumplimiento de los profetas, "Dios ha derramado su amor en nuestro corazón por el Espíritu Santo que nos ha dado" (Rm 5:5).

Pablo presentó su carta con una tesis, la cual buscaba demostrar que "el evangelio es poder de Dios para la salvación de todos los que creen". Perseveró mucho para destruir toda esperanza de las personas en agradar a Dios bajo el Antiguo Pacto. Pero, además de eso, dio una nueva posibilidad: "Lo exterior no hace a nadie judío, ni consiste la circuncisión en una señal en el cuerpo. El verdadero judío lo es interiormente; y la circuncisión es la del corazón, *la que realiza el Espíritu*, no el mandamiento escrito. Al que es judío así, lo alaba Dios y no la gente" (2:28-29). Podríamos parafrasear a Pablo de esta manera:

> El Antiguo Pacto se sella por medio del rito de la circuncisión en el cuerpo físico, pero como cualquier rabino te diría, eso no hace a nadie un verdadero judío: Primero, porque muchos no judíos han sido circuncidados (en tiempos antiguos, los egipcios, los edomitas, los amonitas, los moabitas; ver Jr 9:24-26), y *ellos* no pertenecen al pacto de Abraham. En segundo lugar, porque muchos varones judíos que fueron circuncidados por sus padres más tarde apostataron. Además de esto, como Pablo demostró en otro capítulo, *no hay* judíos que obedecen completamente la ley. Pero desde la venida de Cristo, el judío auténtico es en el que el Espíritu Santo ha hecho una transformación, en su interior, no porque la persona obedezca los mandamientos escritos de la ley de Moisés. Esta es la persona a la cual Dios recibe como justo con él.

Para los gentiles también él abrió la puerta a un nuevo acuerdo: "De hecho, cuando los gentiles, que no tienen la ley, cumplen por naturaleza lo que la ley exige, ellos son ley para sí mismos, aunque no tengan la ley. Estos muestran que llevan escrito en el corazón lo que la ley exige, como lo atestigua su conciencia, pues sus propios pensamientos algunas veces los acusan y otras veces los excusan" (Rm 2:14-15). Este es el lenguaje del Nuevo Pacto, y Pablo incluye a los gentiles en ese milagro del nuevo nacimiento y por medio de una vida de obediencia a Dios. Si no, él solo estaría hablando hipotéticamente en aquellos versos y cuando dice, "Por lo tanto, si los gentiles cumplen los requisitos de la ley, ¿no se les considerará como si estuvieran circuncidados?". Una mejor explicación es que él lo dijo con total seriedad: ellos cumplen la ley porque, con una clara mirada a Jr 31:33 y a Is 51:7, algunos gentiles "muestran que llevan escrito en el corazón lo que la ley exige" (2:14-15). Esto fue el giro correcto que Agustín dio al pasaje, al escribir que los gentiles "que obran naturalmente los dictámenes de la ley y que llevan la obra de la ley escrita en sus corazones, sin duda ninguna estos gentiles, en cuyos corazones fue escrita la ley, pertenecen también al evangelio; para ellos, pues, como para todos los que creen, es el evangelio virtud de Dios para la salud".[27]

Pablo se consideraba como un heraldo del Nuevo Pacto, el cual se cumplió en la venida de Jesús (véase 1 Cor 11:25; 2 Cor 3:6). Sin usar como tal el término, es en Romanos 8 que Pablo explora su significado: su concepto proviene de Isaías, Jeremías, Ezequiel y Joel (él citará 2:32 en 10:13). Nuevamente, el lector cristiano actual está en algo de desventaja, porque una vez que ha escuchado Romanos con oídos cristianos, no lo puede dejar de oír de dicha forma, o escucharlo como un judío del Segundo Templo lo escucharía. Como lo dijimos al principio, antes de que ellos abrieron la epístola, los cristianos sabían que, para vivir la vida cristiana, uno debe caminar en el Espíritu.

Vayamos más adelante en Romanos. Yo he argumentado en otra parte que el Hombre Miserable en 7:14-25 es una hipotética persona judía, tratando de obedecer la ley sin el poder del Espíritu y fuera del Nuevo Pacto; es la teología de Romanos 2 expuesta en forma parábola.[28] Para un rabí no cristiano de los días de Pablo, si Romanos 7 sonaba en sacrilegio, entonces Romanos 8 hubiera sido un total disparate. En vez de enfrentar la inclinación del bien contra el mal, urgirá a sus oyentes a "alimentar el lado bueno", Pablo mostró que la verdadera lucha diaria es entre nosotros mismos (la carne, la persona que confía en su propia fuerza para cumplir con las exigencias de la piedad) y el Espíritu Santo de Dios.[29] La batalla no se gana con nuestras fuerzas internas, o con mi ángel bueno contra mi ángel malo, sino por medio de la intervención de Dios, quien triunfa sobre todo los aspectos de la naturaleza humana y los transforma.

---

[27] Agustín, *El Espíritu y la letra* 44, https://www.augustinus.it/spagnolo/spirito_lettera/index2.htm. De modo parecido, Barth, Cranfield, otros.

[28] Ver Gary S. Shogren, "The 'wretched man' of Romans 7:14-25 as *Reductio ad absurdum*". *EQ* 72.2 (April, 2000): 119-134.

[29] Para una exposición del significado de carne/*sarx*/σάρξ, es recomendado George E. Ladd, *La teología del Nuevo Testamento* (Barcelona: Clie, 2002), 620-30, quien avisa al lector, "El aspecto más difícil y complicado de la psicología paulina es su doctrina de *sarx*. La dificultad surge tanto debido a la complejidad del uso paulino de la palabra como a las diversas y contradictorias interpretaciones que se han hecho".

La cuestión de Romanos 8 es que lo que la ley no pudo lograr –una nueva humanidad, devota a un Dios santo– el Espíritu Santo sí es capaz de lograr, aplicando los maravillosos efectos de la muerte de Cristo, no solo perdonándonos sino transformándonos: "Así condenó Dios al pecado en la (carne), a fin de que las justas demandas de la ley se cumplieran en nosotros, que no vivimos según la (carne) sino según el Espíritu" (8:3-4).[30]

En Romanos, cuando Pablo habla de *pneuma/πνεῦμα*, él está hablando del Espíritu de Dios. Lejos de su teología está cualquier noción platónica, de que nuestras batallas morales pelean entre el cuerpo físico y nuestro espíritu humano. El griego original no usó mayúsculas y por tanto no se distinguió visiblemente el Espíritu de Dios del espíritu humano (como en 1 Ts 5:23).

Así también en 1 Corintios 2, Pablo define las verdades espirituales (2:13), usando "espiritual" en el sentido de "Espiritual" o "lo que procede del Espíritu", 2:14). Nuestras versiones actuales son una ayuda muy útil y legítima para entender los pensamientos de Pablo al colocar en mayúsculas "espíritu" cuando se refiere a el Espíritu; esto, a pesar de que hay muchos versículos donde el referente de Pablo no es claro (por ej., 1 Cor 6:17, 2 Cor 4:13, Flp 1:27). Pero con excepción de Rm 8:16, el ritmo de Romanos 8 sigue el toque del *Espíritu Santo, Espíritu Santo, Espíritu Santo*, que nos invade desde fuera, que "vive en ustedes" (8:9), en el lugar donde no habitaba.

Cada creyente en Cristo es una persona que bajo el Nuevo Pacto ha sido lavada y dotada con el Espíritu Santo (8:5-13). Por lo tanto, existen solo dos tipos de ser humano: no, uno es judío o gentil, tal como la sinagoga enseña; no, el legalista o el no-legalista, como lo dicen otros; y no tres grupos como unos cristianos enseñan (*pecador; salvo por Cristo; y luego salvo teniendo el Espíritu*). Para Pablo existen solo dos categorías: *en Cristo por fe* o *sin Cristo;* y estas categorías tienen una co-pertenencia entre *en el Espíritu por Cristo* y *sin el Espíritu por Cristo*. Pablo no puede concebir a un cristiano sin el Espíritu de Dios, ya que "si alguno no tiene el Espíritu de Cristo, no es de Cristo" (8:9).[31]

Por el contrario, es la persona que trata de tener lo supuesto mejor de ambos mundos –el que quiere el poder santificador del Espíritu, pero para

---

[30] La NVI traduce *sarx* como "naturaleza pecaminosa" cuando se refiere a los seres humanos caídos. Esto es válido, quizás aun preferible, sin embargo, usamos un equivalente más formal de "carne" para preservar el uso doble de *sarx* en estos dos versículos.

[31] Ver especialmente, C. E. B. Cranfield, *La epístola a los romanos* (Grand Rapids, MI: Nueva Creación, 1993), 167-73.

vivir según su propio criterio humano– al cual llamamos "carnal" o un "legalista". Gálatas 5 muestra la ruptura de este híbrido, de este monstruo, debido a que la dura lección del legalismo es que aquellos que tratan esforzadamente en obedecer la ley solo caen aún más en obras de la carne. En el lenguaje de Romanos, "la mentalidad (de la carne) es enemiga de Dios, pues no se somete a la ley de Dios, ni es capaz de hacerlo" (8:7). El camino recto no es manejar la carne ni moderar el legalismo, sino abandonar el "sí mismo" enteramente, a favor de la obra del Padre en Cristo. El legalista no puede curarse solo: es el Espíritu el que puede controlar la carne, con sus perspectivas, presuposiciones, valores, deseos y propósitos.[32]

> Este no es un estilo de vida ascético, o en el que se hace morir de hambre las pasiones mediante ayuno, vigilias, o votos y resoluciones, y una lista de reglas cada vez más extensa. Pablo cree que esas disciplinas no tienen poder para controlar los malos deseos (ver en especial Col 2:23). El plan de Dios es simple, pero no simplista. Él da la victoria a la persona espiritual (o mejor "persona del Espíritu"), y nosotros recibimos su poder simplemente con pedirlo: "¡cuánto más el Padre celestial dará el Espíritu Santo a quienes se lo pidan!" (Lc 11:13).[33]

El Nuevo Pacto profético siempre fue pensando como un evento de un "siglo venidero", el reino escatológico de Dios. Y Pablo está de acuerdo en que eso es cierto, que eventualmente es el Espíritu el que dará vida a nuestros cuerpos mortales (8:11) en la creación renovada. Pero la otra verdad es aun más asombrosa: durante este tiempo, el don escatológico del Espíritu está presente como "primicias", como anticipación de mayores glorias venideras. Y aun antes del tiempo futuro, los cristianos pueden experimentar la justicia, paz, y gozo del Espíritu bajo "el reino de Dios" (14:17) y pueden incluso cumplir la ley amándose unos a otros (13:10).

CONCLUSIÓN

La buena noticia de Cristo incluye una asombrosa cláusula inesperada. El Espíritu Santo vino a arreglar lo que ninguna persona, ninguno de los

---

[32] Shogren, "Romanos", *CBC*, 1452.
[33] Shogren, "Romanos", *CBC*, 1453.

patriarcas, ningún israelita, y ciertamente ningún gentil había experimentado: un Nuevo Pacto, cuyos términos fueron dictados soberanamente y cumplidos por Dios. Él presentó la cruz de Cristo como un medio de reconciliación de las personas para con Dios y rompió la barrera entre razas, pero aún fue más allá. Incluso antes de la resurrección final, el Día del Señor, el siglo venidero, él se cercioró de que los santos fueran transformados en su composición psicológica y comportamental esencial. Ellos forman una nueva humanidad, una "tercera raza", así como la llamaban los primeros padres.[34] Como individuos y como tribu, el *Homo sapiens* se convierte en *Homo sapiens nova creatura*, moldeado después del Nuevo Adán. Es este estado de "haberse convertido y seguir siendo nuevo" que el pueblo de Dios aguarda el reino final, cuando el Espíritu los transformará a la perfección de su Señor.

---

[34] Parece que Tertuliano acuñó la expresión *tertium genus en su A los gentiles* I.8. Ver especialmente, Adolf von Harnack, cap. 7 "The tidings of the new people and of the third race: the historical and political consciousness of Christendom", en *The mission and expansion of Christianity in the first three centuries* (London: Williams & Norgate, 1908), 200-19.

Capítulo 2

EL BAUTISMO Y LA LLENURA DEL ESPÍRITU SANTO[1]

Pablo en 1 Cor 12:13 razona volviéndose desde el estado presente de la iglesia a sus comienzos, a su constitución. La meta original del Espíritu Santo no es simplemente bautizar individuos con su poder, sino formar un cuerpo: *Todos fuimos bautizados por un solo Espíritu para constituir un solo cuerpo.*[2]

Este versículo es uno de los textos claves para el "bautismo del Espíritu Santo". Los pocos versículos que lo mencionan no son fáciles de armonizar.[3] Esto se ha vuelto aún más difícil por varias oraciones en las cartas paulinas que podrían interpretarse como bautismo en agua, bautismo en el Espíritu, o ambos (Rm 6:3-4; Gá 3:27; Col 2:12).

Examinemos unos pasajes de los evangelios y de Hechos.

Mateo 3:11 = Marcos 1:8 = Lucas 3:16 contienen un dicho de Juan el Bautista que llegará a ser clave en los evangelios sinópticos y en Hechos:

---

[1] Este ensayo adaptado de mi comentario, *1 Corintios: un comentario exegético-pastoral*, de Clie.

[2] La NVI (como RV 60, VP, LBLA) traduce la preposición griega *en* como "por"; podría también traducirse como "en" (BJ). Aunque se ha tocado mucho la supuesta diferencia entre los conceptos, encontramos poca diferencia teológica para nuestros propósitos aquí.

[3] J. D. G. Dunn, *Jesús y el Espíritu* (Salamanca: Secretariado Trinitario, 1981), sigue siendo uno de los mejores análisis del tema. Para un punto de vista distinto, cf. John W. Wyckoff, "El bautismo en el Espíritu Santo", capítulo 13, en *Teología sistemática: una perspectiva pentecostal*, ed. Stanley M. Horton (edición ampliada; Miami, FL: Editorial Vida, 1996); también Michael Green, *Creo en el Espíritu Santo*, tr. E. S. Vilela (Miami, FL: Editorial Caribe, 1977), capítulo 8.

"Yo los he bautizado (*bautizō*) a ustedes con agua... pero él los bautizará con el Espíritu Santo ('y con fuego', Mateo y Lucas)". El significado de este último parece ser el juicio de Cristo, más que las llamas de fuego aparecidas sobre los discípulos en Hch 2:3.

Hch 1:5 repite el contraste con Juan: "Juan bautizó con agua, pero dentro de pocos días ustedes serán bautizados con el Espíritu Santo". El relato de Pentecostés en Hch 2 no menciona la frase "bautismo en el Espíritu", sino "ellos fueron llenos con el Espíritu". Sin embargo, debido a que esto se presenta como el cumplimiento de Hch 1:5 es implícitamente un recuento de su bautismo en el Espíritu. Los discípulos hablan en lenguas.

Hch 8:15-16: "Estos, al llegar, oraron por ellos para que recibieran el Espíritu Santo, porque el Espíritu aún no había descendido sobre ninguno de ellos; solamente habían sido bautizados en el nombre del Señor Jesús". Los conversos samaritanos creyeron y fueron bautizados con agua. Sin embargo, el Espíritu Santo no vino sobre ellos hasta que los apóstoles llegaron y les impusieron las manos. Se les dijo que "recibieran" (*lambanō*) el Espíritu, el cual "cayó sobre" ellos (*epipiptō*). No hay ninguna referencia a hablar en lenguas, pero esa es la causa más natural para la reacción de Simón en 8:17-19.

Hch 10:44, 45-47: "Mientras Pedro estaba todavía hablando, el Espíritu Santo descendió sobre todos los que escuchaban el mensaje... El don del Espíritu Santo se hubiera derramado también sobre los gentiles, pues los oían hablar en lenguas y alabar a Dios. Entonces Pedro respondió: ¿Acaso puede alguien negar el agua para que sean bautizados estos que han recibido el Espíritu Santo lo mismo que nosotros?". 11:15-16: "Cuando comencé a hablarles, el Espíritu Santo descendió sobre ellos tal como al principio descendió sobre nosotros. Entonces recordé lo que había dicho el Señor: 'Juan bautizó con agua, pero ustedes serán bautizados con el Espíritu Santo'". De nuevo el Espíritu cayó sobre (*epipiptō*) los primeros gentiles cristianos mientras escuchaban el mensaje del evangelio; recibieron el Espíritu (*lambanō*) y comenzaron a hablar en nuevas lenguas; Pedro cita la promesa acerca del bautismo del Espíritu de Hch 1:5.

Hch 19:4-5: "Pablo les explicó: El bautismo de Juan no era más que un bautismo de arrepentimiento. Él le decía al pueblo que creyera en el que venía después de él, es decir, en Jesús. Al oír esto, fueron bautizados en el nombre del Señor Jesús". Hay un último contraste entre los discípulos de Juan el Bautista y los cristianos. Ellos no habían recibido (*lambanō*) el Espíritu; cuando ellos fueron bautizados en agua como cristianos, el Espíritu descendió sobre ellos (*erjomai*) y hablaron en lenguas.

¿Es posible armonizar estos versículos?

- "Recibir" el Espíritu/el don[4] del Espíritu (2:38, 10:45, 47), asimismo el Espíritu "cayó" sobre alguien, ser bautizado en el Espíritu, aunque quizá no sean términos exactamente intercambiables, se refieren a la misma experiencia, aparentemente irrepetible.

- "Lleno del Espíritu". Existe un contraste, tal vez, entre Hch 2:4 y Ef 5:18. El pasaje de Efesios insinúa que un cristiano debe procurar vivir lleno del Espíritu, es decir, se trata de un estado más que de un evento único. Puede ser que Hch 2:4 (y 9:17) esté empleando "lleno" como un evento único, sinónimo de "bautismo"; o es posible que use "lleno" como una experiencia repetible (como se desprende claramente de Hch 4:8; 4:31; 7:55; 13:9; 13:52) que, además describe en forma precisa una experiencia inicial del Espíritu, pero no se limita a ella.

- El "bautismo" del Espíritu se presenta en Hechos como una recepción de su poder cuya evidencia a menudo es hablar en lenguas; en 1 Corintios se presenta como la iniciación de una persona en el cuerpo invisible de Cristo. Algunos desean argumentar a favor de dos bautismos distintos del Espíritu, pero el texto indica que el único bautismo del Espíritu tiene diferentes resultados.

- El bautismo del Espíritu se asocia con el bautismo en agua, pero no es idéntico a este. El Espíritu Santo vino sobre los discípulos sin ninguna conexión al bautismo en agua en 2:4; él bautiza a los conversos gentiles poco antes del bautismo en agua en Hechos 10–11;

---

[4] "Don" aquí es *dōrea* en lugar de *jarisma* en 2:38, 10:45, 11:17; la idea es "don *el cual es* el Espíritu Santo".

poco después del bautismo en agua en Hechos 19; algún tiempo (al menos varios días) después del bautismo en agua en Hechos 8; en una conexión no especificada con el bautismo en Hch 2:38. Eruditos católicos y algunos protestantes desean convertir 1 Cor 12:13 y los otros versículos paulinos en referencias al bautismo sacramental en agua, es decir: *A través del bautismo en agua ustedes recibieron el Espíritu Santo.*[5] Esto no se especifica en ningún lugar en los textos paulinos, y se contradice con los textos de Hechos.

Pablo continúa y emplea una frase única en las Escrituras: "y a todos se nos dio a beber de un mismo Espíritu". Probablemente no es una coincidencia que Hch 2:13, 15 y Ef 5:18 ofrezcan un contraste entre embriagarse con vino y ser lleno del Espíritu. Afirmamos que "tomaron la misma bebida espiritual" (mejor "bebida del Espíritu") es una referencia a participar en el Espíritu antes que del vino de la comunión.

Ciertamente Pablo concuerda con el autor de Hechos en que el Espíritu sobrenaturalmente faculta al creyente. No obstante, su énfasis principal aquí es la unidad:

No malinterpreten la diversidad evidente en el empoderamiento divino;

El Espíritu Santo ha venido a bautizarnos en único cuerpo,

Y aunque a menudo no es visible, esa unidad es la esencia fundamental de la iglesia.

¿En qué consiste la enseñanza paulina en relación con el Espíritu? Él no ordena que ningún cristiano sea bautizado en el Espíritu; esto parece indicar que todos sus destinatarios ya habían sido bautizados en el Espíritu. Con certeza esta es la presuposición de 1 Cor 12:13. Hay poco espacio para argumentar, por ejemplo, que cada cristiano *tiene* el Espíritu (como afirma Rm 8:9), pero que no es *bautizado* en el Espíritu; o, peor, el hablar de bautismo en el Espíritu y bautismo por/con el Espíritu[6] (todos ellos representan en castellano construcciones griegas similares).

---

[5] Ver C. K. Barrett, *The first epistle to the Corinthians*, BNTC (London: A. & C. Black, 1968), 289.

[6] Cf. Wyckoff, "El bautismo en el Espíritu Santo", 467; contra J. D. G. Dunn, *El bautismo del Espíritu Santo* (Buenos Aires: La Aurora, 1977), 150-53; D. A.

Como en 1 Cor 12:3, el punto es: *o una persona tiene el Espíritu y está plenamente en el cuerpo de Cristo, o no tiene el Espíritu y no es cristiana.* Por supuesto, esto no es lo mismo que decir que todos los cristianos dondequiera que estén han sido bautizados por el Espíritu. Sin embargo, en esta carta, su punto solo tiene sentido si primero todos los corintios habían sido bautizados en el Espíritu, y segundo si no todos tienen el *jarisma* de las lenguas (12:30) ni ningún *jarisma* en común.

Carson, *Showing the Spirit: a theological exposition of 1 Corinthians 12-14* (Grand Rapids, MI: Baker, 1987), 46-47.

Capítulo 3

HABLAR EN LENGUAS Y PROFETIZAR: ¿QUÉ SON?[1]

La iglesia ha tratado durante más de un siglo volver a captar el significado de los *jarismata* de lenguas y profecía. Naturalmente, bastante gente quiere leer su experiencia (o falta de ella) dentro del texto de 1 Corintios. Lo que resulta claro es que, si juntamos la experiencia de cada uno de los últimos cien años, acabaríamos con cada posible interpretación del texto bíblico. Lo que queremos saber es qué significó 1 Corintios en su contexto original, de modo que podamos aplicarlo más cuidadosamente a nuestros días. Este es un aspecto complicado, y solo seremos capaces de proveer unas breves respuestas. Animamos al lector a consultar otros estudios.[2]

Para esto contamos con varias fuentes: la primera es el Nuevo Testamento mismo, considerado como un comentario inspirado de lo que pasaba, pero también, humanamente hablando, el testigo más cercano de la iglesia primitiva. En segundo lugar, la historia de la iglesia primitiva: los padres del siglo 2 afirmaron que la profecía y las lenguas se experimentaban en

---

[1] Este ensayo adaptado de mi *1 Corintios: un comentario exegético-pastoral*, de Clie.

[2] Para quienes leen inglés, no conozco un texto mejor que el de Christopher Forbes, *Prophecy and inspired speech in early Christianity and its Hellenistic environment* (Peabody, MA: Hendrickson, 1997). El autor amplía y corrige el punto de vista defendido por D. E. Aune en su obra clave, *Prophecy in early Christianity and the ancient Mediterranean world* (Grand Rapids, MI: 1983). Cf. Ben Witherington III, *Conflict and community in Corinth: a socio-rhetorical commentary on 1 and 2 Corinthians* (Grand Rapids, MI: Eerdmans, 1995), 276-81.

sus días, y percibieron una continuidad ininterrumpida con la práctica de los *jarismata* en la era apostólica. También, el surgimiento del montanismo (la Nueva Profecía) en la década del 160 provocaron reacciones de muchos de los padres de la iglesia, quienes ofrecieron comentarios acerca de los verdaderos dones carismáticos en tanto que condenaron el montanismo.

¿Qué asuntos trataremos con respecto a estos dones en 1 Corintios?

Lenguas:

1. ¿Son las lenguas idiomas humanos, lenguajes angelicales, o expresiones ininteligibles?
2. ¿Cuál es la relación entre las lenguas de 1 Corintios y las lenguas de Hechos?
3. ¿Estaba el hablante "en éxtasis", es decir, en un trance o fuera de control?
4. ¿Cuál era el contenido de las lenguas?

Profecía:

1. ¿Cuál es la naturaleza de la profecía en el Nuevo Testamento?
2. ¿Estaba el profeta "en éxtasis"?
3. ¿Cuál era el contenido de la profecía?
4. ¿Era la profecía infalible?

LENGUAS:

1. ¿Son las lenguas idiomas humanos, lenguajes angelicales o expresiones ininteligibles?

Fuera de 1 Corintios, el *jarisma* de hablar en lenguas se encuentra solo en Hechos (2:4ss.; 10:46; 19:6).[3] El día de Pentecostés los apóstoles se vieron a sí mismos en una situación poco común, llevada a cabo por la providencia de Dios. Es decir, ellos hablaron en lenguas, no en privado, sino en público, durante una fiesta judía a la cual llegaban judíos de todo el mundo conocido. La multitud respondió, "¡todos por igual los oímos proclamar

---

[3] El llamado "Final Largo de Marcos" contiene una referencia: "Hablarán en nuevas lenguas". Marcos 16:17 falta en los manuscritos más antiguos y posiblemente no es auténtico; no obstante, refleja la creencia de la iglesia primitiva.

en nuestra propia lengua las maravillas de Dios!" (Hechos 2:11, que refleja 2:6 y 2:8). De nuevo, en Hechos 10:46 y 19:6 los cristianos espectadores sabían que cierta gente había recibido el Espíritu cuando los escucharon hablando en lenguas; parece que esta es la sugerencia de Hechos 8:17-19 también. Después de Hechos 2, no hay indicio de que alguien entendiera lo que decían quienes hablaban en lenguas, solo que ellos reconocían el fenómeno como tal. La única vez que los extranjeros entendieron las lenguas sin el *jarisma* de interpretación solo se debió a las circunstancias.

La interpretación de la mayoría hoy es que el milagro de Pentecostés no fue un milagro de hablar, sino de escuchar, es decir, Dios capacitó a la multitud para escuchar su propia lengua aun cuando los hablantes no la hablaban en realidad.[4] Encontramos esto muy improbable: un *jarisma* no se da a una audiencia no creyente, sino a los creyentes. Ellos hacen los milagros y los otros son observadores. De hecho, en el texto es claro que los creyentes "comenzaron a hablar en diferentes lenguas" en Hch 2:4, *previo a y aparte del punto en el cual* los judíos de la Diáspora se acercaron y escucharon sus propios lenguajes. Este es el caso en 1 Corintios también: en una congregación, una persona experimenta verdaderamente el milagro de hablar en lenguas, aun cuando no haya nadie que interprete o que por casualidad sepa ese lenguaje.

Hechos es suficientemente claro en que las lenguas eran lenguajes humanos. En términos técnicos, fueron el fenómeno de *xenolalia*, hablar en idiomas extranjeros (es decir, no *glosolalia*, lenguajes extáticos *no* humanos). Algunos han interpretado 1 Corintios en la misma manera, que los corintios hablaban lenguas extranjeras que necesitaban interpretación. Pero otros han argumentado que el don en Corinto es un *jarisma* distinto. ¿Cuál es la evidencia?

En 1 Cor 13:1 hay una referencia a hablar en lenguas angelicales; por tanto, unos han tomado esto como parte o como la totalidad de lenguas, que los corintios hablaban en lenguas celestiales que ningún humano podía entender.[5] Creemos, sin embargo, que Pablo está usando una hipérbole aquí (como lo hace a lo largo de 1 Cor 13:1-3), añadiendo "lenguas de ángel"

---

[4] James D. G. Dunn, *Jesús y el Espíritu* (Salamanca: Secretariado Trinitario, 1981), 249, afirma que los discípulos hablaban con discurso extático en Pentecostés, y que algunos de los espectadores *pensaron* haber oído otros lenguajes, pero su testimonio no era creíble.

[5] Witherington; Gordon D. Fee, *Primera epístola a los corintios* (Buenos Aires: Nueva Creación, 1994), 714-15; Richard B. Hays, *First Corinthians*, IBC (Louisville, KY: John Knox, 1997), 212, 223.

con el fin de reforzar la ilustración más allá de la experiencia normal. El griego apoya esto, el orden original captado por la VP: "Si hablo las lenguas de los hombres y aun de los ángeles...", Pablo probablemente sabía que algunos judíos místicos pensaban que podían oír o hasta unirse a la alabanza de los ángeles en su propio lenguaje.[6] Quizás esto sea lo que Pablo insinúa, cuando dice que "fue llevado al paraíso y escuchó cosas indecibles que a los humanos no se nos permite expresar" (2 Cor 12:4). Creemos que tal vez Pablo alude a esta práctica en 1 Cor 13, pero que esto *no* prueba que él pensara que las lenguas eran hablar en lenguas angélicas.[7] Si alguien cree necesario el uso de un lenguaje angelical para comunicarse con Dios, está equivocado: el griego *koinē* también funciona (1 Cor 14:15, 26-28). Si es aún permisible pensar en lenguas angélicas como la definición de lenguas de Pablo, nosotros no definimos lenguas como lenguajes angélicos, sino como humanos *y* angélicos, como Pablo mismo dice.[8]

Una tercera interpretación es que las lenguas no eran para nada lenguajes, sino un tipo de experiencia extática.[9] El hablante caía en un trance y desde un profundo nivel psicológico pronunciaba sílabas y sonidos raros. Son "misterios" en el sentido de que no tienen ningún significado

---

[6] El mejor ejemplo está en el *Testamento de Job*, 48-50, donde las hijas de Job se unen a la alabanza de los ángeles y cantan en su propia lengua, versión Díez Macho, 5:209-10 – "A estas palabras se levantó una de las tres hijas, la llamada Hemera, y se ciñó como le había dicho su padre. Recibió otro corazón, de modo que ya no pensaba en las cosas terrenas. Pronunció palabras solemnes en la lengua de los ángeles y entonó un himno a Dios, al igual que los himnos de los seres angélicos... (La hija Casia) en el dialecto de los príncipes celestes... (La hija Amaltea) en la lengua de los querubines...". Este apocalipsis es aproximadamente contemporáneo de Pablo. La versión griega usa *dialektoi* en vez de la *glōssai* paulina, pero esta es una diferencia insignificante; de hecho, Hechos 2:4 y 6 emplea ambos términos para referirse a las lenguas de Pentecostés. Cf. Gordon D. Fee, *God's empowering presence: the Holy Spirit in the letters of Paul* (Peabody, MA: Hendrickson, 1994), 83.

[7] Contra muchos comentaristas, incluyendo a W. Schrage, *Der erste Brief an die Korinther*, EKKNT 7/1-4 (Neukirchen-Vluyn: Neukirchener, 1991-2001), 3:284, quien dice que este término puede ser "apenas irónico".

[8] Este es el punto de vista de Jean Héring, *The first epistle of Saint Paul to the Corinthians*, tr. A. W. Heathcote y P. J. Allcock (London: Epworth, 1962), 135.

[9] G. G. Findlay, "The first epistle of Paul to the Corinthians", en W. R. Nicoll, ed., *The Expositor's Greek New Testament* (Grand Rapids, MI: Eerdmans, 1961 [orig. 1900]); Margaret E. Thrall, *I and II Corinthians*, Cambridge Bible Commentary (Cambridge: Cambridge University Press, 1965); y muchos otros. La posición de Thiselton es una variación de este punto de vista, ver Anthony C. Thiselton, *The first epistle to the Corinthians*, NIGTC (Grand Rapids, MI: Eerdmans, 2000), 984-86.

intrínseco. Su significado (y su interpretación) descansa en que esa persona se siente conectada a Dios y siente fervor.

La mejor interpretación es que las lenguas en Corinto eran (o se creía que eran) lenguajes existentes pero desconocidos:

a. Parece sumamente improbable que la iglesia primitiva conociera dos distintos *jarismata* llamados ambos "hablar en lenguas". Así que, daríamos prioridad a una interpretación que toma en cuenta tanto Hechos como 1 Corintios.

b. Pablo compara las lenguas con idiomas extranjeros en 1 Cor 14:21: los idiomas tienen significado, pero *este* no se conoce.

c. Como con los idiomas humanos las lenguas "significan" una cosa y no otra; sin interpretación un observador diría "no entiendo lo que dices" (1 Cor 14:16). Si esto fuera un éxtasis sin sentido, entonces el significado debe de estar desconectado de los sonidos y la persona no "dice" nada en particular. Sí, Pablo llama a las lenguas no interpretadas un simple ruido incomprensible (1 Cor 14:7-12), pero solo incomprensible en el sentido que el contenido no es comprendido por ninguno de los presentes. Un intérprete está facultado para decir en griego lo que el hablante dijo en otra lengua (1 Cor 14:14).

Por tanto, son "desconocidas" en la mayoría de las circunstancias, pero no (como la inglesa NRSV dice en 1 Cor 14:9 con "speech that is not inteligible") fundamentalmente "ininteligibles" en términos absolutos. Ellas son "inteligibles" para alguien que, como en Hechos 2, conoce el lenguaje. Nosotros entonces concordamos con la antigua interpretación de la que Crisóstomo (sobre 14:15) es representante: "Porque hubo entre los antiguos muchos que tuvieron también el don de la oración, junto con una lengua; y oraban, y la lengua hablaba, orando ya fuera en el lenguaje de los persas o en latín, pero su entendimiento no sabía lo que hablaban".[10] Asimismo

---

[10] Crisóstomo asumió la posición de que una persona con el don de lenguas podría milagrosamente hablar en múltiples lenguajes, de acuerdo a *In principium Actorum apostolorum* 3.4, nuestra traducción del griego: "Y el que era bautizado inmediatamente hablaba tanto en nuestro lenguaje (griego), y en el persa, y en el indio y en el lenguaje de los escitas, de modo que aun los no creyentes podían percibir que él era considerado digno del Espíritu Santo". Sin embargo, en su otro comentario, *1 ad Corinthios* 29.1 (mi paráfrasis), él parecía decir que cada persona habló solo en un lenguaje: "uno inmediatamente habló en el persa, otro en el romano, otro en el indio, otro en alguna otra tal lengua". Con respecto

Teodoreto de Ciro, quien tomó lo que pudieron haber sido lenguas extranjeras, bárbaras para sus ejemplos: aquel que habló en lenguas podía estar "hablando el lenguaje de los escitas o tracios".[11]

2. ¿Cuál es la relación entre las lenguas de 1 Corintios y las de Hechos?

Si no hay nada más que un hablar en lenguas, aun así, funciona diferente en Hechos que en 1 Corintios. Esto es principalmente circunstancial, puesto que en Hechos las lenguas aparecen en situaciones para mostrar que el Espíritu ha caído sobre los apóstoles u otros por primera vez. Nunca se nos dice cómo funcionan las lenguas en la vida cristiana devocional o en la iglesia. En contraste, 1 Corintios trata exclusivamente con la experiencia posterior de lenguas, pero no dice nada acerca de la inicial.[12]

Hay un tema especial que ronda "¿Hablan todos en lenguas?" en 1 Cor 12:30, lo cual sugerimos que significa: "No todos hablan en lenguas, ¿verdad?". Esta pregunta retórica va en contra de lo que algunos grupos cristianos todavía enseñan: que cada cristiano debe hablar en lenguas como evidencia del bautismo del Espíritu, o quizá no sea cristiano. Tales grupos tropiezan con este versículo. Después de todo, Pablo estaba refutando directamente esa misma enseñanza en Corinto. Una posible solución es que, todos los que tienen el Espíritu hablan en lenguas como evidencia del

---

a Pablo, puesto que él dijo que: "Yo hablo en lenguas más que todos ustedes" (1 Cor 14:18), esto significa que él habló en más lenguajes que cualquiera en Corinto; Crisóstomo, nuevamente en *In principium actorum apostolorum* 3.4, nuestra traducción del griego: "Veamos pues cómo el apóstol también tenía este don espiritual (de lenguas), y todos los demás. Con respecto a esto él dice, 'Yo hablo en lenguas más que todos ustedes'. ¿Vieron cómo él habló en varios tipos de lenguajes, y no solo eso, sino que él tenía excesivamente más que todos los otros creyentes? Porque él no solo dijo: 'Yo puedo hablar en lenguas', sino también, 'Yo hablo en lenguas más que todos ustedes'". Carlos Hodge, *Comentario de I Corintios*, tr. José-María Blanch (Carlisle, PA: Estandarte de la Verdad, 1969 [orig. 1857]), 229-33, ofrece un ensayo detallado sobre por qué las lenguas eran lenguajes reales. También ver Frederic Louis Godet, *Commentary on First Corinthians* (Grand Rapids, MI: Kregel, 1977 [orig. 1889]).

[11] Teodoreto de Ciro, *Commentary on the letters of Paul [Comentario sobre las catorce epístolas de San Pablo]*, ed. *Robert Charles Hill, 2 tomos (Brookline, MA: Holy Cross Orthodox Press, 2001)*, 1:212.

[12] Para un análisis detallado de lenguas en Hechos y en 1 Corintios, vea Craig S. Keener, *Acts: an exegetical commentary*, 4 tomos (Grand Rapids, MI: Baker, 2015), 1:804-31.

bautismo del Espíritu, pero no necesariamente tienen el *jarisma* de hablar en lenguas.[13] Otra teoría es que cada cristiano habla en lenguas como un lenguaje de oración para usar en privado, pero que no todos los cristianos tienen el *jarisma* de hablar en lenguas cuyo propósito es dar una revelación a la iglesia como un todo.

Debemos considerar estos acercamientos como la llamada "falacia de embudo" o de caso especial. En ningún lugar Pablo distingue entre dos especies de lenguas: dice que, o se tiene una o no se tiene; muchos cristianos no la tienen y nunca la tendrán, pero no deben preocuparse por eso. En 1 Corintios 14, él asume que las personas que hablan en lenguas en la iglesia deberían orar en lenguas en su casa: él habla de dos funciones del mismo don, pero no habla en ninguna parte de dos dones de lenguas distintos. Pablo no habla como si el uso de las lenguas en la iglesia o en las devociones privadas fueran dos habilidades separadas. Cierto, "el que habla en lenguas no habla a los demás, sino a Dios" (14:2). Sin embargo, la razón por la cual Pablo trae a colación orar a Dios individualmente en lenguas es porque no desea que la gente hable en lenguas en la iglesia sin un intérprete: disfrute su don individualmente, u ore para interpretar, pero ¡no interrumpa el culto!

3. ¿Estaba el hablante "en éxtasis", es decir, en un trance o fuera de control?

Algunos eruditos han comparado 1 Corintios con ciertos supuestos paralelos en el mundo grecorromano. Ellos sostienen que los corintios habían traído a la iglesia una práctica pagana y entraban en un trance para profetizar o para hablar en lenguas. Sus balbuceos eran incomprensibles, pero sonaban sobrenaturales. De hecho, en el siglo 2, los montanistas

---

[13] Así Stanley M. Horton, *El Espíritu Santo revelado en la Biblia* (ed. rev.; Miami, FL: Vida, 1992), 205, invoca el tiempo presente aquí como un presente continuo, como si fuera: "¿Continúan todos hablando en lenguas después de su experiencia inicial?". Dice "El hecho de que no todos tengan un ministerio de lenguas no significa que todos no puedan hablar en lenguas ocasionalmente o en sus devociones privadas. Tampoco ello es una exclusión de las lenguas en su carácter de evidencia inicial física del bautismo en el Espíritu conforme a Hechos 2:4". Este es un mal uso del tiempo griego presente, pero también ignora que los otros dos dones en este versículo usan el tiempo presente griego; aun así, Horton no traduciría: "¿Siguen todos teniendo el don de sanación? ¿Continúan todos interpretando?".

profetizaban en un trance extático, echando abajo las condenas que su práctica no concordaba con el patrón apostólico.[14]

Por el contrario, Pablo insiste que los profetas y quienes hablan en lenguas tengan control de sí mismos, y que, en amor, estos conscientemente procuren la mejor edificación para la iglesia. "Ellos son capaces de contar el número de oradores, discernir si alguien está presente para interpretar, y frenar el impulso de hablar" si es necesario estar en silencio (1 Cor 14:27-28).[15] Si pierden el control, esa no es la acción del Espíritu.

Lo más que podemos decir es que algunos de los corintios estaban verdaderamente hablando en lenguas, pero de una *forma* pagana. *Actuaban como si* estuvieran tan poseídos por el Espíritu que no pudieran evitar hablar en lenguas descontroladamente e interrumpiéndose unos a otros. Pablo rebaja esta conducta a la autocomplacencia. El Espíritu de Dios da los *jarismata*, y "Dios no es un Dios de desorden, sino de paz" (1 Cor 14:33).

4. ¿Cuál era el contenido de las lenguas?

En cada instancia en el Nuevo Testamento, cuando las lenguas se interpretan, las palabras se dirigen *a* Dios: orar (14:14-15; posiblemente Rm 8:26, aunque lo dudo); cantar (14:15); alabar (14:16); acción de gracias/dar gracias (14:17-18). Esto encaja bien con las lenguas de Pentecostés, donde los espectadores escucharon "las maravillas de Dios". En contraste, la profecía generalmente (pero no exclusivamente) es un mensaje de Dios al hombre.[16]

---

[14] Cf. Eusebio, *Historia de la iglesia* 5.16-17, ed. Paul L. Maier (Barcelona: Clie, 1999), 189, citado abajo en la sección concerniente al éxtasis y profecía.

[15] David E. Garland, *1 Corinthians*, BEC (Grand Rapids, MI: Baker, 2003), 569, nuestra traducción.

[16] Contra Horton, *El Espíritu Santo revelado*, 212. Pero para otra perspectiva pentecostal, cf. David Lim en *Teología sistemática: una perspectiva pentecostal*, ed. S. M. Horton (edición ampliada; Miami, FL: Editorial Vida, 1996), 470: "... cuando la interpretación le permite comprender lo que se dice a la congregación, esta es animada a adorar... Las manifestaciones proféticas son más de tipo instructivo". Él se refiere a las lenguas y a su interpretación como los "dones de adoración". También Gordon D. Fee, *God's empowering presence: the Holy Spirit in the letters of Paul* (Peabody, MA: Hendrickson, 1994), 218, nuestra traducción – "Aunque es muy común en los grupos pentecostales referirse a 'un mensaje en lenguas', no parece haber evidencia en Pablo para tal terminología".

El don de lenguas, especialmente en Hch 2, se presenta como la manera divina de revertir la confusión de lenguas en Babel (citada en Gn 11:1-9). Dios dispersó a los edificadores al diversificar su lenguaje, provocando que estos fueran incapaces de trabajar juntos para su propia gloria humana. En Pentecostés, Dios de nuevo hace que las personas hablen en otros idiomas, diversificó las lenguas, pero esta vez para atraer y unir diversas naciones a escuchar "las maravillas de Dios".

Algunos oponentes del movimiento pentecostal desafían a los que tienen el don de lenguas, para que muestren su autenticidad al usarlo en el campo misionero extranjero. *¿Por qué pasar años aprendiendo una lengua,* ellos se burlan, *si usted solo tiene que confiar en Dios y hablar el lenguaje automáticamente?*[17] Es patente que esto no tiene sentido, pues en la

---

[17] Por supuesto, algunos pentecostales también jugaron con este uso para las lenguas, notablemente en los inicios del siglo 20. Cf. R. P. Spittler, "Interpretation of tongues, gift of", en *Dictionary of pentecostal and charismatic movements*, ed. S. M. Burgess y G. B. McGee (Grand Rapids, MI: Zondervan, 1988), 469-70; también, Gary B. McGee, "El fondo histórico", en Horton, *Teología sistemática pentecostal*. No existe indicación del texto bíblico de que el principal propósito de las lenguas fuera el evangelismo extranjero, ver Marcus Dods, *The first epistle to the Corinthians*, Expositor's Greek Testament, 4 tomos (London: Hodder & Stoughton, 1906), 2:889. Por otro lado, Teodoreto de Ciro, *Commentary* 1:209, nuestra traducción del inglés, dice: "A los divinos apóstoles, por otro lado, la gracia del Espíritu les había dado el conocimiento de lenguas; desde que fueron nombrados maestros de todas las naciones, estos tenían que saber los lenguajes de todos para llevarles el mensaje evangélico a cada uno en su propio lenguaje". Teodoreto es el único padre que yo conozco que enseña esta idea; otros padres de la iglesia pensaban que el don era el *recordar* a la iglesia el llevar el evangelio a todas las naciones, pero no el *facilitar* la misión a pueblos de otros lenguajes. Eusebio, *Demonstratio evangelica* 3.7, http://www.tertullian.org/fathers/eusebius_de_05_book3.htm, llega prometedoramente cerca del punto de vista de Teodoreto, pero luego se aleja de él: los discípulos comunicaron el evangelio en el poder del nombre de Jesús, no a través de las lenguas, nuestra traducción: Jesús "habla con la voz de Dios, hablando en estas mismas palabras a aquellos discípulos de Él, el más pobre de los pobres: 'Vayan, y hagan discípulos de todas las naciones' (Mt 28:19). '¿Pero cómo', podrían haber contestado los discípulos al Maestro, 'podemos hacerlo? ¿Cómo, esperas que, podamos predicar a los romanos? ¿Cómo podemos argumentar con egipcios? Nosotros somos hombres criados para usar la lengua siria únicamente, ¿qué lenguaje hablaremos a los griegos? ¿Cómo podremos persuadir a los persas, armenios, caldeos, escitas, indios, y otras naciones bárbaras de dejar sus dioses ancestrales y adorar al Creador de todo? ¿En qué suficiencia de expresión tenemos que confiar para intentar tal trabajo como este? ¿Y qué esperanza de éxito podemos tener si nos atrevemos a proclamar leyes directamente opuestas a las leyes acerca de sus propios dioses que han sido establecidas durante las edades entre todas las naciones? ¿Por qué poder sobreviviremos a nuestro intento audaz?'. Pero mientras que los discípulos de Jesús estaban más probablemente diciendo esto, o pensando esto, el Maestro resolvió sus dificultades, mediante la

Biblia el don de lenguas nunca tuvo la intención de emplearse en misiones translingüísticas. Si bien en Hechos 2, sirvió para atraer a la audiencia, el mensaje del evangelio se predicó en griego. Aunque afirmamos que un visitante extranjero en Corinto posiblemente había oído su propia lengua, esto sería una rareza y no una posibilidad que Pablo explora.

Por otro lado, abundan los rumores modernos de gente que reconoce una lengua como un lenguaje que ya saben. Muchas de estas historias parecen tener la naturaleza de una "leyenda urbana". Se trata de una historia ficticia sin un origen conocido que circula y evoluciona con el paso de las décadas. Todos la cuentan como algo que le pasó a alguien que conocieron en el colegio o a un amigo o a un primo, pero nunca pueden precisar el evento o la persona. Del mismo modo, muchos de nosotros hemos oído o narrado la historia de un misionero capturado por una tribu africana. Lo llevan donde el jefe, y sabiendo lo que le espera cae de rodillas y comienza a hablar en lenguas. Los nativos se quedan callados, discuten entre ellos, y luego lo dejan libre. Más adelante se dice que él había hablado en la lengua nativa. No obstante, ¿quién entre nosotros puede conseguir el testimonio confirmado de los hombres de la tribu, o del misionero, o contar los detalles de cómo pasó? Tales historias son en extremo difíciles de rastrear o probar.

Además, debemos tomar en cuenta los muchos estudios científicos recientes de lenguas. (1) Los estudiosos todavía tienen que encontrar un lenguaje humano discernible entre las personas que les hablan en lenguas; (2) Las expresiones que han proporcionado que "sonaban como" un lenguaje u otro resultan no ser esos lenguajes, al ser analizados por aquellos que los conocen; (3) Cuando las personas hablan en lenguas estas usan sonidos que son familiares a su propio lenguaje, esto es, no usan vocales o consonantes fuera de su zona de confort lingüística; (4) Se ha demostrado que las expresiones de las personas que hablan en lenguas son idénticas a aquellas de personas a quienes les han pedido los científicos que *finjan* hablar en lenguas.[18]

---

adición de una frase, diciendo que ellos deberían triunfar 'en mi nombre.' Pues Él no les ordenó simple e indefinidamente: hagan discípulos de todas las naciones, sino con la necesaria adición de *en mi nombre*".

[18] Cf. El artículo detallado por Vern S. Poythress, "Linguistic and sociological analyses of modern tongues-speaking: their contributions and limitations", *WTJ* 42.2 (1980), 367-88. Estos datos han sido pasados por alto por algunos maestros pentecostales, por ejemplo, Ron Phillips, *An essential guide to speaking in tongues* (Lake Mary, FL: Charisma House, 2011), capítulo 9: "Speaking in tongues and

Existen aproximadamente 7000 lenguajes conocidos en el mundo hoy en día, además de los muy pocos idiomas no descubiertos. Por supuesto, es concebible que las personas estén hablando lenguajes humanos reales pero que estos no hayan sido desvelados. Entonces, tenemos que preguntarnos, ¿cuál es la probabilidad de que *todas* las lenguas que han examinados se pueden esconder dentro de la sombra del 1% no conocidas, y *ningunas* son de los 7000 ya conocidas? Además, los cientos de pruebas que han sido hechas en condiciones de laboratorio indican que los hablantes modernos de lenguas ni están hablando lenguajes humanos, ni están siguiendo los patrones que *cualquier* lenguaje humano tiene. Es decir, estos tienden a ser repetitivos y les falta el tipo de marco que todos los idiomas tienen. Esto debilita la afirmación de que los cristianos estén hablando en lenguas desconocidas reales, lo que es como Hechos y 1 Corintios define el don. Mientras que nosotros no podemos descartar la autenticidad de un don espiritual por exámenes de laboratorio, aun así, debería hacernos parar para preguntar qué están haciendo precisamente las personas cuando hablan en lenguas en privado o en una reunión. La respuesta más razonable es que muchos están hablando "extáticamente", usando los sonidos que provienen de su propia primera lengua, es decir, hablan "glosolalia" y no "xenolalia". Si Dios está trabajando a través de esa experiencia de hoy le toca a él decirlo; no parece la experiencia de los cristianos en Hechos y 1 Corintios y no tiene un paralelo bíblico sólido.

PROFECÍA:

1. ¿Cuál es la naturaleza de la profecía en el Nuevo Testamento?

Algunos, en la antigüedad y en tiempos recientes, han sugerido que la profecía era una interpretación carismática del Antiguo Testamento, que era "exégesis inspirada". Esto es difícil de creer, dado que no existen ejemplos de ello en el Nuevo Testamento. Ni es la profecía el don de predicar, aunque se trate de comunicar un mensaje especialmente inspirado.[19] Predicar

---

science". Sin embargo, el lector podría consultar Jordan Daniel May, *Global witnesses to pentecost: The testimony of 'other tongues'*, que relata testimonios personales de lenguas en todo el mundo contemporáneo.

[19] Contra Juan Calvino en 1 Cor 12:28, https://ccel.org/ccel/calvin/calcom39/calcom39.xix.iv.html, nuestra traducción: "Entendamos, entonces, por *profetas* en

o enseñar es el don de ser capaz de presentar la palabra de Dios a otros de un modo acertado y espiritualmente poderoso. La profecía involucra el recibimiento y la entrega de información que va de acuerdo con la Biblia pero que no se halla en la Biblia.

En el Nuevo Testamento, la gente dotada por Dios habla un mensaje sobrenatural a su pueblo o a los de afuera. Nos referimos a una definición útil:

> El profeta cristiano antiguo fue un portavoz de Dios directamente inspirado, del Jesús resucitado, o del Espíritu que recibió oráculos inteligibles que él o ella se sintió impulsado o impulsada a entregar a la comunidad cristiana o, representando a la comunidad, al público en general.[20]

Mucha confusión ha surgido de nuestra distinción moderna entre predecir (una predicción de eventos futuros) y profetizar (una palabra para edificar dirigida al aquí y al ahora). De hecho, esta distinción es falsa: si la profecía es una revelación sobrenatural, entonces puede tomar la forma de predecir el futuro desconocido (Hch 11:27-28; 21:10-11); o de guiar a la gente a realizar instrucciones específicas de Dios (con seguridad la implicación de Hch 13:1-2; también 1 Timoteo 1:18 junto con 4:14); o revelar el conocimiento divino de lo escondido en el corazón humano (1 Cor 14:24-25); o darles ánimo de parte de Dios (Hch 15:32, 1 Cor 14:3, 31). Por ejemplo, Pablo predijo que el barco en que él estaba sería destruido, pero que todos a bordo serían salvados (Hch 27:22-23). La *Didajé* nos informa que un profeta puede dirigirse a Dios en acciones de gracias (*Did.* 10.7); también, revelar a la iglesia un mensaje divino (*Did.* 11.7-12). El padre de la iglesia primitiva Ireneo no hizo distinción entre predecir y profetizar; dijo que los profetas de la iglesia de la segunda mitad del siglo II

---

este pasaje, primero que todo, eminentes intérpretes de las Escrituras, y luego, personas dotadas con una sabiduría no común y con destreza para optar por el punto de vista correcto en medio de la necesidad presente de la iglesia, que ellos pueden hablar convenientemente y de ese modo son, en cierta manera, embajadores que comunican la voluntad divina". Thiselton, *First Corinthians*, 1017-18, desarrolla en detalle una variación de este punto de vista.

[20] M. Eugene Boring, "Early Christian prophecy", en *Anchor Bible Dictionary* (New York: Doubleday, 1992), 5:496, nuestra traducción. En inglés: "The early Christian prophet was an immediately-inspired spokesperson for God, the risen Jesus, or the Spirit who received intelligible oracles that he or she felt impelled to deliver to the Christian community or, representing the community, to the general public".

profetizaron acerca del presente y también "otros tienen un conocimiento del porvenir, visiones y palabras proféticas".[21]

2. ¿Estaba el profeta "en trance"?

Como con las lenguas, algunos han defendido que los profetas emulaban a los paganos y caían en trance. Pero así no era el don de profecía tal y como Pablo lo conocía. Como con las lenguas, Pablo muestra que los profetas también mantenían control de sí mismos (1 Cor 14:26-33a). Un profeta recibe una revelación (1 Cor 14:30), en este caso, mientras estaba sentado en el culto. No se nos dice cómo es esta experiencia, sin embargo, se narra más claramente que el profeta no perdía el control. Cuando un profeta da señales de que tiene un mensaje, el profeta que está hablando en ese momento puede escoger si callarse y permitir que el segundo hable. Los profetas pueden hablar solo uno a la vez (14:31). Ellos no comienzan a gritar repentinamente, para luego despertar y preguntar "¿Qué acabo de decir?".[22] El profeta no es un médium pasivo o un objeto sin voluntad propia; no tiene control sobre el contenido, pero sí sobre la proclamación de este.[23]

3. ¿Cuál era el contenido de la profecía?

A diferencia de las lenguas, la profecía a menudo se dirige a los seres humanos de parte de Dios: prediciendo el futuro (Hch 11:27-28; 21:10-11); dirigiendo a las personas a tomar una acción específica (Hch 13:1-2; 1 Tm 1:18 junto con 4:14); revelando el conocimiento de Dios de lo que está oculto en el corazón humano (1 Cor 14:24-25); dando a las personas ánimo divino (Hch 15:32, 1 Cor 14:3, 31). La profecía podría, menos

---

[21] Ireneo, *Contra las herejías* 2.32.4, en *Lo mejor de Ireneo de* Lyon, ed. A. Ropero (Barcelona: Clie, 2003), 279. Cf. también las predicciones del futuro de Policarpo, *Martirio de Policarpo* 16.2, en *Lo mejor de los padres apostólicos*, ed. A. Ropero (Barcelona: Clie, 2004), 244 – "Al número de estos pertenece este hombre, el glorioso mártir Policarpo, que fue un maestro apostólico y profético en nuestros propios días, un obispo de la santa iglesia que está en Esmirna. Porque cada palabra que pronunció su boca se cumplió o bien se cumplirá".

[22] Esto es probablemente lo que los profetas falsos hacían en *Didajé* 11.

[23] Ver Schrage, *An die Korinter*, 3:455-56.

frecuentemente, ser alabanza dirigida a Dios (cf. por ejemplo el "Magnificat" en Lucas 1:46-55 o la profecía de Zacarías en Lucas 1:67-79).

Wayne Grudem tiene razón al señalar que el "papel" del profeta difiere de su contraparte del Antiguo Testamento.[24] En el Nuevo Pacto, es el apóstol en vez del profeta quien proclama nueva doctrina (aunque esto debe examinarse a la luz de Ef 2:20; 3:5, los cuales hablan de cristianos apóstoles y profetas). Aun así, el profeta en el Nuevo Testamento a veces se presenta como dando instrucciones de parte de Dios o aplicando una verdad conocida a una situación específica. Severiano dijo lo mismo en relación con Hch 5:3-4 – "En esto existe una diferencia entre los antiguos profetas y los nuevos; los antiguos profetizaban de forma más general sobre la caída de los judíos y el llamado de los gentiles y la llegada de Cristo encarnado, mientras que los de ahora (lo hacen) de forma particular como Pedro sobre Ananías".[25] Para aplicación específica: en Hch 13:1-2, los profetas no inventaron la Gran Comisión; antes bien, el Espíritu apartó a Bernabé y a Saulo para la comisión ya entregada por Jesús antes de su ascensión. Asimismo, en el culto, el profeta no definiría lo que es el pecado; antes bien, él revelaría los pecados ocultos en el corazón de algunos participantes (1 Cor 14:24-25).

Cuando la gente de hoy argumenta que, si Dios da profecías, entonces estas deben establecerse como textos inspirados junto al Nuevo Testamento, muestra su ignorancia del don por la definición del Nuevo Testamento. Los 27 libros de la literatura apostólica son revelación de Dios a la iglesia de todas las épocas. Por supuesto, Dios se ha encargado de que ciertas profecías se incluyan en el canon (notablemente el Apocalipsis). Por otro lado, la iglesia no tiene que escribir y circular profecías tales como, "Julio está visitando a una prostituta en secreto y debe arrepentirse"; o "Cierta viuda que vive arriba de la tienda de comestibles está pasando por una gran necesidad y ustedes deben ayudarla". De hecho, cuando los montanistas del siglo 2 afirmaron que daban profecías en el mismo nivel del Nuevo Testamento y las escribieron para su publicación, la iglesia –que todavía afirmaba la continuación de profecía– en su totalidad se levantó horrorizada en contra de estos.

---

[24] Wayne Grudem, *El don de profecía en el Nuevo Testamento y hoy*, tr. M. Cristiana Kunsch de Sokoluk (Deerfield, IL: Editorial Vida, 1992), capítulo 2.

[25] Gerald Bray y Marcelo Merino Rodríguez, eds., *1-2 Corintios*, La Biblia comentada por los padres de la iglesia: 7 (Madrid: Ciudad Nueva, 1999), 162.

Más adelante, la iglesia del siglo II tuvo amplia experiencia con profetas verdaderos y falsos. Ellos rechazaban a los profetas que caían en un trance, puesto que ellos lo veían como una práctica pagana, contrario a lo que los apóstoles enseñaban. Con respecto al líder sectario Montano, un cierto Apolonio escribió:

(Montano) se obsesionó, y en su enardecimiento entró en un trance. Comenzó a desvariar, a parlotear y a decir cosas sin sentido, profetizando en contra de la tradición de la iglesia y de sus costumbres desde el principio. De los que oyeron sus bastardos pronunciamientos, algunos se enfurecieron, considerándole poseído por un demonio y por un espíritu de error que perturbaba a la gente.[26]

Otro dijo:

...Pero el falso profeta habla de forma extática, sin vergüenza ni temor. Comienza con una ignorancia intencionada pero termina con una locura no intencionada. No pueden mostrar que un solo profeta, bien del Antiguo Testamento, bien del Nuevo, fuera inspirado de esta manera: ni Ágabo, ni Judas, ni Silas ni las hijas de Felipe, ni Amias de Filadelfia ni Cuadrado, ni ninguno de los otros que no son de los suyos (los montanistas).[27]

Orígenes también escribió que los profetas cristianos están conscientes, y saben lo que están diciendo:

Además, sacar fuera de sí a la que se supone profetiza y llevarla a un estado de frenesí, de modo que no esté absolutamente en sus cabales, no es obra del espíritu divino. Y es así que quien está poseso del espíritu divino debiera sacar más provecho, en orden a lo conveniente o útil... y mostrarse más lúcido en el momento en que lo divino se une con él.[28]

---

[26] Citado por Eusebio, *Historia de la iglesia* 5.16, 189.

[27] *Ibid.*, 5.17, 191.

[28] Orígenes, *Contra Celso* 7.3, en *Orígenes: Contra Celso*, BAC (Madrid: Editorial Católica, 1967), 463. En *Contra Celso* 7.4-9, Orígenes contrasta la verdadera profecía con la pagana, argumenta que el Espíritu Santo trae claridad, no confusión extática. Celso había afirmado (en 7.10, 469) que los profetas antiguos eran

4. ¿Era la profecía infalible?

Aunque Pablo les advierte a los cristianos que tomen la profecía seriamente, también quiere que las iglesias analicen con cuidado las declaraciones proféticas (1 Cor 14:29; 1 Ts 5:21-22). Esto concuerda muy bien con las instrucciones dadas en el Antiguo Testamento en Dt 18:18-19. En el AT, el castigo por una profecía falsa era la muerte (Dt 18:22). La conclusión es que un profeta verdadero sabrá cuál es el mensaje divino y lo comunicará con exactitud.

Wayne Grudem es famoso por haber argumentado en su libro *El don de profecía* que las profecías del Nuevo Testamento eran de un tipo distinto. Él estudia las profecías de Ágabo en Hechos y las advertencias acerca del discernimiento en 1 Corintios y 1 Tesalonicenses. De ahí, este deduce que las profecías cristianas pueden ser distorsionadas en su transmisión. Aunque surgen de un impulso genuino de parte de Dios, no son infalibles:

> Cada profecía podía contener elementos verdaderos y falsos, los cuales debían ser tamizados y evaluados según fueran... parece que las palabras de los profetas podían ser puestas a prueba y cuestionadas, y que los profetas podían equivocarse a veces. Sin embargo, no se señala que un error en alguna ocasión constituía al profeta en "falso".[29]

Esto nos parece innecesariamente complicado, sin mencionar que se opone a la naturaleza de la profecía. Con bastante frecuencia, la profecía revela cosas desagradables al oído. Además, podría revelar información que no se puede corroborar de inmediato (como en las profecías de Ágabo). Pero si se le pidiera a la congregación que la recibiera en fe y que la obedeciera, ¿cómo podría ser así si cada una de las profecías fuera una mezcla potencial de verdad y de mentira, sin mencionar las cosas que ni son verdad ni mentira pero que nunca salieron de la boca de Dios?

Es mejor considerar el discernimiento como la aprobación del profeta mismo, si esta persona es de buen carácter y si el mensaje concuerda con

---

como los paganos: "Después de esas baladronadas, añaden una tiramira de palabras desconocidas, desatinadas y totalmente oscuras, cuyo sentido no podría averiguar ningún hombre inteligente, pues realmente no lo tienen, pero dan buena ocasión a cualquier botarate o charlatán para aplicárselas como se le antoja".

[29] Grudem, 65-66, 74.

la doctrina apostólica. Esto es lo que pasa en la mayoría de los casos en el siglo II (ver *Didajé* 11; *Pastor de Hermas, Mandatos* 11). En nuestro caso de la profecía imaginaria –*Julio está visitando en secreto a una prostituta y debe arrepentirse*– esta puede compararse con la verdad que es ya conocida: sí, en efecto, los cristianos ya saben que es pecado tener relaciones con prostitutas, y Julio debe arrepentirse de inmediato. Pero no hay forma de que esto se desmantele palabra por palabra y a la vez que no haya lugar para profecías de desprecio (1 Ts 5:19-20). A lo largo de la Biblia, los profetas que estaban "a menudo" o "usualmente" en lo correcto eran etiquetados falsos profetas.

CONCLUSIÓN

Las *lenguas* en Hechos o en 1 Corintios son un *jarisma* de hablar en un lenguaje no aprendido y desconocido, probablemente humano. Puede funcionar como una señal de la presencia del Espíritu, como un lenguaje de oración privada o como un medio de declarar la alabanza a Dios en un culto. A pesar de lo que algunos cristianos del mundo pagano pensaban, el hablante no perdía el control de sí mismo. Quien hablaba –a menos que tuviera el *jarisma* de interpretación– hablaba sin saber lo que decía, aparte de la confianza de que le hablaba a Dios. La única objeción paulina a las lenguas no interpretadas era que mientras que ellas hacían que el hablante se sintiera más cerca de Dios, no contribuía a edificar a otros cristianos, lo cual era el propósito fundamental de cada *jarisma*.

La *profecía* puede dirigirse hacia Dios, pero generalmente es un mensaje de parte de Dios a los seres humanos. Es directamente inspirada por Dios, y una profecía o es verdadera y viene de parte de Dios o es falsa. En el Nuevo Testamento, la profecía funciona en un nivel más personal y local que en el Antiguo Testamento; los apóstoles cargaban con la responsabilidad de anunciar la doctrina de Cristo. El profeta sentía cuando algo se le revelaba, pero no perdía el control ni la conciencia, pudiendo compartir la palabra cuando él quisiera y, sabiendo lo que decía mientras lo decía.

CAPÍTULO 4

EXPOSICIÓN DE 1 CORINTIOS 13:8b-13[1]

"El amor jamás se extingue" en 1 Corintios 13:8a es claro; es lo que sigue que es relativamente difícil. Ofrecemos una traducción literal:

> Si hay profecías,
> se acabarán;
> si hay lenguas,
> cesarán;
> si hay conocimiento,
> se acabará.

Esta tríada tiene la intención de mostrar la transitoriedad de dos (o posiblemente tres) *jarismata*. Son dones de Dios, pero no de duración eterna. Pablo emplea el término usual para enlistar los dones de lenguas y luego de profecía.

El último es *gnōsis* (conocimiento), que se puede tener una variedad de significados posibles en este contexto, incluyendo el *jarisma* de "palabra de conocimiento" (literalmente de *gnōsis*) en 12:8. La NVI con la frase "el de conocimiento" convierte esto en un "don", aunque el texto griego carece de esa palabra y debe suplirse. Por otra parte, creemos que es mejor relacionar esto, no específicamente con ningún *jarisma,*[2] sino con el

---

[1] Este ensayo adaptado de mi comentario, *1 Corintios: un comentario exegético-pastoral*, de Clie.
[2] Los padres de la iglesia griega, de quienes se esperaría que relacionaran el

conocimiento sobrenatural en general con el que se jactaban los ultra-carismáticos. Este es el mismo conocimiento de 13:2: "Si tengo el don de profecía y entiendo todos los misterios y poseo todo conocimiento". Es información divina lo que viene por medio de cualquier *jarisma*. Por eso preferimos una traducción como la de la LBLA: "si hay conocimiento, se acabará".[3]

¿Qué hay de los verbos que se mueven con un patrón ABA? El verbo en la primera y en la tercera líneas es una forma de *katargeō*, "destruir". Está en tiempo futuro y la voz pasiva, y como tal su significado es reflexivo: "cesar" o "acabarse" caben muy bien. La NVI traduce el mismo verbo de dos formas diferentes: el don de profecía "cesará", y el de conocimiento "desaparecerá". Pero, en realidad no hay justificación para interrumpir el paralelo entre la primera y la tercera líneas.

El verbo de la segunda línea, no se traduce claramente, la NVI lo parafrasea como *será silenciado*. Algunos exégetas le han puesto más significado del que Pablo pretendió. A pesar de una enorme cantidad de esfuerzos, todavía existe un mito en torno al verbo *pausontai*. Corresponde al tiempo futuro y a la voz media de *pauō*. En la voz activa es transitivo, como el castellano *parar* (algo más). En la voz media es intransitivo, así como el castellano *pararse* o *cesar* y ya.

El mito persiste debido a que como este está en la voz media, debe significar "parará por sí mismo y en sí mismo", debido a su inherente obsolescencia. Las baterías se gastarán sin que ninguna fuerza externa las detenga.[4] Esto es sobrepasar la exégesis del verbo. El simple significado de la cláusula es que "las lenguas cesarán". Pablo no nos dice en este

---

conocimiento 13:8 con el *jarisma* "palabra de conocimiento" en 12:8, guardan silencio en este tema.

[3] La BJ es parecida, aunque usa "ciencia". Esto está bien, en tanto estemos claros de que hablamos de un conocimiento sobrenatural, no natural. La VP se toma demasiada libertad, a mi modo de pensar, en relación con esto: "Un día el don de profecía terminará, y ya no se hablará en lenguas, ni serán necesarios los conocimientos".

[4] Véase una clara y precisa interpretación de *pausonatai* en D. A. Carson, *Manifestaciones del Espíritu: una exposición teológica de 1 Corintios 12-14* (Barcelona: Andamio, 2002), 66-67. Para la interpretación errónea, cf. Robert L. Thomas, *Entendamos los dones espirituales: un estudio versículo tras versículo de Primera Corintios 12 al 14* (2da ed.; Grand Rapids: Portavoz, 2002), 111 – "(*katargeō*) contiene la idea de 'hacer inoperante' o 'poner fuera' de acción… El segundo vocablo ('cesarán') es un término diferente, *pauē*. (*sic*, debe ser *pauō*; el original en inglés lo tiene correcto). La forma se presta a la idea de que el don dejará de existir 'bajo su propio poder,' por así decirlo".

versículo cómo ni por qué estos tres dones cesarán. Su punto más allá es que el amor no cesará, pero estas manifestaciones glorificadas más de la cuenta sí lo harán.

13:9

Ahora recibimos más información del "por qué" cesarán:

Porque conocemos y profetizamos de manera imperfecta;
pero cuando llegue lo perfecto, lo imperfecto desaparecerá.

La frase traducida "de manera imperfecta" es *ek merous*. Aparece dos veces en 13:9, una vez en 13:10, y luego en 13:12. La LBLA dice "en parte", lo cual es bastante literal, pero puede ser erróneo: Pablo no quiere decir que un profeta solo recibe parte del mensaje; ni que él de algún modo echa a perder el mensaje durante la transmisión; sino que cualquier profeta, no importa lo bendecido que sea, solo pronuncia un fragmento de la verdad divina.[5] De hecho, la sola presencia de los dones de revelación es prueba de que en esta época vivimos distantes de la presencia de Dios. Pablo emplea la primera persona plural "nosotros" aquí: se incluye a sí mismo en este estado de conocimiento limitado.

13:10

Ahora llegamos a una definición más clara acerca de cuándo tendrá lugar 13:8-9, cuándo cesará lo imperfecto (de nuevo, usa la forma de *katargeō* que usó dos veces en 13:8). Esto sucederá *cuando llegue lo perfecto*. "Lo perfecto" es *to teleion*, y se opone a *ek merous* ("lo imperfecto"). De hecho, el adjetivo *teleios* puede significar perfecto o completo, dependiendo del contexto. Aquí se usa como sustantivo, es decir, el adjetivo con el artículo funciona como sustantivo. La traducción "lo perfecto" es precisamente correcta.

---

[5] Mejor O. Kuss, *Carta a los romanos, cartas a los corintios, carta a los gálatas* (Barcelona: Herder, 1976), 275: "Y solo son capaces de levantar una punta del velo impenetrable que ahora nos oculta el misterio de Dios...". La traducción de la VP, que esos dones mismos "son cosas imperfectas", se sobrepasa.

Pero, ¿qué es "lo perfecto" que todavía permanece en el futuro? Existen varias explicaciones:

(1) La escatológica: La interpretación que ha prevalecido por dos milenios es que Pablo se refiere al retorno de Cristo, a la venida del reino o a la vida después de la muerte. Prueba de esto se observa en la lectura, pues la venida de "lo perfecto" se coloca lado a lado junto a ver a Cristo "cara a cara" (13:12). Pablo más adelante emplea un cognado, *to telos*, para referirse al "final" escatológico en 15:24. Los padres de la iglesia normalmente citaban esto junto a versículos como 1 Juan 3:2: "...cuando Cristo venga seremos semejantes a él, porque lo veremos tal como él es".

(2) La revelación futura a la iglesia: La siguiente opción viene del siglo II de la iglesia. Algunos herejes afirmaron que este pasaje se refería a cierta nueva revelación que vendría después de Pablo, pero durante esta época. El ejemplo más notable de esto fue Montano:

> ...ya que el mutilado y emasculado Montano poseía una plenitud de conocimiento tal que ni Pablo mantuvo nunca; porque (Pablo) se contentó con decir, "Nosotros conocemos en parte, y profetizamos en parte", y otra vez, "Ahora vemos a través de un vidrio oscuro".[6]

(3) La madurez futura de la iglesia. La tercera opción fue atestada por Crisóstomo por primera vez. Es que los milagrosos dones se diseñaron para hacer que la iglesia primitiva empezara y se estabilizara. Pero llegado el momento de cumplir su función por eso cesó. Si este es el caso, entonces quizá 1 Corintios 13 sea una predicción de ese punto extremo que vendría después de Pablo aunque no mucho después.[7]

(4) En ciertos círculos dispensacionalistas y en algunos reformados a lo largo del último siglo, "lo perfecto" se ha tomado con el significado de que, una vez que el canon del Nuevo Testamento se completara, no habría más necesidad de revelaciones carismáticas. Algunos señalan que como "lo

---

[6] De Hierónimo, Epístola 41.4, A Marcela, de *San Jerónimo: Epistolario* I, ed. J. B. Valero, BAC (Madrid: Editorial Católica, 1993), 360.

[7] En relación con 13:8-9, Crisóstomo piensa que las lenguas se acabaron con el establecimiento de la iglesia alrededor del mundo, sin embargo, aun así toma 1 Corintios 13:10-12 como escatológico. Simon J. Kistemaker, *1 Corintios* (Grand Rapids, MI: Libros Desafío, 1998), 524, opina parecido a Crisóstomo: la profecía como revelación cesó, pero como predicación poderosa continúa hasta el fin de esta era. Frederic Louis Godet, *Commentary on First Corinthians*, (Grand Rapids, MI: Kregel, 1977 [orig. 1889]) concuerda con la interpretación escatológica, pero agrega que los dones pueden cambiar en el intervalo entre los apóstoles y el fin.

perfecto" es neutro, no podría referirse a la venida de Cristo, en cuyo caso se usaría el género masculino. Por lo tanto, debe de referirse a una "cosa" perfecta, tal como el canon. Cerca del final del primer siglo de la era cristiana, las lenguas y la profecía cesaron.

Existe un número de serios defectos con este cuarto punto de vista: (1) una mala comprensión del género griego: de hecho "lo perfecto" podría referirse al fin o al retorno de Cristo, como adjetivos neutros que son; ninguno de los padres griegos mencionó algún problema para tomar "lo perfecto" como escatológico; (2) en ningún lugar Pablo habla del canon del Nuevo Testamento, ¿cómo podían los corintios haber sabido que al leer "lo perfecto" debían entender "el canon completo del Nuevo Testamento"? Algunos eruditos se refieren al Sal 19:7, "La ley del Señor es perfecta", como prueba de que Pablo está hablando de eso. El argumento es contraproducente, ya que el salmista escribió cuando ni siquiera el Antiguo Testamento estaba completo; además, la versión de la Septuaginta usa *amōmos* ("irreprensible, perfecto"), no la palabra *telos*; (3) ningún padre interpretó este pasaje como la terminación del canon; (4) los padres de la iglesia, con un canon completo y con el don de profecía todavía en ejercicio, no vieron incompatibilidad entre los dos.[8]

Toda la evidencia lingüística favorece la interpretación que ha convencido a los cristianos a lo largo de dos milenios: que cuando Cristo venga, lo veremos cara a cara, entonces estos dones carismáticos considerados superiores dejarán de necesitarse.[9] No importa lo espléndida que sea la revelación que encontramos en el evangelio o a través del *jarisma*, esta resulta en meros vislumbres de la verdad completa de Dios y su persona.

Porque todos los dones se dan por un tiempo en tanto que el uso y la necesidad lo requieran, pero cuando la dispensación termine no hay ninguna duda de que pasarán: pero el amor nunca será destruido.

13:11

Pablo ahora contrasta la niñez y la adultez. Esta no es una predicción de la madurez de la iglesia después del 100 d. C. –y si fuera, ¡sería una

---

[8] See Capítulo 10 de este libro.

[9] Anthony C. Thiselton, *The first epistle to the Corinthians*, NIGNT (Grand Rapids, MI: Eerdmans, 2000), 1061, dice que cuando Cristo vuelva "¡profetizar sería como encender una antorcha (linterna) en medio de la plena luz del sol de mediodía!" (nuestra traducción).

madurez decepcionante!– ni de la madurez del discípulo individual. Al contrario, consideramos que todo 13:8-12 se refiere al fin de la época. En ese momento, el conocimiento carismático del que uno presume será pálido en comparación y se verá como el conocimiento limitado de un niño.

Porque ahora conocemos "en parte", y como si fuera "a través de un vidrio", debido a que lo que es perfecto no ha llegado todavía; a saber, el reino de los cielos y la resurrección, cuando "eso que es en parte pase".[10]

El amor, por otro lado, es una virtud para esta era y para la era venidera.

13:12

La NVI ha intentado expresar en términos comprensibles una frase que podría ser confusa: *Ahora vemos de manera indirecta y velada, como en un espejo*. Para entender la metáfora, debemos mentalmente hacer a un lado el espejo moderno, hecho de vidrio y plateado en la parte de atrás que puede reflejar la imagen con exactitud. Los espejos en los días de Pablo se hacían de metal pulido. Variaban en calidad, pero daban un reflejo nublado. Más allá de este detalle histórico, hay un aspecto teológico: ¿Qué es lo que se supone que un cristiano debe ver en un espejo? Debemos tener cuidado de no tratar esto demasiado literal; Pablo no está hablando de ver nuestro propio reflejo o del conocimiento de nosotros mismos. 1 Corintios 13:11 no es un paralelo de Santiago 1:23-24. Antes bien, contrasta la imagen pobre del espejo con el ver algo *cara a cara*. En este contexto, esta no es una simple metáfora, sino que encuentra su referencia en ver a Cristo en su retorno.

Ahora (*arti*) conozco de manera imperfecta,
pero (*tote*) entonces conoceré tal y como soy conocido.

En un párrafo, Pablo prescinde de las afirmaciones de varios grupos: los racionalistas, quienes confían en la mente humana; pero más específicamente los ultracarismáticos, cuyas revelaciones de las que presumen,

---

[10] Metodio, *Banquete de las diez vírgenes* (o *Simposio*) 9.2, *ANF* 6:345, nuestra traducción del inglés.

después de todo, no los llevan directamente a Dios; los místicos, cuyo sentimiento de un conocimiento inmediato de Dios es en parte una ilusión.

Nuestros pequeños atisbos de Dios ahora, imperfectos y fragmentarios, serán disipados cuando nosotros veamos a Cristo cara a cara. La referencia de Pablo al *eschaton* también recuerda a los creyentes que cuando veamos al fin a Cristo, él vendrá a probar nuestras obras con fuego (1 Cor 3:13); las obras que no sean hechas en amor se quemarán.

13:13

Ahora, pues, permanecen estas tres virtudes: la fe, la esperanza y el amor. No es completamente claro lo que Pablo quiere decir con "permanecer" (tiempo presente de *menō*). ¿Está hablando del *eschaton*: "que estos tres permanecerán para siempre"? ¿O del presente: "ahora estas tres cualidades importantes permanecen durante esta era? ¿O, quizá, del presente lógico: "estos tres permanecen 'sobre el tapete'"?

La primera razón es posible, pero va en contra del sentido común, pues uno puede hablar de esperanza y fe como virtudes que no serán necesarias en la era futura. La tercera idea es un poco oscura. El caso más fuerte puede sustentarse con la segunda: la glosolalia puede ser popular; la profecía, deseable; pero las verdaderas joyas en la corona son estas tres virtudes; lo que es más, el amor triunfa sobre la fe simple (13:2) y, presumiblemente, sobre la esperanza. Para los cristianos corintios, el amor es el pináculo: *la más excelente de* (estas cosas de valor supremo) *es el amor.*

Capítulo 5

¿REALMENTE "NINGÚN OJO HA VISTO"? O, ¿EL ESPÍRITU YA NOS HA ABIERTO LOS OJOS?[1]

En este capítulo y en el capítulo 6, exploraremos el peligro de presentar un significado que no esté en el contexto, *después* de haber decidido lo que el autor quería decir. 1 Corintios 2:9-10 da una advertencia contra la llamada "eiségesis".

1 CORINTIOS 2:9-10

Examinemos los dos versículos, uno tras otro:

2:9
Ningún ojo ha visto,
ningún oído ha escuchado,
ninguna mente humana ha concebido
lo que Dios ha preparado para quienes lo aman.

Las primeras dos frases (en *cursiva*) proceden de Is 64:4 – "Fuera de ti, desde tiempos antiguos *nadie ha escuchado ni percibido, ni ojo alguno ha visto,* a un Dios que, como tú, actúe en favor de quienes en el confían".

---

[1] Este ensayo adaptado de mi comentario, *1 Corintios: un comentario exegético-pastoral*, de Clie.

Las dos cláusulas siguientes no son de Isaías. Quizás es una extensión paulina del lenguaje de Isaías, o tal vez una tradición judía basada en Isaías que Pablo encontró ya elaborada.[2]

Comúnmente, este versículo se usa para decir que el cristiano no es capaz de concebir todo tipo de bendiciones que Dios tiene guardadas para nosotros en el cielo. Por ejemplo, "La Biblia dice (en 1 Cor 2) que el cielo es tan asombroso que ni siquiera podemos imaginar todas las cosas que Dios ha preparado para nosotros".[3] Este no es un punto de vista reciente: el Talmud también indica que la interpretación escatológica era una forma que tenían los rabinos para interpretar a Isaías:

Dijo R. Hiyya bar Abba y dijo R. Yohanan: "Todos los profetas profetizaron solo acerca de los días del Mesías. Pero en cuanto al mundo venidero: "Ojo no ha visto, Oh Señor, aparte de ti, lo que él ha preparado para el que lo espera".[4]

Para parafrasearlo, Hiyya se refiere a que los profetas del Antiguo Testamento hablaron solo del reino del Mesías, el cual duraría algunos años

---

[2] Hay varias teorías sobre este misterio. Orígenes asegura que vio la referencia en el *Apocalipsis de Elías*, actualmente perdido; sin embargo, existen dudas sobre esta fuente. Ver A. C. Thiselton, *The first epistle to the Corinthians*, NIGNT (Grand Rapids: Eerdmans, 2000), 251.

[3] En el artículo de David Radford, "Por qué el Cielo nunca será aburrido", http://resources.thegospelcoalition.org/library/por-que-el-cielo-nunca-sera-aburrido. El artículo llamado "Dios sabe… cuando deseo algo mejor, Parte 2" dice que "El cielo es un lugar real para gente real. ¿Estás interesado? Allí no se nos acabará el tiempo para hacer lo que disfrutamos. Por lo tanto, nunca nos aburriremos" y cita nuestro texto. También, el *Catecismo de la Iglesia Católica* §1026-1027 http://www.vatican.va/archive/catechism_sp/p123a12_sp.html – "Por su muerte y su Resurrección Jesucristo nos ha 'abierto' el cielo. La vida de los bienaventurados consiste en la plena posesión de los frutos de la redención realizada por Cristo, que asocia a su glorificación celestial a quienes han creído en Él y han permanecido fieles a su voluntad. El cielo es la comunidad bienaventurada de todos los que están perfectamente incorporados a Él. El misterio de comunión bienaventurada con Dios y con todos los que están en Cristo sobrepasa toda comprensión y toda representación. La Escritura nos habla de ella en imágenes: vida, luz, paz, banquete de bodas, vino del reino, casa del Padre, Jerusalén celeste, paraíso: 'Lo que ni el ojo vio, ni el oído oyó, ni al corazón del hombre llegó, lo que Dios preparó para los que le aman' (1 Cor 2:9)". Igualmente, "Lo que ojo no vio, ni oído oyó", un artículo adventista sobre cielo http://www.meditacionesdiarias.com/2015/11/lo-que-ojo-no-vio-ni-oido-oyo/.

[4] b. Sanh. 11:1, I.114, Neusner, 16:529, nuestra traducción del inglés. De acuerdo al contexto, otros rabinos aprueban o desaprueban esta afirmación. Los "días del Mesías" es el concepto de un reino mesiánico temporal al final de los tiempos, pero antes del mundo venidero; corresponde en términos generales al milenarismo en la teología cristiana.

(algunos han dicho 40, otros 400, etc.), pero los profetas no dieron detalles sobre el estado eterno que va más allá del reino temporal.

El rabino Hanini ben Atel dijo: "Aquel hombre malvado les dijo: '¡¿Puede tu bondad en el mundo venidero hacer más que esto?!' Ellos respondieron: 'Ojo no ha visto, Oh Dios, aparte de ti, lo que hará para quien le espera'".[5]

Aunque la mayoría de los padres de la iglesia no estaba de acuerdo, Orígenes también entendió 1 Cor 2:9-10 como escatológico y lo conectó con 2 Cor 4:18: "Porque las cosas que se ven son temporales, más las que no se ven son eternas".[6] Epifanio lo conectó con predicciones de la resurrección final.[7]

---

[5] b. Meg. 12C, Neusner, 7b:254, nuestra traducción del inglés. Ver también Ber. 34a, que el académico rabínico medieval Rashi cita con aprobación: "Ningún ojo de profeta vio lo que El Santo, bendito sea Él, hará para quien excepto Tus ojos, Tú, Oh Dios". Ver "The Complete Jewish Bible with Rashi Commentary", https://www.chabad.org/library/bible_cdo/aid/15995/showrashi/true/jewish/Chapter-64.htm. Nuestra traducción del inglés.

[6] Orígenes, *Tratado de los principios* 2.3.2, de *Obras escogidas de Orígenes – Tratado de los principios*, ed. A. Ropero (Barcelona: Clie, 2018), XXX – "'Porque las cosas que se ven son temporales, mas las que no se ven son eternas' (2 Cor 4:18); todos los cuerpos que vemos, sea en la tierra o en el cielo, visibles y hechos de manos, no son eternos, y están muy lejos de superar en gloria lo que no es visible, ni hecho de manos, sino eterno. De esta comparación puede concebirse lo grande que puede ser el atractivo, el esplendor y la lucidez del cuerpo espiritual; y cuán verdad es: 'Cosas que ojo no vio, ni oreja oyó, ni han subido en corazón de hombre, son las que Dios ha preparado para aquellos que le aman' (1 Cor 2:9). Sin embargo, nosotros no deberíamos dudar que la naturaleza de este cuerpo presente nuestro puede, por voluntad de Dios que lo hizo, ser elevado a esas cualidades de refinamiento, pureza y de esplendor que caracteriza el cuerpo espiritual, según lo requiera la condición de las cosas y lo demande el merecido de nuestra naturaleza racional". También, León Magno, Sermón 95.8 (*NPNF²* 12:204-05), nuestra traducción del inglés – "'Bendito son los puros de corazón, porque ellos verán a Dios'. Grande es la felicidad, amado, para aquel de quien la gran recompensa está preparada. ¿Qué entonces es tener el corazón puro, sino luchar por las virtudes que se mencionan arriba? Y ¿cuán grande la bendición de ver a Dios, qué mente puede concebirlo, qué lengua declararlo? Y, sin embargo, esto se dará cuando la naturaleza del hombre sea transformada, para que no más sea por medio de 'en un espejo' ni 'en un acertijo' sino 'cara a cara' vea la Deidad misma 'como Él es', que ningún hombre podría ver; y por medio del gozo inefable de contemplación eterna se obtiene 'lo que ojo no ha visto, ni oído ha oído, ni ha entrado al corazón del hombre'". Ver otras citas patrísticas sobre el texto en Gerald Bray y Marcelo Merino Rodríguez, eds., *1-2 Corintios*, La Biblia comentada por los padres de la iglesia: 7 (Madrid: Ciudad Nueva, 1999), 62-63.

[7] Epifanio, *The Panarion of Epiphanius of Salamis*, tr. Frank Williams, 2 tomos (2da ed.; Leiden: Brill, 2009, 2013), 2:286, nuestra traducción de inglés – "Pero

Seguiremos con otra interpretación, que, según el contexto, ningún ser humano en su mente podría ni siquiera imaginar, observar, ni razonar las bendiciones del evangelio de Cristo, pero nosotros los cristianos ya las entendemos. Es lo que Pablo afirma en 2:10 –

Ahora bien, Dios *nos ha revelado* (aoristo, tiempo pasado) esto por medio de su Espíritu, el cual nos revela el significado de la cruz de Jesús.

La NVI sigue el texto de ciertos manuscritos, que introducen *autou* después de espíritu, para aclarar que es *su* Espíritu, de Dios. Si Pablo escribió *autou* o no, esto no necesariamente cambia su significado. Si su énfasis aquí fuera "por medio del componente espiritual del ser humano", entonces, Pablo estaría enseñando el misticismo de que a través de nuestro ser interior experimentamos contacto inmediato con Dios. De hecho, en el siglo siguiente, los gnósticos malinterpretarían 1 de Corintios justamente de esa manera, diciendo que solamente los espirituales (*pneumatijoi*), los gnósticos, están listos para recibir la *gnosis*.[8]

Como quiera que sea, eso sería contradecir lo que Pablo acaba de decir, que la sabiduría se reveló en la crucifixión de Jesús, un evento en el que los gnósticos tuvieron poco interés, en un día de la historia humana. Pero con todo, queda mejor seguir el punto de vista de la NVI, de que el *pneuma* de esta sección es "su Espíritu", el Espíritu de Dios (2:11b). Ninguna revelación puede ir más allá del conocimiento que el Espíritu tiene de Dios, y ese conocimiento es el mismo mensaje de la cruz (2:3). Si los corintios esperaban que el Espíritu les facultara a algunos de ellos para ir más allá del simple mensaje de la cruz, estaban equivocados. Por otro lado, hay que

---

cuando estos profetas (cristianos del siglo primero) profetizan, profetizan en parte y conocen en parte pero con esperanza aguardan lo que es perfecto en el mundo venidero, 'cuando lo corruptible sea incorruptible y lo mortal, inmortal'. Porque 'cuando lo mortal sea vestido de inmortalidad, entonces los veremos cara a cara'. Porque ahora estas cosas se nos muestran 'oscuramente', pero allá está preparado 'lo que ojo no ha visto aquí'. Allá la perfección es revelada, aquellas cosas que 'oído no ha oído' aquí. Hay un don mayor para los santos, aquello que 'no ha entrado al corazón del hombre' aquí".

[8] Ellos atribuyeron el dicho a Jesús en el Evangelio de Tomás 17, de *Los evangelios apócrifos*, ed. Aurelio de Santos Otero, BAC (ed. rev.; Madrid: Editorial Católica, 1996), 374 – "Dijo Jesús: Yo os daré lo que ningún ojo ha visto y ningún oído ha escuchado y ninguna mano ha tocado y en ningún corazón humano ha penetrado". Es posible que los gnósticos usaran este dicho exactamente con el sentido opuesto del de Pablo, de que la resurrección corporal no importa, ni ninguna experiencia de los sentidos.

afirmar que, en este siglo, siempre "conocemos en parte" (13:9) y que todavía somos "niños" (13:11).

PRINCIPIO DE HERMENÉUTICA

Regresamos al asunto central de este ensayo: que la interpretación común de 1 Cor 2:9-10 es un ejemplo de cómo *no* hacer exégesis, por lo tanto, contiene una falacia lógica. La persona se pregunta, "¿Cómo será el cielo?", toma su concordancia, y encuentra 1 de Corintios 2. No obstante, esto sería eiségesis, y una eiségesis que está basada en una falacia, que ¡incluso tiene un nombre latino! *Plurium interrogationum* o "pregunta compleja" es la falacia de *suponer la respuesta por medio de la pregunta.*[9] Un ejemplo de una pregunta compleja: *¿Aún eres un borracho?* Vea como el interrogador *supone* que la persona era un borracho, sin haberlo probado, y luego hace la pregunta más compleja con el *aún.*

Entonces, la pregunta "compleja" que *lógicamente* no es válida, es:

¿Cómo es el cielo, según 1 Corintios 2?
Bueno, ¡Pablo dice en 1 de Corintios 2 que no podemos imaginarlo!

Es "compleja" porque en realidad son, o deberían ser, dos preguntas. Sería mejor empezar con la primera pregunta:

¿De qué habla Pablo en 1 Corintios 2 cuando dice: "lo que Dios ha preparado para quienes lo aman"?

Y solamente después de eso, decir: Bueno, entonces el versículo significa tal y tal cosa.

Prefiero la interpretación de que Pablo enseña esto: los corintios están equivocados, así que tratan de entender los misterios del universo por medio de la filosofía griega. Pablo menosprecia la filosofía al decir que el hecho más importante en el universo es la cruz de Cristo (2:3). Este mensaje es confirmado por una "demostración del poder del Espíritu" (2:4). El Espíritu nos ha abierto los ojos por la fe en Cristo, pues solamente él puede hacerlo: "nadie conoce los pensamientos de Dios sino el Espíritu de

---

[9] https://es.wikipedia.org/wiki/Petici%C3%B3n_de_principio.

Dios. Nosotros no hemos recibido el espíritu del mundo sino el Espíritu que procede de Dios, para que entendamos lo que por su gracia él nos ha concedido" (2:11b-12). Es posible, por supuesto, que mi interpretación esté equivocada; pero mi punto sigue siendo válido, que debemos evitar el *Plurium interrogationum* o la "pregunta compleja" en la exégesis.

Para regresar al texto y su aplicación: la otra cara de la moneda es que el Espíritu *no* ha revelado a la iglesia el conocimiento absoluto en este siglo. Todavía existe la llamada "reservación escatológica" hasta la resurrección y el encuentro con Cristo cuando venga "lo perfecto" (13:10), un hecho que Pablo demuestra a través de esta epístola. Y aquí debemos mostrarnos en desacuerdo con una interpretación popular de 1 Cor 4:8 – "¡Ya tienen todo lo que desean! ¡Ya se han enriquecido! ¡Han llegado a ser reyes, y eso sin nosotros! ¡Ojalá fueran de veras reyes para que también nosotros reináramos con ustedes!". Esta interpretación afirma que el problema corintio no era solo de actitud, sino de índole *teológica*, se basaba en su mala interpretación de la escatología cristiana.[10] Los corintios, según esta hipótesis de una "escatología *súper*-realizada", pensaban que no tenían que esperar el regreso de Cristo, que habían entrado en el reino escatológico, que habían resucitado (como en 2 Tm 2:18, "diciendo que la resurrección ya tuvo lugar"), y que *ya* estaban reinando como reyes espirituales.[11] Esto habría ido de la mano con su fuerte tendencia a un éxtasis carismático espiritual. Pablo, de acuerdo con esta interpretación, lucha en la carta para demostrar la verdad de "ya, pero todavía no". El problema con esta idea es que, la epístola en todas partes asume que los corintios tenían una fuerte escatología futura, que Pablo les enseñó durante un año y medio, a pesar de la tendencia de unos pocos a rechazar la *resurrección* escatológica.

---

[10] De hecho, los gnósticos usaron este pasaje como parte de su rito de iniciación, donde recibieron la gnosis, los "secretos" que fueron escondidos de los cristianos "psíquicos"; esto según Hipólito, *Refutaciones* 5.19, *ANF* 5:69 (nuestra traducción del inglés) – "Pero jura, dice, (el gnóstico) Justino, si deseas saber 'lo que ojo no ha visto y oído no ha oído, y las cosas que no han entrado al corazón', esto es, si deseas conocerlo a Él que es sobre todo bueno, a Él el más exaltado, (jura) que preservarás los secretos (de Justino) de la disciplina, tal como se pretende que se mantenga en silencio". Ver Elaine Pagels, *El Pablo gnóstico: exégesis gnóstica de las cartas paulinas* (Barcelona: La Teca Ediciones, 2012), *in loc.*

[11] Así Fee; Wendland; Thiselton; Wolff; Schrage; Foulkes; R. M. Grant, *Paul in the Roman world: the conflict at Corinth* (Louisville, KY: Westminster John Knox, 2001); J. C. Beker, *Paul the Apostle* (Philadelphia: Fortress, 1980), 164-65; muchos otros.

Sostenemos, por el contrario, que los corintios eran triunfalistas y faccionarios debido a la influencia de la filosofía local. De hecho, los estoicos por siglos habían empleado los términos específicos "ricos", "saciados", y "reyes" para describir al filósofo, quien ha aprendido a ser autosuficiente e independiente a través de la sabiduría. Por ejemplo: "Solo yo soy rico; solo yo soy rey en el mundo".[12] Los corintios se regocijaban en su propia sabiduría y en el supuesto poder que esta les daba –el poder de causar división y de carecer de amor, en la práctica– y despreciaban a Pablo quien hablaba pobremente, sufría mucho, y continuaba enfatizando la crucifixión. Desde nuestro punto de vista, el paralelo más auténtico de 4:8 no es 2 Tm 2:18, sino Ap 3:17 ("Dices: Soy rico; me he enriquecido y no me hace falta nada"). Como los corintios, estos laodicenses eran arrogantes, pero no por causa de una escatología súper-realizada, sino por su orgullo y su complacencia.

Entonces, sugerimos que nuestro pasaje es una tremenda afirmación del rol del Espíritu para iluminar el corazón humano desde Pentecostés. El error de algunos corintios no era enfatizar demasiado el Espíritu Santo hasta una erosión de escatología, sino que menospreciaban su poder para iluminarlos, lo que la filosofía jamás logra.

---

[12] Thiselton; Fee; Weiss; Conzelmann; etc. La mayoría de los comentaristas mencionan los paralelos filosóficos con el v. 8, pero no guían acerca de las implicaciones que estos tienen. Para más citas ver Weiss; Conzelmann.

Capítulo 6

"LA LETRA MATA Y EL ESPÍRITU VIVIFICA"

Cuán hermosa es la verdad de la venida del Espíritu, una bendición escatológica de vida nueva mucho antes del mundo venidero, en cumplimiento de Isaías, Jeremías, Ezequiel y Joel. Sin embargo, algunos en la iglesia han descuidado parte de ese tesoro. 2 de Corintios 3:6 ha sido transmutado a conceptos que Pablo no habría reconocido: que la vida de la mente es mundana o diabólica; que el estudio por definición aleja a uno de Dios; o que el escrutinio cuidadoso de las Escrituras es carnalidad. Interactuaremos con malas interpretaciones, luego ofreceremos la nuestra y consideraremos si un intelecto santificado por el Espíritu puede glorificar a Dios o no.

I. MALAS INTERPRETACIONES 2 DE CORINTIOS 3:6

Primeramente, todos hemos escuchado alguna vez que "la letra mata, pero el Espíritu da vida" significa que el conocimiento es "de la carne" y quizá letal, ya que es en el intelecto donde el diablo se afianza más fácilmente. Por tanto, si una persona sabe demasiado –quizá por medio de la lectura de libros, que ciertamente contiene millones de "letras"– entonces esa persona será fría, sin poder, o incluso, apóstata. Ya sea implícito o explícito, existe entonces la otra creencia popular de que la persona que ha estudiado *un poco* es un mejor candidato para una vida de poder e iluminación. Esto ha guiado a afirmaciones extraordinarias por parte de algunos líderes, quienes alardean de su falta de títulos académicos como prueba de su unción. Usualmente hay una apelación (equivocada) a Hch 4:13 como prueba, el hecho de que Pedro y Juan eran poderosos, *a pesar de que* "eran hombres sin letras y del vulgo" se convierte por parte de estos líderes cristianos en que, *porque* eran hombres iletrados, Pedro y Juan tenían poder. Es por eso por lo que grandes improperios en contra del entrenamiento formal se expresa así: "Es una tontería que un pastor vaya a una universidad donde pueden matarlo espiritualmente y luego al cementerio (seminario) donde lo enterrarán... (los pastores) necesitan pedirle a Dios que les dé verdadero entendimiento espiritual en Su Palabra. Hasta que eso pase, la educación continuará siendo un gran obstáculo en la iglesia para arrebatar el verdadero entendimiento, tal como les pasó a los judíos y fariseos en los días de Jesús".[1] No solo es inútil, sigue diciendo, es tóxico.

Afortunadamente para nosotros, muchos creyentes, incluyendo a muchos pentecostales, han salido a rechazar esta idea: Craig Keener, quien pensando profundamente en este tema, nos asegura que el estudio cuidadoso por un lado y el movimiento del Espíritu por el otro, no son del todo contradictorios, con una clara condición, por supuesto, de que ninguno espere experimentar el poder transformador de Dios solo por medio del estudio:

> Un exégeta puro puede encontrar muchos tesoros intelectuales en las Escrituras; pero solo un verdadero discípulo puede experimentar la plenitud de esos tesoros en su vida. Nuevamente, mi punto es nunca minimizar la exégesis; mi punto es que un paso más allá del mero estudio académico del texto es abrazar el texto con fe activa para vivir en la esfera de sus realidades, una cosmovisión sobre Dios que nos transforma.[2]

Dios nos ha llenado con su Espíritu Santo; él también nos ha bendecido con la gracia para estudiar su Palabra. ¿Qué cristiano sensato silenciaría uno u otro de los buenos dones de Dios?

Una *segunda* y similar lectura del texto es que, habla de un tipo de predicación: "la unción hace que cada mensaje tenga vida... Nosotros no

---

[1] Así Myron Horst, "Contrary to popular opinion, college or seminary education is not beneficial for pastors". http://www.biblicalresearchreports.com/contrary-to-popular-opinion-college-or-seminary-education-is-not-beneficial-for-pastors/. Nuestra traducción. Hay un juego de palabras en el artículo, así que, en inglés, "cementerio" rima con "seminario", *seminary/cemetery*.

[2] Craig S. Keener, *Hermenéutica del Espíritu: leyendo las Escrituras a la luz de Pentecostés* (Salem, OR: Publicaciones Kerigma, 2017), 326.

debemos predicar mensajes 'muertos'. Todo lo contrario, queremos que nuestros mensajes sean ungidos, frescos y llenos de vida".[3] En esta interpretación, "letra" se refiere a un mensaje sobre el cual no se ha orado, el heraldo no ha invocado el poder transformador del Espíritu. Juan Calvino en su comentario sobre 2 de Corintios 3 rechaza la interpretación de Orígenes (ver abajo), pero también agrega: "El término *letra,* por tanto, se refiere a la predicación *literal*, es decir, *muerta e inefectiva,* percibida solo por el oído. El término *espíritu,* por otro lado, se refiere a la doctrina *espiritual*, es decir, lo que no es meramente pronunciado por la boca, sino efectivamente llega al alma de los hombres con un sentimiento vivo". Sin embargo, tampoco Calvino aplicó este versículo principalmente a la proclamación de la Palabra, ya que él también lo interpretaba dentro del contexto de 2 de Corintios: él acababa diciendo que, "con el término letra (Pablo) se refiere al Antiguo Testamento, como también con el término *espíritu* se refiere al evangelio".[4] Aunque el valor de la "predicación espiritual" es una verdad, una que debe ser vigorosamente defendida y practicada, sugerimos que no fue el sentido de Pablo específicamente en 2 Cor 3:6.

Tercera, y más compleja, es la perspectiva que toma "la letra mata, pero el Espíritu da vida" como un principio hermenéutico. Según esta interpretación, la gente no debería aprender a estudiar por medio de una lectura atenta del contexto y otras herramientas de estudio como los idiomas bíblicos, ya que todo eso es solo "letra" muerta. En vez de eso, el Espíritu dará una revelación inmediata de un sentido del texto a aquellos que lo buscan, y nuevamente, tendrán mayor éxito en el entendimiento de la Biblia si no permiten que el intelecto oscurezca sus corazones. Esto es, en definitiva, una variante mística de nuestro primer ejemplo (ver arriba), y difiere de la "ciencia" de la espiritualización que se remonta a la iglesia primitiva, como veremos.

Cuarto, ciertos padres de la iglesia usaron 2 Cor 3:6 como validación de un sentido "espiritual" o alegórico de las Escrituras. Ellos tenían precedente: el judío alejandrino Filón, un contemporáneo de Pablo, alegorizó las Escrituras en las líneas de categorías platónicas, igual como los griegos antes de él alegorizaron a Homero y Hesíodo. Y en la iglesia del siglo III, Orígenes, usó 2 Corintios 3 como el canon para su hermenéutica, la cual distinguía entre el mundo visible e invisible, la realidad espiritual:

---

[3] Así Brian J. Bailey, *El Espíritu Santo* (Waverly, NY: Zion Christian Publishers, 2017).

[4] Ambas citas de Juan Calvino, Comentario de 2 Corintios, https://ccel.org/ccel/calvin/calcom40/calcom40.ix.ii.html, nuestra traducción.

Aquí llama "letra" la interpretación sensible (o material) de las divinas Letras, y espíritu, a la inteligible (o espiritual).[5]

A partir de allí, hasta la Ilustración y la Reforma, existe un gran desfile de exégetas que siguieron y elaboraron a partir de Orígenes. Para dar dos ejemplos posteriores, desde Agustín, a comienzos del siglo V:

Las ambigüedades provenientes de las palabras metafóricas o trasladadas, de las que en seguida vamos a tratar, requieren un cuidado y diligencia no medianos. Lo primero que hemos de evitar es el tomar al pie de la letra la sentencia figurada; por eso el Apóstol dice: *La letra mata, el espíritu vivifica.* Cuando lo dicho figuradamente se toma como si se hubiera dicho en sentido literal, conocemos solo según la carne.[6]

Cabe anotar que él afirmó esto, solo después de haber dado un detallado análisis del texto latín de ciertos versículos, comparándolos con el griego, incluso examinando la puntuación y pronunciación del texto bíblico: Agustín no era perezoso en cuanto al estudio arduo. Agustín tituló otro libro *El espíritu y la letra*: lo empezó expresando algo parecido a la tercera perspectiva, arriba:

La doctrina, pues, por la cual se nos ordena el vivir honesta y justamente es letra que mata si no la acompaña el espíritu, que vivifica.

Pero entonces continúa descifrando 2 Cor 3:6 como una entrada al método alegórico:

Mas no solo de un modo literal debe ser entendida esta sentencia del Apóstol: *La letra mata, mas el espíritu vivifica,* como una cosa escrita metafóricamente y cuya significación propia es absurda; no debemos entenderla tal como suena a la letra, sino que, penetrando la significación que entraña, alimentemos el hombre interior con la inteligencia espiritual. Porque *apetecer según la carne es muerte, mas apetecer según el espíritu, vida y paz.*[7]

---

[5] Orígenes, *Contra Celso* 6.70, BAC (Madrid: Editorial Católica, 1967), 450.
[6] Agustín, *La doctrina cristiana* 3.5.9, https://www.augustinus.it/spagnolo/dottrina_cristiana/index2.htm.
[7] Ambas citas tomadas de Agustín, *El espíritu y la letra* 4 (VI), https://www.augustinus.it/spagnolo/spirito_lettera/index2.htm.

Cuando los cristianos de hoy basan su hermenéutica en "la letra mata, el Espíritu da vida", realmente no están siguiendo el enfoque clásico de Agustín. Pues mientras el método alegórico veía un sentido espiritual más profundo, dicho significado existía como una parte del texto que se estudiaba. Los resultados exegéticos no podían separarse del estudio meticuloso y de la regla de fe; *regula fidei* con su definición patrística significaba que debía ajustarse a la fe apostólica.[8] Por ejemplo, Agustín expuso la parábola del Buen Samaritano. Donde el hombre había sido golpeado, robado y dejado a morir, Agustín veía una alegoría sobre la caída del hombre: él creía que *eso* era el significado en la mente de Dios cuando Cristo enseñó la parábola, que estaba confirmado por, y a la vez sostenía, la verdad del evangelio. Esto es totalmente diferente a un cristiano del siglo XXI, el cual espiritualiza el texto basándose en una revelación percibida inmediata y personal del Espíritu. Usemos nuestra imaginación y regresemos al Buen Samaritano: alguien de hoy podría decir que su significado es que, el creyente debe reparar su neumático antes de su próximo viaje en carro, o se enfrentaría a un daño; o que el burrito en la historia es el mandato de Dios que empiece un restaurante de burritos.

---

[8] Así dice Orígenes, *Comentario sobre Juan* 13.23 (*ANF* 9:348-49), nuestra traducción de inglés – "Me parece, por lo tanto, necesario que quien sea capaz de representar de manera genuina la doctrina de la iglesia y de refutar a esos traficantes de conocimientos, falsamente llamados, se oponga a las ficciones históricas, y se oponga a ellas al verdadero y elevado mensaje evangélico en el que el acuerdo de las doctrinas, que se encuentra tanto en el llamado Antiguo Testamento como en el llamado Nuevo, aparece tan clara y plenamente... También estoy defendiendo mi propia causa, ya que ahora me dedico con toda la valentía posible a la obra de la exposición; porque puede ser que no esté dotado de ese hábito y disposición que debe tener el que está capacitado por Dios para ser ministro del Nuevo Pacto, no de la letra sino del espíritu". Y también, en su *Comentario sobre Mateo* 10.14, comentando la parábola de los escribas, "Y uno es un escriba 'hecho discípulo del reino de los cielos' en el sentido más simple, cuando viene del judaísmo y recibe la enseñanza de Jesucristo como la define la iglesia; pero es un escriba en un sentido más profundo, cuando habiendo recibido el conocimiento elemental a través de la letra de las Escrituras asciende a las cosas espirituales, que se llaman el reino de los cielos". *ANF* 9:422, nuestra traducción del inglés. Tertuliano usó el texto para argumentar en contra del uso del Antiguo Testamento por parte de Marción, quien trató de argumentar que había dos Dioses. Tertuliano, *Contra Marción* 5.11 (*ANF* 3:452-53, nuestra traducción de inglés) – "Por lo tanto, 'el Nuevo Testamento' no pertenecerá a nadie más que a Aquel que lo prometió, si no a 'su letra, sí a su espíritu'; y aquí estará su novedad. En efecto, Aquel que grabó su letra en piedras es el mismo que dijo de su espíritu: 'Derramaré de mi espíritu sobre toda la carne'. Y si 'la letra mata, pero el Espíritu da vida', ambos pertenecen a Aquel que dice: 'Yo mato y doy vida, hiero y curo'".

Para dar otro ejemplo de este tipo moderno de espiritualizar: una vez escuché una ponencia sobre "Si tu adversario te va a denunciar, llega a un acuerdo con él lo más pronto posible. Hazlo mientras vayan de camino al juzgado, no sea que te entregue al juez, y el juez al guardia, y te echen en la cárcel. Te aseguro que no saldrás de allí hasta que pagues el último centavo" (Mt 5:25-26). El orador leyó el texto y dijo: "Esto es lo que el texto dice en la superficie, pero lo que *realmente* significa es", y procedió a dar un mensaje que nada tenía que ver con adversarios, deudas, jueces, cárceles; y ni siquiera hizo que "adversario" fuera el diablo, ni que la "cárcel" fuera la esclavitud espiritual, como uno podría suponer. En resumen, el mensaje escondido no tenía ningún vínculo con nada de lo que Jesús dijo en el Sermón del Monte, ni del evangelio, ni siquiera de las finanzas. De hecho, su interpretación fue tan incoherente que ni me acuerdo lo que dijo, excepto que era algo muy raro. Él uso algo que tenía una *similitud* con el método de Agustín, pero sin nada de lo de la fidelidad teológica de un Agustín.[9]

Como los famosos "no toques al ungido del Señor" o "la muerte y la vida están en poder de la lengua", algunos han arrastrado 2 Cor 3:6 a una distancia muy lejos de su contexto original. De hecho, busque el versículo en internet, y verá a uno y otro cristiano frustrado afirmando que, "¡2 de Corintios 3:6 no se refiere a lo que las personas dicen que significa!". Aún más irónico es esto: un predicador sacará este versículo fuera de contexto, en una de las formas que describimos arriba; y luego, cuando alguien se oponga a ello, *el mismo predicador usará el mismo versículo, fuera de contexto,* para probar que él tiene autoridad para hacer lo que hizo, porque él no está obligado a seguir la letra del texto. (Por la misma dinámica, a propósito, se puede utilizar mal "no tocar al ungido del Señor"). Por tanto,

---

[9] Otra expresión de 2 Cor 3:6 como hermenéutica es más sana, pero aún pierde el significado de Pablo aquí. Murray Harris describe la idea, pero luego la rechaza: "En un disfraz hermenéutico moderno esta antítesis γράμμα-πνεῦμα (letra-espíritu) se entiende que en la exégesis de un texto sus principios subyacentes tienen prioridad sobre la letra vacía o su intención real sobre sus palabras reales... (Pero notamos en este contexto específico) dada su atención en 3:7, 13 al sentido literal de Éxodo 34, no podemos considerar propiamente 3:6 como una justificación teórica para una interpretación puramente 'espiritual' de este texto del AT". Ver Murray J. Harris, *The second epistle to the Corinthians*, NIGNT (Grand Rapids, MI: Eerdmans, 2005), 272, nuestra traducción. Margaret E. Thrall también se opone a esta interpretación de una hermenéutica espiritual, ver *The second epistle to the Corinthians*, ICC (London: T. & T. Clark, 1994), 1:234-35.

la mala exégesis no solo produce malas conclusiones, sino que también se justifica a sí mismo.

II. UN MEJOR SIGNIFICADO DE 2 CORINTIOS 3:6

Mostremos respecto al apóstol Pablo y al Espíritu que lo inspiró a escribir lo que escribió, con una mirada más de cerca a 2 de Corintios.

En esta sección, Pablo habla mal de los falsos maestros, aunque con esta epístola, es difícil saber exactamente quiénes eran estas personas y qué enseñaban. Al menos, podemos inferir que ellos reclamaban autoridad para enseñar porque llegaban con cartas físicas de introducción (ver 2 Cor 10:11; comparar con 1 Ts 5:27). Estos rollos hablarían positivamente sobre su carácter y alababan su profundidad espiritual. Pablo replica que él no necesita ninguna carta (*epistolé*/ἐπιστολή), porque los corintios son todo lo que necesita: el Espíritu Santo los ha transformado y sus vidas cambiadas son un testimonio para el ministerio genuino de Pablo.

Aquí Pablo entonces empieza a usar un lenguaje que suena como las palabras de los profetas con respecto al Nuevo Pacto; el hecho de que él literalmente usa la frase "nuevo pacto" confirma que esto estaba en su mente. Miraremos al 3:6 en la versión NVI y también en la RV 60:

Él nos ha capacitado para ser servidores de un nuevo pacto, no el de la letra sino el del Espíritu; porque la letra mata, pero el Espíritu da vida. NVI.

…el cual asimismo nos hizo ministros competentes de un nuevo pacto, no de la letra, sino del espíritu; porque la letra mata, mas el espíritu vivifica. RV 60.

Nótese que la versión RV 60 (también la RV 1909) tiene "espíritu", no en mayúsculas. "Espíritu" *sí* está en mayúsculas en la NVI y en casi todas las versiones, por ejemplo, en la NTV, DHH, LBLA, RVA, RVC. Como hemos visto anteriormente, se debe a los editores de una versión determinar si desean tomar *pneuma*/πνεῦμα como "espíritu" o el "Espíritu" Santo. La traducción como "espíritu" aquí puede ser engañosa, porque puede crear la impresión de que se está en contacto con *el propio espíritu de uno mismo,* un lado interno espiritual, que es la clave para la vida. No: en el contexto de 2 de Corintios 3, se refiere al Espíritu Santo, no al espíritu humano, 2 Cor 3:3 es una referencia clara de "el Espíritu del Dios viviente" (y en este punto la RV 60 coincide con "el Espíritu de Dios vivo"). Además, la referencia de Pablo del Espíritu que escribe "no en tablas de piedra sino en tablas de carne, en los corazones" es una clara alusión al pasaje del Nuevo Pacto de Jr 31:33, en el cual Pablo también fusiona con Ez 36:27 – "Infundiré *mi Espíritu* en ustedes, y haré que sigan mis preceptos y obedezcan mis leyes". 2 Cor 3:6 entonces no se trata de hermenéutica sino de soteriología: al decir que el Espíritu vivifica, "el Espíritu no es el sentido verdadero de las Escrituras sino una agencia divina que obra dentro de la vida humana".[10]

Si el *pneuma* aquí es el Espíritu Santo, entonces ¿cómo definiríamos su contraparte, "la letra"? Tal como hicieron los profetas antes que él, Pablo distinguió entre el Antiguo Pacto, tipificado por la inscripción de los diez mandamientos en las dos tablas, y el Nuevo Pacto, tipificado por la reescritura en el corazón humano. La letra (*gramma*/γράμμα) en 3:6 es la ley de Moisés, la cual llevó al pueblo a la muerte espiritual porque no pudiera obedecerla. La gente conocerá con la muerte espiritual cuando tratan de aferrarse al antiguo camino de la ley, ya que, en la nueva era, Dios les ha dicho que avancen y acepten a Cristo: "La reacción incrédula que lleva a la muerte es a lo que se refiere con la γράμμα, 'letra' (el Antiguo Testamento como Escritura), matando a aquellos que se quedan allí, y que se rehúsan a seguir adelante en el tiempo de la nueva era. La muerte es la 'sentencia escatológica' que aguarda a aquellos que permanecen en el antiguo eón".[11]

Por otro lado, el Espíritu Santo da vida porque él transforma a las personas para que puedan vivir para obedecer a Dios.[12] Wesley confirma esta interpretación en sus breves notas sobre 2 Corintios: "*Porque la letra*: la ley, la dispensación mosaica. *Mata*: los que se aferran a ella son sellados en la muerte. *Pero el Espíritu*: el evangelio, que envía el Espíritu a quienes lo reciben, da vida: a la vez espiritual y eterna".[13] Este es el mismo sentido dado al versículo por Juan Crisóstomo, quien también alude a Rm 7:14:

---

[10] Thrall, 1:230-37, nuestra traducción.

[11] Ralph Martin, *2 Corinthians*, WBC 40 (2da ed.; Grand Rapids, MI: Zondervan, 2014), 95, nuestra traducción.

[12] El lector es remitido a Thrall, 1:230-37, para un análisis más detallado del versículo en su contexto judío.

[13] Juan Wesley, *Obras completas*, ed. Justo L. González, 14 tomos (Franklin, TN: Providence House Publishers, 1996), 10:192.

"(La ley) es ciertamente espiritual, pero no otorgaba espíritu, pues Moisés no fue el portador de espíritu, sino de letra. A nosotros, en cambio, se nos ha confiado el dar espíritu".[14] Podríamos agregar que 2 Cor 3:6 se asemeja mucho a lo que Pablo dijo más adelante: "si alguno está en Cristo, es una nueva creación. ¡Lo viejo ha pasado, ha llegado ya lo nuevo!".

Notamos que la mayoría de los comentaristas modernos de este pasaje están de acuerdo en que este versículo tiene que ver con *soteriología*, el poder salvífico que experimentamos después del Pentecostés como cumplimiento de los profetas.[15]

Por consiguiente, podríamos develar estos pensamientos claves del versículo de esta manera:

Pablo y otros que predican el evangelio verdadero no son sacerdotes o levitas del pacto mosaico de la ley, el cual fue escrito en las dos tabletas de piedra. En esta era, la ley mata a las personas que buscan ser justos con Dios según la Torah: primeramente, porque ellos fallaron en reconocer que una nueva era ha venido en Cristo, y ellos se aferran a lo antiguo; y, en segundo lugar, porque ningún ser humano jamás ha obedecido al Torah. Por su parte, Pablo y otros son "ministros"[16] o "agentes de Dios"[17] de un nuevo pacto, el mismo que predijeron Jeremías y en otros profetas para la era venidera. Este pacto es eficaz porque es decretado por el Espíritu Santo, quien da vida y transforma a las personas para que sean capaces de obedecer a Dios.[18]

---

[14] Crisóstomo, Homilías sobre 2 Corintios 6.2, en *1-2 Corinthians*, Gerald Bray, ed., ACCS 7 (New York: Routledge, 2012), 305. Ojalá el editor hubiera traducido esto como Espíritu en vez de espíritu.

[15] Ver, por ejemplo, Martin, Harris, Thrall, ya citado; también *Comentario bíblico contemporáneo* (Buenos Aires: Kairos, 2019), 1509; Otto Kuss, *Carta a los romanos, cartas a los corintios, carta a los gálatas* (Barcelona: Herder, 1976), 323; Simon J. Kistemaker, *2 Corintios* (Grand Rapids, MI: Libros Desafío, 2004), 94-95.

[16] Diákonos/διάκονος no es un término común en la Septuaginta para sacerdotes y levitas; sin embargo, creo que "ministros sagrados" en el sentido sacerdotal es el sentido que pretende dar Pablo aquí.

[17] Así Thrall, 1:231.

[18] Algunos de los padres de la iglesia van en la misma dirección; sin embargo, Orígenes en *Tratado de los principios* afirma que la "letra" es el cuerpo material, mientras que el "espíritu" (no "Espíritu") es el intelecto humano: "Y a los que porque está dicho que Dios es espíritu, juzgan que Dios es cuerpo, juzgo que debe respondérseles de esta manera: es costumbre de la Sagrada Escritura, cuando quiere significar algo contrario a este cuerpo craso y sólido, denominarlo 'espíritu', y así dice: 'La letra mata, pero el espíritu da vida' (2 Cor

Esta es la misma convicción que Pablo predicó cuando reprendió a los gálatas por regresar a la Torah con el sueño de tener más poder y madurez como creyentes en Cristo – "Después de haber comenzado con el Espíritu, ¿pretenden ahora perfeccionarse con esfuerzos humanos?" (Gá 3:3). También se asemeja, tal como lo he dicho en otra parte, al grito desesperado: "¿Quién me librará de este cuerpo mortal?" (Rm 7:24).[19] Y nuevamente, "la ley del Espíritu de vida me ha liberado de la ley del pecado y de la muerte" (Rm 8:2).

El significado de Pablo en el contexto está lejos de los usos del texto que hemos descrito al comienzo. Más bien, "la letra mata, el Espíritu vivifica" es una noticia espectacular sobre la obra de Dios desde el Pentecostés, y una noticia devastadora para aquellos que prefieren la ley que al Espíritu.

Tristemente, cuando perdemos el significado de Pablo, el versículo puede convertirse en una racionalización para la torpeza intelectual.

III. ANTI-INTELECTUALISMO EN LA IGLESIA DE HOY

Los falsos ídolos vienen en pares. Por un lado, está la comilona, y en oposición a ella, está la mujer que pasa hambre para verse como las modelos. Aquí está un hombre que se sacia sexualmente y por el otro lado, el asceta que trata con desprecio aun los placeres legítimos. Allí está una persona cuya habitación es sucia y desordenada, y allá hay una controladora con los niños pequeños, porque podrían dejar barro en el piso. Y cada ídolo justifica su existencia al señalar su opuesto y decir: "No me juzguen, *allá* está la verdadera desgracia".

Los corintios ya habían recibido una epístola en la que Pablo reprochaba, no contra la mente, sino contra los pecados de la mente. Este énfasis tenía que ver con su situación específica. Algunos corintios habían adoptado un seudo-intelectualismo como su ídolo, y Pablo tuvo que revelar sus ofensas: su orgullo, alardeo, su menosprecio por el cristiano más simple, y en general su falta de amor. Los arrogantes necesitaban este ofensivo regaño:

3:6), significando, sin duda, por 'letra' lo corporal, y por 'espíritu' lo intelectual, que también llamamos espiritual". Orígenes, *Tratado de los principios* 1.1.2, de *Obras escogidas de Orígenes – Tratado de los principios*, ed. A. Ropero (Barcelona: Clie, 2018), 64.

[19] Shogren, "The 'wretched man' of Romans 7:14-25 as *Reductio ad absurdum*", *EQ* 72.2 (abril 2000): 119-34.

"¿Dónde está el sabio? ¿Dónde el erudito? ¿Dónde el filósofo de esta época? ¿No ha convertido Dios en locura la sabiduría de este mundo?" (1 Cor 1:20).

Entonces, las Escrituras tienen una epístola donde un apóstol tuvo que escribir acerca de los pecados del intelecto; sin embargo, el canon *no* contiene ninguna epístola donde él necesite culpar a los creyentes perezosos que no piensan lo suficiente o que no desarrollan sus mentes. Si los atenienses o los antioquenos hubieran tenido ese vicio, entonces podríamos tener una epístola para equilibrar 1 de Corintios. Incluso cuando los apóstoles si escribieron para reprochar a una iglesia por ser de bajo rendimiento, fue porque no estaban *aplicando* lo que ya conocían: Hb 5:12 – "necesitan que alguien vuelva a enseñarles las verdades más elementales de la palabra dc Dios".

Los falsos ídolos vienen en pares. En la iglesia de hoy, existen devotos de los ídolos del intelecto. Algunas de estas personas están emocionadas con el cristianismo porque les da una oportunidad de estudiar los idiomas antiguos, citan libros importantes, usan palabras elocuentes, dicen cosas "profundas" para asombrar o confundir a otros. Yo me encuentro con estos creyentes regularmente; junto con sus búsquedas intelectuales, tienen una tendencia a ser emocionalmente sensibles y despectivos, y estar a la defensiva. Cometen el error de creer que el Espíritu obra mejor en un ambiente de educación o alto intelecto, o en el caso de algunos, seudo-intelecto.

Pero, esperen. Otros son adoradores del dios del *anti*-intelectualismo. Son muy felices cuando pueden interrumpirte para decir: "Oh, yo no sé nada sobre eso". Ellos tratan de parecer humildes, pero en lo profundo de sus corazones están muy contentos, porque imaginan que sus máscaras les hacen parecer como gente genuina, práctica, con un enfoque pragmático de la verdad cristiana, y superior a los sabelotodo. Ellos cometen el error igual y opuesto, de pensar que el Espíritu obra mejor donde el intelecto es subdesarrollado.

Un cristiano alardea sobre cuánto sabe, otro sobre cuánto no sabe. Ambos están autoengañados y ambos se han alejado del camino correcto.

En la iglesia latinoamericana, existen ejemplos de mucha variedad. Existen personas que se regocijan con su educación, otras que creen que el reconocimiento académico de otros eruditos es más importante que la obra del Espíritu. Además, existen esas personas que alardean de su *falta* de educación. En otro punto del espectro están algunos que recopilan falsos grados avanzados por pocos cientos de dólares cada uno, o empiezan sus propias "universidades llenas del Espíritu" para darse a ellos mismos y a sus amigos diplomas sin valor.

A largo plazo, no importa a qué ídolo siga el idólatra.

IV. UNA APLICACIÓN: ¿PABLO HABRÍA DESPRECIADO LA EDUCACIÓN TEOLÓGICA?

Yo estudié teología tiempo completo por diez años, y dos años después de graduarme de un doctorado, regresé al salón de clases como profesor de medio-tiempo y luego de tiempo completo. He enseñado en la universidad y en nivel de posgrado por más de tres décadas. He combinado este ministerio académico con años como pastor, misionero, escritor, mentor, maestro de chicos, diácono, haciendo evangelismo puerta a puerta, regalando alimentación a habitantes de calle, entre otros. Pero mi ministerio principal es el salón de clases.

El primer día de una nueva clase, les digo a mis estudiantes que: "Cualquiera que sea el tema de este semestre –gramática griega, exégesis, hermenéutica, historia– el verdadero propósito de la educación teológica es que crezcamos en Cristo mientras desarrollamos nuestras mentes y nuestros corazones para su gloria. ¿Cuál es el mandamiento más grande?, que amemos a Dios con todo nuestro corazón, y alma, y sí, *la mente –¡el intelecto!–*, y fuerza. Y, en segundo lugar, nuestra meta es que amemos al pueblo de Dios. Para nosotros, eso significará, servir al cuerpo de Cristo con nuestras mentes". Me encanta verlos asentir con un consenso entusiasta.

Por eso me decepciona que no todos vean la educación teológica del mismo modo. Algunas personas vienen a nuestro seminario en contra de los deseos de sus propios pastores: Cuán sorprendente es, que la gente que quiere estudiar la Palabra de Dios enfrente oposición, no del mundo, sino de su misma iglesia. Aún más horrible fue el comentario que escuché desde un púlpito un domingo: *Cualquiera que va a estudiar en (¡y él mencionó el mismo seminario donde yo enseño!) se ha alejado del Espíritu, y la gente que enseña en un seminario como ese está haciendo la obra del diablo.* Tristemente, citan a Pablo como "prueba" de estas declaraciones, usualmente de 2 Cor 3:6.

Debido a que a Pablo se le considera como nuestro modelo, miremos los datos concretos, y consideremos la carrera de un hombre que escribió "la letra mata y el Espíritu vivifica". El apóstol Pablo fue un hombre de dos mundos y fue rigurosamente entrenado en ambos.

Primero que todo, como un joven del mundo grecorromano. En el centro universitario, la ciudad de Tarso, él había sido instruido en lectura, escritura, literatura, lógica y retórica. Conocemos esto porque sus epístolas y sus discursos en Hechos revelan claramente que fue un hombre que se sentía en casa con esa cultura, capaz de citar poetas griegos cuando le era útil, capaz de contar parábolas sobre deportes griegos, y capaz de elaborar epístolas con un refinamiento de lenguaje y estilo.

En segundo lugar, como un chico en la escuela de la sinagoga y luego en su entrenamiento como rabino bajo Gamaliel, él fue puesto a otras pruebas intelectuales, aprendiendo a cómo absorber y repetir la tradición rabínica, y luego a desarrollarla. Igual que otros rabinos de esa época, no simplemente leía las Escrituras, él había memorizado completamente el canon del Antiguo Testamento, la *Tanaj,* en hebreo. El Talmud judío revela el ambiente en el cual jóvenes rabinos eran entrenados: Alguien preguntó a un rabí cuántas copias de la Torah tenía. "Dos", fue su respuesta. "Una escrita en un rollo y otra" –y señaló a su cabeza– "aquí arriba". Es decir, él la había memorizado. Como si esto fuera suficiente, es evidente a partir de sus epístolas que Pablo también conocía y quizá había memorizado la traducción griega de la Biblia, la Septuaginta. Podemos apenas comprender hoy, que cuando un apóstol citaba la Escritura, la citaba de memoria y no consultando un rollo o mirándola por un *smartphone.*

Hechos 21 revela algo más de su trasfondo: el apóstol se dirigió a un comandante militar romano en el idioma griego, según Hch 21:37. El romano se sorprendió y respondió: "¿Hablas griego?". Después de conversar con él en griego, Pablo se volvió y habló a los judíos en Hch 21:40-22:2 en, literalmente, "el idioma de los hebreos", quizá hebreos o mejor, en el sentido de "el lenguaje que *hablaban* los hebreos". Esta era probablemente la lengua semítica aramea, tal como la NVI infiere: "les dijo en arameo: Padres y hermanos, escuchen ahora mi defensa. Al oír que les hablaba en arameo, guardaron más silencio".[20] Pablo podría conversar en la lengua común de los judíos y gentiles del Mediterráneo del Este (es casi cierto que los demás apóstoles también eran trilingües).[21] Así que, enumerémoslos: hebreo, arameo, griego, y deberíamos agregar el latín, también. En la

---

[20] Ver el análisis por Craig S. Keener, *Acts: an exegetical commentary,* 4 tomos (Grand Rapids, MI: Baker, 2015), 4:3191-95, el cual analiza minuciosamente los datos y concluye que Pablo se dirigió a ellos en arameo, ya que muy pocos pudieron seguirlo en hebreo porque "el arameo era el idioma dominante para las masas en Jerusalén". (4:3193, nuestra traducción).

[21] Eusebio subestimaba las habilidades lingüísticas de los discípulos cuando los imaginó diciendo: "Nosotros somos hombres criados para usar la lengua siria únicamente, ¿qué lenguaje hablaremos a los griegos?". Cierto que ellos conocían griego y también hebreo litúrgico; sin embargo, Eusebio sí tiene razón al atribuirles el siríaco (o sea, arameo) como su lenguaje principal. Ver Eusebio, *Demonstratio evangelica* 3.7, http://www.tertullian.org/fathers/eusebius_de_05_book3.htm, nuestra traducción del inglés.

escuela, Pablo había estudiado los idiomas clásicos: griego y latín. En cualquier caso, conocemos que él planeó evangelizar España, donde el latín era la lengua común. Esto da como suma cuatro idiomas como mínimo. Para los que dudan del asunto, les invito a leer cuidadosamente Romanos 15, que Pablo pudo haber escrito mientras pulía su latín y se preparaba para evangelizar España.

Y hablando de Romanos, su enseñanza para ellos estaba basada en un profundo estudio de las Escrituras y meditación de estas, como se ve en la epístola, citando y aludiendo a docenas de textos. Pero, por supuesto, este es también un hombre que sabía que el vigor intelectual no era suficiente, cuya obra fue avivada por las llamas del Espíritu Santo:

> Yo tengo el deber sacerdotal de proclamar el evangelio de Dios, a fin de que los gentiles lleguen a ser una ofrenda aceptable a Dios, santificada por el Espíritu Santo (15:16).

> Lo ha hecho con palabras y obras, mediante poderosas señales y milagros, por el poder del Espíritu de Dios (15:18-19).

> Así que, una vez que yo haya cumplido esta tarea y entregado en sus manos este fruto, saldré para España y de paso los visitaré a ustedes... Les ruego, hermanos, por nuestro Señor Jesucristo y por el amor del Espíritu, que se unan conmigo en esta lucha y que oren a Dios por mí (15:28, 30).

"Pero, y qué pasa con Flp 3:7?", alguien se preguntará, donde Pablo habló de su pasado: "todo aquello que para mí era ganancia, ahora lo considero pérdida por causa de Cristo". Pero de hecho este verso provee una verdad paralela con nuestra interpretación de 2 Cor 3:6. En Filipenses, Pablo afirma que él se deshizo de todo lo que era por su propio esfuerzo; hechos por su propia fuerza —su carne– pero sin Cristo y el Espíritu, y, por tanto, vanos. Cuando él hizo esto, *no* lo contó para olvidar deliberadamente toda la Biblia que había trabajado mucho para memorizar, ni la retórica o estilo griegos que él aprendió bajo el ojo cuidadoso de su maestro. Todas estas cosas fueron rescatables porque Dios no deshace las buenas herramientas; su acercamiento carnal a Dios *no* era rescatable, y aun así fue desechado.

El pueblo de Dios hoy tiene muchas oportunidades para continuar aprendiendo y creciendo, ya sea formalmente o no, ya sea online o presencialmente, a través del estudio de la Biblia y buenos libros. Desde nuestro seminario (ESEPA en Costa Rica) la gente incluso aprende hebreo y griego online. Qué lástima desperdiciar estas oportunidades, tal como dijo Pablo en otra parte a los Romanos, que ellos deben "abundan en conocimiento y están capacitados para instruirse unos a otros" (Rm 15:14). Este texto elimina alguna excusa de estudios superficiales y de la inercia.

He conocido a aquellos que han dejado de aprender cuando tenían 20 años y a otros que aún están buscando nuevos aprendizajes con una energía juvenil cuando tienen 80 y 90 años. Como dijo un antiguo griego –un dicho que creo que Pablo pudo haber conocido y aprobado– "Me hago *viejo aprendiendo* siempre multitud de *cosas*".[22] *Que podamos tener un corazón que siga la guía del Espíritu, que está siempre presto a enseñarnos nuevas lecciones a partir de su Palabra.*

---

[22] Solón de Atenas, 7-6 siglo a. C., citado en Plutarco, *Vida de Solón* 2.2 – Γηράσκω δ' αἰεὶ πολλὰ διδασκόμενος. Vea https://www.imperivm.org/cont/textos/txt/plutarco_vidas-paralelas-ti-solon.html.

CAPÍTULO 7

¿LOS APÓSTOLES SIEMPRE OBEDECIERON AL ESPÍRITU SANTO EN HECHOS? ALGUNOS CASOS

En el seminario, asistimos a la capilla cada mañana, pero solo recuerdo algunos sermones. Uno fue una serie de Daniel y la escritura en la pared, tenía un eslogan: "¡Llamen a Daniel, él sabrá qué hacer!". Otra fue una conferencia sobre la obediencia a Dios: "En cualquier momento, En cualquier lugar, De cualquier forma". El mensaje que escuchamos en el retiro anual vino de un profesor que me enseñó griego por dos años. Aún lo recuerdo por dos razones. Primero, yo pensé que era un tema raro: en vez de hablar sobre "ofrezca su cuerpo como sacrificio vivo" o quizá "yo sé muy bien los planes que tengo para ustedes, afirma el SEÑOR", él dio una charla sobre la elección de Matías como reemplazo de Judas Iscariote. En segundo lugar, él dejó claro que la Biblia realmente *sí* nos habla, y que necesitamos estar atentos a los detalles del texto. Al final, me convenció de una cierta interpretación de Hechos 1, pero más profundamente, de un cierto enfoque del texto bíblico.

Una de las preguntas hermenéuticas alrededor del libro es: ¿Hechos estaba diseñado para contarnos una narrativa histórica confiable –y los evangélicos tienden a aceptar eso como un hecho– o Lucas *también* nos cuenta cómo debemos vivir? ¿Esto es sola o principalmente descriptivo o es también prescriptivo? Este tema más amplio es para otra ocasión; aquí exploraremos otra cuestión *más fundamental* que la de descriptivo/prescriptivo:

Antes de que lidiemos con la pregunta:

"¿Debe la iglesia de hoy hacer lo que los apóstoles hicieron en Hechos?".

Debemos considerar de antemano:

"¿Debieron aun *los apóstoles* haber hecho lo que los apóstoles hicieron en Hechos?".

Existen personas que creen en la inspiración de Hechos, que leen la narrativa, que afirman que estos eventos realmente acontecieron, pero que afirman que los apóstoles *no* siempre discernieron correctamente la guía del Espíritu. Esto nos lleva a otro horizonte, ya que lógicamente, Hechos sería un modelo para seguir, solo si nosotros los lectores estamos satisfechos de que lo que hicieron los apóstoles fue realmente la voluntad de Dios. Y para algunos exégetas, la voluntad revelada de Dios se mide mediante los relativamente pocos textos de la Biblia, que contienen "verdades proposicionales", es decir, declaraciones doctrinales, quizás a partir de las epístolas. Si no podemos localizar una apropiada "nota de pie de página" inspirada, dicen ellos, estamos en la libertad de preguntar si incluso los apóstoles estaban tomando buenas decisiones.[1] De hecho, este enfoque empieza a derrumbarse casi inmediatamente; por ejemplo, en Hch 17:10 – Pablo y su equipo se desviaron de la Vía Egnatia y se dirigieron al sur de Berea, pero no hay un versículo de "verdad proposicional" en el canon que pruebe que esa era la voluntad de Dios.

Otro enfoque general y mejor ofrece Craig Keener. Él nota que Hechos era como cualquier otra historia helenista y judía del periodo, las cuales no eran simplemente registro de lo que había acontecido, sino lecciones a seguir por los lectores: "no debe sorprendernos que Lucas sea explícito en presentar a sus protagonistas como modelos de virtud".[2] Aunque esa observación no puede resolver totalmente el problema de si Hechos es *prescriptivo* en general o en todos sus detalles, al menos establece las bases para entender lo que el texto nos quiere decir cuando describe las decisiones de los apóstoles y su rectitud.

En este ensayo trabajaremos con una idea provisional: que podríamos asumir *por defecto* que Hechos no busca la sutileza sino la claridad; y por

---

[1] Ver, por ejemplo, Stephen Voorwinde, "How normative is Acts", http://www.rtc. edu.au/RTC/media/Documents/Vox%20articles/How-Normative-is-Acts.pdf?ext=.pdf.

[2] Craig S. Keener, *Acts: an exegetical commentary*, 4 tomos (Grand Rapids, MI: Baker, 2015), 1:157, nuestra traducción.

eso que cuando el narrador dice que los apóstoles hicieron algo, pues opinaron que era el Espíritu el que los guiaba, entonces debemos creer que era la voluntad de Dios, *al menos* no hay una evidencia clara de que el narrador/Narrador –Lucas y el Espíritu de Dios– expresaran su desaprobación. En otras palabras, la carga de la prueba está en el lector actual para probar que las acciones de los participantes *no* tenían el sello de aprobación del Espíritu.

Antes de considerar Hechos 1, veamos otros ejemplos. Uno de ellos es cuando Hechos describe, varias veces, la conversión de Cornelio. En Hch 11:11-12, Pedro invoca al Espíritu para justificar sus acciones:

En aquel momento se presentaron en la casa donde yo estaba tres hombres que desde Cesarea habían sido enviados a verme. El Espíritu me dijo que fuera con ellos sin dudar.

Lucas y el Espíritu que lo inspiró conjuntamente describen la afirmación de Pedro de que, era el Espíritu el que lo había guiado a Cornelio. Y los críticos de Pedro se vieron forzados a concluir en 11:18: "Al oír esto, se apaciguaron y alabaron a Dios diciendo: – ¡Así que también a los gentiles les ha concedido Dios el arrepentimiento para vida!". Hay confirmación tras confirmación (revelaciones especiales, respaldo de las Escrituras en 10:43, razonamiento santificado) de que esta era la voluntad de Dios. Pero todo se basa en el género de la narración: no hay "declaraciones proposicionales" dentro de Hechos que respalden eso, ni siquiera existe en los términos estrictos una verdad proposicional en Hch 15:28 – "Nos pareció bien al Espíritu Santo y a nosotros...". Parece correcto para el autor de Hechos, pero ¿qué prueba hay de que el Espíritu aprobaba la opinión de los apóstoles, excepto por una declaración que viene de los mismos apóstoles? ¿Y si los apóstoles podían equivocarse en otra parte, entonces por qué no podrían equivocarse aquí?

Se podría también mencionar el caso de Ananías y Safira. Cuando Pedro concluye que la verdad de Dios es: "No has mentido a los hombres sino a Dios", el texto nos ayuda por describir su destino; pero noten que eso nos da solo evidencia circunstancial –no una declaración divina– de que su crimen era digno de la muerte. Veredicto: Hechos no da una "verdad proposicional" sobre que mentir acerca de una ofrenda amerite la pena de muerte, ni siquiera que estos dos eran realmente culpables de mentir: todo es narrativa, no una declaración proposicional.

Asimismo, Simón el Mago es un ejemplo de censura divina en Hch 8:18-19:

Al ver Simón que mediante la imposición de las manos de los apóstoles se daba el Espíritu Santo, les ofreció dinero y les pidió: Denme también a mí ese poder, para que todos a quienes yo les imponga las manos reciban el Espíritu Santo.

O mejor, para que lo enmarquemos *positivamente,* el narrador da el sello de aprobación de Dios sobre la acción de Pedro en 8:20-21:

¡Que tu dinero perezca contigo –le contestó Pedro–, porque intentaste comprar el don de Dios con dinero! No tienes arte ni parte en este asunto, porque no eres íntegro delante de Dios.

Pareciera que Simón pecó, y que Pedro estaba en lo correcto por condenarlo, pero nuevamente, esto es una narrativa, y en ningún lugar existe una declaración proposicional para probar que *este* hombre era culpable de *esta* forma en *este* momento. De hecho, como muchos cristianos en América Latina, he escuchado una interpretación de este texto por un famoso "predicador de la prosperidad", un hombre que considero como falso maestro.[3] Él tira el claro significado de Hechos 8 con una hermenéutica retorcida: *Simón pedía algo que el Espíritu realmente quería darle, una "unción" a cambio de una "ofrenda"; Pedro pensaba que él, Pedro, obedecía la guía del Espíritu cuando él condenó a Simón y condenó su dinero; pero de hecho, Simón el Mago estaba en lo correcto y (lo cito directamente) "el que se equivoca es Pedro" sobre la voluntad del Espíritu.* Dicha interpretación, si se sigue consistentemente, podría llevar a Hechos a un sinsentido, una historia confusa que, por implicación, solo algún apóstol ungido de hoy puede esperar descubrir.

Pero, ¡sigamos con la exégesis seria de estudiantes bíblicos serios!

Caso de prueba 1: ¿ESTABAN EN LO CORRECTO LOS APÓSTOLES CUANDO ELIGIERON A MATÍAS PARA QUE FUERA EL DUODÉCIMO APÓSTOL EN LUGAR DE JUDAS ISCARIOTE?

Volvemos al texto con el que empezamos, Hch 1:15-26.

---

[3] Ver "Cash Luna 'explica' Simón el Mago", https://www.youtube.com/watch?v=GGsjEAzPadg.

La interpretación tradicional estándar: Los apóstoles hicieron la voluntad de Dios al ungir a Matías.

Una interpretación alternativa: Los apóstoles tomaron una decisión meramente humana, apresurándose a ungir a Matías como el duodécimo apóstol, cuando ellos debían haber esperado pacientemente hasta que Pablo se convirtiera para reemplazar a Judas; otros dicen que debían haber ungido a Jacobo/Santiago, hermano del Señor.[4]

Pero notamos que el texto de Hechos 1 contiene varios indicadores de la aprobación del Espíritu para la acción de los apóstoles, señalando que ellos no se equivocaron:

1. Los apóstoles habían escuchado días antes exactamente cómo se habían cumplido y continuaban cumpliéndose las escrituras mesiánicas (Lc 24:44-49, lo que es solo un capítulo previo a Hechos 1 en la obra de dos volúmenes de Lucas); Lc 22:30 también contiene la predicción de Jesús de que, a pesar de la deserción de Judas, habría doce personas que juzgarían a las doce tribus de Israel; parte del complejo de las predicciones mesiánicas estaba la traición de Jesús por parte de su amigo; Hechos 1 implica que los apóstoles sabían que era una exégesis correcta tomar Sal 69:25 y 109:8 para referirse a que ellos debían elegir un reemplazo para Judas, y en ese momento, antes de la llegada del Espíritu: es decir, ellos entendieron que sus acciones eran *bíblicas*;[5]
2. Los apóstoles *oraron* antes de elegir a Matías.
3. Ellos "echaron suertes", usando un método antiguo para determinar la selección de líderes (por ej., 1 Cr 24:31). Al hacer esto, le pidieron la guía a Dios por medio de un oráculo divino. Cuando echaron suertes solo después de haber orado, estaban afirmando que "la elección era de Jesús, no de los once, por eso el uso de la suerte".[6]

---

[4] Ver E. M. Blaiklock, *The Acts of the Apostles: an historical commentary* (London: Tyndale, 1959), 53.

[5] Ambos textos de los salmos podrían, uno supone, ser catalogados como "verdades proposicionales". Sal 69:25 parecía decir que su lugar en la sociedad debería permanecer inhóspito, se usa el lenguaje de maldición del Antiguo Testamento de una casa vacía y un nombre olvidado: "Que su lugar quede desierto, y que nadie lo habite". Sal 109:8 sugería la acción que los apóstoles debían tomar, "Que otro se haga cargo de su oficio". Y así, esta decisión apostólica se basa en las dos citas de las Escrituras, mientras que la mayoría de los eventos específicos en Hechos no tienen ninguna.

[6] C. K. Barrett, *The Acts of the Apostles*, ICC, 2 tomos (London: T. & T. Clark, 1994), 1:105, nuestra traducción. También, F. F. Bruce, *Hechos de los Apóstoles: introducción, comentarios y notas* (Grand Rapids, MI: Desafío, 1998), 61-63.

No significa, como muchos afirman, que ellos votaron, es decir, que ellos "echaron sus votos" por un candidato o por otro.[7]

Nuevamente, mi principio es que, por defecto, lo que Hechos nos presenta se debe considerar como una acción apostólica sabia y guiada por el Espíritu, y que disfruta de la aprobación de Dios, *siempre y cuando* el autor no señale al lector lo contrario. Y en este caso, el autor de Hechos recoge evidencia de que Matías era desde ese momento un apóstol, uno de los Doce:

2:37 – "A Pedro y a los otros apóstoles" (según Hechos, esto se refiere a Pedro y los once, incluyendo a Matías).
2:42 – "Se mantenían firmes en la enseñanza de los apóstoles" (implicando que Matías les enseñaba).
2:43 – "Los muchos prodigios y señales que realizaban los apóstoles" (Matías y sus colegas hicieron milagros apostólicos).
4:33 – "Los apóstoles, a su vez, con gran poder seguían dando testimonio de la resurrección del Señor Jesús" (Matías hizo milagros apostólicos y proclamó la resurrección, la cual de acuerdo con 1:21-22 él había sido presenciado con sus propios ojos); de manera similar.
5:12 – "Por medio de los apóstoles ocurrían muchas señales y prodigios entre el pueblo".
5:18 – "Arrestaron a los apóstoles y los metieron en la cárcel común" (¿Arrestaron solo a once hombres? No, ¡a doce!).
5:40 – "Llamaron a los apóstoles y, luego de azotarlos" (¡Matías fue azotado! Él no escapó como un "apóstol fraudulento").
6:2 – "Los doce reunieron a toda la comunidad de discípulos" (todos los Doce, incluyendo a Matías); también, 6:6 – "Los presentaron a los apóstoles, quienes oraron y les impusieron las manos".
8:1 – "Todos, excepto los apóstoles, se dispersaron por las regiones de Judea y Samaria" (esto es, Matías y los otros no estuvieron dispersos).
8:14 – "Cuando los apóstoles que estaban en Jerusalén se enteraron de que los samaritanos habían aceptado la palabra de Dios, les enviaron a

---

[7] Como demuestran Barrett, 1:105; 1:228; Joseph A. Fitzmyer, *The Acts of the Apostles*, AB 31 (New York: Doubleday, 1998), 228. Hans Conzelmann, *Acts of the Apostles*, Hermeneia (Philadelphia: Fortress Press, 1987), 12, muestra que el echar suertes era una práctica común en el judaísmo del Segundo Templo, incluyendo en Qumrán.

Pedro y a Juan" (Matías y nueve apóstoles más enviaron a Pedro y a Juan).

Todo esto, por fuerte insinuación, refuerza que Matías pertenecía a la lista de los Doce. Y Matías es *aún* llamado apóstol, incluso después de que Saulo fuera comisionado por Cristo:

Hch 9:27 – "Bernabé lo tomó (a Saulo) a su cargo y lo llevó a los apóstoles". *En otras palabras, Saulo conoció a Matías, a quien Hechos continúa afirmando como apóstol. La conversión de Saulo no desacreditaba o desactivaba el apostolado de Matías.*

1 Cor 15:5 – *Si queremos escuchar las palabras de Pablo en el asunto, él incluye indirectamente a Matías en la lista de los doce apóstoles, afirmando como los apóstoles hicieron en Hch 1:22, que Matías era un testigo ocular de la resurrección:* 1 Cor 15:5 – "se apareció a Cefas, y luego a los doce" ("doce" debe incluir a Matías).

Ireneo lo acepta como el duodécimo apóstol en *Contra las herejías.*[8] Su apostolado es afirmado por Eusebio, quien concuerda con Hipólito, de que él había sido uno de los 70 discípulos de Lc 10:1 – "Matías, que tomó el puesto de Judas en la lista de los apóstoles, así como el (Justo) honrado con él para echar suertes entre ambos, fue llamado entre los Setenta según la tradición".[9] Que Matías fue el verdadero duodécimo apóstol es afirmado por Clemente de Alejandría; Orígenes; Agustín; Crisóstomo en su homilía sobre Hechos. Hubo un Evangelio (gnóstico) de Matías, otro documento llamado las Tradiciones of Matías, y también un Hechos de Andrés y Matías (vea *ANF* 8). La referencia a los doce apóstoles en Ef 2:20 parece referirse a los Doce –incluyendo a Matías– como "el fundamento de los apóstoles y los profetas"; al igual que, uno supondría, Ap 21:14 – "La muralla de la ciudad tenía doce cimientos, en los que estaban los nombres de los doce apóstoles del Cordero".

---

[8] Ireneo, *Contra las herejías* 2.20.2, en *Lo mejor de Ireneo de* Lyon, ed. A. Ropero (Barcelona: Clie, 2003), 226.
[9] Eusebio, *Historia de la iglesia* 1.12.3, ed. Paul L. Maier (Barcelona: Clie, 1999), 47. Algunas tradiciones de la iglesia dicen que Matías sufrió martirio en Jerusalén, otros dicen que en Etiopía.

PERO ¿Y QUÉ HAY DEL APÓSTOL PABLO?

Primero, en ningún lugar de Hechos se llama a Pablo el duodécimo apóstol, ni se le agrupa junto con los Doce; de hecho, a él se le llama apóstol
solo cuando Bernabé también es llamado así (Hch 14:4, 14). En sus cartas,
Pablo reclama el título de apóstol, pero nunca como un miembro de los
Doce: él era un caso especial. Por otro lado, Pablo también aplica el término "apóstol" a otras personas: a Jacobo (Gá 1:19); y a otros misioneros
pioneros, a Junia (una mujer, Rm 16:7); a Andrónico (probablemente su
marido, el mismo texto); a Silvano (1 Ts 2:6).

En conclusión, el autor de Hechos no simplemente *describe* lo que los
apóstoles hicieron en Hechos 1; él aprueba y afirma que Matías era la
elección de Dios para reemplazar a Judas Iscariote; y para aquellos que
consideran Hechos como un libro dado por el Espíritu, la aprobación de
Lucas señala que Matías tiene la confirmación del Espíritu.

Existen otros textos, y estos requerirían más destreza hermenéutica. El
primero de nuestros dos ejemplos es:

Caso de prueba 2: POSESIONES COMPARTIDAS

Hechos 2 registra que "Todos los creyentes estaban juntos y tenían todo
en común: vendían sus propiedades y posesiones, y compartían sus bienes
entre sí según la necesidad de cada uno" (2:44-45). Especialmente durante
la Guerra Fría, cuando cualquier olor a socialismo era eliminado de los
púlpitos evangélicos en mi país, yo solía escuchar: primero, que Hechos 2
no exigía un sistema de gobierno socialista. Pero algunos decían que, segundo, que tener todo en común era un error de parte de los creyentes,
porque no era práctico: esto irremediablemente llevaba a una implosión
económica y a la pobreza, las cuales más tarde las iglesias gentiles se
sentían obligadas a aliviar con la Ofrenda de Jerusalén. "...la pobreza de
la iglesia de Jerusalén, que más tarde requirió la caridad mundial, pudo
haber sido ocasionada por esta precipitada disipación de capital".[10]

---

[10] Blaiklock otra vez, 69, nuestra traducción. También, E. F. Harrison, *Inter-
preting Acts: the expanding church* (Grand Rapids, MI: Zondervan, 1986), 98-99.
Por otro lado, se puede consultar también Craig L. Blomberg, "Las posesiones
materiales en el cristianismo primitivo", *Kairós* 25 (julio-diciembre 1999): 7-27.

En nuestra época, la traducción inglesa rarísima "Conservative Bible Project" (Proyecto de la Biblia Conservadora) pretende mostrar que la Biblia es *políticamente* conservadora. Entonces, recorta cuidadosamente esta idea de Hechos 2, justificándose al señalar que "todas las cosas en común" es "comúnmente malinterpretado como socialismo hoy día, pero no se refiere a lo material" (en inglés, "commonly misread as socialistic nowadays, but doesn't refer to material [possessions]"), es decir, bienes materiales. Ellos traducen 2:44, "Todos los que creían estaban juntos y compartían los *valores,* la fe, y la verdad" (en inglés, "Everyone who believed was together and shared *values*, faith, and the truth").[11] Ellos no ofrecen pruebas del texto griego; bueno, no *existe* posible prueba del texto griego. Ellos retraducen o, más bien, parafrasean mal el pasaje similar en Hch 4:34-35 también.[12]

Nuevamente, nada en Hechos indica que esa es la forma correcta de leer la narrativa. Todos los indicadores muestran que *todo* lo que hizo la iglesia en 2:44-45 –reunirse juntos, tener las cosas en común, vender sus bienes, dar al necesitado, adorar en el Templo, partir el pan con alegría, alabar a Dios, tener la buena voluntad de la gente– recibió el sello de aprobación de Dios, y que el Espíritu no les advirtió que no compartieran los bienes.

Caso de prueba 3: EL SACRIFICIO DE PABLO EN EL TEMPLO

La cuestión de que si Pablo debió o no haber prestado atención a los profetas cristianos y evitado Jerusalén está más allá de nuestro alcance aquí. Pero ocupémonos de la acción de Pablo en Hch 21:26 – "Al día siguiente Pablo se llevó a los hombres y se purificó con ellos. Luego entró en el

---

[11] Ver Acts 1-9 (Translated) a https://www.conservapedia.com/Acts_1-9_(Translated). Curiosamente, 2:45 no tiene este supuesto "socialismo" eliminado del texto, sino que lo traduce mal en otra dirección (nuestra traducción): Ellos vendían sus posesiones y lo daban a los otros, *como todo hombre hacerlo,*" en contraposición a una traducción correcta "según la necesidad de cada uno" de la NVI. Ellos no justifican este segundo cambio. ¿Podría uno especular que esto fue para poner más distancia entre el texto bíblico y el marxista "De cada cual, según sus capacidades, a cada cual según sus necesidades"?

[12] Consultar los comentarios de Keener and de Barrett para la exégesis y el trasfondo histórico de Hch 2:44-45.

templo para dar aviso de la fecha en que vencería el plazo de la purificación y se haría la ofrenda por cada uno de ellos". Un escritor arguye que el Espíritu no aprobó esta visita al templo:

> Nada en el texto sugiere que esto fue una decisión sabia. No conduce al evangelismo judío, y de hecho, una turba que busca lincharlo no dejó que este evento aconteciera... Dios parece haber interrumpido este evento, quizá para mostrar que Pablo no debió estar en esta situación en primer lugar.[13]

Me parece esta interpretación demasiado intricada. En ningún lugar Hechos expresa desaprobación de esta acción, y, además, Hechos ya había dado muchas advertencias de que Pablo estaba dirigiéndose a una situación altamente peligrosa, es decir, que la participación de Pablo en el *sacrificio* no era la causa básica. Pablo sabía sobre el peligro desde mucho antes, como lo señala en Rm 15:31 – "Pídanle que me libre de caer en manos de los incrédulos que están en Judea". Fue la acusación falsa de que había conducido al gentil Trófimo al Atrio de los Israelitas lo que provocó la revuelta. En vez de concluir que, "nada en el texto sugiere que esta era una decisión sabia", sugerimos que los Hechos sí considera esta acción como justa y aprobada por el Espíritu, al menos existe una preponderancia de evidencia *contra* esa interpretación. De hecho, siguiendo con la lógica de la opinión de arriba, uno podría decir fácilmente que, "Y nada en Hechos 16 sugiere que fue una decisión sabia echar fuera el demonio de la esclava en Filipos. No conduce al evangelismo; de hecho, una turba no dejó que aconteciera. Dios parece haber interrumpido este evento".

Otro caso importante sería el de si Pablo se equivocó o no en su discurso en Atenas y dio un mensaje contaminado con sabiduría griega en vez de enfocarse en la cruz (supuestamente reflejado en 1 Cor 2:2); y si era o no una estrategia de la que se arrepintió y luego corrigió en su próxima parada en Corinto. Yo he escrito sobre esto en otra parte, diciendo que no

---

[13] Ver "(Acts 21:26) Did Paul make a mistake in bringing a sacrifice to the Temple to appease Jewish believers?".

http://www.evidenceunseen.com/bible-difficulties-2/nt-difficulties/john-acts/acts-2126-did-paul-make-a-mistake-in-bringing-a-sacrifice-to-the-temple-to-appease-jewish-believers/, nuestra traducción. Bruce, *Hechos*, 477, sugiere que fue una acción justa, sin embargo: "Se puede muy bien dudar acerca de la prudencia de que Pablo transara con el plan de los ancianos".

hay indicación en la narrativa de Hechos que diga que él estaba equivocado; ni tampoco encuentro en 1 de Corintios que él se había arrepentido sobre lo de Atenas.[14]

CONCLUSIÓN

Hay evidencia que apoya nuestra declaración provisional, de que en general Lucas considera las decisiones de los apóstoles como justas, sabias e impulsadas por el Espíritu. Esto no lo descubre todo sobre sus decisiones. Por ejemplo, en Hechos 6, ¿Es la suposición subyacente que los apóstoles estaban en lo correcto al nombrar a siete (proto) diáconos, en vez de tres o doce? ¿Nombrar solo a judíos helenistas? Nuevamente, como regla, démosle a la historia de Hechos el beneficio de la duda, que pretende contarle al lector cómo los apóstoles siguieron la guía del Espíritu, hasta el punto en que el autor afirma que *no* lo hicieron. Esto, entonces, abre la puerta a la siguiente pregunta, para otro momento: ¿Hasta qué punto Hechos *prescribe* cómo servir a Cristo hoy?

---

[14] Para más información, consultar mi comentario *1 Corintios: un comentario exegético-pastoral* (Barcelona: Clie, 2021); ver mis observaciones en la Introducción y sobre 1 Cor 2:2. También invito al lector a ver mi análisis sobre las decisiones misioneras de Pablo: "La voluntad de Dios y los planes misioneros de Pablo, o, ¿Cómo supo Pablo a dónde debía ir?" https://razondelaesperanza.com/2010/08/07/la-voluntad-de-dios-y-los-planes-misioneros-de-pablo-o-%c2%bfcomo-supo-pablo-a-donde-debia-ir/. Analizo cada movimiento que hizo Pablo, compilando 55 datos en Hechos y en sus epístolas. Concluyo que Pablo cambió de lugar nueve veces como respuesta a una revelación divina directa; nueve veces como respuesta a circunstancias locales peligrosas; y 25 otras donde la razón no es dada o no es muy clara.

Capítulo 8

¿NOS SANARÁ DIOS? UNA REEVALUACIÓN DE SANTIAGO 5:14-16a[1]

Santiago 5:14-16 es interesante por varias razones: (1) porque parece dar una promesa sin restricciones de una oración que será contestada, como en Jn 14:13-14; (2) porque se refiere a la sanidad física; (3) porque la iglesia católica fundamenta dos de sus sacramentos en esto; (4) porque la unción con aceite parece exótica para muchos cristianos protestantes. La necesidad de un estudio cuidadoso de Santiago 5 es aún más válido en una época en la que la tecnología médica ha tenido connotaciones religiosas propias, la religión y la ciencia están divididas cuidadosamente en categorías cartesianas, siendo la sanidad reclamada por la categoría de la ciencia. El asunto se ha intensificado aún más con la propagación en los últimos días del tratamiento holístico, la sanidad interior, y el evangelio de la prosperidad con sus movimientos de rechazo a la tecnología médica disminuyen la distinción entre sanidad sobrenatural y ley natural.[2]

Lo extraño de las instrucciones de Santiago pueden dar un sesgo o prejuicio emocional que nos fuerce a concluir que "Santiago no puede querer decir eso", con la resultante violación de los sólidos principios de interpretación. Esto es una defensa, por lo tanto, no para la renovación del

---

[1] Este capítulo originalmente fue publicado como "Will God Heal Us? A re-examination of James 5:14" por *EQ* 61 (1989): 99-108. Los derechos de autor pertenecen al autor.

[2] Cf. esp. Bruce Barron, *The health and wealth gospel* (Downers Grove, IL: IVP, 1987), para una excelente crítica de la idea anterior.

carisma de sanidad, sino para un acercamiento a St 5:14-16 que ve el pasaje como un campo de batalla para una hermenéutica sana.

En 5:14 tenemos un tercer consejo que Santiago ofrece a las personas para diferentes situaciones en la iglesia (*en jumin*, "entre ustedes"; se utiliza cinco veces más en Santiago 3-5 para hablar de la "congregación"). La pregunta de Santiago y sus instrucciones para los enfermos continúan el pensamiento de 5:16a. Él usa una palabra común para enfermedad (*astheneō*, "estar débil, enfermo") que aquí denota dolencia física, no padecimiento espiritual (cf. v. 13a); su significado es confirmado por el participio *kamnō* ("el que esté enfermo, doliente") en v. 15.[3]

Su mandato es que "convoque" a los ancianos de la iglesia. El hecho de que sea el cuerpo de presbíteros los que son llamados es llamativo[4]: Santiago está descartando al sanador carismático a favor de los oficiales de la iglesia.[5] Él hace que el paciente llame a sus propios presbíteros, personas que estarán mejor equipadas para indagar acerca de pecados escondidos (v. 15b).[6]

---

[3] John Wilkinson, *Health and healing* (Edinburgh: Handsel, 1980), 148, muestra que la aflicción física no demoníaca es lo que pretende *astheneō*. También L. T. Johnson, *The letter of James*, AB 37A (New York: Doubleday, 1995), 330; Jean Cantinat, *Les epîtres de Saint Jacques et de Saint Jude*, SB (Paris: Gabalda, 1973), 247. Cf. al intento de leer esto en términos de debilidad *espiritual* por Carl Armerding, "'Is any among you afflicted?' A study of James 5:13-20", *BSac* 95 (1938): 195-201.

[4] Contra Cantinat, 248-49.

[5] Aunque note K Seybold y U. B. Müller, *Krankheit und Heilung* (Stuttgart: Kohlhammer, 1978), 161, quienes asignan una fecha tardía a Santiago y concluyen que los dones de sanidad y milagros en 1 Cor 12:28 se habían institucionalizado en los presbíteros. De igual forma A. B. Simpson en *The gospel of healing* (London: MacMillan & Scott, 1915) y A. J. Gordon in *The ministry of healing* (2da ed., Harrisburg: Christian Publications, 1961), aunque ellos argumentan que el don de sanidad está aún disponible en la iglesia hoy en día.

[6] Note las frecuentes referencias a visitar a los enfermos en el Talmud Babilónico (nuestra traducción de inglés de la versión de I. Epstein): b. B. Mes. 30b; b. Sabb.127a – "Hay seis cosas, el fruto de las cuales el hombre come en este mundo, mientras que el principal permanece para él en el mundo porvenir, *viz.*: hospitalidad a los extranjeros, visitar a los enfermos, etc."; también b. Ned. 39b-40a. El rabino Akiba compara el descuido de visitar a los enfermos con el derramamiento de sangre, pues las oraciones del visitante podrían haber sanado a un hombre moribundo; hay guías sobre si uno debe mantenerse en pie o sentarse con el enfermo (b. Ned. 39a) o cuando no visitarlo (si el padecimiento es vergonzoso, tal como problemas de intestinos) o si se puede agravar por hablarle, b. Ned. 41a). Note la preocupación por la sanidad en el Sabbath (b. Ned. 41a). Hay debate sobre padecimientos que pusieran en peligro la vida como heridas abiertas (b. 'Abod. Zar. 27b-28b). Hay advertencias contra clamar en oración por el enfermo en sábado, por miedo a que el rabí fuera culpable de la obra de

Los ancianos llegan para ungir al sujeto con "aceite de oliva" (*elaion*); el aoristo participio "habiendo ungido", probablemente denota una acción que antecede a la oración. Luego deben invocar el nombre del Señor. El nombre del Señor *Jesús* se sobreentiende muy bien aquí (ver Mc 16:17 [el final largo de Marcos]; Hch 3:6, 16; 16:18);[7] la invocación de su nombre marca el uso del aceite como un acto religioso cristiano, "una apertura al poder de Dios para que él intervenga".[8]

Examinemos cuatro posibles interpretaciones de la función del aceite: 1. el aceite era solo de uso medicinal; 2. el aceite era sacramental; 3. el aceite era un refuerzo psicológico; 4. el aceite era un símbolo del favor divino.

1. El aceite era solo de uso medicinal. El aceite de oliva era usado ampliamente tanto para propósitos higiénicos como medicinales. Popularmente era como una especie de loción con la que se frotaba el cuerpo después de bañarse o entre un baño y otro (cf. 2 Sm 12:20). También era usado en el tratamiento de heridas en la piel, aflicciones de la piel, dolor ciático, y en el tratamiento de dolores de cabeza severos. En estos casos el aceite se aplicaba en la parte del cuerpo donde haría bien. En el mundo romano, algunos sanadores ungían para echar fuera el espíritu que se pensaba estaba causando la enfermedad.[9] Los judíos también parecen haber usado el aceite y hierbas como parte de un exorcismo; en el precristiano *Jubileos* 10:13 (versión Díez Macho, 2:108) – "con todas las clases de medicina, y los malos espíritus quedaron sin acceso a los hijos de Noé".[10]

---

sanidad (b. Sabb. 127a). Note también lo que Policarpo piensa de un buen presbítero: este debe "visitar a todos los enfermos" (Pol. *Fil.* 6.1 [Lightfoot]); ver Eclo 7:35 (o Sira, DHH) – "No descuides al enfermo, y él te querrá".

[7] Cf. Sophie Laws, *Epistle of James* (San Francisco: Harper & Row, 1980), 227-29; C. L. Mitton, *Epistle of James* (Grand Rapids: Eerdmans, 1966); Peter H. Davids, *La epístola de Santiago,* NCITG (Fairfax, VA: Fundación Hurtado, 2015), 193.

[8] Davids, 193.

[9] "De la cualidad efectivamente curativa no hay que descartar tampoco cierta idea mágica, puesto que –según la creencia de aquel entonces– toda enfermedad estaba ligada a los poderes divinos o demoniacos". De "Ungir", *DTNT,* 4:303. Ver también, Schlier, "*aleiphō*", *TDNT* 1:231.

[10] En el tardío Midrash de Eclesiastés, Hanina es puesto bajo un hechizo (por un galileo judío cristiano) y monta un burro en sábado; su tío Josué lo unge, ante lo cual se recupera del hechizo (cf. *Midr. Qoh.* I, 8). Cf. *Midrash Rabba on Ecclesiastes,* tr. A. Cohen (London: Soncino, 1939). Dibelius y Greeven, *James,* Hermeneia (Philadelphia: Augsburg Fortress, 1976), 252, aseveran sin evidencia que en Santiago 5, "el procedimiento completo es un exorcismo". Nuestra traducción.

Estos datos se tornan problemáticos cuando algunos infieren que en el siglo primero el aceite de oliva se utilizaba para curar de todo, una panacea.[11] Supuestamente, *Santiago está promoviendo lo mejor de los dos mundos: una buena medicina junto con la oración.* Por tanto, el argumento es el siguiente: un cristiano moderno debe buscar la mejor atención médica (¡ciertamente no aceite de oliva!) mientras que ora por sanidad.[12] Esta interpretación coincide bien con nuestro aprecio occidental a la profesión médica. De la misma forma, Eclesiástico (Sirac) guía a sus oyentes a confesar sus pecados, orar por sanidad, y también llamar al doctor (Eclo 38:1-15) – "Respeta al médico por sus servicios, pues también a él lo instituyó Dios. El médico recibe de Dios su ciencia", etc. (38:1-2a DHH). Además, Sirac avisa que antes de llamar al médico, "Hijo mío, cuando estés enfermo no seas impaciente; pídele a Dios, y él te dará la salud. Huye del mal y de la injusticia, y purifica tu corazón de todo pecado. Ofrece a Dios sacrificios agradables y ofrendas generosas de acuerdo con tus recursos" (Sirac 38:9-11).

No obstante, el acercamiento a la "mejor medicina" de Santiago 5 tiene varias fallas importantes. Primero, el aceite no era visto como la panacea en el siglo primero; no debemos suponer que la profesión médica en ese tiempo fuera tan primitiva. Aunque el aceite era útil en algunos casos (como darles atención médica a las heridas en el camino, Lc 10:34, pero ¡combinado con vino como desinfectante!), hubiera sido totalmente inútil para los huesos rotos, problemas del corazón, o enfermedades infecciosas como la lepra.

¿Por qué entonces Santiago invitaba al cargo de curanderismo poniendo a los ancianos de la iglesia a recetar la medicina que les pareciera mejor?

---

[11] Parece claro que muchos escritores se aprovechan de los comentarios de Ropes y de Mayor sobre Santiago para sus selectivas referencias en cuanto a la unción; ver James H. Ropes, *A critical and exegetical commentary on the epistle of James*, ICC (Edinburgh: T & T Clark, 1916), 304-07; también, J. B. Mayor, The *epistle of St. James* (Edinburgh: T. & T. Clark, 1892), 170-73. De este modo, la autoridad en consejería Jay Adams puede afirmar osadamente que "de hecho, en tiempos bíblicos el aceite era usado como la medicina universal... Santiago no habló de unción ceremonial para nada". Cf. Jay Adams, *Competent to counsel* (Grand Rapids: Zondervan, 1970), 107, nuestra traducción.

[12] De la misma manera argumentan Johnson, 343; Cantinat, 249; Adams, 108. Cf. esp. Wilkinson, 153ss., él afirma que cada método de curación moderno está representado por algún miembro de la iglesia hoy en día y que la tecnología médica es entonces el equivalente a la unción. En contra de la interpretación "medicinal", ver Dibelius y Greeven, 252; Ralph P. Martin, *James*, WBC: (Dallas, TX: Word, 1988), 208-09.

Esto es especialmente pertinente en una sociedad donde era recomendada una variedad de curas más adecuadas. La unción no era la mejor medicina, y en la mayoría de los casos estaba lejos de ser *buena* medicina. La malinterpretación moderna de la unción surge cuando uno se fija en las antiguas referencias en el *Kommentar* por Strack y Billerbeck[13] o en las referencias a *aleiphō* en el artículo del *Diccionario Teológico del Nuevo Testamento* por Schlier,[14] quien depende casi por completo de Strack-Billerbeck como referencia. Algunos autores refieren al lector a Celso del primer siglo, quien en sus Libros I-IV, *De medicina*, da alguna atención a la unción con aceite.

Wilkinson, entonces, cita a Celso, *De medicina* II.14.4 – "es deseable que aun en enfermedades agudas y recientes todo el cuerpo sea ungido con aceite" para probar que la unción era una panacea. Pero no solo Wilkinson no presta atención a que Celso usó todo tipo de aceites naturales (no necesariamente aceite de oliva); él cita solo la parte positiva de la opinión. Celso continúa diciendo "...pero solo durante remisiones y antes de la comida. Pero frotar prolongadamente no es recomendado en enfermedades agudas y que vayan en aumento, nunca debería aplicarse cuando una fiebre está aumentando".[15] Él recomienda la unción para los dolores de cabeza o para el dolor en un miembro del cuerpo, pero no cuando el dolor está en su punto máximo. Nadie que lea los remedios complicados de Celso podría afirmar que él pensaba que el aceite (más aún el aceite de oliva) lo curaba todo. El acercamiento del médico escritor Claudio Galeno en su *Sobre las Facultades Naturales* es similar.

Filón (*Sobre José* 33) observa que "el médico no recurre a un único tratamiento ni para todos los enfermos ni para uno solo si la enfermedad cambia de curso; antes bien, observando con atención relajamientos, tensiones, saturaciones, evacuaciones y cambios de síntomas, varía los procedimientos curativos, aplicando una vez uno, otra vez otro" (versión Triviño, 3:258-59).

---

[13] Ver Hermann L. Strack y Paul Billerbeck, *Kommentar zum Neuen Testament aus Talmud und Midrasch* (3 tomos; München: C. H. Beck'sche, 1922-1926), 2:13; también 3:759 (St 5).

[14] *TDNT* 1:229-32, el cual concluye que el aceite en St 5 tiene propiedades mágicas para el exorcismo.

[15] Nuestra traducción del inglés de Celso, ver http://www.perseus.tufts.edu/hopper/searchresults?q=celsus.

El acercamiento judío a la medicina era relativamente complejo, basado en parte en remedios de hierbas. Al mismo tiempo, sus textos muestran que había una ambivalencia hacia el uso de las hierbas, sugiriendo que el bien que proveen podría tornarse como una tentación hacia la brujería. Algunos ejemplos precristianos incluyen:

- 1 Henoc 7:1 (versión etíope, de Díez Macho, 4:43-44). Según el comentario de Gn 6, los ángeles caídos, los "hijos del cielo" (6:2), atraparon a "las hijas" y les enseñaron a ellas "ensalmos y conjuros y adiestrándolas en recoger raíces y plantas".
- Eclesiástico 38:4, 7-8 (DHH). "Dios hace que la tierra produzca sustancias medicinales, y el hombre inteligente no debe despreciarlas... Con esas sustancias, el médico calma los dolores y el boticario prepara sus remedios. Así no desaparecen los seres creados por Dios, ni falta a los hombres la salud".
- Josefo, *Guerras* 2.8.6 §136 (versión Ropero). "(Los esenios) se dedican al estudio de las escrituras antiguas, sacando de ellas principalmente aquello que conviene para sus cuerpos y almas, y por tanto, suelen alcanzar los conocimientos de muchas hierbas, plantas, raíces y piedras, saben las virtudes de todas, esto escudriñan con gran diligencia".
- Jubileos 10:12-13 (versión Díez Macho, 2:108). "Y comunicamos (nosotros sus hijos) a Noé los remedios de las enfermedades, juntamente con sus engaños, para que curase con las plantas de la tierra. Noé escribió todo como se lo enseñamos en un libro, con todas las clases de medicina, y los malos espíritus quedaron sin acceso a los hijos de Noé".[16]
- Filón, *Sobre los sacrificios de Caín y Abel* 70-71 (versión Triviño, 1:190). Aunque Filón da al médico su debido respeto,[17] él también

---

[16] Siglos más tarde, el Talmud Babilónico registra toda clase de remedios, de los cuales la unción con aceite juega un papel menor. El aceite se cita con frecuencia como una ayuda a la buena higiene, pero la sanidad se dice que resulta de una dieta apropiada, higiene, y remedios de hierbas, por ej.: "Seis cosas curan a un inválido de su enfermedad, y su remedio es un remedio eficaz; repollo, remolacha, una decocción de pez seco, estómago, vientre y el lóbulo grande del hígado, y algunos agregan: y también un pescado pequeño". (b. Ber. 57b, nuestra traducción del inglés). b. 'Abod. Zar. 28b-29a recomienda enjuagues de vinagre y pociones, una buena dieta, hierbas y hojas.

[17] "Es que el castigo, que aparentemente es una cosa odiosa, resulta un grandísimo bien para aquellos que obran insensatamente, tal como ocurre con la

reprende a la gente que no ora, sino que se vuelve a la "de primera intención se acogen a los auxilios que procuran las creaturas: médicos, plantas, combinaciones de drogas, rígidas dietas y todas las otras ayudas que se usan entre los mortales".

Por consiguiente, ambas fuentes tanto helenísticas como judías indican que un autor del siglo primero podría fácilmente haber dicho "usen la mejor medicina disponible, luego de que los ancianos oren", si eso es lo que hubiera querido decir. Con esto en mente, ¿es factible sostener que el aceite era la mejor medicina disponible y de este modo proveer una analogía con la medicina moderna? ¿No sería equivalente a que un pastor moderno dijera al enfermo que se tomaran dos aspirinas y orara por ello?

Segundo, es la oración lo que salva al enfermo, no el aceite; el orden de palabras en griego pone "la oración de fe" en una posición enfática. En el plan para la sanidad en Santiago 5, aceite o medicina simplemente no juegan un papel eficaz. Santiago está seguro de que la oración salva al enfermo. Por supuesto, él no anula la medicina tampoco, ni aun habla de la medicina.[18]

Tercero, algunas de las enfermedades en cuestión son causadas por un problema espiritual, por el castigo del Señor o por pecados no confesados. La unción no hace ningún bien a las enfermedades severas si la confesión y el arrepentimiento no están presentes.

Cuarto, el enfoque de la "mejor medicina posible" no puede explicar el pasaje paralelo en Mc 6:13. "(Los apóstoles) expulsaban a muchos demonios y sanaban a muchos enfermos, ungiéndolos con aceite". Puesto que esas sanidades apostólicas eran milagrosas, debemos preguntarnos: ¿por qué los apóstoles usarían la "mejor medicina posible" si ellos sanaban directamente a través del poder de Dios? El ungimiento en Mc 6:13 es difícilmente un sacramento perpetuo (ya que es la única referencia a la unción en los evangelios), ni tampoco es medicina. Aunque dijimos que la sanidad en Santiago 5 no es carismática, el papel de la unción es similar:

---

medicina en el caso de los que están corporalmente postrados". Filón, *Sobre la agricultura* 40 (Triviño), 2:78.

[18] *sōzō*, "salvar", es a menudo usado con un sentido no-soteriológico; note su uso para la sanidad física en Mt 9:21. Ver la discusión útil por Douglas J. Moo, *Comentario de la epístola de Santiago* (Miami, FL: Vida, 2000), 273.

Santiago recalca el hecho de que es la oración lo que hace que haya sanidad, no el aceite.

Quinto, la unción debe ser acompañada por la invocación del nombre del Señor: se deduce entonces que el aceite no hace ningún bien sin la intervención del Señor. Jay Adams, sin embargo, afirma que "lo que Santiago defiende es el uso de la medicina consagrada y dedicada... Pero cuando la medicina se usa, debe ser usada junto con la oración. Esta es la razón por la cual Santiago dice que la oración de fe sana al enfermo".[19] Pero entonces, debemos preguntarnos: ¿por qué la medicina moderna cura a aquellos que *no* oran?

Sexto, una unción de cuerpo entero ofende nuestro sentido de la intimidad si los ancianos lo hacen ellos mismos (el participio implica que ellos lo hacen).

Aquí es donde surge un problema de presuposición hermenéutica. ¿Será que estamos asumiendo que Santiago aboga por la "mejor medicina posible" junto con una oración general precisamente porque es lo que nosotros los cristianos del siglo XXI hacemos? La evidencia en contra de esta posición es todo menos insuperable, y es necesario no ir en contra de datos claros.

2. El aceite era sacramental. Una segunda interpretación es que, la iglesia católica reconoce la unción de los enfermos como uno de los siete sacramentos.[20] La unción acompaña a la confesión final de pecados antes de la muerte. Dios perdonará estos últimos pecados, él será "salvado" y "levantado" (es decir, resucitado al fin del mundo).[21] No obstante, esta visión sacerdotal contradice la expectativa de Santiago de sanidad, no en el sentido de un mejor estado de preparación para la vida después de la

---

[19] Cf. Adams, 108, nuestra traducción. Samuel Pérez Millos, *Santiago*, CETGNT (Barcelona: Clie, 2011), *in loc.*, dice que es medicinal y simbólico.

[20] La iglesia católica dio a conocer formalmente la Extrema Unción un sacramento en 852 d. C. Lo reafirmó en Trento (Sesión XIV, 1) y también extrajo el sacramento de la confesión auricular de St 5:16. Ver el *Catecismo de la Iglesia Católica* §1523, http://www.vatican.va/archive/catechism_sp/p2s2c2a5_sp.html.

[21] Ver la excelente información desde una perspectiva católica en *cuidado pastoral de los enfermos: ritos de la unción y del viático* (4va ed.; México, 2000); también Lizette Larson-Miller, *The sacrament of anointing of the sick*, Lex Orandi (Collegeville, MN: Liturgical Press, 2005).

muerte.[22] La enfermedad no necesariamente atenta contra la vida,[23] y una comprensión soteriológica de "salvar" y "levantar" daña la discusión de Santiago de sanidad física por medio de v. 16.[24]

[22] Ver Franz Mußner, *Der Jakobusbrief*, HTKNT: 13.1 (Freiburg: Herder, 1964), 220, y Davids, 193; ellos toman una perspectiva sacramental de la unción sobre la base de "aceites sacramentales" de Is 61:3, Vida de Adán y Eva 36 ("Adán le contestó: Levántate, Eva, ve con tu hijo Set a las puertas del paraíso, poned polvo en vuestras cabezas, prosternaos y llorad en la presencia del Señor Dios. Tal vez se compadezca de vosotros y ordene que su ángel acuda al árbol de la misericordia, del que fluye el aceite de la vida; que este os entregue un poco y me unjáis con él, para que me alivie de estos dolores que me agobian y atormentan". Díez Macho, 2:346), y Apocalipsis de Moisés 9 ("Adán contestó a Eva: Levántate y vete con nuestro hijo Set a las inmediaciones del paraíso, poneos tierra sobre vuestras cabezas y llorad suplicando a Dios que se apiade de mí, envíe a su ángel al paraíso y me dé fruto del árbol que produce el aceite, para que lo traigas, me unja y descanse. Y te mostraré la manera como fuimos engañados al principio". Díez Macho, 2:327). Pero el "aceite de la alegría" en Is 61:3 es claramente metafórico; el "aceite de misericordia" en Vida de Adán y Eva 36 (Apoc. Mois. 9) es para sanar, no para salvar. Es interpretado en una interpolación cristiana en Vida de Adán y Eva (Díez Macho, 2:347) como una metáfora de salvación en Cristo: "El mismo Cristo, Hijo de Dios, será bautizado en el río Jordán. Una vez que haya salido del agua, en ese preciso instante ungirá con el aceite de su misericordia a tu padre y a todos los que creen en él. Y habrá aceite de misericordia de generación en generación para todos los que han de nacer del agua y del espíritu para la vida eterna". Wilkinson, 150, va más al punto: no están presentes ni autoridad oficial ni carisma; los ancianos oran como representantes de la congregación, los cuales de acuerdo a St 5:16 tienen la autoridad para orar o sanar.

[23] Cf. Cantinat, 247.

[24] Ver Calvino y Mayor para comentarios sobre la Extrema Unción. Calvino también dice en su *Institución de la religión cristiana* 4.19.18 (2 tomos; 5ta ed.; Fundación Editorial de Literatura Reformada, 1999), 2:1154: "Pero al presente ha cesado aquella gracia de sanar enfermos, como también los demás milagros que el Señor quiso prolongar durante algún tiempo para hacer la predicación del Evangelio –que entonces era nueva– admirable para siempre. Así pues, aun cuando admitamos que aquella unción fue sacramento de las virtudes que por mano de los apóstoles entonces se dispensaban, nada nos queda a nosotros al presente, ya que no nos es concedida la administración de las virtudes". El aceite era usado sacramentalmente en la iglesia primitiva, como parte del bautismo. De hecho, las *Constituciones apostólicas* 3.2.16 (siglo IV, nuestra traducción de inglés) tratan con lo inadecuado de que diáconos masculinos unjan a catecúmenas femeninas. Habla del bautismo de mujeres: "Porque estamos en necesidad de una mujer, una diaconisa, para muchas necesidades; y primero en el bautismo de mujeres, el diácono deberá ungir solo su frente con el aceite sagrado. Y después de que la diaconisa las unja (por todas partes) (*aleiphō*): pues no hay necesidad de que las mujeres sean ungidas totalmente y después de él, a la diaconisa se ungirá vista por los hombres". Basilio el Grande, *Sobre el Espíritu* 66 (nuestra traducción del inglés), admite que esta práctica de ungir a los candidatos para

Sophie Laws sugiere que aquellos que le niegan un significado medicinal al aceite están haciendo una distinción anacrónica entre medicina y sacramento en la mente del primer siglo.[25] Aunque el punto es bueno, la literatura judía ciertamente conocía la distinción, si bien no es tan definido como lo es en nuestro propio siglo.

3. El aceite era usado como un refuerzo psicológico. En esta interpretación el aceite es "una ayuda adicional para despertar la fe" en una mente simple, comparable a la masa de higos de Isaías (2 R 20:7) o al paño de Pablo (Hch 19:12).[26]

Este punto de vista está lleno de problemas también. Primero, 2 Reyes es ambiguo en el asunto de si Isaías usó o no un placebo, y el uso de Pablo de la tela era una prueba de que la sanidad venía del *Dios de Pablo*. Segundo, ni Isaías ni Pablo recomendaban sus símbolos como una práctica universal en la forma en que lo hace Santiago con el aceite. Finalmente, son los ancianos los que deben orar en fe en este pasaje (v. 14), no el paciente.

4. El aceite era usado como un símbolo del favor divino.[27] La interpretación que se recomienda aquí es que la unción no era medicina ni extrema unción, sino una señal de la presencia sanadora de Dios. La unción, así como el untar o derramar aceite en la cabeza, era un ritual antiguo en Israel. Los sacerdotes (Éx 29:7) y reyes (1 S 10:1) eran ungidos cuando eran apartados para Dios. El aceite era un símbolo general de la presencia especial de Dios, la elección y el buen favor.

El argumento normal contra nuestra perspectiva es que, si Santiago hubiera estado hablando de un uso religioso simbólico del aceite, hubiera utilizado *jriō* ("ungir sacramentalmente") en lugar de *aleiphō* ("ungir").[28] Se

---

el bautismo no tiene base bíblica segura: "Bendecimos el agua del bautismo y el aceite de crisma, y además de esto al catecúmeno que está siendo bautizado. ¿A partir de qué autoridad escrita hacemos esto? ¿No es nuestra tradición silenciosa y mística? No, ¿con qué palabra escrita se enseña la unción del aceite? Y ¿de dónde viene la costumbre de bautizar tres veces?".

[25] Ver Laws, 227.

[26] Mitton, 198-99.

[27] Así, rechazando la interpretación "medicinal", Moo, 277-78, con respecto a los dos verbos y evidencia en contra de la interpretación medicinal del versículo. También, Craig Blomberg y Mariam J. Kamell, *James*, ZECNT (Grand Rapids, MI: Zondervan, 2008); Martin, 209; Dale C. Allison, Jr., *A critical and exegetical commentary on the epistle of James*, ICC (New York: Bloomsbury, 2013), 760, dice que tiene el poder de curar *y también* es simbólico.

[28] Ver Adams, 107.

debe decir primeramente que una distinción tan rígida viene de un idealismo del lenguaje, que era popular antes del advenimiento de la lingüística moderna. Pero aún antes, es de notar que un maestro de la vieja escuela como R. C. Trench, no anula la posibilidad de que *aleiphō* se pueda referir a la unción religiosa-simbólica: "*Aleiphein* se usa indiscriminadamente en todas las unciones, ya sean de aceite o de ungüento; mientras que *jriein*... es restringida en forma absoluta a la unción del Hijo".[29] Trench entonces señala que en la LXX *aleiphō* es utilizada para unciones religiosas y simbólicas en dos oportunidades (de sacerdotes en Éx 40:13 y Nm 3:3; y deberíamos agregar Gn 31:13), ejemplos que no apoyan el sentido "secular" de *aleiphō*. Entonces, podríamos decir que *jrio* está restringido usualmente a la unción religiosa, mientras que *aleiphō* se puede referir a cualquier unción.

La discusión de si *aleiphō* puede denotar un símbolo religioso se convierte en una discusión académica a la luz de Mc 6:13, al referirse a la sanidad milagrosa acompañada de la unción. En Santiago 5 la oración de fe toma el lugar de un milagro apostólico y una vez más el aceite es privado de cualquier propiedad de inherente poder curativo.

Una ventaja en la perspectiva del aceite como símbolo religioso es que no necesitamos imaginar a los Doce o a los presbíteros usando el aceite como una loción del cuerpo. Aún sin tomar en cuenta el asunto de lo personal, es poco práctico imaginarse a los apóstoles ungiendo a multitudes al aire libre y en los pueblos. Debieron de haber usado otro método de unción, que se llevara a cabo en la iglesia primitiva: el de derramar o untar el aceite en la cabeza.

Santiago con seguridad predice el resultado de estas acciones:

- La oración ofrecida en fe rescatará al enfermo.
- El Señor lo levantará (de la enfermedad).
- Si ha cometido algún pecado, el Señor los perdonará.

Hay un lado espiritual claro en la sanidad, que el Señor, (¡no la medicina!) perdonará "si él hubiese cometido pecado". En algunos casos, el perdón y

---

[29] Richard C. Trench, *Synonyms of the New Testament* (12va ed.; London: Kegan Paul, Trench, Trübner, & Co., 1894), 137, nuestra traducción. *Jrio* está restringido de esta forma en el griego del NT, pero los papiros muestran que *jrio* y *aleiphō* se usaban de frotar aceite sobre los animales; ver J. H. Moulton y G. Milligan, *Vocabulary of the Greek Testament* (London: Hodder & Stoughton, 1930), 693.

la sanidad deben ir juntos. Asumimos que los ancianos indagarán acerca de la falta de arrepentimiento antes de orar (cf. Jn 5:14, 9:3; 1 Cor 11:28-30). Santiago sabe que no toda enfermedad es causada directamente por el pecado, pero la posibilidad es real.[30] Santiago no dice si la sanidad es o no instantánea; lo que sí dice es que estará disponible pronto a menos que, presumiblemente, haya alguna causa extenuante para la aflicción. Él sí se refiere a la "oración de fe" en v. 15, la que recomienda en 1:6, 4:2-3, 5:16b-18. Él contrasta esta fe con el doble ánimo tanto en 1:8 como en 4:8, con la "duda" en 1:6, y con el orar por la búsqueda del placer en 4:3. Santiago no admite la posibilidad de que el deseo de la salud sea un motivo pobre de oración.[31] El contexto de Santiago niega la opinión de Rendel Short,[32] viz., de que la fe en St 5:15 y en 1 Cor 12:9 sean la misma cosa, una especie de provisión temporal sobrenatural que es de Dios para darla y que no está disponible cuando la sanidad está en contra de la voluntad de Dios. Short cataloga cualquier otra oración por sanidad como "optimismo falso"; él, por tanto, contradice la enseñanza de Santiago acerca de la fe en Santiago 1. La oración de fe en 5:15 es una oración en la cual los ancianos oran por sanidad y creen que la sanidad ocurrirá.

Santiago concluye esta sección en v. 16a con una exhortación general: "Por lo tanto, confiesen sus pecados los unos a los otros, y oren los unos por los otros, para ser sanados". Está dirigiéndose a la vida cotidiana de la congregación (él cambia de aoristo yusivo a presentes imperativos): si todos los cristianos estuvieran admitiendo sus pecados a los demás y orando los unos por los otros, el último remedio de llamar a los ancianos podría ser evitado.[33]

En resumen, podemos obtener de Santiago este curso de acción:

1. El cristiano enfermo debe llamar a sus propios ancianos.
2. Los ancianos deben indagar acerca de los pecados pasados e instar al arrepentimiento.
3. Los ancianos deben ungir (untar aceite en la cabeza) en el nombre del Señor Jesucristo.
4. Los ancianos deben orar por sanidad creyendo que la sanidad ocurrirá.

---

[30] Ver Wilkinson, 149, para un cuadro balanceado de pecado y enfermedad.
[31] Cf. Mußner, 224.
[32] Cf. Rendel Short, *The Bible and modern medicine* (London: Paternoster, 1953), 125.
[33] Ver Adams, 105-27.

No es lo mismo que ir donde un sanador de fe, ni estamos buscando sanidad por las llamadas "leyes naturales" de sanadores místicos no cristianos. Los modernos sanadores de fe y sanadores místicos no recomiendan a sus adheridos llamar a sus propios ancianos para unción y oración.

La unción con aceite y la oración por sanidad fueron practicadas por algún tiempo en la historia de la iglesia. Tertuliano se refiere a un tal Próculo, que ungía y sanaba al emperador Severo alrededor del año 212 d. C.[34] Por primera vez, en 416, Inocencia I conecta Santiago 5 con el sacramento de unción.[35] En contraste con St 5:15 y la inequívoca promesa de sanidad, el registro bíblico da a entender que Dios no siempre sana: Trófimo es probablemente mejor conocido por nosotros por haber sido "dejado enfermo" en Mileto (2 Tm 4:20). Al menos, todos los cristianos antes de la parusía sucumbirán a enfermedad y muerte final. A los cristianos les es garantizada la sanidad final en la resurrección, y son también afirmados por el interés de Dios de sanar en este tiempo.

Pero, con todo, la invitación a llamar a los ancianos es una gracia de Dios que debemos recibir con alegría. Los cristianos deben animarse con Santiago 5 y no ser llevados por su inusual apariencia.[36]

---

[34] "Incluso el mismo Severo, el padre de Antonino, era amablemente dispuesto a los cristianos, pues buscó al cristiano Próculo, también llamado Torpación, el mayordomo de Eujodió, y en gratitud por haberle curado una vez con la unción, lo mantuvo en su palacio hasta el día de su muerte". Nuestra traducción del inglés de Tertuliano, *A Scápula* 4, *ANF* 3:106-07.

[35] Su punto fue que el aceite bendito por el obispo puede ser usado por laicos sin un sacerdote presente. "Nota acerca del ministerio del sacramento de la unción de los enfermos", tomado de http://www.vatican.va/roman_curia/congregations/cfaith/documents/rc_con_cfaith_doc_20050211_unzione-infermi_sp.html.

[36] Cf. La cautela no justificable mostrada por el erudito reformado Arthur Pink, *La sanidad divina: ¿Es escritural? Un estudio sobre la sanidad divina en la Biblia* (Kindle, loc. 518); él razona que es *permitido* ungir con aceite, pero que a él no le gustaría "dogmatizar" acerca de esto. Él también concluye que los ancianos modernos no son suficientemente espirituales para llevar a cabo esa oración tan fiel.

CAPÍTULO 9

EL TEMPLO DEL ESPÍRITU SANTO EN 1 CORINTIOS 3:16-17 Y 6:19[1]

Consideramos la cuestión de si Pablo habla de si el Espíritu mora dentro de cada individuo como templo o una congregación, o la iglesia universal como un solo templo.

I. EL TEMPLO EN 1 CORINTIOS 3:16-17

Pablo deja la ilustración de la finca, y se vuelve a una metáfora de un edificio/el templo para describir la obra del Señor: "ustedes son el campo de cultivo de Dios, son el edificio de Dios".

- El edificio pertenece a Dios, no a ningún hombre.
- Pablo es un maestro constructor sabio en la construcción en Corinto.
- Él puso el fundamento correcto, el único posible, Cristo (y este crucificado, 2:2).
- Otros pueden y de hecho sí colocan sobre el fundamento.
- Otros edifican sobre el fundamento. No asegura una buena superestructura; entonces, hay que construir bien.

---

[1] Este ensayo adaptado de mi comentario, *1 Corintios: un comentario exegético-pastoral*, de Clie.

- El edificio será probado por "fuego"; entonces, hay que construir para que resista.
- El edificio no solo pertenece a Dios, es su lugar de residencia, su *templo*, y debería construirse con sumo cuidado.
- Los constructores fieles recibirán recompensa de parte de Dios; los constructores descuidados serán avergonzados.

Dentro de este contexto tenemos el pasaje bien conocido de 1 Cor 3:16-17:

¿No saben que ustedes son templo de Dios
    y que el Espíritu de Dios habita en ustedes?
Si alguno destruye el templo de Dios,
    él mismo será destruido por Dios;
porque el templo de Dios es sagrado,
    y ustedes son ese templo.

Pablo intensifica la urgencia de su metáfora del edificio recordándoles que no están derribando cualquier clase de edificio, sino un templo, *el* templo de Dios. De hecho, los materiales costosos que él menciona en 3:12 toman un nuevo sentido: estos son los materiales mencionados una y otra vez en la descripción del templo de Salomón (1 R 6-7; 1 Cr 28-29). Él emplea la figura retórica *(¿No saben qué...?)* conocida como "fórmula de descubrimiento"[2] con el objeto de recordarles a ellos que ya deberían saber: que la iglesia es el lugar de residencia del Espíritu de Dios mismo.

¿Cuál es el sentido de *ustedes son templo*? Algunos han interpretado esto a la luz de 6:19, o sea, que el Espíritu vive en cada individuo cristiano, y que debería honrarse a Dios con el ser físico:

3:16 – que ustedes son templo de Dios y que el Espíritu de Dios habita en ustedes.

6:19 – que su cuerpo es templo del Espíritu Santo, quien está en ustedes.

En ambos versículos se usa el plural, pero con un sentido distinto en cada contexto. En 6:19, "su" está en plural (en griego, no en español)

---

[2] Observar la pregunta retórica en una forma como "¿no saben qué...?" en 5:6, 6:2, 6:3, 6:9, 6:15, 6:16, 9:24; también las afirmaciones positivas "quiero que entiendan" en 11:3, "les advierto" en 12:3, y "quiero recordarles" en 15:1.

queriendo decir algo como "el cuerpo de cada uno de ustedes". Sin embargo, en 3:16 es más natural, dada la construcción de la metáfora, que el templo y el edificio son lo mismo. El templo no es el cuerpo humano, sino "ustedes" colectivamente, como grupo: "Juntos ustedes constituyen el templo de Dios; el Espíritu de Dios mora entre ustedes".[3] El lenguaje del templo del Antiguo Testamento se aplica ahora a la iglesia, no al cuerpo físico, sino a la suma de la congregación reunida. Pablo usará la misma metáfora en Ef 2:21, pero esta se desarrolla aún más en 1 P 2:4-8, donde emplea la frase "casa espiritual" (mejor La Morada del Espíritu) en vez de templo, el lugar donde se ofrecen "sacrificios espirituales". 1 Pedro, Efesios y 1 Corintios todos parten de la misma presuposición: el pueblo cristiano de Dios (no el edificio en Jerusalén; y, con seguridad, tampoco los santuarios paganos) es el verdadero templo, constituye el real sacerdocio y ofrece los sacrificios que agradan a Dios.

Aunque los corintios estaban completamente familiarizados con los templos paganos, y probablemente los habían visto en construcción, la imagen de Pablo funciona mejor en términos del templo de Jerusalén. En los dos pasajes de corintios, la palabra templo es *"naos"*. Propiamente hablando, se refiere al santuario interior del templo (la estructura interior más pequeña que albergaba el Lugar Santo y el Lugar Santísimo), en vez de todo el amplio complejo del templo.[4] En segundo lugar, él invoca la imagen de la llamada "Shekinah" divina, la nube resplandeciente que marcaba visiblemente la presencia de Dios en el tabernáculo y en el templo de Salomón: "En ese instante la nube cubrió la Tienda de reunión, y la gloria del Señor llenó el santuario" (Éx 40:34; cf. también 1 R 8:10-11; 2 Cr 7:1; Ez 43:1-5). Esta gloria del Señor no es alguna nube gaseosa, sino la presencia de Dios mismo. Pablo relacionará esta gloria con la tenencia del Espíritu Santo de los cristianos en 2 Cor 3:8, 18. Su uso de templo (de

---

[3] Como Simon J. Kistemaker, *1 Corintios* (Grand Rapids, MI: Libros Desafío, 1998), 224; William F. Orr y James Arthur Walther, *I Corinthians*, AB 32 (New York, NY: Doubleday, 1976); George E. Ladd, *La teología del Nuevo Testamento* (Barcelona: Clie, 2002), 709-10. Contra Calvino, quien traduce esto así: "ustedes son templos (plural) de Dios" pero después consiente en que ese templo es "colectivo" aquí.

[4] Normalmente todo el complejo se llamaba *jieron* y el santuario interior *naos*. Aunque esta distinción no se puede sostener en cada contexto, es típica y es el lenguaje judío tradicional del templo empleado en la Septuaginta (cf. Fee; Thiselton). De todos modos, es en el santuario interior donde reside la gloria divina, y ese es el punto paulino aquí.

nuevo, *naos*) en 2 Cor 6:16 puede referirse al pueblo de Dios, aunque este pasaje está lleno de cuestiones difíciles de interpretar.

¿Es este templo símbolo de una iglesia local o de la iglesia universal (como en Mt 16:18, Ef 5:25, y quizá en las imágenes en Efesios 2 y en 1 Pedro 2)? La iglesia local se ajusta mejor en este contexto. Primeramente, un paralelo en 5:4-5 dice: cuando los cristianos se reúnen, el poder del Señor Jesús está en medio de ellos de una manera distinta de cuando ellos están separados (esto tiene su origen en la enseñanza de Mt 18:18-20). En segundo lugar, el simbolismo en todo este capítulo parece apuntar a la iglesia local: Pablo estableció el fundamento de esta iglesia, ¡pero no de todas! Apolos trabajó en este edificio, ¡pero no en otros! Los trabajadores del momento en Corinto debían tener mucho cuidado al construir sobre el fundamento que Pablo había colocado allí. Ellos no trabajaban en su propio imperio, sino en la residencia de Dios... y Dios no les permitiría servir a su propio ego en su templo.[5]

En 1 Cor 3:17 Pablo da una severa advertencia final a los descuidados y a quienes se sirven a sí mismos en el templo de Dios. *Si alguno destruye el templo de Dios, él mismo será destruido* por Dios. El término empleado es sorprendente. *Fteirō* puede significar destruir, aunque quizá "arruinar" o "echar a perder" resulta mejor en este contexto. Dios arruinará a la persona al consumir todo lo que pensó que era valioso (3:13-15), pero él no lo "destruirá" en las llamas eternas.[6]

Una bien conocida anécdota de los días de Pablo proviene del siglo 4 a. C.: el magnífico templo de Artemisa en Éfeso fue quemado por un fanático llamado Eróstrato, quien cometió el acto simplemente para inmortalizar su propio nombre. Aunque el edificio fue hecho principalmente de piedra él fue capaz de prender fuego a las vigas de madera del techo. ¿Cuánto más grave será el acto de aquel que dañe el santuario del verdadero Dios viviente?

¿Cómo puede alguien arruinar el templo de Dios? En el Antiguo Testamento, era la apostasía la que llevaba al descuido de la estructura física

---

[5] C. K. Barrett, *The first epistle to the Corinthians*, BNTC (London: A. & C. Black, 1968), 91, atribuye la destrucción del templo en este pasaje al efecto corrosivo de la llegada de alguna enseñanza falsa, por ejemplo, un evangelio judaizante. Por supuesto que Pablo los incluía en el juicio de Dios, pero aquí él piensa en quienes pasivamente destruyen o arruinan la iglesia por sus ambiciones personales, a pesar del hecho de que han edificado sobre el fundamento que es el Cristo crucificado (3:10).

[6] Pablo usará el mismo verbo *fteirō* en 2 Cor 7:2 para afirmar que él no ha arruinado a nadie en su ministerio apostólico. Cf. también Joseph A. Fitzmyer, *First Corinthians*, AB 32 (New Haven, CT: Yale University Press, 2008), 203.

(cf. 2 R 12:4-16; 22:3-7) o a la profanación del templo con ídolos (cf. Ez 8:1-18). En este caso, lo que le preocupa a Pablo es el *sabio según las normas de esta época* (3:18), quien daña a la iglesia a través de la ambición personal o la sabiduría mundana: es un cristiano, pero un egoísta del tipo Eróstrato. Entonces no es la destrucción activa por parte de los enemigos, sino el daño hecho por sus "amigos". Antes bien, él llega a la conclusión de que quienes construyen pobremente debilitan la estructura, están conduciendo a la iglesia de Dios a la desilusión en el terrible juicio de Dios. Pablo puede decir que, si todo se consume a causa de las llamas en el Día del Juicio, es su culpa, no la mía (¡Yo coloqué un buen fundamento!, 3:10). Tampoco es la culpa de Dios (¡Él solo está probando los materiales empleados por ustedes!).

Muchos han observado que este lenguaje es parecido a la *lex talionis* de la Torá: ojo por ojo, diente por diente, mano por mano, pie por pie, etc. (Éx 21:24). No obstante, Pablo se acerca más a los pronunciamientos escatológicos del Señor:

Mc 4:24 – "Con la medida que midan a otros, se les medirá a ustedes, y aún más se les añadirá".

Mc 8:38 – "Si alguien se avergüenza de mí y de mis palabras en medio de esta generación adúltera y pecadora, también el Hijo del Hombre se avergonzará de él cuando venga en la gloria de su Padre con los santos ángeles".

Y es paralelo a la propia enseñanza paulina en Gá 6:7-9:

No se engañen: de Dios nadie se burla. Cada uno cosecha lo que siembra. El que siembra para agradar a su naturaleza pecaminosa, de esa misma naturaleza cosechará destrucción; el que siembra para agradar al Espíritu, del Espíritu cosechará vida eterna. No nos cansemos de hacer el bien, porque a su debido tiempo cosecharemos si no nos damos por vencidos.

Pablo no amplía lo que quiere decir con *él mismo será destruido por Dios*. Es una advertencia general que lo que uno haga a la iglesia de Dios recibirá retribución:

Si *arruinas el templo, Dios te arruinará; hónralo y Dios te honrará.*

Pablo basa su pronunciamiento en *porque* el templo de Dios es santo. La NVI parafrasea en 3:17b, pero logra el sentido exactamente correcto en una frase densamente condensada en el original, ustedes son el templo, y el templo es santo,[7] (no "ustedes son el templo, y ustedes son santos"). Aun la pecaminosa, destrozada, y reconstruida Jerusalén fue llamada la ciudad santa por un hombre de Dios (Neh 11:1). Justo como la iglesia corintia infantil y llena de faltas son "los que han sido santificados en Cristo Jesús y llamados a ser su pueblo santo"; así que es santo porque Dios lo ha escogido para que sea el lugar de residencia de su Espíritu.

II. EL TEMPLO EN 1 CORINTIOS 6:19

Aquí hay un paralelo de 3:16-17, pero en esta ocasión se aplica al miembro individual de la iglesia: *su cuerpo es templo del Espíritu Santo.* Hemos recibido el Espíritu *de parte de Dios*; y si Dios ha colocado su Espíritu en nuestro cuerpo, entonces a Dios le importa el cuerpo. En 2 Cor 6:16 abordará el mismo punto, solo que en términos más fuertes, y usando "templo" en el sentido de todo el pueblo de Dios: "¿En qué concuerdan el templo de Dios y los ídolos?".

La presencia del Espíritu no elimina la personalidad individual, ni conduce al cristiano a una existencia de otro mundo en la que el comportamiento diario no importe. "El Espíritu no nos lleva lejos del cuerpo, sino que define la existencia en el cuerpo como existencia delante de Dios".[8] Algunas veces escucho a personas que dicen que comen bien y hacen ejercicio y evitan fumar, así como las drogas, porque "mi cuerpo es un templo". Lo que están diciendo es que su cuerpo es el recipiente para la mente o el alma, y que ellos creen que deben cuidarlo apropiadamente. Esta es la filosofía que tenían los romanos: *Mens sana in corpore sano* ("una mente sana en un cuerpo sano"). Mientras que este es un acercamiento positivo a la salud física, el eslogan romano no es para nada lo que Pablo está insinuando o dando a entender. Más bien, el cuerpo cristiano es

---

[7] Así Barrett, 92. La Vulgata contiene la misma idea con "templum enim Dei sanctum est quod estis vos". La RV 60 logra el mismo significado intercambiando cláusulas para obtener una forma más natural en español: "porque el templo de Dios, el cual sois vosotros, santo es".

[8] Hans Conzelmann, *1 Corinthians*, Hermeneia (Philadelphia: Fortress, 1975), 112, nuestra traducción.

el templo de otra persona, de afuera, el Espíritu de Dios. Él habita los cristianos y los hace templo, y por el contrario, aquellos que no tienen el Espíritu no son templos en ese mismo sentido.

En 1 Cor 6:19b-20, pasa a una segunda metáfora, aunque relacionada: *fueron comprados* (*agorazō*, usado a veces, como su cognado *exagorazō*, como un término relacionado con redención). Desarrolla el hecho de la redención al que aludió en 1:30, y el cual es importante en Romanos, Gálatas y Efesios. Aunque redención generalmente se describe como libertad de la esclavitud, aquí se usa en una dirección distinta: los cristianos fueron redimidos al ser comprados por otro amo, Dios. Redención implica un nuevo dueño, no autonomía, y definitivamente no "todo me está permitido" (1 Cor 6:12). Los estoicos luchaban por la libertad que venía por la sabiduría y el dominio propio. Por el contrario, Pablo les dice, *ustedes no son sus propios dueños*.

El *precio* no se menciona aquí, pero desde luego es la muerte de Cristo (como es el caso en Rm 3:24; Gá 3:13; Ef 1:7; Tt 2:14). La misma terminología aparece en el capítulo siguiente – "Ustedes fueron comprados por un precio; no se vuelvan esclavos de nadie" (1 Cor 7:23). Pertenecer a Dios o ser su templo es la experiencia del cristiano; estos versículos no pueden usarse para probar que naturalmente "el cuerpo es un templo" aparte de Cristo.

El cuerpo del esclavo no estaba bajo su propio control, sino que era propiedad de otro. El dueño podía comprar y vender a la persona, o siendo más cruel, golpearla, violarla o matarla si lo decidía así. Un esclavo no tenía el derecho de suicidarse o de dañarse, porque eso sería en efecto robar lo que no le pertenece. El significado para el cristiano es que nosotros tenemos un nuevo Señor, que es Dios: *por tanto, honren con su cuerpo a Dios*.[9] Esta exhortación deshace la idea falsa de los corintios, para

---

[9] Algunos manuscritos tardíos añaden "y en vuestro espíritu, los cuales son de Dios" (como RV 60). Como Fee apunta, este sentimiento acerca del espíritu humano es verdadero, pero la frase añadida disminuye el punto sobre el cuerpo. Ver Gordon Fee, *Primera epístola a los Corintios* (Buenos Aires: Nueva Creación, 1994), 301-02. Ireneo, *Contra las herejías* 5.6 de Alfonso Ropero, *Lo mejor de Ireneo* (Barcelona: Clie, 2003), 567, tiene una hermosa sección para mostrar que la salvación es para la persona completa: "¿Qué razón tenía (Pablo en 1 Ts 5:23) para pedir que se conservasen íntegras y perfectas hasta la venida del Señor estas tres cosas, el alma, el cuerpo y el espíritu, si no es porque sabía que la salvación es una y la misma para las tres, siendo en realidad la unción y la integración de todas ellas? Por esto llama perfectos a los que representan estas tres... El apóstol dice que el cuerpo es templo de Dios (en 1 Cor 3). Con esto

quienes la noción de honrar a Dios con su propio cuerpo era inherentemente contradictoria. Ellos sabían que Dios era honrado en la mente, ¡mas no en el cascarón físico! Pero no, según Pablo, el cuerpo puede pecar; o el cuerpo puede honrar a Dios; pero, ante todo, el cuerpo importa. Tertuliano es excelente en su contraste con el punto de vista filosófico: "Aunque la doctrina platónica ve en el cuerpo una cárcel, por lo demás la doctrina apostólica ve el templo de Dios, cuando está en Cristo".[10]

Honren con su cuerpo a Dios, qué apropiada conclusión para la primera parte de la epístola: la vida cristiana es para vivirla en el mundo, y vivirla para Dios.

Concluimos con dos verdades: El templo de Dios es individualista (1 Cor 6) y esta verdad reta al cristiano vivir en santidad; el templo de Dios es grupal (1 Cor 3), y el servicio y alabanza de Dios no anda adelante sin los demás cristianos.

---

declara abiertamente que el cuerpo es templo en el que habita el Espíritu". Cf. también Ireneo, *Contra las herejías* 5.13.3, 586: "Lo que es mortal será absorbido de la vida, cuando la carne persevere, ya no muerta sino viva e incorrupto, cantando un himno al Dios que nos habrá moldeado para esto. Por tanto, a fin de que nos dispongamos para esto, dice bien a los corintios: 'Glorificad a Dios en vuestro cuerpo'. (1 Cor 6:20)".

[10] Tertuliano, *De alma* 53.5, en Gerald Bray y Marcelo Merino Rodríguez, eds., *1-2 Corintios*, La Biblia comentada por los padres de la iglesia: 7 (Madrid: Ciudad Nueva, 1999), 104.

EL ESPÍRITU EN LA IGLESIA PATRÍSTICA

CAPÍTULO 10

LA PROFECÍA CRISTIANA Y EL CANON EN EL SIGLO II: UNA RESPUESTA A B. B. WARFIELD

B. B. Warfield publicó su investigación *Counterfeit Miracles* (*Milagros Falsificados,* 1918) bajo presión, por un lado, por las afirmaciones católicas sobre los milagros eclesiásticos y, por otro lado, por el frío racionalismo característico de la época. Él deseaba hacer valer la supremacía de las Escrituras sobre las falsas afirmaciones de los milagros y por medio de eso robarles a los modernistas sus municiones contra la realidad sobrenatural. En ese contexto, Warfield trató la profecía y cómo un cristiano reformado debería considerar ese don como algo del pasado, es decir, extinto.

Warfield propuso una conexión entre la terminación del canon cristiano y el eclipse del *jarisma* profético al término del siglo primero. Él dependía de dos pruebas subyacentes:

- La teológica: Warfield empleó un argumento *a priori* de que la continuación de la profecía es inconsistente con la revelación concluida del Nuevo Testamento. Dios ha hablado por medio de los apóstoles y no ha proporcionado ninguna nueva palabra para la iglesia: "Porque Cristo es todo en todos, y toda su revelación y redención de igual forma se resumen en Él, sería inconcebible ya sea que la revelación o las señales que la acompañan continuaran después de que se completara esa gran revelación con las obras que se le atribuyen…".[1]

---

[1] B. B. Warfield, *Counterfeit miracles* (New York: Charles Scribners Sons, 1918), 28, nuestra traducción. Hay una crítica detallada de la metodología de Warfield

- La histórica: Warfield mantenía que a la profecía contemporánea le hace falta el testimonio de la iglesia posapostólica. Tomando el cierre del canon como su punto central, Warfield ofreció una fecha más temprana y más definida que la de otros "cesacionistas". Por ejemplo, Juan Crisóstomo había dicho de 1 Corintios 12: "Todo este lugar es muy oscuro: pero la oscuridad es producida por nuestra ignorancia de los hechos referidos y por su cesación, siendo que entonces ocurrían pero ahora ya no".[2] Entonces, Crisóstomo afirmó que 1 Cor 13:8 (*eite de prophēteiai, katargēthēsontai; eite glōssai, pausontai* – "pero las profecías se acabarán, y cesarán las lenguas") predecía la fecha de expiración de las lenguas y la profecía: "Si ambos de estos entraron con el propósito de expandir la fe, cuando esta sea esparcida en todas partes, el uso de estos será de en lo sucesivo superfluo".[3] Por supuesto que, en contraste con la culminación del canon, el significado y el plazo de "esparcida en todas partes" podrían ser infinitamente flexibles.

Por un siglo los evangélicos se han aprovechado ampliamente del paradigma de Warfield, en algunos momentos apoyando su prueba teológica con 1 Cor 13:8-10 e interpretando *to teleion* (la cual significa "perfecto" o "completo") como el canon terminado.[4] Así, lo que Warfield trató en pocas

---

por Jon Ruthven, *On the cessation of the charismata: the Protestant polemic on postbiblical miracles*, JPTSS: 3 (Sheffield: Sheffield Academic Press, 1993).

[2] *Homilías sobre 1 Corintios* 19.1, entregada en Antioquia en algún momento entre 386-398 d. C. Nuestra traducción del inglés.

[3] *Homilías sobre 1 Corintios* 34.2.

[4] Note, por ejemplo, Robert Gromacki, *The modern tongues movement* (1967, 1972); Victor Budgen, *The Charismatics and the Word of God* (1983). Wayne A. Grudem, *el don de profecía en el Nuevo Testamento y en la actualidad* (Deerfield, FL: Vida, 1992), 224, en efecto concede a los cesacionistas que una vez que la Escritura sea completada no puede haber más "palabras de Dios". Él declara que "la profecía congregacional corriente en las iglesias neotestamentarias *no* revestía la autoridad de la Escritura… la función de la profecía dentro de la congregación era a menudo la de proveer la información específica y particularizada que era necesaria para la función de la iglesia, la cual podía adquirirse mediante una revelación del Espíritu Santo". Esto es exactamente correcto, aunque Grudem agrega a esto su reconocido punto de que la profecía no se había transmitido de manera infalible a la iglesia. Fuera del evangelicalismo uno podría encontrar eruditos que ligaban el final de la revelación directa con el ensamblaje del canon del Nuevo Testamento, notablemente Adolf von Harnack a finales del siglo XIX en su *History of dogma*, tr. N. Buchanan (New York: Dover, 1961), 2:52-53 – "… the early Christian enthusiasm more and more decreased in the course of the

palabras en *Counterfeit Miracles* (*Milagros Falsificados*) se ha convertido en el esqueleto para muchos cesacionistas reformados y dispensacionistas:

- La profecía, por su naturaleza, no puede coexistir con el canon terminado.
- 1 Cor 13:8-10 predijo que la profecía se acabaría cuando el canon fuera completado.
- La historia registra que de hecho la profecía se acabó en ese momento. Con esto, uno se da cuenta de que Warfield realizó poco trabajo de primera mano con escritos posapostólicos o con la literatura secundaria.[5]

Al poner a prueba la tesis de Warfield desde el ventajoso punto de vista sobre la literatura posapostólica, vamos a interactuar principalmente con su prueba *histórica*, y a descubrir una evidencia amplia del *jarisma* de profecía durante todo el siglo segundo. También sugeriremos con respecto a su prueba *teológica*, que los cristianos primitivos creían que toda la verdadera profecía mantenía la enseñanza apostólica; y la profecía se consideraba no para producir una nueva doctrina o una revelación normativa.

---

second century; not only did Apostles, prophets, and teachers die out, but the religious mood of the majority of Christians was changed. A reflective piety took the place of the instinctive religious enthusiasm which made those who felt it believe that they themselves possessed the Spirit. This development of the matter was, moreover, of the greatest significance for the history of the canon. Its creation very speedily resulted in the opinion that the time of divine revelation had gone past and was exhausted in the Apostles, that is, in the records left by them. We cannot prove with certainty that the canon was formed to confirm this opinion, but we can show that it was very soon used to oppose those Christians who professed to be prophets or appealed to the continuance of prophecy".

[5] Por lo menos estos podrían incluir un libro a nivel popular por Ronald A. N. Kydd, *Charismatic gifts in the early church* (Peabody, MA: Hendrickson, 1984); las obras más especializadas de Stanley M. Burgess, *The Holy Spirit: ancient christian traditions* (Peabody, MA: Hendrickson, 1984); David Hill, *New Testament Prophecy* (Atlanta: John Knox, 1979); David E. Aune, *Prophecy in early Christianity and the ancient Mediterranean world* (Grand Rapids: Eerdmans, 1983); J. Panagopoulos, ed., *Prophetic vocation in the New Testament and today*, NovTSup: 45 (Leiden: E. J. Brill, 1977); J. Reiling, *Hermas and Christian prophecy: a study of the Eleventh Mandate*, NovTSup: 37 (Leiden: E. J. Brill, 1973). Hay varios artículos útiles: "Prophecy, Gift of", en *Dictionary of the Pentecostal and Charismatic Movements*, ed. S. M. Burgess and G. B. McGee (Grand Rapids, MI: Zondervan, 1988); *"prophetes, k.t.l."* en *TDNT* 6:781-861; M. Eugene Boring's "Prophecy (Early Christian)" en *ABD*, 5:495-502 es un resumen muy útil de sus influyentes perspectivas.

Este estudio se basa en las investigaciones electrónicas de los textos griegos (con el *Thesaurus Linguae Graecae, TLG*). Las limitaciones eran los escritores cristianos no canónicos del primer y segundo siglo, además autores selectos del tercer y cuarto siglo (mayormente los historiadores y comentaristas de 1 Corintios). Algunas observaciones sobre el método están en orden:

Primero, se encontraron algunas referencias frescas fuera de los padres apostólicos, sin embargo, se confirmó que los otros estudios secundarios fueron generalmente dignos de confianza en cuanto a la ubicación de la información.

Segundo, se afirmó que el principio hermenéutico de que uno no tiene todos los casos de un concepto, si uno tiene todas las referencias del grupo de palabras relevante. Una búsqueda TLG de *profetes, profeteia, etc.,* no encontraría las referencias, por ejemplo, de "hablar en el Espíritu".

Tercero, se subrayó que estos escritos se referían incesantemente a los profetas del Antiguo Testamento, y frecuentemente a profetas paganos o herejes.

Hacia el final del proceso, a esta información aumentamos los datos con el material seleccionado de los padres anteriores a Nicea. Organizaremos nuestros descubrimientos bajo los encabezados de los padres apostólicos, los apologistas, los polemistas y los padres de finales del segundo siglo.

I. LOS PADRES APOSTÓLICOS

Los contribuyentes (notablemente Clemente de Roma, quien no trata de la profecía cristiana) se pudieron haber traslapado con el periodo apostólico y así el cierre del canon. De hecho, esto no afectará substancialmente nuestro estudio.

De finales del primer siglo o inicios del segundo, surge la *Didajé,* un manual de instrucción moral y del ordenamiento de la iglesia que les permitía a los profetas una libertad ilimitada después de la oración eucarística formal.

Pero permitid a los profetas que ofrezcan acción de gracias tanto como deseen.[6]

---

[6] *Didajé* 10.7, de J. B. Lightfoot, *Los padres apostólicos* (Barcelona: Clie, 1990), 293.

Es en la *Didajé* 11 que el manual abordó el hecho de los profetas locales e itinerantes y estableció lineamientos para discernir lo verdadero de lo falso. Estas palabras iban a tener una mayor influencia en las generaciones posteriores:

> Y al profeta que hable en el Espíritu, no lo probaréis ni lo discerniréis; porque todo pecado será perdonado, pero este pecado no será perdonado. No obstante, no todo el que habla en el Espíritu es un profeta, sino solo el que tiene los caminos del Señor. Por sus caminos, pues, será reconocido el profeta falso y el profeta. Y ningún profeta, cuando ordenare una mesa en el Espíritu, comerá de ella; pues de otro modo es un falso profeta. Y todo profeta que enseñe la verdad, si no hace lo que enseña, es un falso profeta. Y ningún profeta aprobado y hallado verdadero, que hace algo como un misterio externo típico de la Iglesia, y, con todo, no os enseña a hacer todo lo que él hace, que no sea juzgado delante de vosotros; porque tiene su juicio en la presencia de Dios; porque de la misma manera también hicieron los profetas en los días de antaño. Y todo aquel que diga en el Espíritu: Dadme plata u otra cosa, no le escuchéis; pero si os dice que deis a favor de otros que están en necesidad, que nadie le juzgue.[7]

El hecho de que estos diferentes lineamientos no armonicen bien demuestra la dificultad de balancear la necesidad de discernir con la necesidad de obedecer a Dios. La *Didajé* 11.7 parece significar que una vez que se ha determinado que un profeta particular está hablando en el Espíritu, queda fuera del alcance de la crítica para que los cristianos no caigan en el pecado que no será perdonado. Un profeta es por lo tanto (*contra* Grudem) o totalmente verdadero o falso. ¿Pero cómo la iglesia evaluará su autenticidad antes de que aconseje que se les dé dinero a los pobres? Un profeta debe ser rechazado si no practica lo que predica, pero ¡recordemos que un profeta verdadero podría hacer cosas extraordinarias!, o si está deseoso por obtener ganancia personal, ya sea alimento, alojamiento, o dinero. Pero si el profeta tiene buena reputación y desea obtener la residencia, entonces, se le debe respetar y apoyar.[8]

---

[7] *Did.* 11.7-12, Lightfoot, 293-94.
[8] *Did.* 13.1, 15.1, Lightfoot, 294, 295.

El historiador Karl Baus tiene "la impresión que el editor de la *Didajé* está luchando por un ideal profético del cual se estaba perdiendo la estima general, sin duda a favor del 'maestro'".[9] Esto sería plausible, pero difícilmente la mejor o única explicación. Aún a mediados del primer siglo, Pablo tenía que recordarle a los tesalonicenses que "no desprecien las profecías" (1 Ts 5:20).

Por siglos, los cristianos disfrutaban la lectura del *Pastor de Hermas*, el cual fue escrito en Roma entre los años 90 y 150 d. C., posiblemente por etapas. Las experiencias de Hermas tendían a ser visiones, visitas angelicales y voces del cielo. En comparación con la *Didajé*, el Decimoprimero Mandato de *Hermas* presentó arquetipos más detallados del verdadero y falso profeta. Naturalmente, la conducta del profeta era la señal más clara de su autenticidad.

> "¿Cómo, pues, señor", le dije, "sabrá un hombre quién es un profeta verdadero y quién es un profeta falso?". "Escucha", me contestó, "respecto a estos dos profetas; y, como te diré, así pondrás a prueba al profeta verdadero y al falso profeta. Por medio de su vida pon a prueba al hombre que tiene el Espíritu divino".[10]

El verdadero profeta es tranquilo, humilde, se abstiene del mal y de los deseos vanos. El "profeta hueco" es orgulloso y codicioso.

Hermas también brindó una notable fotografía del papel del profeta en la iglesia; la profecía no es clandestina, sino que ocurre cuando los cristianos se reúnen y oran, y Dios decide dar un mensaje.[11] El verdadero profeta nunca recibe dinero por sus mensajes. Porque Dios obstaculiza los intentos de los falsos profetas, esta gente se encuentra incapaz de fingir profecías enfrente de la asamblea de la iglesia. En cambio, los individuos llegan a consultarles en privado les ofrecen una paga. Ellos les dan predicciones "huecas" diseñadas para gratificar los deseos del suplicante. Se

---

[9] Karl Baus, *From the apostolic community to Constantine* (New York: Crossroad, 1965), 150. Nuestra traducción.

[10] *Pastor de Hermas, Mandato* 11.7, Lightfoot, 522.

[11] *Herm. Man.* 11.8-9, vea 1 Cor 14:30. Esta es también la lectura hecha por Reiling, 13. Aune, 198 comenta que los profetas verdaderos podrían, de acuerdo a Hermas, dar "presentaciones de solo" en "sesiones privadas", pero a estos les falta autenticidad.

mueven por un espíritu "terrenal" o aún el mismo diablo, y podrían dañar al cristiano inestable.[12]

El Pastor de Hermas es diferente en que los cristianos postreros lo consideraban como saludable, aun inspirado, aunque está lleno de visiones y revelaciones. ¿Cómo explicamos la aceptación brindada a este libro, cuando en esas décadas los elkesaitas estaban siendo recriminados por sus enseñanzas angelicales sobre los pecados posbautismales y unos pocos años después las revelaciones de los montanistas eran rechazadas como novedad? Existen razones sociológicas y teológicas. Primero, Hermas era un buen hombre de iglesia y no hizo nada que socava la unidad católica. Los ángeles meditaban sobre la simplicidad, castidad, humildad, y entre otras virtudes conocidas. Aun cuando Hermas preguntó sobre una sentencia acerca del arrepentimiento postbautismal, el ángel en *Hermas* 4.3 le dio una respuesta que existía de antemano entre las posibles interpretaciones de la doctrina apostólica.[13]

---

[12] *Herm. Man.* 11.2-6, 12-13, 17, 521-22.

[13] El canon muratoriano, una lista de finales del siglo segundo, excluyó *El Pastor de Hermas* del canon bíblico: "Pero el Pastor fue escrito por Hermas en la ciudad de Roma bastante recientemente, en nuestros propios días, cuando su hermano Pío ocupaba la silla del obispo en la iglesia de la ciudad de Roma; por lo tanto sí puede ser leído, pero no puede ser dado a la gente en la iglesia, ni entre los profetas, ya que su número es completo, ni entre los apóstoles al final de los tiempos,", http://escrituras.tripod.com/Textos/Muratori.htm. Ronald E. Heine, "Gospel of John in the Montanist controversy", *SecCent* 6 (1987-88): 13, con respecto a la frase "ni entre los profetas... ni entre los apóstoles" (*neque inter profetas... neque inter apostolos*) como "una afirmación ambigua" que Heine toma como una prueba de que "la profecía cesó con los apóstoles". Su declaración ha sido citada como prueba definitiva de que la iglesia, durante la crisis causada por los montanistas, era cesacionista y que por esa razón sabía que la profecía de Hermas era falsa; cf. F. David Farnell, "When will the gift of prophecy cease?" *BSac* 150 (1993): 196 n. 79. Pero en realidad, el canon muratoriano no es tan claro: simplemente usa lenguaje convencional que tiene sus paralelos en toda la literatura cristiana de los siglos segundo y tercero. La fórmula completa antes de Nicea era que las Escrituras consistían en la ley y los profetas (i.e., el Antiguo Testamento) y los evangelios y los apóstoles (i.e., el Nuevo Testamento) (como en *Epístola a Diogneto* 11.6, Lightfoot, 626). Era más común la identificación acortada "los profetas y los apóstoles" (ver Clemente de Alejandría, *Stromata* 1.9; Tertuliano, *Contra las herejías* 44; Hipólito, *Fragmentos de sus comentarios* en *ANF* 5:175; Orígenes, *Principiis* 2.6.6, 2.7.1, 4.1.14; Novaciano, *Sobre la trinidad* 29; Metodio, *Simposio*, Disc. 7.1). El canon muratoriano se pronunció así acerca de que el *Pastor* no tenía lugar ni entre la mitad del canon de la iglesia, porque el número de los profetas ya había sido establecido, y porque Hermas lo escribió después de los apóstoles. Es significativo que Farnell ignore la recomendación que *El Pastor de Hermas* "debía ser leído" en privado. Es decir, *El Pastor* no fue admitido en la categoría de falso profeta, por un lado, o de profeta canónico por

Los especialistas deben permanecer indecisos acerca de la fecha y autoría de la *Didajé* y del *Pastor*, pero las epístolas de Ignacio de Antioquía, martirizado en el año 117, se encuentran firmemente enraizadas en el siglo segundo. En la introducción a su carta *A los esmirneanos*, él se regocija que la iglesia ha "sido dotada misericordiamente de toda gracia" (*en panti jarismati*) y que está "llena de fe y amor y no careciendo de ninguna gracia" (mejor "ningún don", *pantos jarismatos*), citando 1 Cor 1:7.[14]

Ignacio se acordó que mientras en Filadelfia él había pronunciado lo que con toda seguridad había sido entendido como alguna clase de revelación:

> Porque, cuando estuve entre vosotros, clamé, hablé en voz alta, con la voz propia de Dios: *Prestad atención al obispo y al presbiterio y a los diáconos.* Pese a ello, había algunos que sospechaban que yo decía esto porque conocía de antemano la división de algunas personas. Pero Aquel por quien estoy atado me es testigo de que no lo supe por medio de carne de hombre; fue la predicación del Espíritu que hablaba de esta forma: *No hagáis nada sin el obispo; mantened vuestra carne como un templo de Dios; amad la unión; evitad las divisiones; sed imitadores de Jesucristo como Él mismo lo era de su Padre.*[15]

Ignacio afirmó en 7.1 que no solamente estaba inconsciente de cualquier cisma, pero que algunos habían tratado de engañarlo. No está claro si supo de una vez que había adquirido una inteligencia sobrenatural o si él era capaz de deducir eso por la reacción de ellos.

Policarpo, un joven contemporáneo a Ignacio, fue martirizado a mediados del siglo segundo. La narración de su muerte fue detenida casi de manera inmediata. Incluía una visión y una referencia a otras predicciones:

> Y mientras estaba orando tuvo una visión tres días antes de su captura; y vio que su almohada estaba ardiendo. Y se volvió y dijo a los que estaban con él: Es menester que sea quemado vivo.[16]

---

el otro lado. Esta perspectiva mediadora fue apoyada por Anastasio en su *Carta festal* 39.7, *NPNF*[2] 4:552, nuestra traducción del inglés, "hay otros libros (incluso el *Pastor de Hermas*) que no se incluyen en el canon, sin embargo, son asignados por los padres para que los lean los novatos quienes desean instrucción en la palabra de piedad".

[14] Ign. *Esmirn. Intro.*, Lightfoot, 198.
[15] Ign. *Fld.* 7.1b-2, Lightfoot, 195-96.
[16] *Mart. Pol.* 5.2, Lightfoot, 257.

...Policarpo, que fue un maestro apostólico y profético (*didaskalos apostolikos kai prophetikos*) en nuestros propios días, un obispo, de la santa Iglesia que está en Esmirna. Porque cada palabra que pronunció su boca se cumplió o bien se cumplirá.[17]

Al igual que *Pastor de Hermas*, el autor de *La epístola de Bernabé* (entre los inicios y mediados del siglo segundo) se refería al don de profecía como un signo de la presencia de Dios en la congregación. La profecía tiene un valor apologético por meramente existir:

¿Cómo (mora Dios en nosotros)? La palabra de su fe, la llamada de su promesa, la sabiduría de las ordenanzas, los mandamientos de la enseñanza, Él mismo profetizando en nosotros (*autos en jēmin propheteuōn*), Él mismo residiendo en nosotros...[18]

Así, muchos de los padres apostólicos implicaban que las iglesias se sentían cómodas con la profecía y que la preocupación principal era separar al falso profeta del verdadero. La palabra profética no era para el individuo preguntón; era para que ocurriera en las reuniones de la iglesia y pareciera que había sido puesta por el Espíritu al instante. El mensaje no contenía ninguna nueva enseñanza, pero la puesta en práctica el kerigma apostólico (ayudar al pobre, someterse a los líderes de la iglesia y darle gracias a Dios), alguna interpretación razonable del kerigma (Hermas), o predicción (Policarpo).

II. LOS APOLOGISTAS

Aunque Pablo enseñó que "la profecía no es señal para los incrédulos sino para los creyentes", él reconoció su uso evangelístico: cuando un incrédulo se encuentra la palabra profética en la asamblea, podría pasar que "se sentirá reprendido y juzgado por todos, y los secretos de su corazón quedarán al descubierto" (1 Cor 14:22, 24-25). Justino Mártir recurrió a la profecía para un uso apologético diferente. Su *Diálogo con Trifón* se desarrolla en Éfeso alrededor de 135 d. C. y pretende registrar sus

---

[17] *Mart. Pol.* 16.2, Lightfoot, 263.
[18] *Bern.* 16.9, Lightfoot, 355.

discusiones con un rabino refugiado. Justino argumentó que Juan el Bautista fue el último profeta israelita; sin embargo, ahora la iglesia, el nuevo pueblo de Dios, disfruta del don de profecía.

Porque entre nosotros se dan hasta el presente carismas proféticos, de donde vosotros mismos debéis entender que los que antaño existían en vuestro pueblo, han pasado a nosotros. Mas a la manera que entre los santos profetas que hubo entre vosotros se mezclaron también falsos profetas, también ahora hay entre nosotros muchos falsos maestros. Mas ya nuestro Señor nos advirtió de antemano que nos precaviéramos de ellos...[19]

Dijo, pues, la Escritura: "Subió a la altura, llevó cautiva la cautividad, dio dones a los hijos de los hombres" (Sal 68:18, cf. Ef 4:8). Y nuevamente se dice en otra profecía: "Y sucederá después de esto que derramaré mi Espíritu sobre toda carne, y sobre mis siervos y sobre mis siervas, y profetizarán" (Jl 2:28-29). Y así entre nosotros pueden verse hombres y mujeres que poseen dones (carismas) [Shogren: se presume que, para comenzar, se incluye la profecía] del Espíritu de Dios (*kai par' jēmin estin idein kai thēleias kai arsenas, jarismata apo tou pneumatos tou theou ejontas*)...[20]

Al oponente de Justino apenas se le podía haber esperado que diera alguna concesión a favor de la profecía cristiana. De hecho, Justino estaba "más preocupado" de que Trifón no fuera desanimado por la extraña presencia de los falsos profetas cristianos.

En consecuencia, Pablo le había dado gran valor al contenido de la profecía en la medida que persuade al interesado. Justino, al igual que *Bernabé*, señala el hecho de que el *jarisma* existía entre los cristianos.

III. LOS POLEMISTAS

El levantamiento de la falsa enseñanza, en el siglo segundo, le trajo un mayor alivio a la profecía. Esto se refleja en la supuesta predicción en *Ascensión de Isaías* 3:28-31 que un día los falsos profetas iban a exceder

---

[19] Justino Mártir, *Diálogo con Trifón* 82, ed. A Ropero, *Lo mejor de Justino Mártir* (Barcelona: Clie, 2004), 319.

[20] Justino Mártir, *Diál.* 87, 329; ver también *Diál.* 51-52

en número a los verdaderos. Los gnósticos tenían sus propias visiones y profecías, como lo hace notar Hipólito (*Refutación de todas las herejías* 6.37); también, habla de la profetisa marcionista (7.26).

Sin embargo, el enfoque de la profecía falsa desde el año 160 en adelante fue un movimiento, que creció muy rápidamente, conocido como la Nueva Profecía. Se expandió en Asia Menor, dirigido por Montano, Priscila y Maximila, entre otros muchos. Ellos anunciaron que el milenio vendría rápidamente con la Nueva Jerusalén descendiendo en la villa de Pepuza. Sus muchos pronunciamientos fueron registrados y circularon con rapidez. De acuerdo con sus críticos, Montano declaró que él y sus seguidores eran únicos, los entes más recientes del Paráclito. Más aún, la misma Maximila dijo: "Después de mí, no habrá más profetas y vendrá el fin (*sunteleia*)".[21]

La iglesia ubicó a los montanistas (también conocidos como los frigios o catafrigios) más allá de los límites de la ortodoxia. ¿Cuál fue la razón? ¿Fueron los polemistas culpables de la envidia, despojando a los montanistas de la ventaja profética que ahora estaba necesitando la jerarquía católica? ¡Claro que no! De hecho, Eusebio, un buen conservador en el asunto de la sucesión apostólica, mantuvo que Montano era capaz de tener éxito en la década de los años 160 debido precisamente a su don profético, pues el *jarisma* era ampliamente conocido, y que todavía le daba protección:

> Justo para este tiempo comenzaron a adquirir notoriedad en Frigia Montano, Alcibíades, Teodoto, y sus partidarios por sus profecías, porque la existencia de muchos otros dones milagrosos de Dios, que todavía se daban en varias iglesias, llevaron a muchos a suponer que esos eran también profetas.[22]

En medio de la polémica existente en el siglo segundo, ningún escritor rechazó la Nueva Profecía con base en la supuesta suspensión de ese don.

---

[21] Citado por Epifanio, *Pan.* 48.2.4, nuestra traducción del inglés. Su declaración es citada en su compendio indispensable por Ronald E. Heine, *The Montanist oracles and testimonia*, NAPSPMS 14 (Macon, GA: Mercer, 1989), 29. El trabajo de Heine actualiza la colección más vieja de Pierre de Labriolle, *Les sources de l'historique du Montanisme* (Fribourg: Libraire de l'Université, 1913). Las mejores fuentes antiguas de segunda mano provienen de Epifanio, *Panarion* 48 y Eusebio, *Historia de la iglesia* 5.3-4, 14-19.

[22] Eusebio, *Historia de la iglesia*. 5.3.4, ed. Paul L. Maier (Grand Rapids: Portavoz, 1999), 179.

De hecho, por lo menos uno de los contrincantes argumentó que la enseñanza apostólica, o sea 1 Cor 13:8-10, no permitiría que los montanistas fueran la última manifestación de profecía:

> Porque si las mujeres montanistas sucedieron a Cuadrado y a Amias en el don profético, que digan quién entre ellos sucedió a los seguidores de Montano y a las mujeres, porque el don profético debería continuar en toda la iglesia hasta la venida final, según dice el apóstol. Pero no pueden señalar a nadie, aunque ya el decimocuarto año desde la muerte de Maximila.[23]

La segunda línea del argumento es que el liderazgo femenino es casi seguro sinónimo de problema (cf. Hipólito, *Refutación* 8.12). Con relación a que las mujeres profetizaran, los polemistas operaban con una doble cara. Por un lado, nos dicen que el montanismo está fuera de la línea tradicional de las profetisas católicas como Amia y las hermanas de Felipe. ¿No les hubiera permitido el apóstol Pablo a las mujeres profetizar? (1 Cor 11:5). Ireneo afirmó que las católicas profetizaron – "Y así entre nosotros pueden verse hombres y mujeres que poseen dones del Espíritu de Dios"; vea más, abajo).[24] Y ¿no hubieran visto Justino Mártir y muchos otros a la profecía femenina como una señal de que el Espíritu se había derramado sobre los cristianos, incluyendo a "los siervos *y las siervas*" en cumplimiento de Jl 2:29?[25] Notemos, también, que Ireneo no criticó a las profetisas falsas por ser mujeres, pero por pensar que ellas podían recibir el *jarisma* de un cierto Marco, su oponente gnóstico.[26]

Por otro lado, la difamación sexista fue una herramienta para oponerse a lo que ya se había consolidado como heterodoxo. Orígenes difamó a las profetisas de Pitia y cuestionó por qué el dios griego Apolo escogería mujeres en lugar de hombres y encima que ellas no eran vírgenes.[27] La

---

[23] Citado por Eusebio, *Historia de la iglesia* 5.17.4, 191. El mismo texto muestra en los fragmentos de Asterio Urbano, aunque parece que los ha escrito algunas décadas más tarde para haber hecho esta declaración. Tal vez Asterio y Eusebio estaban citando los mismos polemistas del principio. Por la declaración, Maximila murió en el 179; por eso, el autor escribió estas palabras en el 193.

[24] Ireneo, *Contra las herejías* 3.11.9, de Alfonso Ropero, *Lo mejor de Ireneo* (Barcelona: Clie, 2003), 326-27.

[25] Justino Mártir, *Diál.* 87-88, 328-31.

[26] Ireneo, *Contra las herejías* 1.13.4, 95.

[27] *Contra Celso* 7.3-5. Robin Lane Fox, *Pagans and Christians* (San Francisco:

marcionista Filomena recibió ataques por sus opiniones tan radicales, recibidas por medio de visiones.[28] Epifanio de Salamis (*Panarion* 49) reportó que un subgrupo montanista aún tenía mujeres en el puesto de obispos y presbíteros. También, argumentó que Maximila era un eslabón débil del montanismo. En una declaración, que ha sido mal interpretada como cesacionistas, él razonó:

> Porque si los dones espirituales deben ser recibidos, y existe una necesidad de dones espirituales en la iglesia, ¿cómo es que no han tenido profetas después de Montano, Priscila y Maximila? ¿Se acabó la gracia? Pero, la gracia sigue siendo efectiva en la santa iglesia. ¡Dios no quiera lo contrario! Y si esos, quienes profetizaron, lo hicieron hasta cierto tiempo y ya no lo hacen, entonces tampoco Priscila ni Maximila han profetizado después de las profecías que fueron aprobadas por los santos apóstoles en la santa iglesia.[29]

Epifanio estaba hablando hipotéticamente: *O la gracia continúa en la iglesia; o bien que el jarisma cesó antes que hablaran las profetisas montanistas; pero no pueden ser ambas.* De esta manera, aún a finales del siglo cuarto, este contemporáneo de Crisóstomo fue reticente sobre el uso y argumento descalificado de los cesacionanistas, probablemente porque sus fuentes del segundo y del tercer siglo fallaron en hacerlo así. Además de esto, Epifanio rechazó que la gracia hubiera cesado, como dijo, ¡*Dios no lo quiera!* (*mē genoito*).

Existe un registro de un debate enraizado entre los católicos y montanistas,[30] en el cual los montanistas encontraron el cumplimiento de "lo que es perfecto" en la venida del Paráclito. El católico argumentaba que él creía en el don de la profecía, pero no en la forma falsa que había tomado en Montano.

HarperCollins, 1987), 407, cree que Orígenes pensó que los verdaderos profetas eran hombres, pero esto va más allá de su polémica. Orígenes sí dijo que las profetisas no debían profetizar en la asamblea cristiana, pero que lo podían hacer fuera de la iglesia (ver *Catenae on Paul's epistles to the Corinthians* 14.36, en Heine, 99). En todos estos casos, el género se convirtió en un asunto importante porque su doctrina no era buena y porque se habían hecho muy prominentes.

[28] Hipólito, *Refutación de todas las herejías* 7.26, *ANF* 5:115-16.

[29] Epifanio, *Panarion* 48.2.1-2, Heine, 29. Nuestra traducción del inglés.

[30] Encontrado en Heine, 113-27, citado de G. Ficker, *ZKG* (1905): 446-63.

Ireneo también estaba pensando en el montanismo cuando se quejó de algunos que habían quitado la profecía de la iglesia. Según él, los Nuevos Profetas anularon el evangelio de Juan cuando negaron que los apóstoles tuvieran el Consolador. Ellos también ignoraron la seguridad que tenían los apóstoles de que el don era poseído por el cristiano común.[31]

Otros (los montanistas) en cambio, para rechazar el don del Espíritu que, por el deseo del Padre, ha sido difundido sobre el género humano en los últimos tiempos, no admiten la figura del Evangelio según Juan, en el que el Señor ha prometido enviar al Paráclito (Jn 15:26), sino que rechazan al mismo tiempo el Evangelio y el Espíritu profético. Son realmente desgraciados los que sostienen la existencia de falsos profetas, y, tomando ellos como pretexto para rechazar, de la Iglesia, la gracia de la profecía, se comportan como aquellos (los encratitas) que, a causa de los que se presentan con hipocresía, se abstienen de relacionarse con los hermanos. Es normal que tales personas (los montanistas) no quieran recibir ni siquiera al apóstol Pablo. Porque este, en la carta a los Corintios, ha hablado con precisión de los carismas proféticos y conoce a los hombres y mujeres que profetizan en la Iglesia (1 Cor 11:4-5). Por consiguiente, por todas estas cosas, pecan contra el Espíritu de Dios y caen en el pecado imperdonable (Mt 12:22-32).[32]

---

[31] Cleon L. Rogers, Jr., "The gift of tongues in the post apostolic church (A.D. 100-400)", *BSac* 122 (1965): 139, se esfuerza en demostrar que Ireneo estaba asociado con los montanistas y le llevaba sus cartas a Eleuterio. Allí, él repite una lectura equivocada y persistente de la historia. *Historia de la iglesia* 5.3-4 declaró que Ireneo fue encomendado en una carta de los cristianos galos, y que ellos sostenían una opinión "ortodoxa" del asunto de los montanistas. Se encuentra la refutación de Rogers en el capítulo 11 de este tomo.

[32] Ireneo, *Contra las herejías* 3.11.9, 326-27. Ireneo pasa de Marción a estos "otros" al iniciar este párrafo, así que estos no pueden ser los marcionistas, como normalmente se sospechaba. Con relación al cargo que los montanistas "se abstienen también de la comunión con los hermanos", véase la epístola de Firmiliano a Cipriano, *Ep.* 74.7, *ANF* 5.391, nuestra traducción del inglés. Ireneo, *Contra las herejías* 4.25.5, 485, contiene una fuerte afirmación de que la iglesia es la esfera de operación del Espíritu: "Dónde podamos encontrar a semejantes personas nos lo enseña Pablo cuando dice: 'Dios puso primero *en su iglesia* a los apóstoles, después a los profetas y en tercer lugar a los doctores' (1 Cor 12:28). Por tanto, *allí* donde han sido depositados los carismas de Dios..." (énfasis agregado). Una declaración similar del tercer siglo viene del controversial Novaciano, *Sobre la trinidad* 29 y por Orígenes, *Principiis* 2.7.2, "Sobre el Espíritu Santo" (nuestra traducción de *ANF* 4:285). Él cita a Joel 2:28 como una prueba del texto: "(Antes de la venida de Cristo, el Espíritu) caía solamente sobre los profetas; sobre unos pocos individuos –si algunos del pueblo lo merecían– se les

Por supuesto, a los montanistas, esto no los tomó por sorpresa. En Cartago, algunos años antes después de la muerte de Maximila, Tertuliano y Perpetua citaron Jl 2:28 como confirmación de que el Espíritu continuaría transmitiendo nuevas profecías para beneficio de toda la iglesia.[33] Además, la misma Perpetua tuvo visiones y Tertuliano habló de mensajes continuos.[34] No está claro si esto era una expresión local del montanismo o si era un acercamiento ampliamente compartido.

La iglesia tiene otra razón para menospreciar a Montano, siguiendo el modelo que habían seguido con los elcesaítas, quien habían dicho que un ángel les había revelado un libro que contenía una nueva fórmula para el bautismo que limpiaba mejor.[35] Montano fue declarado culpable de promover una "doctrina novedosa". El Paráclito no solamente anunció el fin del mundo, pero también un modelo de ayuno más rígido, la "monogamia", lo que significó una prohibición del matrimonio de nuevo para las viudas; incitó a los fieles a correr precipitadamente hacia el martirio; le atribuyó a la iglesia el poder de perdonar pecados; y proclamó que el alma tenía forma humana y colores etéreos.[36] Los tratados anti-montanistas, junto con

---

confió el don del Espíritu Santo. Sin embargo, después de la venida del Salvador, como se escribe que se cumplió la profecía de Joel, 'en los últimos días sucederá, y derramaré mi Espíritu sobre toda carne, y profetizarán,' que es similar a la conocida declaración, 'Y le servirán todas las naciones (Sal 72:11)'". Citó Joel 2 también el autor anónimo del tercer siglo en *El rebautismo* 15 (*ANF* 5:676) para probar que "El Espíritu también fue derramado por el Señor sobre todos los que creyeron". En el cuarto siglo por Cirilo de Jerusalén en *El discurso catequético* 17.19, "Se trataba (Mateo 3:16) de un descenso por su propia iniciativa. Pues era conveniente, como algunos han interpretado, que las primicias y los dones del Espíritu Santo, que se otorgan a los bautizados, se mostrasen en primer lugar en la humanidad del Salvador, que es quién tal gracia confiere". https://archive.org/stream/SANCIRILODEJERUSALENCatequesis/SAN+CIRILO+DE+JERUSAL%C3%89N+Catequesis_djvu.txt.

[33] Tertuliano, *Sobre la resurrección de la carne* 63; y *Pasión de las santas Perpetua y Felicidad* 1.2-4, tr. Alejandra de Riquer (Barcelona: Acantilado, 2015). Estos mártires son reclamados por el montanismo en el tratado *Sobre el alma* 55.4-5 de Tertuliano, y algunos han pensado que Tertuliano editó la historia de sus hermanos cartagineses.

[34] Por ejemplo: Perpetua in *Pasión* 4.3-10, 8.1-4; Tertuliano en *Sobre el alma* 9; *Contra Marción* 5.15; *Sobre la huida en la persecución* 1.1, 9.4.

[35] Cf Hipólito, *Ref.* 9.10-12, *ANF* 5:132-33; Eusebio, *Historia de la iglesia* 6.38, 232.

[36] Referencia al ayuno – Hipólito, *Ref.* 8.12; casarse de nuevo – Tertuliano, *Contra Marción* 1.29; el martirio – Tertuliano, *Sobre la huida* 9.4; perdón de la iglesia – Tertuliano, *Sobre la modestia* 21; los colores del alma – Tertuliano, *Sobre el alma* 9. Esta última enseñanza fue vista por una mujer, probablemente montanista, que ella recibió por medio de una visión. Contra eruditos como Fox, 410,

los contrataques de Tertuliano, revelaron que la iglesia en la segunda mitad del segundo siglo no esperaba o toleraba la profecía con la cual se producía una nueva doctrina o una revelación autoritaria. Los padres no citaron el texto de las profecías cristianas ni tampoco las usaron como prueba doctrinal.[37]

Más allá del contenido de su mensaje y las dudas sobre su carácter, como lo registró Eusebio, *Historia de la iglesia* 5.18, la iglesia encontró faltas en el estilo de su profetizar. Para comenzar, Montano quizá sostuviera que hablaba por Dios, en primera persona, diciendo: "Yo soy el Señor Dios, el Todopoderoso que mora en el hombre".[38] Más aún, ¡Montano no sonaba como un profeta cristiano sino como un oráculo pagano!

(Montano) se obsesionó, y en su enardecimiento entró en un trance. Comenzó a desvariar, a parlotear y a decir cosas sin sentido, profetizando en contra de la tradición de la iglesia y de sus costumbres desde el principio. De los que oyeron sus bastardos pronunciamientos, algunos se enfurecieron, considerándole poseído por un demonio y por un espíritu de error que perturbaba a la gente. Lo censuraron y trataron de

---

quien cree que ella era una católica a quien Tertuliano oyó antes que se convirtiera al montanismo. En *Para los síquicos* 1, nuestra traducción de *ANF* 4:102, Tertuliano se quejó: "Ellos están por consiguiente reprochándonos constantemente con novedad, en relación con la ilegalidad de la cual ellos establecen una regulación prescriptiva. Ya sea que sea juzgada como herejía, si (el punto en disputa) es una presuposición humana, o bien sea pronunciada seudo profecía, si es una declaración espiritual provista, de cualquiera de las dos formas, a nosotros quienes reclamamos escuchar la sentencia de anatema".

[37] Según Hipólito, *Ref.* 8.12, nuestra traducción de *ANF* 5:123, los montanistas hicieron circular "una cantidad infinita de sus libros" y "volúmenes" y ellos "alegaron que habían aprendido más a través de ellos, que de la ley, y los profetas y los evangelios", aunque Hipólito comentó que la "mayoría de sus libros eran tontos". La carta de Ignacio a Herón, aunque seudónima, brinda un excelente resumen del punto de vista de la iglesia del cuarto siglo: "Los que enseñen más allá de lo mandado, aunque sea (se crea) digno de crédito, aunque practique el hábito de ayunar, aunque viva en continencia, aunque haga milagros, aunque posea el don de profecía, tómenlo como lobo con piel de ovejas..." (Ign. *Herón* 2, *ANF* 1:113, nuestra traducción). Tomado fuera de contexto, Clemente de Alejandría, *Strom.* 5.14, *ANF* 2:474, nuestra traducción, parecía diluir nuestro argumento: "Así también las expresiones proféticas tienen la misma fuerza de la palabra apostólica". Con todo, en el contexto, esta floja declaración no se refiere a los profetas cristianos, pero se refería a los profetas hebreos citados a continuación: Isaías, Jonás y Malaquías.

[38] Como lo registró Epifanio, *Panarion* 48.11, Heine, 3. Nuestra propia traducción de inglés.

hacerle callar, recordando la distinción del Señor y su advertencia de guardarse de los falsos profetas. Pero otros, creyendo estar excitados por Espíritu Santo y por don de profecía –y no poco orgullosos–, olvidaron la distinción del Señor y acogieron un espíritu que dañaba y engañaba la mente… Pero el falso profeta habla de forma extática, sin vergüenza ni temor. Comienza con una ignorancia intencionada, pero termina con una locura no intencionada. No pueden mostrar que un solo profeta, bien del Antiguo Testamento, bien del Nuevo, fuera inspirado de esta manera: ni Ágabo, ni Judas, ni Silas ni las hijas de Felipe, ni Amias de Filadelfia ni Cuadrado, ni ninguno de los otros que no son de los suyos.[39]

Este anti-montanista exigió que todo profeta verdadero desde la iglesia primitiva hasta los profetas del siglo segundo en Asia no perdiera la cabeza mientras profetizaban. Es muy claro en los registros que ni los montanistas ni tampoco los católicos sugirieron que este éxtasis era el don de lenguas contrario a lo que muchos estudiosos modernos piensan. De hecho, Ireneo en *Contra las herejías* 5.6.1 mencionó que los católicos hablaban en lenguas y él hacía diferencia entre el don de lenguas y la profecía. El también observaba que mientras el Espíritu hablaba a través de un profeta él tomaba la forma y se asemejaba a la misma persona: siendo así, la persona que profetiza suena como sí misma.[40] De acuerdo a Eusebio, *Historia de la iglesia* 5.17 (191), un hombre llamado Milcíades escribió un ataque, el tema y tal vez el título del cual era "que un profeta no necesariamente tiene que hablar con lenguaje extático". Epifanio dedicó una larga sección al éxtasis de los montanistas en *Panarion* 48.3-7. Orígenes implicó que una pitonisa no sabe lo que está diciendo, pero un profeta verdadero si lo sabe:

Además, sacar fuera de sí a la que se supone profetiza y llevarla a un estado de frenesí, de modo que no esté absolutamente en sus cabales, no es obra del espíritu divino. Y es así que quien está poseso del espíritu divino debiera sacar más provecho… y mostrarse más lúcido justamente en el momento en que lo divino se une con él.[41]

---

[39] Citado por Eusebio, *Historia de la iglesia* 5.16-17, 189, 191.

[40] Ireneo, *Demostración de la enseñanza apostólica* 49, 689, dice que el Espíritu habla "tomando figura y forma semejantes a las personas interesadas".

[41] Orígenes, *Contra Celso* 7.3, de *Orígenes: Contra Celso*, ed. Daniel Ruíz Bueno, BAC (Madrid: Editorial Católica, 1967), 463. Es aparentemente basado en

Los montanistas estaban conscientes de su rareza. Tertuliano argumentó en *Contra Marción* 4.22 y en *Sobre el alma* 9 que el éxtasis naturalmente acompaña la venida del Espíritu Santo sobre el ser humano. Además, escribió un tratado sobre *El éxtasis* en seis libros que ahora están perdidos.

Ronald A. N. Kydd piensa que la iglesia primitiva exageró la rareza de las expresiones montanistas. Él cita algunas referencias en la cuales los padres sostuvieron que los hebreos habían profetizado en un estado de trance. Entonces, dice Kydd, los Nuevos Profetas eran simplemente ejemplos extremos de los carismáticos quienes se encontraban todavía en medio de los ortodoxos.[42] Mientras que Kydd tiene razón con respecto a la aceptación del montanismo en algunos círculos, él no toma en cuenta ni el retroceso instantáneo en contra de su proclamación extática; tampoco examina el fenómeno montanista en el contexto de que, la iglesia católica de ese siglo aceptó las lenguas y la profecía. Uno puede argumentar sin parar acerca de lo que es éxtasis y de lo que no es. Lo que perjudica la propuesta de Kydd es que los padres de la iglesia consideraban el éxtasis de los montanistas como un alejamiento de la tradición que venía desde el Antiguo Testamento hasta sus propios días. El lenguaje vago de los padres significó que el Atenágoras de Atenas podía hablar del éxtasis de los profetas hebreos. Clemente de Alejandría declaró que solo los falsos profetas hablaban en un estado extático, pero los padres de la iglesia todavía estaban unidos en contra de los montanistas.[43]

La conversión eventual de Tertuliano al montanismo, si eso fue lo que sucedió, no dependió de si creía en la supervivencia del don profético sino en si podía afirmar que el Paráclito estaba dando a conocer un nuevo dogma. Como un defensor del montanismo escribiría un tratado en el 208 d. C., en cómo manejar la persecución:

> Sí; y si pide el consejo del Espíritu, ¿qué es lo que aprueba más que esta expresión del Espíritu (en el contexto, "el que teme no ha sido perfeccionado en el amor", 1 Juan 4:18)? Porque, en realidad, incita a todos a casi ir y ofrecerse al martirio, a no huir de él; así, que también lo mencionamos.[44]

Clemente de Alejandría, *Stromata* 1.9, nuestra traducción de *ANF* 2.310 – "Porque los profetas y discípulos del Espíritu conocían infaliblemente sus mentes". Véase la descripción comparable de la sibila en *A los griegos* 37.

[42] Kydd, 35-36, 39-40.

[43] Contraste Atenágoras, *La apología* 9, con Clemente de Alejandría, *Strom.* 1.17.

[44] *Sobre la huida* 9.4. Nuestra traducción del inglés.

Pero detrás de esto está la dependencia de Tertuliano del Paráclito quien ha dado una nueva palabra en contra de los que preferían evitar el martirio. Uno ve a Tertuliano luchando para dar una nueva doctrina en maneras que ninguno que no fuera montanista encontraría convincentes. Se enreda de nuevo en su respuesta al cargo de que la visión montanista de la monogamia era una "novedad". Al final, sus dos argumentos en *Sobre la monogamia* deben ser vistos como contradictorios: Primero, él aseguró que Jesús había predicho que el Paráclito le enseñaría a la iglesia "cosas nuevas" y, así, el Espíritu era libre de agregar o modificar lo que ya había sido revelado. Pero Tertuliano, entonces, cambia de opinión y "renuncia, ahora, a mencionar el Paráclito"; argumentó que la iglesia había malentendido la Biblia desde el principio y que:

> La regulación de la monogamia ni es novedosa ni extraña, de ninguna manera; es antigua y propia de los cristianos; para que así sean sensibles de que el Paráclito es más bien restituidor que instituidor.[45]

Tertuliano desarrolló un amargo rencor en contra del obispo de Roma y su actitud evolutiva hacia el montanismo, un cambio del cual Tertuliano culpó al hereje patripasionista Práxeas:

> Este Práxeas hizo un servicio de doble al demonio en Roma: él echó afuera la profecía e introdujo la herejía; hizo huir al Paráclito y crucificó al Padre.[46]

Parecía que el montanismo había encontrado algo de tolerancia por parte del obispo hasta que otros cristianos, que incluían a los mártires de Viena y Lyon, se le unieron para que tomaran una posición más fuerte. Tertuliano, también acusó al obispo de Roma de no poder aportar evidencia de poseer el don profético.[47] Pero, Tertuliano hablaba en hipérbole. El Paráclito era rechazado por Roma no porque la profecía se hubiera extinguido, sino que más bien, porque la profecía de los montanistas era diferente en contenido y forma. Hipólito, un presbítero romano posterior (de inicios del tercer siglo) estaba a favor del don profético y supuestamente él mismo lo

---

[45] *Sobre la monogamia* 4. Nuestra traducción del inglés.
[46] *Contra Práxeas* 1. Nuestra traducción.
[47] *Sobre modestia* 21. Nuestra propia traducción.

tenía. Se llamó "un profeta de las cosas venideras" en la inscripción de su *Interpretación de Rut*.[48]

Los que creen que el don de profecía hoy en día opera deberían pensárselo dos veces antes de escoger a los montanistas como sus precursores. En la disputa entre la iglesia católica antigua y los montanistas, podrían ser los católicos quienes más se parecen a los carismáticos de hoy. Si tomamos en serio las reacciones escritas de la iglesia hacia el montanismo, entonces, es una conclusión forzada que los montanistas eran de alguna manera un avivamiento carismático de un don profético, fuera olvidado o difunto.[49]

Una confirmación de nuestra perspectiva viene de los polemistas antimarcionistas, comenzando con Tertuliano. Él citó la advertencia de Pablo en 1 Ts 5:19 de "no apaguéis al Espíritu" e hizo el desafío:

> No es de la incumbencia de Marción ahora el mostrar en su iglesia que el espíritu de su dios que no debe ser apagado, y el de las profecías que no debe ser despreciado... Y cuando haya fallado en producir evidencia de tal criterio, nosotros entonces de nuestro lado aportaremos del Espíritu y las profecías del Creador, el cual expresa sus predicciones de acuerdo a Su voluntad. Así, se verá claramente de lo que habló el apóstol, aun esas cosas que iban a suceder en la iglesia de su Dios; y tanto como él perdure, durará la obra de Su Espíritu y se repetirán sus promesas.[50]

Este desafío es muy sorpresivo, viniendo como lo hizo de un montanista. Pero ¿atacaría la iglesia católica a Marción por despreciar el *jarisma* profético? Podía y lo hizo: cuando Ireneo refutó las doctrinas de un grupo anónimo de herejes, probablemente los marcionistas, debido a que ellos "desairaron" al Espíritu Santo, sus dones y la profecía.

---

[48] De H. Achelis, *Hippolyt's kleinere exegetische und homiletische Schriften (Die griechischen christlichen Schriftsteller* 1.2) (Leipzig: Hinrichs, 1897). Nuestra propia traducción del griego. Note también el énfasis de Hipólito en el Espíritu en su *Tradición apostólica*.

[49] Véase el artículo de James L. Ash, "The decline of ecstatic prophecy in the early church", *TS* 37 (1976): 227-52.

[50] Tertuliano, *Contra Marción* 5.15, nuestra traducción de *ANF* 3:462. Él ya había apelado con anterioridad al Paráclito en 1.29.

Otros todavía no acogen los dones del Espíritu Santo y rechazan el carisma profético, por cuyo rocío el hombre produce frutos de vida divina.[51]

Esta crítica evocó su ataque a los montanistas en *Contra de las herejías* anteriormente citado. De cualquier manera, esos "seudo-profetas" no rechazaron el Espíritu, pero se hicieron exclusivistas, apoyaban el cisma y "dejaban fuera de la iglesia el don de profecía" (ver arriba). Este otro grupo, negaba completamente la obra del Espíritu Santo. Es muy significativo, entonces, que los montanistas y el obispo católico pudieran criticar a Marción por negar el don de profecía.

IV. LOS PADRES DE FINALES DEL SEGUNDO SIGLO

En medio de las consecuencias del montanismo, los escritores ortodoxos se arraigan firmemente a la creencia de que la profecía genuina era practicada por los cristianos católicos. En la década de los años 180, recién trasplantado de Asia Menor a Galia, Ireneo le hace eco a Justino Mártir:

Por eso dice el apóstol: "Entre los perfectos predicamos la sabiduría" (1 Cor 2:6). Con el nombre de "perfectos" designa a los que han recibido el Espíritu de Dios y hablan todas las lenguas gracias a ese Espíritu, como él (Pablo) mismo las hablaba, y como oímos hablar también a muchos hermanos que tienen carismas proféticos en la Iglesia, hablando toda clase de idiomas gracias al Espíritu, ponen al descubierto los secretos de los hombres para su provecho, e interpretan los misterios de Dios.[52]

Casi seguro, Ireneo tenía en mente 1 Cor 14:22-25; él parecía esperar que, la profecía y las lenguas, ambas, revelaran los misterios de Dios (¡supuestamente no nuevas doctrinas!) y que dieran acceso a algunos secretos humanos también.

Algunos traducen las declaraciones de Ireneo como información de oídas: "hemos oído *de* muchos".[53] Estos intérpretes obligan que, Ireneo diga que

---

[51] Ireneo, *Demostración* 99, 715.
[52] Ireneo, *Contra las herejías* 5.6.1, 566.
[53] Así por ejemplo: F. R. Montgomery Hitchcock, *The treatise of Ireneus of Lugdunum against the heresies* (London: SPCK, 1916), 2:99.

él no había sido testigo presencial ni oyente de profecías dadas, pero que había escuchado rumores como todos los demás. Esta perspectiva se basa en un error de traducción del texto griego, citado en Eusebio *Historia de la iglesia* 5.7, pero cuya forma manuscrita ya ha sido recuperada: *kathōs kai pollōn akouomen adelphōn en tē ekklēsia prophētika jarismata ejontōn kai...*[54] Es escasamente posible traducir *pollōn akouomen adelphōn* como "oímos de muchos hermanos". Pero *akouō* por lo general toma un objeto genitivo sin que signifique "oímos de". Los léxicos afirman que "oímos de" es una traducción potencial pero infrecuente de ese verbo (ver las referencias en el capítulo 11 de este tomo). Uno no puede culpar la versión latina de este malentendido tampoco. Ella traduce la frase como *multos audivimus fratres*: usa la forma acusativa del complemento directo "muchos hermanos" para seguir el uso latino y parafraseando el verbo que en el texto griego estaba en presente como un "hemos oído", pretérito perfecto compuesto. Ireneo usó el tiempo griego presente: perfectamente, pudo haber estado describiendo sus propias iglesias en Galia. El latín no necesariamente cambia el sentido, aunque a Rogers[55] y a otros les hubiera gustado que significara "escuchamos hace mucho tiempo". Y el latín *audio* es menos fácil de confundir que el griego *akouō*, pues no puede tomar el sentido de "oímos de". La cita anterior es correcta y tiene las siguientes opciones:

> También nosotros oímos/le pusimos atención/hicimos caso a muchos hermanos en la iglesia, que tienen el don de la profecía.

Esta oración concuerda con el siguiente pasaje: a no ser un montanista cismático, Ireneo defendió la operación de los dones en la iglesia, dispersada por todo el mundo:

> Por eso sus discípulos auténticos, en su nombre, después de haber recibido de Él la gracia, obran en provecho de los demás hombres, según el don que cada uno ha recibido. Unos arrojan con firmeza y verdad a

---

[54] El texto recuperado es de A. Rousseau, L. Doutreleau, and C. Mercier, eds., *Irénée de Lyon. Contre les hérésies*, 5.2, SC (Paris: Cerf, 1969): "Καθὼς καὶ πολλῶν ἀκούομεν ἀδελφῶν ἐν τῇ ἐκκλησίᾳ προφητικὰ χαρίσματα ἐχόντων καὶ παντοδαπαῖς λαοῦ των διὰ τοῦ Πνεύματος γλώσσαις...". Esta porción es idéntica al texto citado por Eusebio en *Historia de la iglesia* 5.7, 183. La versión de Maier tampoco traduce el verbo griego correctamente con su "Oímos también *de* muchos hermanos".

[55] Rogers, 139.

los demonios de manera que a menudo aquellos mismos que han sido purificados de los espíritus malignos abrazan la fe y entran en la Iglesia; en cambio otros tienen un conocimiento anticipado del porvenir, visiones y palabras proféticas; otros por medio de la imposición de manos curan a los que sufren alguna enfermedad y les devuelven la salud; e incluso, como hemos referido ya, han resucitado algunos muertos que han permanecido con nosotros durante muchos años.[56]

Ireneo comenzó está sección con un punto acerca de la naturaleza humana de Cristo, en contra de una cristología doceta. Con la ayuda de los profetas del Antiguo Testamento, certificó la realidad de los milagros del Señor encarnado. Ireneo entonces cambia de una defensa de la cristología ortodoxa a una justificación de la *iglesia* ortodoxa; solamente los verdaderos seguidores de Jesús se pueden gloriar de tales milagros como el resucitar muertos o el exorcismo. Él argumentó como su maestro Justino Mártir, con la excepción de que Ireneo no hacía distinción entre la iglesia e Israel, sino entre católicos y herejes.

A pesar de la controversia montanista, Ireneo no rechazó la profecía ni la identificó como un anacronismo. Reconoció que había obreros que hacían falsos milagros, en el siguiente texto, los montanistas cismáticos; pero con el criterio tradicional del *Hermas* (libro al cual él endorsó en 4.20.2) podrían ser recriminados lo suficientemente fácil:

(Dios) juzgará también a los falsos profetas que, no habiendo recibido de Dios el carisma profético, careciendo del temor de Dios, sea por

---

[56] Ireneo, *Contra las herejías* 2.32.4, 278-79. Eusebio citó tanto 2.32.4 como 5.6.1 con aprobación en *Historia de la iglesia* 5.7; él entendió que ellos describieron la operación de los dones en la misma manera que Ireneo. El también citó una porción de Ireneo *Contra las herejías* 2.31.2 que parecía decir que los cristianos *no* resucitaban más a los muertos, pero la sacó de contexto; Ireneo estaba diciendo solamente que ciertos herejes no podían hacer estos milagros. Hipólito, en un fragmento (en *ANF* 5:175, nuestra traducción), parece en contexto estarse refiriendo a los cristianos "profetas y mártires que en todas las ciudades y países eran asesinados como ovejas todos los días creyendo en la verdad...". Crisóstomo habló de los profetas cristianos que estaban por todas partes en *Homilías sobre 1 Corintios* 22.2, nuestra traducción de *NPNF*[1] 12:186. "'En segundo lugar, profetas', porque acostumbraban a profetizar... y que eran mucho más numerosos que bajo el antiguo pacto: los dones no se daban sobre unos diez, doce, veinte, y cincuenta, y un ciento, pero esta gracia era derramada abundantemente, y todas las iglesias contaban con muchos que profetizaban".

vanagloria o por amor al lucro o por cualquier otra influencia del mal espíritu, fingen profetizar mintiendo contra Dios. Juzgará también a los productores de cismas, que están carentes del amor de Dios, mirando su propio provecho más que la unidad de la Iglesia.[57]

Antes de esto, en *Contra las herejías* 1.13, él había escrito de algunos casos, por ejemplo, del gnóstico Marco, que lisonjeaba a las mujeres ricas haciéndolas pensar que él podría concederles el don de la profecía. Lo que debían hacer era simplemente abrir la boca y decir cualquier cosa que se les ocurriera.

> ...el poder de profetizar no es dado a los hombres por Marco el Mago, sino que aquellos, a los que Dios ha enviado desde lo alto su gracia, son los que poseen el don divino de profecía, y hablan donde y cuando Dios quiere, no cuando Marco lo ordena.[58]

En sus críticas en contra de Marco, el razonamiento de que el *jarisma* había cesado estaba ausente: este argumento hubiera dejado a Marco sin más que hacer. El testimonio de Ireneo no nos da confianza de la declaración de Warfield:

> Difícilmente podemos fallar de percibir que la restricción que hacen las Escrituras de los dones sobrenaturales para aquellos que los apóstoles se los confieren, proporciona una explicación útil de todos los hechos históricos... El número de personas sobre las cuales los apóstoles le habían impuesto las manos, que todavía vivían en el siglo segundo, no podía ser muy grande.[59]

Pero ¿Warfield ha explicado los "muchos hermanos" que todavía profetizaban en la iglesia en los días de Ireneo, después de 80 o 90 años de la muerte de Juan? No, el punto de Warfield es circular y poco convincente.

Para completar el siglo segundo, mencionamos una línea de la tradición de que Melitón de Sardes (160-180 d. C.) era un profeta. Algunos han sugerido recientemente que él estaba hablando proféticamente en su *Homilía sobre la Pascua*. En la conclusión, él empezó a hablar de parte de

---

[57] *Contra las herejías* 4.32.6-7, 507.
[58] *Contra las herejías* 1.13.4, 95; seguido por Hipólito, *Ref.* 6.36.
[59] Warfield, 24-25.

Cristo en primera persona: "Porque yo soy vuestro perdón, yo la Pascua de la salvación, yo el cordero degollado por vosotros, yo vuestra redención", etc.[60] No obstante, esto no debe ser tomado como palabra profética. Primero, hubiera sido enormemente no característico que uno que no era montanista hablara de tal manera. Segundo, el sermón de Melitón está inundado de retórica y esto parece ser una más de sus cautivantes formas de dramatizar el llamado de Cristo a los gentiles. Melitón escribió otro libro, llamado *Sobre la vida cristiana y los profetas* (*Peri politeis kai prophetōn*), según Eusebio, *Historia de la iglesia* 4.26.2 (161), pero su contenido es desconocido.

Clemente de Alejandría (150-215) se refirió muchas veces a la profecía. Él usó palabras como "profético" en *Pedagogo* 1.5 para describir el canon cristiano completo y argumentó que los verdaderos profetas ejercitan su don perfectamente. Él juntó a profetas judíos y cristianos en un grupo y tomó nota en *Stromata* 5.4 de cómo las obras de los profetas llevan al perfeccionamiento del cristiano. El significado de 1 Cor 13:8 es que los cristianos deberían conocer la superioridad del amor ante todas las cosas, de acuerdo a su *¿Quién es el hombre rico que se salvará?* (Quis dives salvetur?) 38.2. En su *Eclogae propheticae* 12, él le recordó a la iglesia que los maestros inspirados, sean cristianos o hebreos, sanan y hacen milagros con el propósito de confirmar sus mensajes divinos.[61]

Fue en medio del tercer siglo que la afirmación de que la profecía estaba en marcha comenzó a titubear. Cuando en los años 240 Orígenes escribió su tratado masivo *Contra Celso*; una de sus preocupaciones era el poder distinguir entre los profetas cristianos y los paganos. Él reiteró la defensa que hizo Justino de la iglesia en contra de Israel con la apelación a la disminución, pero no la ausencia, del don de la profecía:

Porque ni los que son ajenos a la fe han hecho jamás nada semejante a los profetas (hebreos), ni se cuenta que, después de la venida de Jesús, haya habido nuevos profetas entre los judíos. Y es así que, por confesión universal, el Espíritu Santo los ha abandonado, por haber cometido una impiedad contra Dios y contra el que fue profetizado por sus profetas.

---

[60] J. Ibáñez Ibáñez y F. Mendoza Ruiz, eds., *Melitón de Sardes: homilía sobre la Pascua*, (Pamplona; Universidad de Navarra, 1975).

[61] Estos *Extractos de los profetas* (del Antiguo Testamento), es una obra poco conocida, encontrado en *Clementis Alexandrini opera quae extant*, ed. John Potter (Oxon, 1715), también https://scaife.perseus.org/library/urn:cts:greekLit:tlg0555.tlg005/.

Signos, empero, del Espíritu Santo se dieron muchos al comenzar Jesús su enseñanza, muchos más después de su ascensión, menos más adelante. Sin embargo, aún ahora quedan algunos rastros de ellos en unos pocos, cuyas almas están purificadas por el Logos y por una vida conforme al mismo.[62]

Desde Orígenes y durante el siglo cuarto uno podría trazar una restricción gradual del don profético a una élite, con "almas purificadas". En una versión del siglo dos, Cipriano restringió el *jarisma* al obispo.[63] Aproximadamente cuando su amigo Crisóstomo observaba el paso de la profecía, el historiador de la iglesia Paladio registró en la *Historia lausiaca* la presencia de la profecía y otros milagros entre los monásticos más piadosos. Además, su contemporáneo Ciro de Jerusalén estaba usando su propio catecismo, en el cual él quería que sus catecúmenos alcanzaran un nivel superior: "Y ojalá seas digno también del don de profecía. En tanto recibirás la gracia en cuanto la puedas recibir y no en la medida en que yo digo".[64]

CONCLUSIÓN

Muchos de los cesacionistas de hoy confían en la decisión de Warfield de ligar el final de la profecía al cierre del canon (con o sin la ayuda de 1 Cor 13:8-10) y entonces predicen o solamente suponen que los datos del siglo segundo los respaldaron.

Hemos demostrado que los cesacionistas no pueden depender del apoyo de los padres del siglo segundo, ni para apoyo a la propuesta de que la profecía no puede coexistir con el canon. Muchas voces católicas de ese

---

[62] Orígenes, *Contra Celso* 7.8, 467; cf. también 4.95, 326: "...las almas humanas más sagradas y puras, a las que (Dios) inspira y hace profetas". Véase también 2.8, 114 - "Y es así que ya (los judíos) no tienen profetas ni se dan entre ellos milagros, cuando entre los cristianos quedan aún, en cuantía considerable, rastro de ellos, y algunos mayores; y, sí, se da fe a nuestra palabra, nosotros mismos los hemos visto".

[63] A Cipriano se le dio crédito de una profecía en una epístola de Lucio, *Epístola* 78.2. Note la aplicación de 1 Cor 14:30 al llamamiento de la iglesia en la epístola de Firmiliano a Cipriano en *Ep.* 74.4, escrita en los años 250: "De ahí que el que primero habla en profecía se reserva en silencio si hay alguna revelación dada a un segundo. Sucede por esa razón sucede que año tras año, los ancianos y prelados, nos reunimos para arreglar todos esos asuntos que se nos han encomendado…". Nuestra traducción de *ANF* 5:406.

[64] Cirilo de Jerusalén, *Catequesis* 17.37. http://www.clerus.org/bibliacleruson-line/es/e3r.htm#v.

tiempo están de acuerdo con las siguientes posiciones, muchas de las cuales son directamente rastreadas hasta Pablo:

El significado *teológico* de la profecía, según los padres:

1. La profecía puede coexistir con un juego cerrado de tradiciones apostólicas (la palabra "canon" podría ser muy fuerte en este momento en la historia), porque (1) la verdadera profecía no producirá nuevas doctrinas; (2) la verdadera profecía confirmará y sustentará las enseñanzas apostólicas, según la interpretación de por lo menos algún segmento de la iglesia; (3) la verdadera profecía puede producir temporal y localmente una aplicación de una verdad apostólica; unos ejemplos conocidos: convenciendo a las personas de pecado, dirigiendo dones particulares a los pobres, revelándole a un mártir los detalles de su muerte inminente, recordándole a la iglesia el obedecer a sus líderes.
2. La profecía es una señal de la presencia de Dios en la iglesia, en el cumplimiento de las predicciones de las Escrituras hebreas, del Señor Jesús y de los apóstoles. En un sentido, los cesacionistas tienen razón en ver la profecía y otros milagros como señales que confirman la doctrina apostólica, pero estas señales continuaron confirmando esa enseñanza en contra de sus rivales aun después de la muerte de los apóstoles: (1) por lo tanto, la iglesia, no Israel, es el verdadero pueblo de Dios; (2) por lo tanto, los ortodoxos, no los errados como los marcionistas y los gnósticos, están siguiendo la fe verdadera; (3) por lo tanto, los ortodoxos con su continua experiencia de la profecía (algunos dicen: "hasta el regreso de Cristo") están siguiendo la fe verdadera; no los montanistas con su idea del cese del don profético con Maximila.
3. La verdadera *profecía no debería ser* suprimida (algunos dicen: "esto es un pecado irremisible").

La descripción fenomenológica de profecía, según los padres:

1. La profecía resulta del mover de Dios; Dios decide quien profetizará y cuándo. Dios normalmente dirige a los profetas en compañía de la iglesia. Dios ha dotado a hombres y mujeres particulares como profetas.

2. Los profetas hablan normal y naturalmente después de darse cuenta que, han sido impulsados a dar un mensaje de Dios.

3. La profecía es diferente a las adivinanzas de los profetas paganos, quienes deben ser consultados con dinero, que toman una actitud altanera y que dan falsas doctrinas.

4. La falsa profecía, como la que practican los paganos o los cristianos errados, a menudo involucra caer en trance o éxtasis frenético, ya sea que estén fingiendo este estado o se estén dejando llevar por un espíritu maligno.

Estos testimonios proceden de todo el segundo siglo, distribuidos a todo lo ancho de geografía (Galia, Roma, Asia Menor, África y Siria) y de la mayoría de los escritores. Aparecen en libros escritos por clérigos y también el laico Hermas. Hasta el momento en que tengamos evidencias creíbles en contra del testimonio de estos testigos, deberíamos darle el beneficio de la duda a su confiabilidad.

La historia indica que, el don de la profecía no cesó abruptamente en algún momento cercano a la era apostólica. Más bien, continuó en las iglesias a través del siguiente siglo y hasta el próximo. Durante ese período la iglesia disfrutó de todos los componentes del canon cristiano emergente y de la guía fresca y específica del Espíritu Santo. La desaparición de este fue por primera vez mencionada en la mitad del tercer siglo.

CAPÍTULO 11

EL DON DE LENGUAS EN LA IGLESIA DEL SIGLO II: UNA RESPUESTA A CLEON ROGERS[1]

En 1965, Cleon Rogers publicó un breve estudio acerca del don de lenguas en los siglos posteriores a los apóstoles.[2] Es algo tardío refutar un artículo de hace medio siglo, pero ya que la gente continúa citándolo como autoridad, vale la pena señalar algunos de sus defectos lógicos e históricos.

Rogers examina a los padres apostólicos, Justino Mártir, Ireneo, Tertuliano, Orígenes, Crisóstomo; y resume así su argumento:

Después de examinar el testimonio de los primeros líderes cristianos, cuyo ministerio representa prácticamente cada área del Imperio romano desde aproximadamente 100 a 400 d. C., surge la idea de que los dones milagrosos del primer siglo expiraron y no se necesitaron más para establecer el cristianismo. Además, es muy evidente que incluso si el don existiera, a pesar de todo testimonio que lo contradiga, no era una experiencia cristiana ni normal, ni esparcida. La única referencia clara

---

[1] Este capítulo fue incluido en Robert W. Graves, *Strangers to fire: when tradition trumps Scripture*, 2016, con algunas actualizaciones. Usado con su consentimiento.

[2] Cleon L. Rogers, Jr., "The gift of tongues in the post apostolic church (A.D. 100-400)", *BSac* 122 (April, 1965): 134-43. John F. MacArthur, hijo, *Los carismáticos: una perspectiva doctrinal* (El Paso, TX: Casa Bautista, 1994), 233, cita a Rogers para "probar" que "ni tampoco menciona nadie (las lenguas) en la época postapostólica" aunque Rogers no llega tan lejos; y, sin prueba, MacArthur concluye que "la historia registra que las lenguas sí cesaron" en esa época (232).

de algo similar a dicho fenómeno está conectada con el hereje Montano y con aquellos influenciados por su punto de vista erróneo sobre el Espíritu. Toda la evidencia apunta a la verdad de la profecía de Pablo cuando dice: "cesarán las lenguas" (1 Cor 13:8).[3]

Incluso para el lector que desea estar positivamente dispuesto, Rogers hace amplias afirmaciones a partir de escasa evidencia. Él también comete una serie de falacias lógicas y errores factuales, que examinaremos ahora.

I. ARGUMENTO DESDE EL SILENCIO

Rogers precipitadamente reconoce que debe fiarse en el *Argumentum ex silentio*, pero propone que, en este caso, el silencio –o como debió decir, *un pequeño testimonio*– es prueba de la ausencia del *jarisma*: "si el don de las lenguas se hubiese esparcido y en abundancia, seguramente habría sido señalado o mencionado de alguna forma" (135). Nuevamente, en el caso de un padre apostólico, "Policarpo no indica en ninguna parte que las lenguas son parte de un carácter normal del cristianismo; de hecho, él ni siquiera aborda el tema de las lenguas" (136). Rogers está cometiendo la falacia "petición de principio" al presumir: *Los padres de la iglesia hubieran hablado más acerca de las lenguas si fuera una experiencia común.* Él parece creer que sus enseñanzas abarcaron todos los aspectos de la doctrina cristiana en sus epístolas (las cuales eran ocasionales por naturaleza) y en sus otros libros, y que la ausencia (y otra vez debemos insistir, *casi* ausencia) de las lenguas en la literatura es prueba de su extinción. Dado el testimonio de Ireneo (ver abajo), uno se pregunta cuánta evidencia debió necesitarse para ser convincente.

Si aplicáramos el enfoque de Rogers al canon del Nuevo Testamento, tendríamos que darlo como inviable. Si solo un documento, 1 de Corintios, no estuviera disponible para nosotros, concluiríamos a partir de Hechos que las lenguas fueron una señal inicial de recibimiento del Espíritu y que no existía ninguna práctica de lenguas después de que la persona se convirtiera; ni sabríamos de la existencia de los dones de interpretación de las lenguas, palabra de sabiduría, palabra de conocimiento, fe, discernimiento, administración, o auxilios. Ninguno de los evangelios –con excepción del

---

[3] Rogers, 143, nuestra traducción.

final largo de Marcos, en 16:17– se refiere a las lenguas; de hecho, están ausentes en 25 libros del canon, y más importante, la lista de dones de Efesios 4, 1 Pedro 4, y Romanos 12 no mencionan las lenguas. ¿Por qué tal escasez de evidencia, en un entorno donde las lenguas eran un don espiritual conocido en la época posapostólica?

Así como los autores de las epístolas del NT, también los padres de la iglesia escribieron para dirigirse sobre temas cotidianos, no para producir guías comprensivas para la vida o la doctrina cristiana, los eruditos que especulan lo que debió haber sido o debió haber dicho se encontrarán en un terreno endeble.

Rogers quiere "determinar si las lenguas todavía se practicaban como en los tiempos de los apóstoles" (134). Ya que no poseemos casi ninguna información sobre las lenguas aun en tiempos apostólicos, y poco acerca de su uso en tiempos posapostólicos, la comparación de un conjunto de datos con otro nos puede decepcionar.

II. ARGUMENTO DE AUTORIDAD INJUSTIFICADO

Rogers cita opiniones de otros como un hecho: dos ejemplos serán suficientes. Primero (139), que "Robertson está en lo cierto al afirmar que 'la declaración bastante vaga (de Ireneo) puede descansar en algún informe de los montanistas de Asia Menor...'".[4] ¿Será cierto? ¿Cómo sabemos esto?

Él también cita como un hecho (141) que los montanistas practicaron las lenguas, ya que Hans Lietzmann lo dice.[5] Esa opinión es muy cuestionable, como veremos. Pero aun entonces, Lietzmann no dice nada sobre

---

[4] Él cita la página 796 de A. T. Robertson, "Tongues, gift of", *Hastings Bible dictionary* (Edinburgh: T. & T. Clark, 1902), 4:793-96. Robertson menciona esta referencia de Ireneo de *Contra las herejías* 5.6.1 (ver nuestro análisis de ella, por abajo), y una referencia en Crisóstomo, y nada más; entonces él concluyó que no hay más evidencia. Apenas es una investigación profunda del don en el siglo dos y tres.

[5] Cita de Hans Lietzmann, *The founding of the church universal* (New York: Charles Scribner's Sons, 1950), 194. Se supone que Lietzmann basó su opinión en Eusebio, quien dijo que Montano "comenzó a desvariar, a parlotear y a decir cosas sin sentido, profetizando". De hecho, Eusebio *no* dijo que Montano primero comenzó a hablar en lenguas y luego cambió a la profecía: la experiencia fue singular, que su forma de profetizar era balbucear en palabras conocidas, pero dando un mensaje que no tenía sentido. Por lo tanto, parece que Rogers cita erróneamente a Lietzmann, quien a su vez entendió mal a Eusebio; entonces Rogers toma a Eusebio como su supuesta fuente.

eso, sino que los montanistas –con la única excepción de Montano al comienzo de su experiencia– *profetizaron*.

Lietzmann y Robertson eran académicos de renombre, pero no podemos aceptar sus declaraciones como hechos simplemente porque alguien lo dice.

III. UN MALENTENDIDO DEL MONTANISMO

Los montanistas eran una secta cristiana apocalíptica que practicaban una super-espiritualidad, y afirmaban que ellos eran el cumplimiento de 1 Cor 13:10, que "cuando llegue lo perfecto, lo imperfecto desaparecerá". Para ellos, sus nuevas profecías eran la venida de la perfección. Ellos publicaron sus libros inspirados como la verdad de Dios.

Lo que distinguía a los montanistas, además de un conjunto limitado de nuevas y extrañas doctrinas (concerniente, por ejemplo, al ascetismo, al ayuno, a la viudez y al martirio), era la manera en que ellos profetizaban. Eusebio dependía de la tradición anterior para representar cuán extraño fue su manifestación a la luz de la iglesia contemporánea. Una de sus fuentes dijo:

> Comenzó a desvariar, a parlotear y a decir cosas sin sentido, profetizando en contra de la tradición de la iglesia y de sus costumbres desde el principio. De los que oyeron sus bastardos pronunciamientos, algunos se enfurecieron, considerándole poseído por un demonio y por un espíritu de error que perturbaba a la gente. Le censuraron y trataron de hacerle callar, recordando la distinción del Señor y su advertencia de guardarse de los falsos profetas.[6]

Eusebio entonces ofrece una cita de Milcíades, otro contemporáneo a Montano:

> No pueden mostrar que un solo profeta, bien del Antiguo Testamento, bien del Nuevo, fuera inspirado de esta manera: ni Ágabo, ni Judas, ni Silas ni las hijas de Felipe, ni Amias de Filadelfia ni Cuadrato, ni ninguno de los otros que no son de los suyos.[7]

---

[6] Un observador anónimo del segundo siglo, de Eusebio, *Historia* 5.16.7-8, versión Paul L. Maier (Grand Rapids, MI: Editorial Portavoz, 1999), 189.

[7] Eusebio, *Historia* 5.17.3, 191.

Hay debate sobre el cómo relatar sus declaraciones proféticas con los *ja-rismata* bíblicos. La mejor explicación es que ni los montanistas ni sus oponentes relacionaron las declaraciones con el hablar en lenguas. En vez de eso, sus manifestaciones eufóricas fueron constantemente catalogadas como profecías, fueran verdaderas o falsas, por ambas partes. Así, un testigo contemporáneo reporta que es "no profecía, como la consideran, sino profecía falsa".[8] Uno de los nombres del grupo era la Nueva *Profecía*. Y como dice arriba, ellos estuvieron "en contra de la tradición de la iglesia y de sus costumbres desde el principio". Es decir, su estilo de profecía era distinto a su contraparte en la iglesia del segundo siglo.

Tertuliano fue influenciado por el montanismo. Incluso, como veremos abajo, Tertuliano (*Contra Marción* 5.8), como Ireneo antes que él (*Contra las herejías* 5.6.1), hizo distinción entre lenguas y profecía. Lo mismo es cierto en Eusebio: él no estaba en contra de la profecía como tal, ya que afirmó el don en Amias y Cuadrato, quienes probablemente profetizaron a comienzos del segundo siglo, antes de la llegada de Montano.

Las profecías montanistas eran eufóricas y en trance, balbuceando salvajemente, pero en un lenguaje *conocido*; y después de despertar, supuestamente la persona no recordaba lo que había dicho.[9] Rogers debía haber calificado cuidadosamente o incluso abandonado la idea de que "la única clara declaración sobre la manifestación de las lenguas se encuentra en la descripción de Eusebio de la actividad de Montano" (141).

IV. FALACIA LÓGICA DEL "ALEGATO ESPECIAL" CON RESPECTO A IRENEO

Rogers cree que "si el don de las lenguas se hubiese esparcido y en abundancia, a lo mejor se hubiera señalado o mencionado de alguna forma" (135). Bueno, para dar un testimonio vital, Ireneo, obispo de Lyon (Galia),

---

[8] Ver Eusebio, *Historia* 5.16.4, 188.

[9] Este es también el punto de vista tomado en el estudio magistral de Christopher Forbes, *Prophecy and inspired speech in early christianity and its Hellenistic environment*, WUNT 2.75 (Tübingen: Mohr, 1995), 161-62, nuestra traducción – "...no hay evidencia clara de que la profecía montanista se pareciera a la glosolalia, y una buena cantidad de evidencia de que no lo era. Más bien, se parecía a entusiasmo délfico en que el discurso inspirado que resultó de él era inteligible, y entusiasmo 'dionisíaco' en su naturaleza (en el sentido moderno) extática o frenética; parece estar a medio camino entre los dos".

en 180 d. C. hace la declaración positiva más importante de que las lenguas sí existían en su época.

Rogers se involucra en piruetas al tratar de atenuar este texto (138-40), el cual explicamos abajo: primero, Rogers afirma que "el montanismo era uno de los malos elementos en Lyon" (139) y que el mismo Ireneo estaba bajo su influencia; segundo, que "esto está claramente descrito por Eusebio, quien dice que algunos de los mártires de Lyon poseían algunos de los dones espirituales de Montano y sus seguidores" (139 n. 30, refiriéndose a Eusebio, *Historia* 5.3, con Lietzmann invocado nuevamente para un buen efecto). De hecho, Eusebio no dijo tal cosa: increíblemente Rogers confunde a un hombre, Alcibíades de Lyon, con alguien de Frigia en *Historia* 5.3 (179; Maier distingue a los dos hombres) que *pudo* haberse llamado Alcibíades, pero que nombre era probablemente Milcíades. Tercero, Rogers propone que un grupo de montanistas de Lyon mandó a Ireneo a llevar una carta a Eleuterio, obispo de Roma, para defender su causa, esta es *una* interpretación de la carta; la mejor interpretación es que los mártires estaban solicitando a Roma tomar una posición más fuerte *en contra de* los montanistas. A partir de pocas referencias en Eusebio, libremente interpretadas, Rogers construye toda una comunidad montanista, que, según la historia, engañó a Ireneo —un hombre de no poco intelecto— a que interviniera en nombre de su doctrina. De hecho, Eusebio, que no tenía paciencia con el montanismo, comentó que estos "hermanos en la Galia volvieron a ofrecer su propio reflexivo y ortodoxo criterio acerca de la cuestión" (*Historia* 5.3, 179). Cuarto, Rogers argumenta que Ireneo solo había "escuchado" sobre el don de las lenguas cuando vivía en Asia Menor y que él no era un testigo de primera mano de su manifestación. Pero ¿cuál es? Es raro hacer decir a Ireneo: "Había montanistas en Asia, *de* los cuales escuché; no, mentira, es que había montanistas en Lyon, a quienes escuché y me engañaron haciéndome creer que era un don real; no, mentira, es que yo nunca escuché sobre las lenguas, no de primera mano". ¿Qué quiere decir, Ireneo? ¿O mejor, que quiere Cleon Rogers hacer decir a Ireneo?

Después de esta introducción a un texto clave, presentado de una forma tan dudosa, leamos lo que Ireneo realmente dijo en *Contra las herejías* 5.6.1, en 180 d. C.:

Por eso dice el apóstol: "Entre los perfectos predicamos la sabiduría" (1 Cor 2:6). Con el nombre de "perfectos" designa a los que han recibido el Espíritu de Dios y hablan todas las lenguas gracias a ese Espíritu, como él (es decir, "el apóstol") mismo las hablaba, y como oímos hablar también a muchos hermanos que tienen carismas proféticos en la Iglesia, hablando toda clase de idiomas gracias al Espíritu, ponen al descubierto los secretos de los hombres para su provecho, e interpretan los misterios de Dios.[10]

La frase pivote es "oímos hablar también a muchos hermanos". Rogers, siguiendo la nota a pie de página de *ANF*, afirma (139) que "el latín antiguo usa el perfecto *audivimus*, 'hemos escuchado'", esto es, que actualmente no escuchan a la gente hablar en lenguas en Lyon.

Algunas observaciones: Primero, la pregunta más importante es por qué Rogers elige hacer exégesis de la versión latina secundaria, cuando tenemos el texto griego original citado en Eusebio, *Historia* 5.7.6 (183); más allá de lo cual, ahora tenemos el pasaje en forma de manuscrito.[11] La frase en griego es *pollōn akouomen adelphōn*. Tercero, el verbo griego está claramente en tiempo presente, "escuchamos" y no "hemos escuchado". Segundo, el verbo griego *akouō* usualmente toma el caso genitivo como su objeto directo, en síntesis, esto significa que él dice "escuchamos a hermanos" no "escuchamos *de* o *acerca de* los hermanos"; de hecho, esta es la única forma de tomar el objeto directo del latín también, con sus *multos audivimus fratres*. Cuarto, él afirma que hay "*muchos* hermanos" (o mejor "muchos hermanos y hermanas") a los que "nosotros" escuchamos.[12]

---

[10] De *Lo mejor de Ireneo*, ed. A. Ropero (Barcelona: Clie, 2003), 566. Ireneo claramente se está refiriendo a *Pablo* en cuanto al hablar en lenguas, como en 1 Cor 14:18. La versión en inglés de Ireneo en *ANF* 1 pone en mayúsculas "Él", lo que uno supone que habría sido una referencia (equivocada) al Espíritu.

[11] Ver Irénée de Lyon, *Contre les hérésies* 5.2, SC 153 (Paris: Cerf, 1965), que provee el texto griego como: "Καθὼς καὶ πολλῶν ἀκούομεν ἀδελφῶν ἐν τῇ ἐκκλησίᾳ προφητικὰ χαρίσματα ἐχόντων καὶ παντοδαπαῖς λαοὺν των διὰ τοῦ Πνεύματος γλώσσαις...".

[12] Así confirman los léxicos de Montanari, de BDAG 37; Tuggy; LSJ 53-54 dice que *akouō* más el genitivo fue "escuchar de", sin embargo, solamente en Homero y el griego clásico, no en koiné; Lampe, *A Patristic Greek lexicon*, no tiene información sobre el punto. En especial, vea BDF §173(1), 95, donde dice que los verbos de percepción (ver, oír, escuchar, etc.) con frecuencia usan el genitivo para el objeto. Además, he usado TLG para buscar todas las instancias del verbo *akouō*/ἀκούω en la obra principal de Ireneo, *Contra herejías*. Un poco más de la mitad toma un objeto directo en el caso acusativo y los demás en el caso genitivo. *Este es normal*, así que el verbo puede tomar uno u otro. Un ejemplo en los cuales *akouō + objeto directo genitivo* significa "escuchar directamente" y no "escuchar sobre" son *Contra herejías* 3.3.3, *Lo Mejor de Ireneo* 297 (Καὶ εἰσὶν οἱ ἀκηκοότες αὐτοῦ, "Algunos le oyeron contar", es decir, escucharon a Policarpo mismo); también, 1.13.4, *Lo Mejor de Ireneo* 96 (Ἡ δὲ μήτηρ ταχέως ἀκούσασα τούτων, "Al oír estas palabras, la Madre inmediatamente..."), refiriéndose a la emanación gnóstica, "la Madre".

Quinto, su intención es trazar una línea a partir de aquellos que *ahora* hablan en lenguas hasta los apóstoles que hablaron en lenguas en los tiempos de 1 de Corintios.[13] Sexto, Ireneo claramente vincula la frase *pollōn akouomen adelphōn* a la experiencia presente de "toda clase de idiomas", es decir, muchos hermanos que ahora hablan en lenguas diferentes. Por lo tanto, el texto explícitamente afirma que *Ireneo y otros escucharon de primera mano a muchos hermanos y hermanas de la época que profetizaron, y escucharon a muchos hermanos y hermanas de la época hablando en todo tipo de lenguas*, es decir, él no puede estar hablando de casos aislados o hipotéticos.

Es imperativo apuntar que Ireneo marca la diferencia entre lenguas y dones "proféticos"; como todos los demás lo registraron, él habría considerado la práctica montanista como una perversión de la profecía y no de lenguas.

El testimonio de Ireneo es claro y contundente. Por su parte, Rogers resume (140) que "se debe concluir que Ireneo quiso decir que en algún tiempo atrás él y aquellos que le rodeaban habían escuchado cosas como aquellas escuchadas en los círculos montanistas". De ninguna forma esto es lo que "se debe concluir", ya que Ireneo dice que "escuchamos a muchos hermanos y hermanas" –verdaderos co-creyentes, es decir, no montanistas ni gnósticos– hablar en lenguas; y él no se refería a la Nueva Profecía, pues ninguno en sus días identificaba a la profecía montanista, con su estilo pagano o "mántica", con el don de lenguas. Ireneo, como la mayoría de los católicos y como Eusebio después de él, claramente rechazó el estilo montanista de la profecía cuando afirmó que cuando el Espíritu habla a través de una persona él toma una "figura y forma semejantes a las personas preocupadas":[14] un profeta habla con su voz normal, no en un éxtasis. Además, Ireneo rechaza contundentemente la lectura montanista de 1 Cor 13:8-12, la cual supuestamente prometía la venida del Paráclito en el montanismo.[15]

---

[13] Ver *in loc.* Gary Steven Shogren, "La profecía cristiana y el canon en el siglo segundo: Una respuesta a B. B. Warfield", un capítulo en este libro.

[14] Ireneo, *Demostración de la enseñanza apostólica* 49, de *Lo mejor de Ireneo*, 689.

[15] Ireneo, *Contra las herejías* 4.9.2 (425) vincula "lo perfecto" con la Segunda Venida: "También Pablo dice: 'No quiero decir con esto que haya sido justificado ya, o que haya alcanzado ya la perfección' (Flp 3:12); porque 'parcialmente conocemos y parcialmente profetizamos, mas cuando viniere lo perfecto, lo parcial se desvanecerá' (1 Cor 13:9-10)". También 2.28.7, 9; 5.7.2.

V. ARGUMENTOS DEL HOMBRE DE PAJA

El "silencio (de Justino Mártir) de que el don no fue una parte integral o importante de la doctrina cristiana es significativo", dice Rogers (137). Muy bien; pero yo por mi parte no creo que el don de lenguas era una parte tan importante en la doctrina cristiana que debía haber estado en cualquier lista de las enseñanzas patrísticas.

"En cuanto a la totalidad de las obras de Ireneo, se podría decir que ciertamente el principal impulso y énfasis de su teología no era el don de las lenguas" (140). Pero bueno, otra vez, ¿quién se imagina cuál sería?

"…si el don (de lenguas) era de gran importancia, tanto el maestro (Policarpo) como su pupilo (Ireneo) debieron haberlo enfatizado. Pero no lo hicieron" (139). De hecho, como hemos visto, Ireneo sí menciona las lenguas, y en términos claros, pero ¿por qué debemos imaginar que, si existieron, los dones eran de gran importancia para él o para cualquiera, ya sea en el primer o en el segundo siglo? En cuanto a Policarpo, la única epístola que tenemos de él, Policarpo a los filipenses, es sobre lo extenso de la carta de Pablo a los filipenses; por tanto, ¿por qué alguien esperaría que la breve carta de Policarpo mencionara el don de las lenguas cuando, por ejemplo, la carta de Pablo a los filipenses no lo hace, aunque el apóstol escribió en un tiempo cuando, como todos coinciden, el don se practicaba?

Uno podría también mencionar que según Rogers (143), "la evidencia… no indica que las lenguas tenían un lugar significativo en la iglesia del 100 al 400 d. C.". La descripción es imprecisa: cualquiera cosa podía tener un lugar, pero un lugar significativo es subjetivo. Si aceptamos la palabra de Ireneo, las lenguas se practicaban ampliamente en la iglesia no montanista, lo suficiente para que él y otros cristianos escucharan de primera mano a "muchos" hablar en lenguas, y que fueran testigos de "toda clase de idiomas".

VI. MALINTERPRETACIONES BÁSICAS DE TERTULIANO Y ORÍGENES

Como otros influenciados por el montanismo, Tertuliano creía que el Paráclito estaba dando una nueva revelación; entonces su punto de vista era diferente de Ireneo. Sin embargo, vale la pena de examinar como se trata Tertuliano. En su *Contra Marción*, Tertuliano habla sobre 1 de Corintios 12 y muestra cómo la herejía marcionista contrasta pobremente con la verdadera fe. Entre otros desafíos:

Que, entonces, Marción exhiba, como dones de su dios, a algunos profetas, que no han hablado con sentido humano, sino con el Espíritu de Dios, que han predicho que las cosas que han de venir, y han hecho manifiesto los secretos del corazón; que produzca un salmo, una visión, una oración; solo que sea por el Espíritu, en éxtasis, es decir, en un frenesí, siempre que se le haya ocurrido una interpretación de lenguas; que me muestre también que alguna mujer de lengua jactanciosa en su comunidad ha profetizado alguna vez de entre esas hermanas suyas, especialmente santas. Ahora todas esas señales (de dones espirituales) vienen de mi lado sin dificultad alguna...[16]

Rogers hace el siguiente comentario:

Cuando (Tertuliano) llega a los dones espirituales mencionados en 1 de Corintios 12-14, él reconoce que todos no son los mismos dones, sino que el Espíritu ha dado diferentes dones a diferentes hombres. *Él solamente discute lo que Pablo dice acerca de los dones y no hace ninguna referencia al uso de los dones en su época.* Él acude a Marción para duplicar estos dones como presentados por los apóstoles, pero no dice que él ha visto o conocido a alguien que practique el don (por ejemplo, el de lenguas) (140, nuestra traducción, énfasis añadido).

Esta declaración apenas es elaborada e implica que nadie de la época de Tertuliano practicaba ningún *jarisma* de revelación. Ya que Rogers da saltos hacia atrás y hacia delante entre el don de lenguas y otros dones de revelación, el lector casual no podrá ver una distinción importante. Las palabras en cursiva deberían ser enmarcadas de manera más adecuada, así: *Tertuliano habla de lo que Pablo dice sobre todos los dones, no hace ninguna referencia al uso de las lenguas* per se *en su propia época, pero sí hace referencia a la manifestación contemporánea de la interpretación de lenguas y todos los demás jarismata, y en otros pasajes, el don de la profecía en particular.*

Sin embargo, el argumento de Tertuliano se habría derribado si no se refiriera a la actual experiencia de salmos, visiones, himnos, profecías, oraciones, interpretación de lenguas y todo en un frenesí, del modo montanista que existió solo después de 160s d. C. Él contrasta la falta de dones

---

[16] *Contra Marción* 5.8, nuestra traducción de *ANF* 3:446-47.

entre la "comunidad" marcionista y dice que ellos vienen "de mi lado", es decir, entre creyentes de su momento, no de un siglo y medio anterior. Nadie que lea la colección de escritos de Tertuliano concluiría otra cosa que no sea que él creía que Dios estaba dando una nueva revelación profética en su tiempo, es decir, a partir de los años 160s en Frigia. Aquí él también afirma que alguien da una interpretación de lenguas, podríamos decir que "donde fuego se hace, humo sale" y una "interpretación de lenguas" carismática implica que debían haber existido lenguas carismáticas. Qué efecto tuvieron sus tendencias montanistas en su doctrina de las lenguas, no lo podemos decir ahora; lo que sabemos es que Tertuliano distinguía entre lenguas y profecía/Nueva Profecía. Puede ser significativo, aunque un argumento del silencio, que no dice que las lenguas fueron "eufóricas", solo que su interpretación lo era.

Rogers *no* cita la declaración de Tertuliano:[17]

> Porque los apóstoles tienen apropiadamente al Espíritu Santo, quienes lo tienen a Él completamente, en las operaciones de la profecía, y la eficacia de las virtudes (sanadoras), y la evidencia de las lenguas, y no parcialmente, como todos los demás.

Esto posiblemente podría ser tomado para parecer que la profecía, la sanación y las lenguas se practicaban solo por los apóstoles, aunque 1 Corintios 12-14 indica que no era así. Sin embargo, él implica que los que no eran apóstoles sí tenían estos dones "parcialmente" y sabemos que Tertuliano ciertamente creía que había profetas operando en la iglesia de su tiempo.

Rogers omite mencionar un pasaje muy similar en Ambrosio de Milán, *Sobre el Espíritu Santo*, de los 380s:

> Pues fue dicho: "A uno es dado por medio del Espíritu el don de sanidad, a otro el hablar en varias lenguas, a otros, profecía". Por tanto, el Espíritu da (tiempo presente) los mismos dones como el Padre y el Hijo también los dan.[18]

---

[17] De *La exhortación a la castidad*, nuestra traducción de *ANF* 4:53.

[18] Ambrosio de Milán, *Sobre el Espíritu Santo*, nuestra traducción de *NPNF*² 10:134.

Pasamos a Orígenes, quien en *Contra Celso* (c. 248 d. C.) hizo una declaración importante (similar a la enseñanza de Justino e Ireneo), de que los cristianos –no judíos o paganos– tenían el don de profecía:

> Porque ni los que son ajenos a la fe han hecho jamás nada semejante a los profetas (hebreos), ni se cuenta que, después de la venida de Jesús, haya habido nuevos profetas entre los judíos. Y es así que, por confesión universal, el Espíritu Santo los ha abandonado, por haber cometido una impiedad contra Dios y contra el que fue profetizado por sus profetas.[19]

La impresión de Orígenes era que la incidencia de las lenguas estaba en declive en ese tiempo, aunque no es claro cómo calculó eso:

> Signos, empero, del Espíritu Santo se dieron muchos al comenzar Jesús su enseñanza, muchos más después de su ascensión, menos más adelante. Sin embargo, aún ahora quedan algunos rastros de Él en unos pocos, cuyas almas están purificadas por el Logos y por una vida conforme al mismo.[20]

Más allá de esto, Rogers simplemente saca de contexto la declaración de Orígenes de que "en sus (de Celso) tiempos no hubo profetas parecidos a los antiguos" (7.11, 470), es decir, c. 178 d. C. Dice Rogers: "¡Lo que Orígenes está diciendo es que los dones ya no están en operación! ¡Orígenes no dice que los dones de lenguas están floreciendo en su época, sino más bien que tales dones han disminuido!" (142). Estas son dos oraciones desconcertantes: *las lenguas no existían*, y además de esto, *las lenguas estaban disminuyendo,* una afirmación u otra puede ser cierta, pero no ambas. Él presenta la misma paradoja cuando dice (143) que los dones milagrosos se han "extinguido"; pero "aun si el don existiera" no estaban dispersas. Nuevamente, para citar la interpretación de Rogers, según Orígenes "estas cosas han disminuido y ya no están dispersas" (142). Uno simplemente no puede aceptar ambas: *no existen* y a la vez (como decimos nosotros) *sí* existen, aunque con menos frecuencia que antes. Pues antes la declaración en 7.11, Orígenes ya había observado (en 7.8, ver arriba) que los "rastros" de los dones aún *estaban* en evidencia en su propia época, y

---

[19] Orígenes, *Contra Celso* 7.8, BAC (Madrid: Editorial Católica, 1967), 467.
[20] Orígenes, *Contra Celso* 7.8, 467.

él asocia esa experiencia con el Pentecostés. Lo que Orígenes está diciendo es que no hay profetas en su tiempo de la misma naturaleza de los profetas del *Antiguo Testamento,* cuyas palabras fueron escritas en libros, estudiadas y reverenciadas. De hecho, aparte de los montanistas, los cristianos del segundo y tercer siglo después de Cristo no escribieron sus profecías como libros inspirados, Orígenes está en lo correcto al decir que no hay profetas como Isaías, Ezequiel, o los doce profetas menores.

Una tensión adicional se muestra en su uso de Orígenes, quien desea favorablemente comparar al cristianismo con el paganismo y el judaísmo. Es por esta razón que hace referencia a lenguas, como Rogers también cree (142). Sin embargo, Rogers no encuentra eso significativo, aunque él había dicho de Justino que "él muestra la superioridad del cristianismo sobre el judaísmo y que habría sido una excelente oportunidad señalar el don de lenguas como prueba de su tesis" (137). Justino no hizo eso, pero Orígenes sí lo hizo, así que ¿por qué es significativo el argumento por su omisión en Justino, pero no es significativo cuando sí es usado por Orígenes o Ireneo?

VII. UNA MALA INTERPRETACIÓN DE CÓMO LOS PADRES DE LA IGLESIA ENTENDIERON 1 CORINTIOS 13:8

Cuando Rogers dice que la evidencia muestra que "cesarán las lenguas" después de la era apocalíptica, omite una información clave: casi sin excepciones, cuando hablan de 1 Cor 13:8-12, los padres ortodoxos cristianos desde mediados del siglo II en adelante dicen claramente que será completado en el *escatón.*[21] Estos incluyen a Ireneo, Clemente de Alejandría, Orígenes, Arquelao, Metodio, Lactancio, Atanasio, Eusebio, Dídimo el Ciego, "Ambrosiaster", Epifanio, Basilio el Grande, Gregorio de Nacianzo, Gregorio de Nisa, Crisóstomo y a otros padres.

Incluso antes de Ireneo, las fuerzas del montanismo se unieron a la batalla con sus opositores sobre el significado del texto. Ellos (y posiblemente otros grupos, tales como los marcionitas, los maniqueos, los gnósticos) creían que eran los poseedores de la revelación "perfecta", en el caso de los montanistas, a través de la Nueva Profecía. La iglesia creyó

---

[21] Ver Gary Steven Shogren, "1 Cor 13:8-12 en la exégesis patrística: ¿Cómo vendría "lo perfecto"?, el capítulo 12 de esta colección.

que estos grupos tergiversaban el significado de Pablo. Entre los fieles católicos reconocidos, incluido Juan Damasceno en el siglo VIII y más allá, solo Juan Crisóstomo tuvo un punto de vista diferente del pasaje. Para estar seguros, él dijo: "Vean cómo ahora, al menos, no hay profecía o don de lenguas".[22] Él tomo la posición de que 13:8 se refería a que las lenguas y la profecía cesarían una vez la iglesia estuviera firmemente establecida. Aun así, él cree que 13:9-12 es escatológico.[23] Rogers tiene el mismo punto de vista de 13:8 como muchos dispensacionalistas; en la iglesia patrística, esa perspectiva era representada por la voz solitaria de Crisóstomo. Rogers puede interpretar la predicción de Pablo como guste, pero tendría que haber mencionado que aparte del montanismo y otras sectas, su opinión era sostenida por una minoría en los primeros ocho siglos de la iglesia. Él tampoco toma en cuenta la evidencia de la mano de Ambrosio, el contemporáneo de Crisóstomo escribiendo en Italia, puede sugerir que, si una autoridad patrística podría negar la realidad actual de las lenguas, otro podría afirmarlas.

VIII. SU ELIMINACIÓN DE TODOS LOS DONES MILAGROSOS, CUANDO ÉL SOLO LIDIABA CON LENGUAS

Aunque las referencias sobre las lenguas son pocas en los padres de la iglesia, las referencias sobre profecía abundan. Ya sea en la *Didajé*, Ignacio, *Pastor de Hermas*, *Bernabé*, y el *Martirio de Policarpo*, sin mencionar a

---

[22] Crisóstomo, *Acerca de la incomprensible naturaleza de Dios* 1.9 (nuestra traducción de *On the incomprehensible nature of God*, FC, 72.54). Ver también la opinión Teodoreto de Ciro en su comentario de 1 Corintios, en el siglo 5 – "Antaño a quienes oían la predicación divina y recibían el bautismo de salvación, se les otorgaba de forma manifiesta el poder de la gracia del Espíritu. Había quienes hablaban en diferentes lenguas que ellos por naturaleza no conocían y ni siquiera otros les habían enseñado; unos hacían milagros y curaban enfermedades y otros gozaban de don profético... De estos privilegios, además de otros, disfrutaron los corintios como creyentes de la tierra, pero no se sirvieron para lo debido de los dones otorgados. En efecto, manifestaban el poder de la gracia más por amor a la gloria que por servicio a los demás". Citado en Gerald Bray y Marcelo Merino Rodríguez, eds., *1-2 Corintios*, La Biblia comentada por los Padres de la iglesia: 7 (Madrid: Ciudad Nueva, 1999), 176.

[23] Crisóstomo, *Homilías sobre 1 Corintios* (*In epistulam i ad Corinthios* 34.2-3), nuestra traducción de *NPNF*[1] 12:201-02.

Justino Mártir, Ireneo, Orígenes, Eusebio, y a los anti-montanistas entre otros, *todos* se refieren a la continua experiencia de la profecía carismática en la iglesia no montanista; Rogers no parece preocupado por eso, ya que concluye que todos los dones milagrosos se "han extinguido" (143).

CONCLUSIÓN

La información hasta alrededor del 250 d. C. indica que algunos cristianos afirmaban que ellos mismos poseían o habían visto a personas usar el don de lenguas; hay pocos datos para mostrar cuán extendido se mantuvo. Incluso, Ireneo, que viajó mucho (Galia, Italia, Asia) y sus contemporáneos ("nosotros") habían sido testigos del fenómeno tal como era practicado por "muchos" y en "toda clase de idiomas", como se evidencia en 180 d. C. Tertuliano afirma que la "interpretación de lenguas" estuvo presente en su grupo; fue probablemente una versión eufórica montanista del don de 1 de Corintios. En el mismo siglo, los católicos profetizaron. Los montanistas "profetizaron" usando un lenguaje conocido, pero con euforia. Ni los católicos ni los montanistas son reconocidos por conectar la profecía montanista con las lenguas. Finalmente, Orígenes señala que las señales de la presencia del Espíritu vinieron después de la ascensión de Jesús; estas señales –incluyendo la profecía y las lenguas– habían disminuido a mediados de los años 200, pero no se extinguieron: "aún ahora quedan algunos rastros de Él". El intervalo entre Ireneo y Orígenes es de aproximadamente 70 años, y sus impresiones subjetivas de que antes "muchos" tenían el don y luego los dones habían disminuido son difícil de medir científicamente. Lo que es claro es que al finalizar el siglo IV, Crisóstomo, quien recorría entre dos grandes iglesias, no tuvo experiencia de primera mano con las lenguas (aunque quizás Ambrosio, sí), y su enfoque es la opinión mayoritaria a partir de entonces.

Capítulo 12

1 CORINTIOS 13:8-12 EN LA EXÉGESIS PATRÍSTICA: ¿CÓMO VENDRÍA "LO PERFECTO"?

I. INTRODUCCIÓN: ASUNTOS EXEGÉTICOS

Pablo enseñó a los corintios el camino del amor, con el cual solo tenía el interés de cortar el vínculo gordiano de las tensiones de su comunidad. Los corintios eran una mezcolanza de facciones, en donde el *agapē* les habría fomentado la unidad. Eran mordaces con su propia instrucción, en donde el *agapē* les habría aconsejado amabilidad, y cautivados por los más llamativos *jarismata,* en donde el *agapē* les habría hecho siervos sin pretensiones. En 1 Corintios 13, Pablo ahuyentó todas sus pretensiones: solo el amor permanecerá para siempre, después de que las lenguas y las profecías e incluso el conocimiento se vuelvan obsoletos con la llegada de "lo perfecto".

¿Cuál era el más alto estándar de perfección?[1] La perspectiva mayoritaria es y siempre ha sido que es escatológico, por lo tanto:

Porque conocemos y profetizamos de manera imperfecta;
pero cuando llegue lo perfecto... (13:10),

---

[1] Ver el resumen en Gordon Fee, *Primera epístola a los corintios* (Grand Rapids, MI: Nueva Creación, 1994), 730, n. 23; también D. A. Carson, *Manifestaciones del Espíritu: una exposición teológica de 1ª Corintios 12-14* (Barcelona: Andamio, 2000); y Wayne Grudem, ed., *¿Son vigentes los dones milagrosos?: cuatro puntos de vista* (Barcelona: Clie, 2004), *in loc.*

es paralelo de;

Ahora conozco de manera imperfecta,
pero entonces conoceré (13:12)

...y ambos tienen referencia a ver a Cristo en la Parusía, "cara a cara" en 13:12 extraído del lenguaje de la divina epifanía del Antiguo Testamento.[2] Un grupo más pequeño considera "lo perfecto" como algún estado o evento *no* escatológico que llegó apenas décadas o siglos después de Pablo. Entonces, "perfección" puede haber significado que la iglesia alcanzará un nivel más alto de madurez, unidad, o amor. Un enfoque cesacionista ha atraído a muchos reformados y cristianos dispensacionalistas modernos: que, si la revelación parcial expirara, lo haría a la luz de un canon completo. El neutro τὸ τέλειον (*to teleion*, lo perfecto), argumentan, no podría referirse al retorno de Cristo (uno esperaría el adjetivo masculino, *el* perfecto, en ese caso), así que este se refiere a *lo perfecto* que trae la plena revelación divina.[3] Por tanto, dice la hipótesis, que cuando el último libro de NT fue publicado, los *jarismata* de lenguas y la profecía fueron suspendidas casi de inmediato.[4]

---

[2] Ver los comentarios de Calvino, Hodge, Godet, Robertson & Plummer, Barrett, Grosheide, Morris, Conzelmann, Lietzmann, Wendland, Meyer, Nicoll, Héring, F. F. Bruce, Orr & Walther, Thrall, Fee, Oster. Ver también, *Manifestaciones del Espíritu*; y Ben Witherington, *Conflict and community in Corinth* (Grand Rapids: Eerdmans, 1994), 270-71; similarmente, se refiere al estado intermedio después de la muerte, así como a la segunda venida por Simon J. Kistemaker, *1 Corintios* (Grand Rapids, MI: Libros Desafío, 1998), 509-10.

[3] La NIV en inglés lo traduce como "perfection" (perfección); cp. el cognado neutro en 1 Cor 1:8, donde ἕως τέλους ("hasta el fin") es escatológico, y 1 Cor 15:24 donde τὸ τέλος se refiere a la plenitud escatológica ("el fin"). Nótese que en 13:10 el neutro τὸ τέλειον corresponde al neutro para el "imperfecto", aunque τὸ ἐκ μέρους tiene tres antecedentes femeninos.

[4] Ver Charles C. Ryrie, *El Espíritu Santo: un estudio completo de la tercera persona de la Trinidad y su obra en el creyente* (Grand Rapids, MI: Portavoz, 1978), 107-09; Kenneth L. Gentry, Jr., *The charismatic gift of prophecy* (2da ed., rev.; Memphis: Footstool, 1989), 51-60. Richard B. Gaffin, Jr., *Perspectives on Pentecost* (Phillipsburg, NJ: Presbyterian and Reformed, 1979), 109-12, también en *¿Son vigentes los dones milagrosos?*, 60-66, donde ofrece una exégesis más matizada que difiere por una parte de la opinión cesacionista y es similar por otra parte a Crisóstomo (ver abajo). Thomas Schreiner advierte correctamente que es exegéticamente incorrecto usar 1 de Corintios 13 para probar una posición cesacionista, ver *Spiritual gifts: what are they and why they matter* (Nashville, TN: B&H Books, 2018), cap. 10. Ver también mi "La profecía cristiana y el canon en

La lectura cesacionista de "lo perfecto" hace que Pablo prediga un giro que habría pasado antes de que pasaran muchos años. Podríamos, por lo tanto, haber esperado a que los exégetas patrísticos dijeran, si tuvieran esa misma posición: "Sí, el mismo Pablo estaba limitado en su conocimiento; pero en retrospectiva podemos ver que el canon estaba completo (o la iglesia alcanzó la madurez o cualquier cosa) unas décadas después de su muerte. En aquel entonces, los *jarismata* cesaron".[5]

Además, se podría esperar también que los padres griegos tuvieran una perspectiva valiosa sobre el asunto del género neutro de τὸ τέλειον/*to teleion*. ¡Ojalá que sus opiniones fueran analizadas en los comentarios modernos! Desafortunadamente, en un comentario la demanda de espacio es tanta que esta visión general se limita a una o dos figuras.

Nuestra búsqueda por un análisis patrístico más completo empezó con los índices estándares (incluyendo los cuatro volúmenes de la *Bíblica Patrística*, Early Church Fathers por Schaff, y los volúmenes de la serie Fathers of the Church). Más, la ampliamos con búsquedas extensivas usando la *Thesaurus Linguae Graecae* (*TLG*). Hemos observado los textos de todos los autores existentes, enfocándonos en 45 referencias de padres antenicenos y de 149 padres nicenos y posnicenos. 1 Corintios 13:8-12 fue expuesto en cinco comentarios existentes (por Orígenes, Crisóstomo, Teodoreto de Ciro, "Ambrosiaster", Pseudo-Primasio) y en decenas de apologías, polémicas, diálogos, cartas pastorales, tratados teológicos, historias de la iglesia, y así sucesivamente.[6]

---

el siglo segundo: Una respuesta a B. B. Warfield", el capítulo 10 en esta colección de ensayos. En él trato con unas referencias del segundo y comienzos del tercer siglo sobre el don de profecía y demuestro que la iglesia representó el *jarisma*, obrando junto a un conjunto de doctrinas apostólicas. Nótese que el influyente tratamiento cesacionista de Warfield no incluye una apelación a 1 Cor 13: B. B. Warfield, *Counterfeit miracles* (New York: Charles Scribners Sons, 1918).

[5] Un paralelo en este caso se podría encontrar en la pregunta retórica de Jesús en Jn 21:22: "Si quiero que (el discípulo amado) permanezca vivo hasta que yo vuelva, ¿a ti qué?". El evangelista no afirma si él sabía la respuesta a esto o no. Fue solo después de su muerte que otros cristianos podrían afirmar que de hecho Juan *no* vivió hasta la Parusía, y su percepción se logró por medio de un desenvolvimiento natural de eventos históricos. Ver, por ejemplo, Tertuliano, comentando sobre Jn 21:23 – "Murió también Juan, a quien una vana esperanza le hacía permanecer hasta la venida del Señor". *Acerca del alma* 50.5, ed. J. Javier Ramos Pasalodos (Madrid: Ediciones Akal, 2001), 156.

[6] La tecnología electrónica ahora permite al estudiante indagar fragmentos de frases de los textos de la Escritura, lo que quiere decir que ya no está limitado(a) a índices estándares. En general, nuestras búsquedas, cruzadas y doblemente

Resulta que sobre este texto los antiguos pelearon batallas reales, algunas apenas recordadas hoy, otras en guerras que hemos olvidado que posiblemente podrían haber involucrado el "Capítulo del Amor". Miremos primero la polémica literaria que ofrece una rica fuente de comentarios: los padres creyeron que ciertos falsos maestros engañaban a sus discípulos, aprovechándose de 1 Cor 13:8-12 a su conveniencia. Estos sectarios alardeaban de su sistema como manifestaciones postreras de la verdad "perfecta". Los padres católicos se agruparon para defender la exégesis tradicional.

II. FIGURAS SECTARIAS Y SUS AFIRMACIONES SOBRE EL PERFECTO CONOCIMIENTO

a. Montano

A mediados del segundo siglo cristiano, un profeta autoproclamado anunció que el Espíritu Santo lo había escogido a él y a sus seguidores como su portavoz. Él supuestamente personificó al Paráclito, en cumplimiento de Jn 14:16-17 y de 16:13, que "él los guiará a toda la verdad".[7] Muchas de las referencias del cuarto y quinto siglos afirman explícitamente que los montanistas sintetizaron estos textos juaninos con 1 Cor 13:9-10. Por tanto, los

---

probadas, arrojaron cientos de citaciones y alusiones de todo o parte de 1 Cor 13:8-12. No todos los textos de diferentes autores fueron analizados, ya que, por ejemplo, *La Bíblica Patrística* registró 169 referencias separadas dentro de los escritos existentes de Orígenes, cifra que amplié por medio del TLG, de las que en total analizamos 25 de sus obras destacadas. El hecho de que cada nuevo método de investigación arroja nuevos datos sugiere que hay mucho por descubrir, particularmente en los padres latinos. Nuestra colección y análisis de estas referencias antiguas de nuestro texto, aunque no son exhaustivas, son fácilmente las más completas publicadas. Para este ensayo, *Thesaurus Linguae Graecae* me ayudó en todo momento.

[7] Ver por ejemplo Agustín, *Réplica a Fausto, el maniqueo* 32.17-18 (todas las citas en este ensayo tomadas del maravilloso www.augustinus.it/spagnolo): "también los catafrigios afirmaron haber recibido ellos el Espíritu prometido, y por eso se apartaron de la fe católica, al intentar prohibir lo que Pablo concedió y condenar las segundas nupcias que él había permitido, apoyándose, para sus maquinaciones, en lo que se dijo sobre el Paráclito: *Él os introducirá en la verdad plena*. Es decir, ni Pablo ni los demás apóstoles habían enseñado la verdad entera y habían reservado un lugar para el Paráclito de los catafrigios".

montanistas afirmaban que los apóstoles y la iglesia católica solo habían conocido y profetizado parcialmente, hasta la llegada del Paráclito con Montano.[8]

En Alejandría del siglo cuarto, Dídimo el Ciego argumentó que ellos habían sacado de contexto 1 Cor 13:9-10, y que el lector debe continuar hasta los versos 11-12 para captar el sentido verdadero de Pablo: el perfecto conocimiento vendrá solo cuando veamos a Cristo con nuestros propios ojos, esto es, después de la resurrección. Hasta ese entonces, nuestro conocimiento fragmentario y "de oídas" del futuro será pleno.[9] Los montanistas cometieron dos errores al afirmar saber más que Pablo, y al afirmar que poseían el perfecto conocimiento del escatón.[10]

Más adelante, Jerónimo, estudiante de Dídimo diría:

...y así, un eunuco y semihombre como Montano habría tenido la plenitud que no tuvo Pablo, que dice: *Parcialmente conocemos y parcialmente profetizamos.* que no tuvo Pablo, que dice: *Parcialmente conocemos y parcialmente profetizamos.* Y: *Ahora vemos en espejo y como un enigma.* Estas cosas no necesitan refutación. Haber expuesto su perfidia ya es haberla vendido.[11]

---

[8] Una postura no muy diferente a la de Los Santos de los Últimos Días, quienes argumentan que su Libro del Mormón es un Tercer Testamento, predicho en la profecía de los Dos Palos en Ez 37:15-24.

[9] Dídimo el Ciego, *De trinitate* 41.2, PG 39:984-85; también Pierre de Labriolle, *Les sources de l'historique du Montanisme* (Fribourg: Librairie de l'Université, 1913), 156-57, nuestra traducción – "pretende que Montano ha venido y que tuvo la perfección del Paráclito, también conocido como Espíritu Santo. Es que ellos no prestan atención a lo que sigue: (Dídimo cita 13:11-12). Lo que significa que: las cosas a las que se aferraba nuestra fe, después de la resurrección nosotros las veremos con nuestros propios ojos, en los que conoceremos nuestra misma realidad, habiendo acabado la ciencia parcial".

[10] Existe registro de un debate, atribuido a Dídimo, en el que un cristiano ortodoxo y un montanista insistían en sus opiniones opuestas. Como era de esperarse, el montanista argumentaba que Montano poseía la perfección del Espíritu, cumpliendo 1 Cor 13:9-10; el ortodoxo replicó que 1 Cor 13:10 y 12 se cumplirá con la segunda venida, tal como lo confirma 1 Ts 4:16. Ver Dídimo el Ciego, *Debate of a Montanist and an orthodox Christian*, en Ronald Heine, *The Montanist oracles and testimonia*, North American Patristic Society, Patristic Monograph Series: 14 (Macon, Georgia: Mercer, 1989), 113-27.

[11] Hierónimo, Epístola 41.4, A Marcela, de *San Jerónimo: Epistolario* I, ed. J. B. Valero, BAC (Madrid: Editorial Católica, 1993), 360.

Así están de acuerdo Agustín,[12] Epifanio de Salamina[13] y Teodoreto de Ciro.[14] Los montanistas le dieron un giro a nuestro texto con una particular novedad en mente, según Agustín y Teodoreto: el "Paráclito" había supuestamente prohibido a las viudas y los viudos volverse a casar. Pero ¿cómo esto no contradice la actitud receptiva de Pablo al volver a casarse en 1 Cor 7:39? Obviamente, porque el entendimiento de la voluntad de Dios del apóstol era "parcial", y en 1 de Corintios 13 él mismo anticipó la venida de la revelación más completa del Paráclito.[15]

No es claro cuándo los montanistas expropiaron 1 Cor 13:8-12. Sin embargo, una declaración anti-montanista de los 190 (citado por Eusebio) muestra que la iglesia del segundo siglo ya estaba usando este texto para *atacar* a los montanistas, quienes afirmaban ser los últimos profetas de Dios. Dijo:

---

[12] Ver por arriba, Agustín, *Réplica a Fausto* 32.17 –ver su comentario en *Las herejías* 26 http://www.augustinus.it/spagnolo/eresie/eresie_libro.htm– "Afirman que la venida del Espíritu Santo prometida por el Señor se cumplió en ellos y no en los apóstoles. Tienen como fornicación a las segundas nupcias; y por eso dicen que el apóstol Pablo las permitió, porque en parte lo sabía y en parte profetizaba: ya que aún no había llegado lo que es perfecto. Ahora bien: ellos deliran que esto perfecto vino sobre Montano y sus profetisas".

[13] Epifanio, *The Panarion of Epiphanius of Salamis*, tr. Frank Williams, 2 tomos (2da ed.; Leiden: Brill, 2009, 2013), 2:16-17, nuestra traducción del inglés – "Cristo nos enseñó: 'Les enviaré el Espíritu, el Paráclito', y al dar las señales del Paráclito, dijo, 'él me glorificará'. Y de hecho es evidente que los santos apóstoles glorificaron al Señor después de recibir el Espíritu del Paráclito mientras Montano se glorifica a sí mismo. El Señor glorificó a su Padre, y a su vez, el Señor Cristo glorificó al Espíritu al llamarlo Espíritu de verdad. Montano, sin embargo, se glorifica solo a sí mismo y dice que él es el Padre todopoderoso y que el espíritu engañoso que habita en él es el Paráclito, prueba positiva de que él no es el Padre, ni fue enviado por el Padre, ni ha recibido nada del Padre".

[14] Ver Teodoreto de Ciro, *Commentary on the letters of Paul (Comentario sobre las catorce epístolas de San Pablo), ed. Robert Charles Hill*, 2 tomos (Brookline, MA: Holy Cross Orthodox Press, 2001), 1:217, nuestra propia traducción del inglés – "La vida venidera no tiene necesidad de esto: la profecía de los asuntos actuales es innecesaria. Las lenguas también serán inútiles, con la eliminación de las diferencias entre (idiomas); y el menor conocimiento llega a su fin con la provisión del conocimiento más grande". También *Praedestinatus* 1.26 (PL 53:596-97), una obra considerada anónima por muchos.

[15] Hay que recordar que muchas de las polémicas se formalizaron, con la resulta de que autores posteriores se basaran en argumentos ya convencionales. Esto es especialmente claro en el compendio el *Panarion* de Epifanio a finales del siglo IV. Jerónimo también había escuchado a dichos padres como a Dídimo y quizá a ambos Gregorios. Eusebio citó un anti-montanista anónimo y aparentemente estuvo de acuerdo con su razonamiento.

...porque el don profético *debería continuar en toda la iglesia* hasta la venida final, según dice el apóstol.

δεῖν γὰρ εἶναι τὸ προφητικὸν χάρισμα ἐν πάσῃ ἐκκλησίᾳ μέχρι τῆς τελείας παρουσίας ὁ ἀπόστολος ἀξιοῖ.[16]

De manera indirecta, entonces, los montanistas eran cesacionistas: argumentaban que la iglesia no experimentaría ninguna profecía después de aquellos pioneros montanistas.[17] Sus enemigos respondieron que todos los verdaderos católicos continuarían aceptando las profecías verdaderas hasta la "perfecta" (τελείας/*teleias*) segunda venida. Con la aparición de τελείας/*teleias*, parece más allá de toda duda razonable que "el apóstol" es Pablo y la referencia es a 1 Cor 13:10, el autor usa el adjetivo τελείας para reflejar el sustantivo τέλειον/*teleion*.

Una imagen distinta emerge de los escritos de Tertuliano. Él es el único padre anteniceno cuyos escritos existentes adoptan una opinión no-escatológica de 1 de Corintios 13, y no por casualidad el único padre que más simpatía tenía (quizá incluso se adhirió) al montanismo en su forma norteafricana. Tertuliano creía que el Paráclito verdaderamente estaba revelando nueva doctrina.[18] Sin embargo, él sobrepasó la exégesis católica y montanista de 1 de Corintios 13. Para él, solo los profetas *hebreos* vieron "por espejo, oscuramente". No obstante, cuando el Señor se encarnó, los apóstoles lo vieron "cara a cara" en el monte de la transfiguración.[19]

---

[16] Citado por Eusebio, *Historia de la iglesia* 5.17.4, ed. Paul L. Maier (Grand Rapids, MI: Editorial Portavoz, 1999), 191, énfasis agregado.

[17] No solo este pasaje, sino especialmente en los pasajes citados de Dídimo el Ciego, *Montanist oracles*, 117. Esto fue insinuado por Epifanio y también por Teodoreto de Ciro.

[18] Tertuliano, *Acerca del alma* 58, 175 – "Esto de la misma manera lo recomendó frecuentemente el Paráclito con respecto a si alguno llegara a aceptar sus palabras basándose en el conocimiento de los carismas prometidos"; también, *La huida en la persecución* 9.4 y otros.

[19] Tertuliano, *Contra Práxeas* 14.6-9, ed. J. C. Clavijo Sierra (Manizales, Colombia, 2017), 18 – "como también el apóstol expresa que: 'Ahora vemos por espejo, oscuramente (o enigmáticamente); mas entonces veremos cara a cara' (1 Cor 13:12). Dado que por lo tanto, Él se reserva para un determinado tiempo futuro su presencia y diálogo cara a cara con Moisés, una promesa que se cumplió en el retiro del monte (de la transfiguración), como lo leemos en el evangelio: 'Moisés apareció conversando con Jesús' (cf. Mc 9:4, Mt 17:3), es evidente que en los primeros tiempos era siempre como en un espejo (por así decirlo), y en enigma, en visión y sueños...". En 16.3, 8 (¿?) todas las revelaciones del Antiguo Testamento "hayan sucedido como una imagen, como un espejo, como un enigma (de la futura encarnación)" 22.

Por eso, 1 Cor 13:11 se refiere a que "incluso en Cristo, el conocimiento tuvo sus etapas de crecimiento", ya que aun Pablo se había apartado de sus primeras opiniones.[20] En la literatura existente, Tertuliano no identificó al mismo Montano con "lo perfecto" en 1 Cor 13:10, sino que lo vincularía con el Paráclito de Jn 16:13.

Tertuliano sabía lo que era cambiar la opinión con el tiempo. En un texto que muestra un sabor montanista más débil que sus obras posteriores, él parece haber implicado que los *jarismata* cesarían en la consumación escatológica.[21]

b. Manes

Los padres de la iglesia a menudo mencionaban a Manes y Montano al mismo tiempo. En el siglo tercero Manes afirmó ser un apóstol de Jesucristo, y que poseía una última palabra de parte de Dios. Agustín, a principios de su vida, encontró ese mensaje atractivo, pero más tarde usó su experiencia previa para refutarlo. En un debate con Agustín, el maniqueísta argumentó que Pablo había alterado su cristología, alejándose de su opinión anterior de que Jesús era el Hijo de David, a su punto de vista maduro de que él debería saber que no debía conocer a nadie "según la carne" (2 Cor 5:16 RV 60). Aun así, en la teología paulina, "lo viejo ha pasado" (2 Cor 5:17) y Pablo aprendió a "dejar atrás las cosas de niño" (1 Cor 13:11). Agustín respondió que los maniqueístas no solo habían sacado de contexto 1 Cor 13:11,[22] sino que ellos usaron mal 1 Cor 13:9-10, 12, aplicándolo a la venida de Manes, quien supuestamente llevó a las personas "cara a cara" con la perfecta verdad.[23] Manes y sus seguidores eran

---

[20] Tertuliano, *La modestia* (*De pudicitia*) 1 (nuestra traducción de *ANF* 4:75).

[21] Tertuliano, *La virtud de la paciencia* 12.12, en *Obras escogidas de Tertuliano*, ed. A. Ropero (Barcelona: Clie, 2018), 214 – "Con razón (la caridad) 'nunca pasará' mientras las demás virtudes se desvanecerán, pasarán. El don de lenguas, las ciencias, las profecías concluyen. En cambio la fe, la esperanza y la caridad permanecen".

[22] Aunque Agustín usaba virtualmente el mismo enfoque cuando dijo que Pablo ya hablaba como adulto (1 Cor 13:11) cuando deseaba que todos permanecieran en el celibato: "se presentó como varón íntegro no solo por la vida que llevaba, sino también por la doctrina que predicaba. Así, en efecto, se nos confesó: *cuando era niño, hablaba como niño, sentía como niño, pensaba como niño; cuando me hice varón, abandoné las cosas de niño*". De *El trabajo de los monjes* 40, http://www.augustinus.it/spagnolo/lavoro_monaci/index2.htm.

[23] La exégesis de Fausto, que Agustín describe en *Réplica a Fausto* 11.1,

una pobre imitación del mal uso montanista de 1 Cor 13:9-10 y de Jn 14:17; 16:13:

¿Qué herejía podrá surgir al fin bajo el nombre del Paráclito, que no se atreva a aplicarse con verosimilitud esos textos? ¿Hay acaso alguna herejía que no se designe como la verdad tanto más perfecta cuando más soberbia es, prometiendo introducir en la verdad plena e intentando eliminar la enseñanza de los apóstoles, que se opone a su error, como si por ella hubiese llegado *lo que es perfecto*?[24]

---

https://www.augustinus.it/spagnolo/contro_fausto/index2.htm – "Estás viendo cómo él llama antigua y pasajera aquella su primera creencia, es decir, el haber admitido que Cristo procedía del linaje de David según la carne, y nueva y duradera a esta segunda, puesto que ya no conoce a nadie según la carne. Por eso mismo dice también en otro lugar: *Cuando era niño, hablaba como niño, tenía los gustos de un niño, pensaba como niño; mas cuando me he hecho mayor prescindí de las cosas propias de un niño.* Si es así, ¿qué hacemos de indecoroso nosotros al quedarnos con la nueva y mejor confesión de Pablo y desentendernos de la otra, antigua y peor?". Agustín responde en 11.8 – "En consecuencia, ¡cuánto mejor, cuánto más conforme a la religión es el comentario de las divinas Escrituras en el que, analizados todos los textos, se descubre su recíproca concordancia! El caso contrario se da cuando, al fallar el hombre en una dificultad, y no poder resolverla, se acepta una parte como verdadera y se condena otra parte como falsa. Porque cuando el Apóstol era niño y saboreaba las cosas de niño, aunque pusiese esto como una imagen, aún no era espiritual, como lo era ya cuando escribía lo que, siendo para edificación de las iglesias..."; también 15.6 – "¿Acaso sus ministros, miserables ellos mismos, envenenados con tales vacuidades, no suelen poner en su anzuelo este cebo tomado del apóstol Pablo, que dice: *En parte sabemos y en parte profetizamos; más cuando llegue lo perfecto, desaparecerá lo parcial,* y: *Ahora vemos como en un espejo en enigma, pero entonces veremos cara a cara?* De esta manera, el apóstol Pablo sabía en parte y en parte profetizaba, viendo por un espejo y en enigma, todo lo cual desaparecería al llegar Manés y traer lo perfecto, momento en que la verdad se verá cara a cara. ¡Oh lasciva, inmunda; aún garlas estas cosas sin pudor, aún apacientas vientos, aún abrazas a los ídolos de tu corazón! ¿Acaso has visto tú, cara a cara, al rey con su cetro en el ejercicio de su reinado, ceñido de coronas de flores? Etc.". También *Confesiones* 5.10 (§20). Que el mismo Manes afirmara ser el sujeto de 1 Cor 13:9-10 es un eco en los compendios de herejías en el siglo IV, Epifanio, *Panarion* 61.2-3, 2:285-86, nuestra traducción de inglés – "él afirma que lo que San Pablo dijo deja espacio para (Manes), pues desde entonces el santo apóstol dijo: 'Conocemos en parte y profetizamos en parte, pero cuando venga lo que es perfecto, lo que es en parte se acabará'. Pero San Pablo nunca dice esto sobre el Paráclito, aunque él, con aquellos que como él eran apóstoles, fue considerado digno del mismo Espíritu Santo. Él estaba hablando sobre dos mundos, este mundo y el mundo venidero..."; y Manes también se autonombraba el "Paráclito Espíritu", *Panarion*, 2:240.

[24] Agustín, *Réplica a Fausto* 32.17, nuestro énfasis.

Así advertidos, Agustín afirmó, sus lectores evadirían más fácilmente "los seductores impuros y las sectas plagadas de obscenas torpezas".[25]

Existe un relato de un debate de un siglo anterior, en el que Arquelao dijo que había debatido con el mismo Manes. En especial, se registra la mala apropiación de 1 Cor 13:8-10. Arquelao argumentó que para que se cumplieran estos versos en Manes, él tendría que haber "eliminado" algunas imperfecciones previas, pero que él había fallado en hacerlo fue algo obvio para todos. Manes no había acabado con las "lenguas" humanas ni con los falsos sistemas de conocimiento. Solo Cristo puede hacer esto, lógicamente, con su retorno.[26]

c. Gnósticos

Hay alguna evidencia de que los gnósticos también pudieron haber reinterpretado nuestro texto. En su *Evangelio de la verdad*, los iluminados eran restaurados en el perfecto conocimiento del Padre, con una similar alusión a 1 Cor 13:9-10:

> Puesto que la deficiencia se produjo porque se ignoró al Padre, entonces cuando se conoce al Padre la deficiencia dejará de existir. Como sucede con la ignorancia de una persona, que una vez que conoce se desvanece su ignorancia, como se desvanece la oscuridad cuando aparece la luz, del mismo modo también se desvanece la deficiencia ante la perfección.[27]

En su tomo *Contra las herejías*, Ireneo acusó a los gnósticos de imaginarse a sí mismos "perfectos", percibiendo las cosas profundas de Dios, y no solo el conocimiento parcial que se les permitió en esta época de acuerdo con 1 Cor 13:9.[28] La polémica anti-gnóstica escrita brevemente después por

---

[25] Agustín, *Tratados sobre el evangelio de San Juan*, Tratado 96.4-5, https://www.augustinus.it/spagnolo/commento_vsg/index2.htm. También dice que, "en parte" significa que "no porque conozca en esta vida todo lo que el Señor nos prometió que había de llegar".

[26] Arquelao, *The acts of the disputation with the heresiarch Manes* 36-37 (*ANF* 6:210-11); este documento es tomado por *ANF* como auténtico y datado en el 277 d. C.

[27] *Evangelio de la verdad*, de *Textos gnósticos – Biblioteca Nag Hammadi II*, ed. Antonio Piñero (Madrid: Editorial Trotta, 2016).

[28] Ireneo, *Contra las herejías* 2.28.3, 7, 9, de Alfonso Ropero, *Lo mejor de Ireneo* (Barcelona: Clie, 2003) – Pablo dijo que "'nosotros conocemos en parte y

Clemente de Alejandría no afirmó si los gnósticos mismos emplearon 1 Cor 13:11-12, sino que Clemente ciertamente lo usó contra ellos. Sí, Pablo había sido un "niño" ...cuando estaba bajo la ley, ¡como en Gá 4:1! Pablo se hizo "hombre" cuando hizo parte del Nuevo Pacto, incluso Pablo aguardaba la "clara revelación que, a modo de alimento, se hará cara a cara en la vida futura... cara a cara".[29] Hipólito de Roma acusó a los gnósticos docetistas de afirmar que ellos "que son de arriba, son solo perfectos, pero todo el resto lo son parcialmente".[30]

En otras referencias, los padres de la iglesia hablaron contra el falso conocimiento y el orgullo que este engendra; aunque ellos no siempre mencionan a los gnósticos, ese grupo parece haber estado a menudo en sus mentes.[31]

---

profetizamos también en parte' (1 Cor 13:9). Por consiguiente, así como no conocemos más que parcialmente, así debemos inclinarnos en todas las cuestiones ante Aquel, que no nos da todavía más que parcialmente su gracia". (259) "Mas si algún discutidor se opone a lo que acabamos de decir y en particular a la palabra del apóstol... y piensa que su conocimiento no es parcial, sino que posee un conocimiento universal de todo lo que existe (como hacen los gnósticos)... que no se glorie en la vana jactancia, de que hace alarde...". (260-61).

[29] Clemente de Alejandría, *Pedagogo* 1.6, en *Lo mejor de Clemente de Alejandría*, ed. A. Ropero (Barcelona: Clie, 2001), 72. Agustín, *Concordancia de los evangelistas* 4.10 §20, http://www.augustinus.it/spagnolo/consenso_evangelisti/consenso_evangelisti_4_libro.htm, citando 1 Cor 13:12 y Col 3:4, le recordó a los gnósticos que la resurrección estaba aún por venir: "Quizá alguien piense que, aun en esta existencia mortal, puede ocurrir a un hombre que, removida y eliminada toda nube de imaginación corpórea, llegue a poseer la luz serenísima de la verdad inmutable y que, apartada completamente el alma de la costumbre de esta vida, se adhiera a ella en forma constante e indefectible. Ese tal no entiende ni qué es lo que busca ni quién el que lo busca. Crea más bien a la autoridad sublime y nunca falaz que, mientras estamos en este mundo, somos peregrinos lejos del Señor y que caminamos en la fe, no en la realidad. Y así, reteniendo y custodiando con perseverancia la fe, la esperanza y la caridad, ponga su mirada en la realidad, valiéndose de la fianza que hemos recibido, el Espíritu Santo, que nos enseñará toda la verdad. Esto acontecerá cuando Dios, que resucitó a Jesucristo de entre los muertos, haya vivificado también nuestros cuerpos mortales por medio de su Espíritu que habita en nosotros".

[30] Hipólito, *Refutación de todas las herejías* 8.3 (*ANF* 5:120), nuestra traducción del inglés.

[31] Por ejemplo, el contemporáneo de Agustín, Teodoreto de Ciro, escribió un comentario sobre las epístolas paulinas, en el que arremete contra aquellos que se apartan de la iglesia por su alta estima a su propia γνῶσις. Ver Teodoreto de Ciro, *Commentary on the letters of Paul 1.217, nuestra traducción de inglés* – "... una vez más en estas palabras enseñando a los que se separan (del κατατέμνω, "cortar en pedazos") del cuerpo de la iglesia para que no tengan un sentido de importancia en su conocimiento".

d. Arrianos

Posiblemente los arrianos se apropiaron de 1 Cor 13:8-12 para afirmar una más alta consecución del conocimiento de Dios. Una mejor explicación de la evidencia es que los arrianos se habían apegado a este texto por causa de sus oponentes. Las escasas referencias por Ambrosio y Epifanio sugieren que ellos estaban ofendidos por los arrianos al poner trabas a los santos misterios, clamando saber más que Pablo y olvidando los límites del conocimiento humano de lo divino.[32]

e. Tradición Seudo-Clementina

La piedra angular de la literatura seudo-clementina fue la convicción de que Pedro era el verdadero apóstol y que Pablo (en las *Homilías clementinas* encubierto como Simón, el Mago) era del diablo. Por tanto, tenemos un debate ficticio en el cual Clemente de Roma se mofa de "Simón" por

---

[32] Ambrosio, *Sobre la fe* 5.237 (*NPNF*[2] 10:314), nuestra traducción de inglés: "Pablo también habla de los seres inferiores: 'en parte sabemos y en parte profetizamos'. Arrio dice: 'yo sé a Dios completamente y no en parte'. Entonces, Pablo es inferior a Arrio, y la vasija de elección conoce en parte, pero la vasija de perdición conoce completamente. 'Conozco', (Pablo) dice, 'a un hombre, no sé si en el cuerpo o fuera del cuerpo; Dios lo sabe, quien fue llevado al paraíso y escuchó cosas indecibles que a los humanos no se nos permite expresar'. Pablo, llevado al tercer cielo, no se conocía a sí mismo; Arrio, rodando en la suciedad, conoce a Dios. Pablo dice de sí mismo: 'Dios lo sabe'; Arrio dice de Dios: 'yo lo sé'". Epifanio, *Panarion* 32.3-4, 2.477-78, nuestra propia traducción de inglés: "Se teme que de nuestra disputa sobre lo incomprensible y la disputa sobre lo inescrutable, podemos caer en las profundidades de la impiedad. 'Y yo dije: Tendré sabiduría, y estaba más lejos de mí de lo que estaba antes, y su profundidad era inescrutable, ¿quién la descubrirá? Tengámosle presente a quien dijo: 'Conocemos en parte, y profetizamos en parte'". Juan Crisóstomo tuvo el mismo enfoque contra los anomeos, un grupo arriano radical de a finales del siglo cuarto, en su *Acerca de la naturaleza incomprensible de Dios*, ver abajo. Teodoreto de Ciro profirió 1 Cor 13:9-10 contra los arrianos en su *Historia eclesiástica* 1.3 (*NPNF*[2] 3:39-40), nuestra propia traducción de inglés: "Pero si estos que alegan que lo que era 'conocido en parte' se ha 'acabado' para ellos, esperan de (sus) labios humanos algo más allá que los poderes humanos, (pues) es claro que los términos 'era', 'siempre' y 'antes de todos los tiempos', quedan muy lejos de esta expectativa". También en Epístola 109, A Eusebio, Obispo de Ancira (*NPNF*[2] 3:289), nuestra propia traducción de inglés: "Porque, aunque he pasado mucho tiempo enseñando, aún necesito que alguien me enseñe. 'Conocemos', dice el Apóstol divino 'en parte'...".

la debilidad de su visión profética: ¡Cualquiera que admita conocer el futuro solo "oscuramente", no es un verdadero profeta!

Pero el conocimiento previo del profeta verdadero no solo conoce cosas presentes, sino que extiende la profecía sin límites hasta el mundo venidero, y no necesita nada para su interpretación, *sin profetizar oscura o ambiguamente,* de tal modo que las cosas habladas necesitarían otro profeta para su interpretación, sino clara y simplemente, como nuestro Maestro y Profeta (Cristo) que siempre supo todas las cosas, por el Espíritu innato y siempre fluente.[33]

Entonces, las *Homilías* hacen que Pablo solo "profetice oscuramente", ellos no teniendo en cuenta que el "nosotros" que lo hace en 1 Cor 13:8-12 son los cristianos como un todo.

f. Resumen

En muchas ocasiones, la iglesia católica usó nuestro texto para derribar las afirmaciones arrogantes sobre conocimiento y revelación especial dadas por sus oponentes. Los cristianos podrían no saber todo, pero los heréticos tampoco, y además estos repudiaban la verdad apostólica a la cual todos tenían acceso.

III. CRISTIANISMO CATÓLICO Y LA PERFECCIÓN ESCATOLÓGICA

Con respecto a la sintaxis de 1 Corintios 13, ninguno de los padres griegos existentes comenta sobre alguna supuesta dificultad para aplicar el género neutro al escatón.

Con respeco a su interpretación, no debería sorprendernos que los padres, que citaron o aludieron a nuestro texto más de una vez, no siempre le dieran la misma aplicación. Un autor podría citar el texto "dejar atrás las cosas de niño" en 13:11, por ejemplo, con un sentido proverbial. Es

---

[33] *Homilías clementinas* 3.12 (*ANF* 8:240-41), nuestra propia traducción de inglés.

usualmente posible valorar cuál lectura es una exégesis formal y cuál tiene una aplicación extendida.

a. 1 Cor 13:8-12 y el escatón

La evidencia exige la conclusión de que casi todos los padres de la iglesia entendieron todo el texto de 1 Cor 13:8-12 como una predicción del retorno de Cristo, en cuyo momento el conocimiento parcial sería absorbido por la luz de la presencia personal de Cristo. Ellos regularmente aducían como referencias cruzadas otros textos que hablaban del "conocer" o al "ver" escatológico: en una frecuencia descendiente aproximadamente, 1 Jn 3:2, Col 3:4, Mt 5:8, 2 Cor 5:5, 1 Cor 2:9, y 2 Cor 12:4.

Resumiremos las declaraciones de cada padre, dando una cita ocasional. Empezaremos con aquellos cuyos comentarios abarcan la mayoría o todo el pasaje, luego con aquellos cuyos escritos existentes contienen comentarios solo en una mitad u otra.

Entendimiento escatológico respaldado de 1 Cor 13:8-12 como un todo

Ireneo (a finales del II siglo). El Espíritu conoce todas las cosas, pero no le dice todo a la iglesia; por tanto, 13:9 habla de conocimiento parcial. La ignorancia de este hecho lleva al error gnóstico.[34] En su venida, Cristo revelará no alguna nueva deidad, sino al Dios verdadero, como cumplimiento de 1 Cor 13:9-10, 12; Mt 5:8 y, aquí, 1 P 1:8:

> ...resucitando por medio del Espíritu, se hace cuerpos espirituales, a fin de poseer, por medio del Espíritu, una vida perdurable. "Porque al presente, dice el apóstol, no conocemos más que en parte, y no profetizamos más que en parte, mas entonces lo será cara a cara" (1 Cor 13:9).[35]

---

[34] Ireneo, *Contra las herejías* 2.28.3, 7, 9 (ver por arriba).

[35] Ireneo, *Contra las herejías* 5.7.2, 570 – Ireneo sigue: "Porque al presente, dice el apóstol, no conocemos más que en parte, y no profetizamos más que en parte, mas entonces lo será cara a cara (1 Cor 13:9). Esto es lo que también dice Pedro: 'Al cual amáis sin haberle visto; en el cual ahora, sin verlo, creéis, y os alegráis con gozo inefable' (1 P 1:8). Porque nuestra faz verá la faz de Dios, y se alegrará con gozo inenarrable, porque verá al que es su gozo". Vea también 4.9.2, 425 – "También Pablo dice: 'No quiero decir con esto que haya sido jus-

Orígenes (finales del S.II, principios del siglo III). La resurrección de 1 Cor 15:53-56 se da cuando 1 Cor 13:9, 12 sea cumplido:

Y de ahí que se diga: "Es necesario que esto corruptible sea vestido de incorrupción, y esto mortal sea vestido de inmortalidad" (1 Cor 15:53), porque aunque ahora podamos realizar grandes avances, aun solo conocemos en parte y en parte profetizamos; vemos como por un cristal, oscuramente, aquellas mismas cosas que parecemos entender; esto corruptible todavía no se ha vestido de incorrupción, ni esto mortal de inmoralidad; y como esta educación en el cuerpo es prolongada indudablemente a un período más largo, hasta el tiempo cuando los mismos cuerpos con los que estamos revestidos, debido a la Palabra de Dios, y su sabiduría y justicia perfecta, ganen la incorruptibilidad y la inmortalidad, por ello se ha dicho: "Es necesario que esto corruptible sea vestido de incorrupción, y esto mortal sea vestido de inmortalidad".[36]

---

tificado ya, o que haya alcanzado ya la perfección (Flp 3:12); porque 'parcialmente conocemos y parcialmente profetizamos, mas cuando viniere lo perfecto, lo parcial se desvanecerá".

[36] Orígenes, *Tratado de los principios* 2.3.2, de *Obras escogidas de Orígenes – Tratado de los principios*, ed. A. Ropero (Barcelona: Clie, 2018). Esta declaración fue presagiada en 1.4.1 – "Apliquemos esto ahora al caso de quienes se han dedicado al conocimiento y a la sabiduría de Dios, cuyos estudios y diligencia superan incomparablemente toda otra educación; y contemplemos, según la forma de similitud empleada, qué es la adquisición de conocimiento, o qué es su desaparición, sobre todo cuando oímos del apóstol que los que son perfectos contemplarán cara a cara la gloria del Señor en la revelación de sus misterios". El mismo punto de vista se encuentra en el *Tratado de los principios* 2.6.7 – "Si, entonces, no solo la ley que está en la tierra es una sombra, sino también toda nuestra vida en la tierra es lo mismo, y vivimos entre las naciones bajo la sombra de Cristo, debemos ver si la verdad de todas estas sombras no puede llegar a conocerse mediante aquella revelación, cuando ya no veremos más por un cristal, y misteriosamente, sino cara a cara, todos los santos merecerán contemplar la gloria de Dios y las causas y la verdad de las cosas. Y la promesa de esta verdad ya está siendo recibida por el Espíritu Santo". Sin embargo, él espiritualiza "cara a cara" en otros lugares: por ejemplo, él vincula nuestro texto con 1 Cor 2:9 en su Prólogo al *Comentario al Cantar de Cantares* 2.31 y 36, vea *Orígenes: escritos espirituales*, BAC (Madrid: Editorial Católica, 1999) – "...Pablo dice en algún lugar: No puedo hablaros como a espirituales, sino como a carnales; como a niños en Cristo, os di a beber leche, y no alimento sólido. Sin duda alguna se les llama niños en Cristo según la edad del alma, no según la de la carne. Efectivamente, el mismo Pablo dice también en otro lugar: Cuando yo era niño, hablaba como niño, pensaba como niño, discurría como niño. Cuando me hice un hombre, acabé con las niñerías. Y en otra parte vuelve a decir: Hasta que todos alcancemos el estado del hombre perfecto, la talla de la edad de la plenitud de Cristo". Orígenes

1 Cor 13:9 muestra que ni aun Pablo u otros apóstoles conocían todos los misterios o el conocimiento en esta vida.[37] En varios pasajes, Orígenes parece haber encontrado el cumplimiento de 1 Cor 13:12 después de la muerte.[38]

Metodio de Olimpia (a comienzos de siglo IV). La "madurez" de 1 Cor 13:11 se da en la renovación del mundo: "cara a cara", en 13:10, 12, será con la resurrección en el cuerpo espiritual.

Porque ahora conocemos "en parte" y como si fuera "a través de un vidrio", debido a que lo que es perfecto no ha llegado todavía; a saber, el reino de los cielos y la resurrección, cuando "eso que es en parte pase".[39]

Eusebio de Cesarea (a comienzos del siglo IV). 1 Cor 13:9 se cumplirá en la nueva era.[40] La iglesia será ungida plenamente, no solo con la

---

igualmente espiritualiza "cara a cara" en su tratamiento sobre el "venga tu reino" en la Oración del Señor – "El que ora por *la palabra de conocimiento* y *la palabra de sabiduría* siempre orará con propiedad por ellas, ya que al ser escuchado, siempre recibirá visiones más grandes de sabiduría y conocimiento, aunque él solo *conozca* en *parte* lo que puede ser comprendido en el tiempo presente, si bien *que lo que es perfecto, acabará lo que es en parte,* entonces se revelará cuando la mente contemplará el *cara a cara* espiritual sin la ayuda de ninguna sensación". Ver Orígenes, *Prayer; Exhortation to martyrdom,* tr. John J. O'Meara (New York: Newman Press, 1954), 86, nuestra propia traducción de inglés.

[37] *Fragm 1 Cor 49.n9-10* (ver C. Jenkins, "Documents: Origen on I Corinthians", *JTS* 10, 1908-09, 32). Nuestra traducción tiene su base en la traducción del inglés por Charles Sullivan, "Origen on the doctrine of tongues", 2010, ver https://charlessullivan.com/1215/origen-gift-tongues/ – "Y nuevamente, *en parte,* dice, *conocemos y profetizamos.* Cuando lo perfecto venga, lo perfecto cesará lo que esté en partes. Porque es claro para él decir estas cosas sobre sí mismo y también sobre los apóstoles que la capacidad de conocer sobre todos los misterios o sobre el conocimiento que no existe".

[38] Orígenes, *Contra Celso* 7.50, BAC (Madrid: Editorial Católica, 1967), 504 – (El autor de Eclesiastés) "no dudó de la diferencia de vivir el alma en la tierra y fuera de la tierra...". Orígenes habla de la resurrección final y dice, "Vemos ahora por espejo y en enigma, pero un día veremos cara a cara (1 Cor 13:12); y también: "Mientras estamos en el cuerpo andamos lejos del Señor; por eso preferimos salir del cuerpo y llegar hasta el Señor (2 Cor 5:6-8), ¡qué profundas ideas tenía sobre el diverso vivir de las almas!". También su *Tratado sobre los principios* 2.11.6-7.

[39] Metodio, *Banquete de las diez vírgenes* 9.2 (*ANF* 6:345), nuestra traducción de inglés; también 5.7, 8.11 (*ANF* 6:328, 339). Ver también *Sobre la resurrección* (fragmentos) 1.48.2, 3.16.7 (GCS, 311, 413).

[40] Eusebio, *De la teologia de la iglesia* 3.16, ed. E. Klostermann y G. C. Hansen, *Eusebius Werke,* GCS (Leipzig: J. C. Hinrichs, 1902), 4:174, http://archive.org/details/eusebiuswerke04euse.

"garantía" del Espíritu (2 Cor 5:5) o el conocimiento y profecía parcial (1 Cor 13:9). Participará perfectamente de Cristo.[41] Pablo dice que la naturaleza de inmortalidad está ahora más allá de nuestro alcance.[42]

Dídimo el Ciego (siglo IV; ver arriba sobre "Montano"). La venida de la perfección será cuando veamos la realidad de la segunda venida, el juicio y los ángeles con nuestros propios ojos después de la resurrección:

> Es decir, las cosas a las cuales nuestra fe se aferra, por la autoridad de las Escrituras, las veremos después de la resurrección con nuestros propios ojos, y las conoceremos en realidad, y el *conocimiento parcial* vendrá a su fin. El conocimiento que hemos adquirido de oídas es una parte de lo que adquirirá por vista y por experiencia. Así que es ahora de oídas que creemos las predicciones referentes a la segunda venida del Salvador... Pero un día conoceremos estas cosas por nuestros propios ojos y por experiencia.[43]

Los cristianos tienen "parte" del Espíritu en esta vida como anticipo o garantía (2 Cor 5:5), pero nuestra experiencia está aún "en parte"[44] 1 Cor 13:10, 12 se cumplirá con la segunda venida como se predijo en 1 Ts 4:16.[45]

---

[41] Eusebio, *Comentario sobre Isaías* 1.73 y 1.85.68, de J. Ziegler, *Eusebius Werke* 9 (Berlin: Akademie Verlag, 1975); cp. *Commentaria in Psalmos*, PG 23:404.

[42] Eusebio, *Contra Marcellum* 2.4, de E. Klostermann y G. C. Hansen, *Eusebius Werke* 4:55.

[43] Dídimo el Ciego, *Sobre la trinidad* 41.2 (PG 39:984-85), nuestra traducción de griego, énfasis agregado. Ver también *Comm. Job* 7.20c-11 (*Kommentar zu Hiob*, ed. U. Hagedorn et al., 3.216.11); *Comm. Ecclesiasten* 11-12 352.13; 353.12; 361.18 y 362.4 (*Papyrologische Texte und Abhandlungen* 9); *Fragmenta ii corinthos* (Staab, *Pauluskommentar aus der griechischen Kirche* 22 renglón 37); *Comm. Ps 22-26* (*Psalmenkommentar*, Parte 2, ed. M. Gronewald, 204); *Comm. Zech.* (Sur Zacharie, ed. L. Doutreleau, 1.337); también *Fragm in Psalmos* (fragmentoss 194.t, 638a, 846.3 en *Psalmenkommentare aus der Katenenüberlieferung*, ed. E Mühlenberg); y en la edición espuria, *De trinitate* 9.9.1, 22.36-39 (ed. J. Hönscheid, *De Trinitate, Buch I*).

[44] Dídimo el Ciego, *Comm. Job 12.1-16.8a* (D. Hagedorn, *Kommentar zu Hiob*, pt 4.1, 310.2-6); la misma idea en *Comm. Ecclesiasten 5-6* (*Kommentar zum Ecclesiastes*, pt 3, 195.15); 1 Cor 13:9 parece ser aplicado a esta vida "bajo el sol" en el texto dañado de *Comm. Ecclesiasten 9.8-11.20* (M. Gronewald, *Kommentar zum Ecclesiastes*, pt 5, 277.13); también *Comm. Ps 29-34* (*Psalmenkommentar*, pt 2, 137.26); 1 Cor 13:9 se vincula con 2 Cor 5:5 en *Fragm in Psalmos* (fragmento 637.23f., 691A.a-b en *Psalmenkommentare aus der Katenenüberlieferung*, ed. E Mühlenberg).

[45] Dídimo el Ciego, *Debate of a Montanist and an orthodox Christian* (en *The Montanist oracles and testimonia*, 113-27).

Atanasio (a mediados del siglo IV). 1 Cor 13:9-10 quiere decir que Dios nos dará bendiciones en este tiempo y en el mundo venidero.[46] Pablo fue llevado al paraíso en 2 Cor 12:1-4; después de su regreso, habló de la oscuridad de las cosas futuras:

Y cuando descendió, predicó a cada hombre: "Conocemos en parte y profetizamos en parte, aquí conocemos en parte, pero entonces conoceré aun como también soy conocido" … Y en relación con todas las cosas que son futuras y perfectas, las cosas conocidas por él aquí eran en parte, pero con respecto a aquellas cosas que le fueron encomendadas y confiadas por el Señor, era perfecto, como dijo: Nosotros que somos perfectos, debemos, por tanto, pensar así".[47]

Basilio (Grande) de Cesarea (a mediados del siglo IV). Nuestro conocimiento actual de Dios es bueno, pero limitado.[48] En la resurrección, los cristianos conocerán a Dios y le verán más claramente que como lo ven los ángeles ahora:

Porque incluso el conocimiento de (los ángeles) cuando se compara con el conocimiento que es cara a cara, es rudimentario (ταχύς)… porque cuando ya no conozcamos a Dios como un reflejo y no de forma inmediata, sino que nos acerquemos a Él como uno solo, entonces conoceremos incluso el final último.[49]

Gregorio de Nacianzo (a mediados del siglo IV). En el mundo venidero, "llegaremos a la fuente del resplandor que disfrutamos aquí, y el arrepentimiento y el deseo seguirán igualmente pararán, cuando nuestros

---

[46] Atanasio, *Exposiciones de los salmos*, PG 27:200.

[47] Atanasio, *Carta festiva* 11 (*Festal letters*; *NPNF*[2] 4:532), nuestra traducción de inglés.

[48] Basilio, Epístola 233.2 (*NPNF*[2] 8:273), nuestra traducción de inglés – "Pero si (la mente) ha clamado por ayuda al Espíritu, tendrá el entendimiento de la verdad, y conocerá a Dios. Pero le conocerá a Él en parte, como dice el Apóstol; y en la vida venidera más perfectamente. Porque 'cuando venga lo que es perfecto, entonces lo que es en parte se acabará'"; también Epístola 235.3 (*NPNF*[2] 8:275); Homilía 16.6 sobre Salmo 33:9 y Homilía sobre Salmo 45.5 (FC, *Exegetic homilies*, 258, 302).

[49] Basilio, Epístola 8.7 (*NPNF*[2] 8:119), nuestra propia traducción de inglés.

espejos se desvanezcan a la luz de la verdad".[50] A Pablo no se le permitió decir lo que había visto en su visión del cielo en 2 Cor 12:1-4.[51]

Gregorio de Nisa (a finales del siglo IV). Dios habló sobre su naturaleza por medio de los apóstoles –y por los profetas del Antiguo Testamento– por medio de un espejo y oscuramente.[52] El conocimiento perfecto de 1 Cor 13:9-10 es algo que todavía no alcanzamos.[53]

Juan Crisóstomo (a finales del siglo IV). (Con respecto a 13:9-12 y no 13:8; ver abajo). Nuestro conocimiento parcial desvanecerá en el escatón.[54] 2 Cor 5:7-8 y 1 Cor 13:12 muestra que cuando estemos presentes con el Señor, le veremos más claramente:

---

[50] Gregorio de Nacianzo, *Oración 12, A su padre* (*NPNF*[2] 7:246), nuestra traducción de inglés; cp. *De moderatione in disputando* (*Oración 32*; PG 36:192.13); también *De dogmate et constitutione episcaporum* (Oration 20; PG 35:1080.22).

[51] Gregorio de Nacianzo, *Segunda Oración Teológica 20* (*NPNF*[2] 7:295), nuestra propia traducción de inglés – "Pero como (el misterio de la naturaleza de Dios es) inefable, lo honraremos con el silencio. Por tanto, muchos escucharán a Pablo decir sobre esto que conocemos en parte y profetizamos en parte. Esto y cosas similares son las confesiones de aquel que no es carente en el conocimiento, aquel que amenaza con dar pruebas de que Cristo le habla a él, el gran doctor y campeón de la verdad. Por eso, él estima todo el conocimiento en la tierra solo como a través de un espejo oscuramente, como si estuviera parado sobre pequeñas imágenes de la verdad". También *De theologia* (Oration 28.20, *NPNF*[2] 7:295-96). Anteriormente en el capítulo 17 de esa oración (*NPNF*[2] 7:294), él mostró por qué la Biblia podía hablar de conocimiento que la Escritura permite como conocimiento "perfecto". Él no asocia este conocimiento con el evangelio o el canon completo *per se*, sino en el próximo capítulo con el hecho de que Enós invocó el nombre del Señor (Gn 4:26).

[52] Gregorio de Nisa, *Contra Eunomio 2.1* (*NPNF*[2] 5:101); dice lo mismo sobre la ley en *Comentario sobre Cantar de Cantares,* de *Gregorii Nysseni opera*, ed. H. Langerbeck, 6:45.

[53] Gregorio de Nisa, *Cantar de Cantares*, 6:326.17-18.

[54] Juan Crisóstomo, Homilía 1.9, *Acerca de la incomprensible naturaleza de Dios* (FC 72, 54). También Homilía 38.2 en *Homilías sobre el evangelio de San Mateo*, tr. Daniel Ruiz Bueno, BAC (Madrid: Editorial Católica, 2007), 527 – "... al decir: *Nadie conoce al Padre sino el Hijo*, no quiere decir que todos en absoluto le desconocieran, sino que el conocimiento que Él tenía del Padre no lo había alcanzado nadie. Lo cual puede igualmente decirse del Hijo. No hablaba aquí el Señor de un Dios desconocido, del que nadie hubiera tenido noticia, como opinara Marción, sino que aludía al cabal conocimiento que solo Él poseía. Y en este sentido, tampoco al Hijo lo conocemos como se le debe conocer. Es lo mismo que declara Pablo, cuando dice: *En parte conocemos y en parte profetizamos*". También Homilía 34.1-2 (*Homilies on First Corinthians, NPNF*[1] 12:201-02), nuestra traducción de inglés – "'Porque ahora vemos en un espejo'. Además, porque el cristal pone ante nosotros las cosas vistas indefini-

"...¿Estamos entonces alejados de Él mientras estamos aquí (en esta vida)?" (Pablo) con anticipación corrigió dicho pensamiento, diciendo: "Porque caminamos por fe, no por vista". Aun aquí en verdad le conocemos a Él, pero no tan claramente. Así como también dice en otra parte (1 Cor 13:12), "en un espejo" y "oscuramente".[55]

Ambrosio (a finales del siglo IV). 1 Cor 13:8, 11-12 se cumplirá en la resurrección final, en el mundo venidero. Incluso en las Escrituras conocemos a Dios solo en parte:

> Y tomando esta postura, unámonos a Dios al meditar, leer, y buscar, y conozcámosle de acuerdo con nuestra habilidad. Porque solo en parte le hemos conocido aquí, porque aquí todas las cosas son imperfectas, pero allá todo es perfecto; aquí somos débiles, pero allá somos fuertes. "Vemos ahora por medio de un espejo de una manera oscura, pero allá cara a cara le veremos". Entonces, podremos contemplar la gloria de Dios, y su rostro será revelado, pero ahora estamos cubiertos en esta gruesa sustancia del cuerpo y cubiertos por las manchas y contaminaciones de la carne, por así decirlo, y no podemos ver con total claridad.[56]

Y veremos a Dios "cara a cara" en el futuro, según 1 Cor 13:12, Flp 1:21, 23 y 2 Cor 5:6.[57]

---

damente, agregó, 'oscuramente'. para mostrar fuertemente que el conocimiento actual es más que todo parcial. 'Pero entonces cara a cara'. No como si Dios tuviera un rostro, sino para expresar la noción de mayor claridad y perspicacia. ¿Ven cómo aprendemos tosas las cosas por adición gradual? 'Ahora conozco en parte, pero luego podré conocer incluso como también he sido conocido'... Porque si Pablo, que conocía mucho, era un niño, consideren cuales deben ser esas cosas. Si estas cosas son 'un cristal' y un 'acertijo', entonces infiera de nuevo: el rostro abierto de Dios, ¡cuán grande es!". También Homilía 28.4, *Homilies on Hebrews* (*NPNF*[1] 14:493); Homilía 5.2, *Homilies on Second Corinthians* (*NPNF*[1] 12:301); *Ad eos qui scandalizati sunt* 2.13.8 y 2.14.6 (SC 79); *Expositiones in Psalmos* (SC 79, 55.302.19-20).

[55] Juan Crisóstomo, Homilía 10.4 (*Homilies on Second Corinthians*, *NPNF*[1] 12:328), nuestra traducción de inglés.

[56] Ambrosio, *Death as a Good* 11.49 (FC, *Seven Exegetical Works* 65, 106), nuestra traducción de inglés. También *On the duties of the clergy* 62 (*NPNF*[2] 10:11); *On the belief in the resurrection* 2.32 y 109 (*NPNF*[2] 10:178, 192); *Funeral Oration, On his brother Satyrus* 2.32 y 110 (FC, *Funeral orations of Saint Gregory and Saint Ambrose* 22, 210, 247-48). Vea su *Discursos Consolatorios*, Fuentes Patrísticas: 25, ed. Agustín López Kindler (Madrid: Ciudad Nueva, 2011).

[57] Ambrosio, *The Prayer of Job and David* 2.6 (FC 72, *Seven Exegetical Works*), 394.

Apolinar de Laodicea (a finales del siglo IV). 1 Cor 13:9 y 12 muestra que conocemos en parte y en un espejo en esta vida; entonces veremos cara a cara, como David espera en Sal 16:15 LXX (17:15 TM).[58]

Jerónimo (a finales del siglo IV, comienzos del siglo V). Pablo afirmó no tener conocimiento perfecto en 1 Cor 13:9, 12.[59] En el mundo venidero veremos a Dios, como en 1 Cor 13:9-10 y Mt 5:8:

> Por la objeción que ahora plantean con un aire de novedad. "Benditos los puros de corazón". "Benditos los que no tienen mancha en el camino" y "No tengan manchas" y así se refuta cuando el Apóstol responde: "Conocemos en parte y profetizamos en parte" y "Ahora vemos como en un espejo, oscuramente, pero cuando llegue lo que es perfecto, lo que es en parte se acabará". Y por tanto solo tenemos la sombra y la semejanza del corazón puro, que a partir de ahora está destinado para ver a Dios y libres de mancha o contaminación, para vivir con Abraham.[60]

Agustín (a finales del siglo IV, comienzos del siglo V). El encuentro "cara a cara" de 1 Cor 13:12 es escatológico; en la resurrección, cuando los cristianos ya no estén más agobiados por el cuerpo terrenal, cuando vean la visión beatífica.[61]

---

[58] Apolinar sobre Salmo 16:15, Fragmento 109, de *Psalmenkommentare aus der Katenenüberlieferung* I, ed. E Mühlenberg (Berlin; New York: De Gruyter, 1975-1977).

[59] Hierónimo, Epístola 41.4, A Marcela 4 (*NPNF*² 6:56), ver por arriba; también *Homilías de San Hierónimo* (FC; 1.53, 249, 291, 294); *Diálogo contra el pelagianismo* 1.15 (*NPNF*² 6:456).

[60] Hierónimo, *Diálogo contra el pelagianismo* 3.12 (*NPNF*² 6:478), nuestra traducción de inglés. En otro texto, su interlocutor Rufino usó la interpretación de Jerónimo de este pasaje para tratar de probar que Jerónimo había sido influenciado por las doctrinas de Orígenes. Ver Rufino, *Apología contra Hierónimo* 1 (*NPNF*² 3:457).

[61] Agustín, Carta 27.4, A Paulino – "En aquello que te desagrade razonablemente, cuando reflexiones, aparezco yo; en aquello que en mis libros, por el don del Espíritu Santo que recibiste, te agrade, has de amar y alabar a Aquel en quien está *la fuente de la vida* y en cuya *luz veremos la luz* no en enigma, sino *cara a cara,* porque ahora le *vemos en enigma*"; también, Carta 148.1.1-3, A Fortunaciano. También, *Confesiones* 8.1 §1 – "Tus palabras, Señor, se habían pegado a mis entrañas y por todas partes me veía cercado por ti. Cierto estaba de tu vida eterna, aunque no la viera más que en enigma y como en espejo, y así no tenía ya la menor duda sobre la sustancia incorruptible, por proceder de ella toda sustancia; ni lo que deseaba era estar más cierto de ti, sino más estable en ti"; y 12.13 §16. También *Ciudad de Dios* 21.9 – "Ahora, es cierto, limita-

La visión completa y perfecta de Dios se reserva para los libertados, en la resurrección. Aquellos padres (los patriarcas) y también los del Nuevo Testamento, aunque contemplaron los misterios revelados, aunque anunciaron los secretos a ellos descubiertos, sin embargo, afirmaron que vieron en un espejo y en enigma y que se reserva el ver cara a cara para más tarde, para cuando llegue lo que dice el mismo Apóstol: *Ahora estáis muertos y vuestra vida está escondida con Cristo en Dios. Cuando Cristo, vuestra vida, apareciere, entonces también vosotros apareceréis con Él en gloria.* Luego para entonces se reserve la visión perfecta, sobre la que dice San Juan: *Carísimos, ahora somos hijos de Dios y aun no apareció lo que seremos. Sabemos que, cuando apareciere, seremos semejantes a Él, porque le veremos como es.*[62]

Los cristianos entonces verán a Cristo como los ángeles lo ven ahora.[63] Que los apóstoles vieran la transfiguración de Jesús es un tipo de la resurrección,

---

do es nuestro saber hasta que llegue la perfección. Pero al menos rechacemos enérgicamente la creencia en unos futuros cuerpos de tal naturaleza que no puedan ser atacados por el dolor del fuego". También, en el mismo sitio web: La *trinidad* 6.10 §12 – "El que esto contemple parcialmente en enigma y como en un espejo, gócese de conocer a Dios, y hónrele como a tal y dele gracias rendidas. El que aún no ve, camine por la piedad a la visión, no por las tinieblas de la ceguera a la calumnia". También, 8.4 §6 – "*Caminamos aún por fe y no por especie*, porque, en expresión del Apóstol, no vemos aún a Dios *cara a cara*; pero, si ahora no le amamos, nunca le veremos". También, *La catequesis de los principiantes* 5 §4 – "Porque, efectivamente, ¿quién no ve en esta vida sino mediante enigmas y como en un espejo? Ni siquiera el amor es tan grande que pueda penetrar, rota la oscuridad de la carne, en la serena eternidad, de donde de alguna manera reciben su luz hasta las cosas perecederas. Pero ya que los buenos avanzan de día en día hacia la visión del día eterno". *Tratados sobre el Evangelio de San Juan*, Tratado 96.4 – "¿quién, en efecto, mientras vive en este cuerpo *que se corrompe* y *embota al alma*, podrá conocer la verdad, pues el Apóstol dice: '*Conocemos en parte*', sino que mediante el Espíritu Santo, de quien ahora recibimos *la prenda*, sucede que llegamos también a esa plenitud misma acerca de la cual dice idéntico Apóstol: '*Entonces, en cambio, cara a cara*' y '*Ahora conozco en parte; entonces, en cambio, conoceré como soy también conocido*', porque *en esta vida* no sabe todo entero, hasta esa perfección...". También, *El Espíritu y la letra* 49 y 64; *Réplica a las dos cartas de los pelagianos* 3.17; y otros.

[62] Agustín, *Enarraciones sobre los Salmos* 44.4 (Salmo 45 TM), de *Obras de San Agustín* 20, https://archive.org/stream/20NarracionesSobreLosSalmos2/20%20 Narraciones-sobre-los-salmos-2_djvu.txt; ver también 36.12 y 37.7.

[63] Agustín, *Ciudad de Dios* 22.29.1, https://www.augustinus.it/spagnolo/cdd/ cdd_22.htm. – "Pero como nosotros, hechos partícipes de su paz según nuestra capacidad, conseguiremos en el mayor grado posible esa paz suprema en nosotros, entre nosotros y con Él mismo, de esta manera, según su capacidad, la conocen los santos ángeles; los hombres, en cambio, al presente, en una medida

cuando podremos ver a Jesús en su gloria.[64] Esto se cumplirá escatológicamente, al mismo tiempo que Mt 5:8; 2 Cor 5:6-7; Ef 4:13; Flp 1:21-23; Flp 3:10-14; Col 3:4 y 1 Jn 3:2.[65] Agustín lidia con la cuestión sobre cómo veremos a Dios cara a cara en el escatón, si Dios no posee un cuerpo o, por ende, una "cara".[66] "Cesarán las lenguas", etc. se cumplirá cuando los santos

---

inmensamente inferior, por muy aguda inteligencia que posean. Hemos de tener, efectivamente, muy en cuenta lo que decía aquel excelente varón: *Ahora conocemos en parte, y en parte profetizamos, hasta que llegue lo perfecto*; y también: *Ahora vemos confusamente en un espejo, mientras entonces veremos cara a cara*". También, *Manual de fe, esperanza y caridad (Enquiridon)* 63, tr. P. Andrés Centeno, BAC (Madrid: Editorial Católica, "Mas nosotros, por grande que sea nuestra inteligencia, ahora solo conocemos en parte y vemos como por un espejo y obscuramente; mas cuando seamos iguales a los ángeles de Dios, entonces, del mismo modo que ellos, *veremos cara a cara*; y tendremos tanta paz para con ellos como ellos para con nosotros, porque los amaremos del mismo modo que ellos nos aman".

[64] Agustín, *Sermón sobre Mateo 17:1-9* §5, Sermón 78, https://www.augustinus.it/spagnolo/discorsi/discorso_104_testo.htm. – "Pero el Señor extendió su mano y levantó a los caídos. A continuación *no vieron a nadie más que a Jesús solo*. ¿Qué significa esto? Cuando se leía al Apóstol, escuchasteis que *ahora vemos en un espejo, en enigma, pero entonces veremos cara a cara*. Cuando venga lo que ahora esperamos y creemos, cesarán hasta las lenguas".

[65] Agustín, Carta 92.3, https://www.augustinus.it/spagnolo/lettere/index2.htm, donde concluye que "aunque en esta vida vaya alguien espiritualmente muy adelantado, está siempre muy lejos de aquella perfección de la semejanza que es idónea para ver a Dios *cara a cara*, como dice el Apóstol". También *El Espíritu y la letra* §41 (también §64), https://www.augustinus.it/spagnolo/spirito_lettera/index2.htm – "Entonces se cumplirá lo que afirma el Apóstol: *Que si profecías, se desvanecerán; que si lenguas, cesarán; que si ciencia, se destruirá*; es decir, aquella ciencia como de niños en que aquí abajo se vive, que es parcial, por medio de espejo y en enigmas, pues por ella es necesaria la profecía, mientras las cosas futuras van sucediendo a las que pasan; por ella las lenguas, es decir, la multiplicidad de significaciones orales, pues por unas u otras es preciso que sea de un modo o de otro instruido el que aun no puede contemplar con purísima inteligencia la eterna luz de la verdad esplendentísima. *Porque cuando llegare lo que es perfecto* y se hubiere *desvanecido todo lo que es parcial*, entonces, cuando el que se reveló a la carne se manifestare Él mismo a sus adoradores, entonces se realizará la posesión de la vida eterna, para que conozcamos al único Dios verdadero; entonces seremos semejantes a Él, porque le conoceremos al modo que nosotros mismos fuimos conocidos. Entonces *no se instruirán ya unos a otros, ni el hermano a su hermano diciendo: 'Conoced al Señor', porque todos le conocerán, desde el más pequeño hasta el mayor*".

[66] Agustín, Carta 148.1 §1, A Fortunaciano, https://www.augustinus.it/spagnolo/lettere/index2.htm – "Pídele que me perdone, si cree que hablé contra él con excesiva severidad y aspereza en aquella carta –no estoy arrepentido aún de haberla escrito–, porque dije que los ojos de este cuerpo ni ven ni verán a Dios. Añadí la causa de mi afirmación, a saber: que no se crean que Dios es corpóreo y visible a una distancia e intervalo local. En efecto, los ojos de este cuerpo no

se levanten y vean a Jesús. Agustín también presenta una interpretación que es única en la literatura patrística existente, que 1 Cor 13:10-12 predice el fin de las relaciones sexuales: él vincula el "conocimiento" con el lenguaje bíblico del "conocer" sexual.[67] No obstante, Agustín típicamente interpretaba "conocimiento" en nuestro texto con su sentido usual.[68]

Seudo-Justino Mártir (¿siglo IV-V?). Pablo fue al tercer cielo (2 Cor 12:1-4) y escuchó cosas indecibles. Él se incluyó cuando dijo "en parte conocemos, etc." en 1 Cor 13:9, 12.[69]

Teodoreto de Ciro (entre principios o mediados del siglo V). Yo mismo, Teodoreto, conozco en parte (1 Cor 13:9), como dijo Pablo.[70] Una lectura alegórica de Ct 4:5 muestra que en este tiempo conocemos en parte, y vemos como en un espejo, pero entonces veremos cara a cara (1 Cor 13:9-10, 12).[71] En esta vida tenemos un conocimiento infantil (1 Cor 13:11-12). Los sacramentos son sombras de las realidades futuras: el bautismo de la resurrección, la eucaristía de ver al Señor cara a cara.[72]

---

pueden ver de otro modo. También lo dije para que aquella expresión *cara a cara* no se tome como si Dios estuviese limitado por miembros corporales".

[67] Agustín, *La bondad del matrimonio* §8, https://www.augustinus.it/spagnolo/dignita_matrimonio/index2.htm – "E idénticamente podría decirse de la ciencia y de la vanidad, que no son dos males, de los cuales es más grave la vanidad, sino que lo que se afirma y compara es la ciencia y la caridad, que son dos bienes, sobrepujando la caridad a la ciencia, pues, como dice San Pablo, *la ciencia será destruida*, aunque ella sea útil y necesaria en esta vida transitoria, mientras que la caridad no fenecerá nunca. Parejamente, esta generación perecedera y mortal que es el fin de todo matrimonio se desmoronará también, en tanto que la continencia, que viene a ser en este mundo como una imitación de la vida beatífica de los ángeles, permanecerá por eternidades".

[68] Por ejemplo, Agustín, *Ciudad de Dios* 19.18 (también 21.9) – "...la ciudad de Dios repudia una tal duda como una falta de sentido. Asegura la más firme certeza en el conocimiento de las realidades captadas por la inteligencia y la razón, cuyos límites, no obstante, reconoce a causa del cuerpo corruptible, que es lastre del alma, según aquel dicho del Apóstol: *Limitado es nuestro saber*". Él también usó 1 Cor 13:11 en un pasaje para mostrar que Pablo ya era un hombre cuando él instaba a sus lectores a la castidad. También, *El trabajo de los monjes*, ver por arriba.

[69] Seudo-Justino Mártir, *Expositio rectae fidei*, en *Corpus apologetarum Christianorum saeculi secundum*, ed. J. C. T. Otto (Jena: Mauke, 1879), 379.D.3.

[70] Teodoreto de Ciro, Epístola 109; ver por arriba también, *La encarnación de Dios*, PG 75:1476.38.

[71] Teodoreto de Ciro, *Cantar de Cantares* (PG 81:132.48, 81.204); cf. también Discurso 10.3 en *La providencia* (*Theodoret of Cyrus on divine providence*, ACW 49, 136).

[72] Teodoreto de Ciro, *Commentary on the letters of Paul, 218*, nuestra traducción de inglés – "O sea, *por el momento miramos a través de un espejo, a oscuras,*

Lectura Escatológica respaldada de al menos 1 Cor 13:8-10

Arquelao (siglo III). Jesucristo es *el perfecto*. A su venida, las profecías y los libros proféticos fallarán, los idiomas humanos de la tierra (las lenguas naturales) y el conocimiento humano cesarán.[73] (Nota: él no lidia con lenguas o profecías en el sentido de los *jarismata* cristianos).

Epifanio (a finales del siglo IV). Conocemos las profundidades del conocimiento de Dios (Rm 11:33), pero ahora solo en parte (1 Cor 13:9). La perfección viene con la parusía del Logos.[74] Ágabo y las hijas de Felipe profetizaban, pero solo en parte; ellos aguardaban por *lo perfecto* en la resurrección escatológica.[75]

Juan Casiano (a comienzos del siglo V). Los *jarismata* se desvanecerán en el escatón, pero no el amor:

> Los dones, en efecto, se nos dan en este mundo para que usemos de ellos según la necesidad y por un tiempo. Terminada la presente economía espiritual, dejarán de ser. La caridad, en cambio, no cesará con el tiempo.[76]

---

mientras que luego cara a cara (v. 12). El presente es una sombra del futuro, él dice: en el santo bautismo vemos el tipo de resurrección, mientras que entonces veremos la resurrección en sí misma; aquí percibimos los símbolos del cuerpo del Señor, allá podremos ver al Señor mismo, el significado del *cara a cara*".

[73] Arquelao, *The acts of the disputation with the heresiarch Manes* 36-37 (*ANF* 6:210-11).

[74] Epifanio, *Ancorato* 11.8.5, de *Ancoratus und Panarion*, ed. Karl Holl, GCS (Leipzig: J. C. Hinrichs, 1915), 1:20.

[75] Epifanio, *Panarion*, 2.286, contra los maniqueístas, nuestra traducción de inglés – "Y como vasijas del Espíritu Paráclito, profetizaron aquí en este mundo, como dice la Escritura que Ágabo profetizaba una hambruna inminente, y que 'los profetas vinieron de Jerusalén' y que 'Felipe tuvo cuatro hijas que profetizaron'. Pero cuando estos profetas profetizan, profetizan en parte y conocen en parte, pero con esperanza aguardan lo que es perfecto en el mundo venidero, 'cuando lo corruptible sea incorruptible y lo mortal, inmortal'. Porque 'cuando lo mortal sea vestido de inmortalidad, entonces los veremos cara a cara'. Porque ahora estas cosas se nos muestran 'oscuramente', pero allá está preparado 'lo que ojo no ha visto aquí'. Allá la perfección es revelada, aquellas cosas que 'oído no ha oído' aquí. Hay un don mayor para los santos, aquello que 'no ha entrado al corazón del hombre' aquí".

[76] Juan Casiano, *Primera conferencia* 1.11, de *Colaciones*, tomo 1 (3ra ed.; Madrid: Ediciones Rialp, 2019) – la cita completa: "Y ¿por qué os admiráis de que las obras susodichas han de pasar, cuando el Apóstol afirma que hasta los carismas más sublimes del Espíritu Santo son pasajeros y que solo la caridad permanecerá sin fin? 'Las profecías –dice– tienen su fin, las lenguas cesarán, la

Pseudo-Primasio (¿siglo VI?). En el futuro 1 Cor 13:9 se cumplirá cuando la fe y la esperanza se vuelvan obsoletas y los cristianos vean y comprendan la verdad misma.[77]

Lectura Escatológica respaldada de al menos 1 Cor 13:11-12

Clemente de Alejandría (a finales del siglo II). El "cara a cara" es escatológico, en la resurrección o en la visión beatífica, como en 1 Cor 2:9 y 2 Cor 12:4,[78] o en la resurrección o después de la muerte, como cumplimiento de Mt 5:8.[79]

---

ciencia se desvanecerá'. Mas en cuanto a la caridad, asegura: 'La caridad no pasa jamás'. Los dones, en efecto, se nos dan en este mundo para que usemos de ellos según la necesidad y por un tiempo. Terminada la presente economía espiritual, dejarán de ser. La caridad, en cambio, no cesará con el tiempo. Porque no solamente obra aquí abajo nuestra salvación, sino también permanecerá en la vida futura de una manera mucho más eficaz y excelente, cuando, libre del peso de las necesidades del cuerpo y al abrigo de toda corrupción, se unirá el alma a Dios en la eterna incorruptibilidad. Entonces subsistirá con una llama más viva y una adhesión mucho más íntima".

[77] Seudo-Primasio, *1 Corintios*, PL 68:539-40.

[78] Clemente de Alejandría, *Instructor* 36.5-6, de A. Ropero, ed., *Lo mejor de Clemente de Alejandría* (Barcelona: Clie, 2001), 72 – "'Mi sangre –dice el Señor–, es verdadera bebida' (Jn 6:55). Cuando el apóstol dice: 'Os di de beber leche', ¿alude, quizás, a la perfecta alegría que se encuentra en la leche, es decir, el Logos y en el conocimiento verdadero? Lo que a continuación dice: 'No alimento sólido, pues aún no podíais', puede significar la clara revelación que, a modo de alimento, se hará cara a cara en la vida futura. 'Porque ahora vemos, como en un espejo – dice el apóstol–, mas luego cara a cara' (1 Cor 13:12). Y aún añade: 'Ni aun podéis ahora; porque todavía sois carnales' (1 Cor 3:2-3), puesto que albergáis pensamientos propios de la carne, deseos, amores, celos, cóleras, envidias; no porque aún estemos en la carne, como algunos han creído; porque con esta carne y con faz angélica, veremos cara a cara la promesa". También *Stromata* 1.19, 4.3 y 5.11 (*ANF* 2:322, 461-62); también *¿Quién es el hombre rico que se salvará?* 38.2, donde Clemente cita mal 13:8 con "las profecías se acaban, las lenguas cesan, las curaciones se abandonan", (nuestra propia traducción del griego, προφητεῖαι καταργοῦνται, γλῶσσαι παύονται, ἰάσεις ἐπὶ γῆς καταλείπονται). Aunque Clemente usa el tiempo presente, no hay evidencia en el contexto a favor o en contra de una referencia a la cesación de estos dones en su tiempo; ver *Excerpta ex Theodotian* 1.15.2, 1.27.4 (ed. F. Sagnard, *Clément d'Alexandrie. Extraits de Théodote*, 2da ed; SC 23).

[79] Clemente de Alejandría, *Stromata* 5.1 (*ANF* 2:445-46), nuestra traducción de inglés – "Por tanto, el apóstol escribe espiritualmente respecto al conocimiento de Dios, 'Porque ahora vemos a través de un espejo, pero entonces veremos cara a cara'. Porque la visión de la verdad es dada, pero a pocos. En consecuencia, Platón dice que en el *Epinomis*: 'Yo no digo que es posible para todos ser bendecidos y felices, solo a unos pocos. Mientras vivimos, yo declaro que es así. Pero existe una buena esperanza de que después de la muerte lo tendré todo'. Para el mismo efecto lo encontramos en Moisés: 'Ningún hombre verá mi rostro

Cipriano (a mediados del siglo III). Nuestro conocimiento en este tiempo es limitado (1 Cor 13:12); "...los secretos de Dios no se pueden ver claramente, y por tanto nuestra fe tiene que ser simple".[80]

Lactancio (a finales del siglo III, comienzos del siglo IV). La vida en esta tierra está conectada a lo infantil, mientras que la inmortalidad es como la madurez.[81]

Ambrosiaster (autor desconocido de un comentario sobre las epístolas paulinas escrito alrededor del 375 d. C.). Los *jarismata* proveen la verdad, pero no toda la verdad, la cual es un don escatológico en 1 Cor 13:11 y 1 Jn 3:2. 1 Cor 13:12 acontecerá cuando estemos presentes con el Señor.[82]

---

y vivirá'. Porque es evidente que nadie en ese periodo de vida ha sido capaz de aprehender a Dios claramente. Pero 'los puros de corazón verán a Dios' cuando lleguen a la perfección final".

[80] Cipriano, *Carta a Quirino 3.53* (*ANF* 5:547), nuestra traducción.

[81] Lactancio, *Instituciones divinas* 7.5.22, de *Instituciones divinas* Libros IV-VII, ed. E. Sánchez Salor (Madrid: Editorial Gredos, 1990), 291 – "...la inmortalidad no es una consecuencia natural, sino el pago y el premio de la virtud. Por otro lado, el hombre no empieza a andar erecto en el momento en que nace, sino que anda primero a cuatro patas –y es que compartimos con los animales mudos la constitución de nuestro cuerpo y esta vida temporal–; después, al adquirir fuerzas, se yergue, su lengua se suelta en el habla y deja de ser un animal mudo. Esta argumentación demuestra que el hombre nace mortal y que después se hace inmortal, cuando empieza a vivir desde Dios, es decir, a practicar la justicia, contenida en el culto a Dios, a través del cual el mismo Dios levanta al hombre a la contemplación del cielo y de sí mismo. Y esto sucede cuando el hombre, purificado por el bautismo celestial, deja su infancia juntamente con todo el lastre de su vida anterior, y, recibiendo el impulso de la fuerza divina, llega a la plenitud de la perfección humana".

[82] Ambrosiaster, *1 Corintios* 13, de Ambrosiaster, *Commentaries on Romans and 1-2 Corinthians*, tr. Gerald L. Bray (Downers Grove, IL: IVP Academic, 2009), 183-84, nuestra traducción del inglés – "Pablo dijo que el don de todas las gracias sería cancelado porque uno de ellos puede contener la plenitud de la verdad. ¿Cómo verdaderamente puede la lengua humana hablar de algo que pertenezca a Dios? Por esta razón, nuestras insuficiencias serán destruidas. Lo que es verdad no será cancelado, pero el proceso por el cual los elementos faltantes son añadidos (para perfeccionar) lo que es inadecuado, dicha insuficiencia será destruida. Porque cuando lo inadecuado se hace perfecto, se destruye en el proceso... Pablo dice esto (sobre el ser niño y el ser hombre) porque es cierto que los santos que dejan el mundo encontrarán más de lo que podemos imaginar. Como dice el apóstol Juan: *Entonces podemos verle como él es*. En esta vida, somos niños, comparados con lo que podemos convertirnos en la próxima vida. Porque todo en esta vida es imperfecto, incluido el conocimiento... Es claro que lo que ahora vemos son imágenes de las cosas, por medio de la fe, pero entonces podremos ver las cosas mismas. El deseo de Pablo es ver las cosas que han sido prometidas, tal como él es visto por ellos. En otras palabras, él quiere estar en la presencia de Dios, donde Cristo está".

Cirilo de Alejandría (a comienzos, mediados del siglo V). El "espejo" en 1 Cor 13:12 aplica a esta vida.[83]

León Magno (a mediados del siglo V). La naturaleza humana será transformada por lo que veremos a Dios cara a cara con la visión beatífica. Esto cumplirá 1 Cor 13:12; Mt 5:8 y 1 Cor 2:9.[84]

Aplicación 1: 1 Cor 13:8-12 y los tres niveles del conocimiento

Los padres sacaron varias doctrinas de este pasaje, más allá del punto principal sobre el siglo venidero. Entre algunos de los que hicieron una lectura escatológica de 1 Cor 13:8-12 hubo una teoría de tres etapas de la revelación. Clemente de Alejandría lo describió así en su argumento contra los gnósticos, quienes pensaron que había un tiempo en que la teología cristiana de Pablo era inmadura:[85]

"Cuando era niño"   = Pablo bajo el Antiguo Pacto, persiguiendo la iglesia.

"Cuando me hice hombre" = Pablo bajo el Nuevo Pacto.

"Cara a cara"   = La futura vida de resurrección.

Esto, junto con el comentario de Pseudo-Primasio del sexto siglo (ver arriba), tiene una visión escatológica de nuestro texto y ambos tendrían una fuerte influencia de la exégesis medieval.

[83] Cirilo de Alejandría, Carta 55 (FC, *Cyril of Alexandria, Letters 51-100*), 16, nuestra propia traducción de inglés – "'Porque vemos a través de un espejo en una manera oscura y conocemos en parte', pero 'el que revela los rincones de la oscuridad' envía la luz de verdad a aquellos que desean obtener conocimiento correcto de Él. Es necesario por tanto que nos postremos ante Dios diciendo: 'Da la luz a mis ojos para que no duerma en la muerte', porque escabullirse de la rectitud de las santas doctrinas no sería otra cosa que dormir en la muerte y nos separamos de la rectitud cuando no seguimos las Escrituras divinamente inspiradas".

[84] León Magno, Sermón 95.8 (*NPNF*[2] 12:204-05), nuestra traducción del inglés – "'Benditos son los puros de corazón, porque ellos verán a Dios'. Grande es la felicidad, amado, para aquel de quien la gran recompensa está preparada. ¿ Entonces, qué es tener el corazón puro, sino luchar por las virtudes que se mencionan arriba? Y ¿cuán grande la bendición de ver a Dios, qué mente puede concebirlo, qué lengua declararlo? Y, sin embargo, esto se dará cuando la naturaleza del hombre sea transformada, para que no sea más por medio de 'un espejo' ni 'en un acertijo', sino 'cara a cara' vea la Deidad misma 'como Él es', que ningún hombre podría ver; y por medio del gozo inefable de contemplación eterna se obtiene 'lo que ojo no ha visto, no oído ha oído, ni ha entrado al corazón del hombre'".

[85] Clemente de Alejandría, *Pedagogo* 1.7, 63-83.

Basilio Magno (siglo IV) tuvo un enfoque similar.[86] Metodio y Ambrosio, mientras tanto, hablaron de una forma más general:[87]

"Sombra"	= Los judíos tenían la sombra en la ley.
"En un espejo, oscuramente"	= Los cristianos tenían una revelación más profunda en el evangelio.
"Cara a cara"	= La revelación más completa, en la resurrección y el juicio.

El discípulo de Clemente, Orígenes, tuvo una opinión escatológica fuerte de nuestro pasaje, pero de la misma manera pudo aplicar 1 Cor 13:9-10 al evangelio, en este caso con una alusión a Gá 4:1-2:

...necesitamos primeramentc la gloria que será eliminada, por causa de la gloria que sobrepasa; así también como hay necesidad de un conocimiento que es en parte, el cual será acabado cuando venga lo que es perfecto. Cada alma, por tanto, que llega a la niñez, y está en camino tener una plena estatura, hasta que llegue el cumplimiento del tiempo, necesita un tutor, mayordomos, y guardianes, para que, después de todas estas cosas, quien antes no se diferenciaba de un siervo, aunque sea señor de todo, pueda recibir, cuando se libere del tutor, mayordomos, y guardianes, el patrimonio correspondiente a una perla muy costosa, y a lo que es perfecto, lo cual en su venida acabe lo que es en parte, cuando uno sea capaz de recibir "la excelencia del conocimiento de Cristo", habiéndose ejercitado previamente, por decirlo así, en aquellas formas de conocimiento que son superadas por el conocimiento de Cristo.[88]

---

[86] Basilio, *Prologus* 8 en *St. Basil: ascetical works*, FC 9, 60-61 y *Sermones de moribus Symeone Metaphrasta* (PG 32.1312.16-17).

[87] Metodio, *Banquete de las diez vírgenes* 3.9 (*ANF* 6:320, 328, 345), nuestra traducción de inglés – "Ahora deberíamos considerar el caso del renombrado Pablo que cuando no era aún perfecto en Cristo, fue primogénito y fue amamantado, Ananías predicándole y renovándole por medio del bautismo, como la historia en Hechos lo relata. Pero cuando fue hecho hombre, se desarrolló y entonces fue moldeado a la perfección espiritual..." (también 5.7 y 9.2, 6.328, 345); también Ambrosio, *On the belief in the resurrection* 2.109 (*NPNF*² 10:192); *Funeral oration, On his brother Satyrus* 2.110 (FC, *Orations of Saint Gregory and Saint Ambrose*, 247-48), ver por arriba.

[88] Orígenes, *Comentario sobre Mateo* 10.9 (*ANF* 9:418), nuestra traducción del inglés.

Esto no está muy lejos de la polémica del siglo III de Comodiano contra el paganismo, en la cual vincula la creencia en Júpiter con la niñez, y la fe en Cristo con la madurez adulta.[89]

Un siglo y medio después, Ambrosio se desvió dos veces de su perspectiva escatológica y escribió que Cristo cumplió 1 Cor 13:10 en su encarnación. Esto significa que los cristianos en este tiempo experimentan la perfección, la cual es la circuncisión espiritual, e incluso si no experimentan el maná del cielo, como en la antigüedad, experimentan a Cristo, el pan perfecto que viene del cielo.[90]

Más tarde, Teodoreto de Ciro en un texto tuvo un enfoque como el de Orígenes, adicionando que nuestra actual "perfección" parecerá infantil cuando sea comparada con la vida venidera.[91]

---

[89] Comodiano, *Instrucciones* (*ANF* 4:204), nuestra traducción del inglés – "Dicen, Oh tontos, *Júpiter truena*. Es él el que lanza rayos y si era cosa de niños lo que pensaba, ¿por qué por doscientos años han sido bebés? y ¿aún lo serán siempre? La infancia pasa a la madurez, la vejez no goza de minucias, la niñez se ha ido, dejen que la mente de la juventud de esta manera se marche"; *Bíblica Patrística* considera esto como una alusión a 1 Cor 13:11.

[90] Ambrosio, *Cartas a sacerdotes*, en *Letters*, FC 26, 252, nuestra traducción – "Aún entonces Cristo tenía ventaja, aunque la perfección estaba aún aplazada. Aunque el grupo de creyentes era pequeño, el Señor Jesús vino, no pequeño, pero perfecto en todas las cosas. Él fue circuncidado primero de acuerdo con la ley para no destruirla, y luego a través de la cruz para cumplirla. Lo que es solo parcial ha terminado, porque lo que es perfecto ha llegado, porque en Cristo la cruz circuncidó no un miembro sino los placeres inútiles de todo el cuerpo" (ver la misma enseñanza en *Carta a Ireneo*, 232). En el siglo VIII, el último de los padres griegos, Juan Damasceno, tuvo una opinión similar: la venida de Cristo y el Espíritu superó la ley del sábado. Ver Juan Damasceno, *Exposición de la fe ortodoxa* 4.23 (*NPNF*[2] 9:96), nuestra traducción de inglés – "Estas son las cosas que la ley espiritual de Cristo nos ordena y aquellos que las observan se vuelven superiores a la ley de Moisés. *Porque cuando eso que es perfecto venga, entonces eso que es en parte se acabará*: y cuando la cubierta de la ley, es decir, el velo, se rompa en pedazos por medio de la crucifixión del Salvador, y el Espíritu ilumine con lenguas de fuego, lo escrito se acabará y las cosas terrenales llegarán a su fin, la ley de la servidumbre se cumplirá y la ley de la libertad nos será otorgada. Sí, podremos celebrar el descanso perfecto de la naturaleza humana, o sea, el día después de la resurrección, en la cual el Señor Jesús, el autor de la vida y nuestro salvador nos guiará a la herencia prometida a aquellos que sirven a Dios en espíritu, una herencia en la que él mismo entró como nuestro precursor después de resucitar de la muerte y en la que al abrírsele las puertas del cielo, se sentó en forma corpórea a la diestra del Padre, donde aquellos que guardan la ley espiritual también llegarán".

[91] Teodoreto de Ciro, Discurso 10.3-4 en *La providencia* (*Theodoret of Cyrus on divine providence*, ACW 49 (Mahwah, NJ: Paulist Press, 1988), 136, nuestra traducción – "El santo provee todos estos ejemplos en su deseo de convencer a

Estos textos pueden ser tomados difícilmente como una evidencia para el punto de vista de que la "perfección" es el canon completo ni que los *jarismata* cesaron con el cumplimiento de él. Más bien, estos padres que hicieron normalmente una lectura escatológica también vieron una aplicación adicional a la venida de Cristo.

Aplicación 2: 1 Cor 13:8-12 y la humildad cristiana

La mayoría de los padres insistieron en que la no completitud de su conocimiento debería recordarles a los cristianos a ser humildes. Los arrianos se equivocaron en su doctrina, pero también en presumir explorar todos los misterios. Lo mismo les pasó a los montanistas y maniqueístas con sus revelaciones, y a los gnósticos con su aprehensión mística de la verdad. Ireneo propuso una simple prueba para aquellos que afirmaban tener el conocimiento perfecto:

> ...que no se gloríe con la vana jactancia, de que hace alarde, de conocer mejor que los demás las realidades invisibles e indemostrables, sino que se ocupe más bien de cosas pertenecientes a nuestro mundo e ignoradas de nosotros, tales como el número de cabellos de su cabeza, el número de pájaros cogidos cada día y de todo lo demás, no conocido por nosotros; que haga diligentes averiguaciones, que se coloque en la escuela de su supuesto "Padre" y nos enseñe después todo ello a fin de que podamos creerle también cuando nos revele secretos mayores.[92]

Agustín le recordó a la Nueva Academia que ella solo conocía "en parte" y que era permitido que un cristiano tuviera dudas acerca de los asuntos

---

todos los hombres de que comprueben la curiosidad insaciable de la mente, no sea que intente lo imposible, y también a aguardar el completo conocimiento de estas cosas en la vida venidera. Por eso llama a la mente que nos es dada en el presente *de un niño*. Comparándola con la enseñanza de la ley la llama *perfecta*, pero comparándola con la vida sin sufrimiento y sin fin, la llama *infantil...* (Dios) no nos ha dado un claro conocimiento de los misterios divinos, incluso ni a los santos".

[92] Ireneo, *Contra las herejías* 2.28.9, 260-61. Ver el reproche similar contra los gnósticos en Teodoreto de Ciro, *Commentary on the letters of Paul* sobre 1 Cor 13, ver arriba; también cf. Teodoreto de Ciro, Discurso 10.3 en *La providencia*, ver por arriba.

que estaban fuera del testimonio de los sentidos humanos, la razón, las Escrituras, o válidos testigos.[93] Gregorio de Nacianzo también intervino:

(Pablo) es elevado en las cosas de la carne, él se regocija en las cosas espirituales; no es rudo con el conocimiento, y afirma ver en un espejo, oscuramente... ¿Cuál es la lección y la instrucción que entonces nos recalca? No ser orgullosos de las cosas terrenales, o engreído con el conocimiento, o provocar a la carne en contra del espíritu.[94]

IV. LA INTERPRETACIÓN SEMI-CESACIONISTA DE JUAN CRISÓSTOMO

Es bien sabido que Juan Crisóstomo (a finales del siglo IV) repetidamente reaccionaba contra las declaraciones de milagros y sanidades en su iglesia, y lidiaba a menudo con preguntas de los nuevos convertidos que se preguntaban por qué ellos no empezaban a hablar en lenguas. Dentro de este ambiente, él profirió lo que aparentemente era la única lectura cesacionista de 1 Cor 13:8 dentro de la iglesia católica de los primeros cinco siglos.

En una polémica, argumentó que las lenguas y la profecía ya habían cesado, después de servirle a los predicadores del evangelio por un tiempo: "Estos dones carismáticos nos sirvieron a los predicadores por un tiempo y ahora han cesado. Pero el hecho de que hayan cesado no le hace daño a la palabra que predicamos. Vean cómo ahora, al menos no hay profecía ni dones de lenguas".[95] Sin embargo, Crisóstomo dijo que incluso el

---

[93] Agustín, *Ciudad de Dios* 19.18, ver por arriba.

[94] Gregorio de Nacianzo, *Apologética* (Oration 2; *NPNF²* 7:216), nuestra propia traducción del inglés; cp. Juan Crisóstomo, Homilía 20.3 (nuestra traducción de *Homilies on First Corinthians*, *NPNF¹* 12:113) – "'Pero si cualquiera cree que sabe algo, no sabe nada como debería saber'. Esto es un golpe mortal. 'No me aflijo, dice, porque el conocimiento sea común para todos. No digo que al odiar a tu prójimo y por arrogancia, te injuries más. Pero, aunque tengas solo por ti, aunque seas modesto, y aunque ames a tu hermano, aún en este caso eres imperfecto con relación al conocimiento. 'Porque aún no sabes nada de lo que debes saber'. Ahora, no poseemos un conocimiento de nada con exactitud; ¿cómo es que algunos se han afanado a tal punto de frenesí para decir que conocen a Dios con toda exactitud? Mientras que, aunque tengamos un conocimiento exacto de todas las otras cosas, aun así, no sería posible poseer este conocimiento tan extenso. Porque cuán lejos Él está aparte de todas las cosas, es imposible incluso decirlo".

[95] Crisóstomo, Homilía 1.9 de *Acerca de la naturaleza incomprensible de Dios*, FC 72, 54, nuestra traducción del inglés.

conocimiento del evangelio parecería infantil en el mundo venidero. Y entonces él argumentó que los anomeanos (un grupo de arrianos radicales) estaban equivocados cuando afirmaban tener el perfecto conocimiento.

Él es más explícito en una homilía sobre 1 de Corintios 13. Su posición es que las lenguas y la profecía (13:8) fueron dadas para que la fe cristiana avanzara; esa fe se siembra afuera y estos *jarismata* ahora son superfluos. Ahora poseemos lo que es todavía un conocimiento parcial (13:9), el cual será más claro en un futuro cuando veamos "cara a cara" (13:11-12). Es ese sentido, incluso Pablo era un "niño" en esta vida (13:11).[96] Esta es la misma postura que tomó Crisóstomo en una serie de pasajes existentes (vimos esta lista previamente), comparando nuestro texto ahora con 2 Cor 5:7-8, y con Hb 11:2, y con el "sabor" del conocimiento de Cristo en 2 Cor 2:14. Su opinión se distinguió del enfoque estándar de 1 de Corintios, el cual consistentemente vinculó 13:8 con el resto del párrafo; por ende, catalogamos su exégesis como *semi*-cesacionista. Crisóstomo afirmó que 13:8 se podría tratar separadamente de 13:9-12, diciendo esto a sus oyentes: "Aunque no sea sorpresivo que las profecías se acabaran, el hecho de que el conocimiento se acabe, es lo que puede causar algo de perplejidad".[97] Las lenguas y la profecía se acabaron cuando el evangelio fue esparcido al mundo, aun así, todavía tenemos un conocimiento parcial y eso cambiará cuando Cristo regrese. Este hecho, argumentó Crisóstomo, una vez más en línea con el resto de la iglesia, debería enseñarnos humildad, ya que "ni siquiera a nosotros, los fieles, se nos ha confiado con entera certeza y exactitud".[98]

CONCLUSIÓN

Durante los primeros siglos de la iglesia, hubo una fisura limpia entre los exégetas de 1 Cor 13:8-12.

---

[96] Crisóstomo, Homilía 34.1-2 (*Homilies on First Corinthians*, NPNF[1] 12:201-02; también, *Expositions of Ephesians* 11, NPNF[1] 13:105). Cabe mencionar que los padres no asociaron "conocimiento" en 13:8-12 con el *jarisma* llamado "palabra de conocimiento" (λόγος γνώσεως) en 12:8.

[97] Crisóstomo, Homilía 34.2 (*Homilies on First Corinthians*, NPNF[1] 12:201), nuestra traducción del inglés.

[98] Crisóstomo, Homilía 7.3 (*Homilies on First Corinthians*, NPNF[1] 12:35), nuestra traducción del inglés. Debemos también mencionar que él dio una aplicación secundaria de 13:10: esto corroboró Mt 5:17, y demostró que la ley de Moisés fue reemplazada con la nueva ley, una aplicación de este versículo que hace eco a Orígenes y al contemporáneo de Crisóstomo, Ambrosio (ver por arriba). Cf. Crisóstomo, Homilía 16.6 (*Gospel of St. Matthew*; NPNF[1] 10:107).

Un lado eran aquellos sectarios que querían probar la superioridad de su sistema sobre la tradición cristiana común. Se esforzaron mucho para probar que su conocimiento no era solo más nuevo, sino la perfección misma.

Por otro lado, la iglesia católica creía que a pesar del don del Espíritu Santo y el canon completo (la referencia al canon es implícita en todos los padres, pero explícita en Dídimo el Ciego, Ambrosio, Gregorio de Nisa), la iglesia tendría que esperar la resurrección para ver la verdad de Dios perfectamente. La única excepción fue Tertuliano. Si alineamos sus obras cronológicamente, la luz estroboscópica de la historia lo atrapa moviéndose de un campo a otro. Crisóstomo, finalmente, insistió que su exégesis se movía dentro de la órbita de la escatológica virtud concomitante de humildad. Él se separó de la tradición por su creencia de que las lenguas y la profecía habían cesado provisionalmente. Por tanto, *un dato histórico* afectó su exégesis, y él separó el cumplimiento de 13:8 de la completitud de la consumación de 13:9-12.

Sin embargo, al final, lo que más llama la atención del lector moderno es el deseo de la iglesia primitiva de ir más allá de las preocupaciones dogmáticas y polémicas, y recuperar el sentido original de Pablo, la superioridad del amor. Por eso Juan Casiano dice:

Por tal motivo, san Pablo prefería la caridad no solo al temor y a la esperanza, sino a todos los carismas –con ser tan grandes y maravillosos en la estima de los hombres–. Tanto es así, que el Apóstol la muestra como el camino más excelente entre todos. Efectivamente, después de haber expuesto los carismas espirituales, al describir las diversas manifestaciones de la caridad, se expresa así: "Aún os quiero enseñar un camino mucho más excelente sobre toda ponderación...".[99]

---

[99] Juan Casiano, *Segunda Conferencia* 1.11, de *Colaciones*, tomo 2 (3ra ed.; Madrid: Ediciones Rialp, 2019). Ver también Ireneo, *Contra las herejías* 4.12.2, 434 – "Por su parte, Pablo dice, 'El cumplimiento de la ley es el amor' (Rm 13:10); y añade que desaparecido todo lo demás, quedan la fe, la esperanza y el amor; pero que el mayor de estos es el amor (1 Cor 13:13). El conocimiento sin el amor de Dios no sirve para nada, ni la comprensión de los misterios, ni la fe, ni la profecía; sino que todo es vano y superfluo sin amor (v. 2). El amor hace al hombre perfecto; y el que ama a Dios es perfecto tanto en este siglo como en el futuro, pues jamás dejaremos de amar a Dios, sino que cuanto mejor le veamos, tanto más le amaremos".

EL ESPÍRITU EN LA IGLESIA
DE AMÉRICA LATINA

CAPÍTULO 13

EL SACERDOCIO UNIVERSAL DE TODOS LOS CREYENTES[1]

INTRODUCCIÓN

Hace 525 años, o sea, 25 años antes de la Reforma, tres barcos zarparon de Europa, tal y como cada niño aprende: *¡Las famosas carabelas de Cristóbal Colón! ¡La Santa María! ¡La Pinta! Y ese tercer barco, bueno... ¿cómo se llama?* Así, *La Niña.* ¡Que ningún estudiante se olvide de estos tres nombres en el examen! Pues sin los tres no hay expedición de descubrimiento.

Estamos celebrando el 500 aniversario de la Reforma, cuando los creyentes rechazaron ciertas ideas de la iglesia romana y trataron de restaurar las doctrinas bíblicas. Y todos recuerdan la superestrella doctrinal de la Reforma, *la autoridad final de las Escrituras*; también, la famosa *justificación solo por fe*. Pero según muchos expertos en el campo, sin el "tercer barco", el tercer principio, no hay Reforma: la doctrina que se llama el *sacerdocio universal de todos los creyentes*; es decir, que Cristo es el único sumo sacerdote, y en virtud de estar unidos con Cristo y ungidos por el Espíritu, cada cristiano y cristiana es un sacerdote.

Su base bíblica es, entre otros textos:

---

[1] *Escribí esta ponencia para el 500 Aniversario de la Reforma, celebrado en Seminario ESEPA en 2017.*

Mas vosotros sois linaje escogido, real sacerdocio, nación santa (1 P 2:9; se usa RV 60 en este ensayo).

Este texto viene directamente de la promesa dada a Israel en Éxodo 19:6.

Nos hizo reyes y sacerdotes para Dios, su Padre (Ap 1:6).

La NVI es mejor, así que es basada en los manuscritos más antiguos:

Ha hecho de nosotros un reino, sacerdotes al servicio de Dios su Padre (Ap 1:6 NVI).[2]

Interesante, que los protestantes y los católicos están de acuerdo con respecto a la *importancia* de la doctrina, así que el sacerdocio no es una idea periférica ni secundaria a la fe; es un componente esencial de cómo entendemos la salvación misma.

I. LA DOCTRINA CATÓLICA

La doctrina romana empieza, por supuesto, con la afirmación de que hay un solo sumo sacerdote, Cristo, en el orden de Melquisedec. Entonces no se puede decir que el sacerdocio eclesiástico es un ente aparte, sino una partición de los ordenados en el único sacerdote en el cielo. La frase técnica es que los sacerdotes católicos operan *in persona Christi*, es decir, "en la persona de Cristo". Entonces, solamente ellos pueden ofrecer los sacramentos, y especialmente el sacrificio de la misa.

La doctrina de la iglesia griega es un poco diferente, sin embargo, existe el mismo énfasis de ser el canal de la gracia divina a través de los sacramentos.

Examinamos algunos documentos fundamentales de la iglesia romana. El Catecismo del Concilio de Trento, publicado en 1566, fue la reacción oficial contra la Reforma, incluso la doctrina reformada del sacerdocio

---

[2] El *Textus receptus* tiene βασιλεις και ιερεις τω θεω (entonces la RV 60 – "reyes y sacerdotes para Dios"); NA[28] tiene βασιλειαν, ιερευς τω θεω (NVI – "un reino, sacerdotes al servicio de Dios"). La evidencia de los manuscritos deja poca duda de que el texto crítico de Ap 1:6 es el correcto. Éx 19:6 LXX tiene otra forma: βασίλειον ἱεράτευμα ("sacerdocio real"), seguido por 1 P 2:9.

universal. Sirvió durante cuatro siglos como la voz autoritativa de la iglesia romana. Afirma que, por supuesto, según Ap 1:6, todos los fieles son un reino y sacerdotes. Sin embargo, hay *sacerdotes* y hay *sacerdotes*:

> Dos Sacerdocios se describen en las Escrituras Sagradas, uno interno y otro externo... Pues por lo que mira al Sacerdocio *interno*, todos los fieles después de bautizados se dicen Sacerdotes... El Sacerdocio *externo* no conviene a todos los fieles sino a determinados hombres, los cuales instituidos y consagrados a Dios por la imposición legítima de las manos, y las solemnes ceremonias de la Santa Iglesia, son destinados a algún particular y sagrado ministerio. Esta diferencia de Sacerdocios puede observarse también en la ley antigua (es decir, del Antiguo Testamento).[3]

En los años 60s, como parte de Vaticano II, el Papa Pablo VI siguió enfatizando la importancia de este sacerdocio *externo*:

> Mas el mismo Señor, para que los fieles se fundieran en un solo cuerpo, en que *no todos los miembros tienen la misma función* (Rm 12:4), entre ellos constituyó a algunos ministros que, ostentando la potestad sagrada en la sociedad de los fieles, tuvieran el poder sagrado del Orden, para ofrecer el sacrificio y perdonar los pecados, y desempeñar públicamente, en nombre de Cristo, la función sacerdotal en favor de los hombres".[4]

Es repetida esta misma tensión entre el externo y el interno sacerdocio, en el Catequismo de 1992, escrito por el futuro Papa Benedicto XVI:

> Cristo, sumo sacerdote y único mediador, ha hecho de la Iglesia *un Reino de sacerdotes para su Dios y Padre* (Ap 1:6). Toda la comunidad de los creyentes es, como tal, sacerdotal... (Sin embargo tal y como en el AT) por el ministerio ordenado, especialmente por el de los obispos

---

[3] *Catecismo del Santo Concilio de Trento para los párrocos ordenado por disposición de San Pío V* 2.7.23, 24 (Valencia: Don Benito Monfort, 1782), 213, https://archive.org/details/catecismodelsan00unkngoog.

[4] Pablo VI, "Decreto presbyterorum ordinis, sobre el ministerio y la vida de los presbíteros" 1.2. (1965), http://www.vatican.va/archive/hist_councils/ii_vatican_council/documents/vat-ii_decree_19651207_presbyterorum-ordinis_sp.html.

y los presbíteros, la presencia de Cristo como cabeza de la Iglesia se hace visible en medio de la comunidad de los creyentes.[5]

Es verdad que desde Vaticano II en adelante, hay mejor apreciación del laico, por ejemplo, en "El Decreto del Apostolado del Laico" por Pablo VI (1965).[6] En el llamado "Documento de Aparecida" (2007), Benedicto XVI habla del "sacerdocio común (es decir, *interno*) del pueblo de Dios" y la conferencia expresa el deseo de "Promover un laicado maduro, corresponsable con la misión de anunciar y hacer visible el Reino de Dios".[7] Y el Papa Francisco ha articulado la misma misión en su discurso para FIAC en abril de 2017.[8]

Pero después de todo, la iglesia romana sigue la presuposición de que hay dos sacerdocios, el *interno* que los laicos tienen y el sacerdocio externo, los ordenados (siempre existe una muralla entre estos dos). Y la otra presuposición es que tal y como el sacerdocio del Antiguo Testamento se manifestó en un grupo de sacerdotes ungidos (externos) dentro de una nación que es un reino de sacerdotes, que en efecto esta interpretación doble de Éx 19:6 sigue vigente en el Nuevo Pacto.

Según Roma, entonces, así es la tradición apostólica que hemos seguido desde el primer siglo. Sin embargo, muchos han demostrado que esta doctrina "tradicional" no fue tan tradicional, que no fue la doctrina de la iglesia primitiva sino que fue un desarrollo medieval. Claro que los padres de los primeros siglos habían enseñado el sacerdocio universal, citando como pruebas tales textos como:

– Que presentéis vuestros cuerpos en sacrificio vivo (Rm 12:1)

---

[5] Catequismo de la Iglesia Católica (1992) §1546 y §1549; ver también §1547, http://www.vatican.va/archive/catechism_sp/index_sp.html.

[6] Pablo VI, "Decreto sobre el apostolado de los laicos", (1965), http://www.vatican.va/archive/hist_councils/ii_vatican_council/documents/vat-ii_decree_19651118_apostolicam-actuositatem_sp.html.

[7] "Documento conclusivo", 3ra ed., CELAM, 2008, 31, http://celam.org/aparecida/Espanol.pdf, "El mensaje final".

[8] Papa Francisco, "A los participantes en el Congreso del Foro Internacional de Acción Católica (FIAC)", 27 abril 2017, https://w2.vatican.va/content/francesco/es/speeches/2017/april/documents/papa-francesco_20170427_congresso-azione-cattolica.html.

– Y vosotros seréis llamados sacerdotes de Jehová, ministros de nuestro Dios seréis llamados; comeréis las riquezas de las naciones, y con su gloria seréis sublimes... (Is 61:6).

– Y por supuesto 1 P 2:9 y Ap 1:6.

De los escritos de los padres antiguos tenemos una reflexión de esas Escrituras. Tal como Clemente de Alejandría (siglo II) dijo: "Somos un sacerdocio debido a la ofrenda que se hace en las oraciones y en las enseñanzas mediante las cuales se ganan las almas que se ofrecen a Dios".[9] Es decir: no hay doble sacerdocio, sino uno.

Ni aun Ignacio, ese promotor del oficio del obispo monárquico, usó el término "sacerdote" para el clérigo (en su literatura, se encuentra solamente en redacciones y en cartas espurias de más tarde).[10]

No obstante, poco a poco, este sacerdocio universal fue pasado por alto, a favor de otra doctrina, que se asoció con Cipriano de Cartago en el siglo III:

Dios es uno solo y uno solo Cristo, y una sola la Iglesia y una sola la cátedra establecida por la palabra del Señor sobre Pedro. No puede establecerse otro altar o *constituirse un nuevo sacerdocio fuera del único altar y del único sacerdocio.*[11]

---

[9] Clemente de Alejandría, del fragmento de *Adumbrationes Clementis Alexandrini in Epistolas canonicas*. Incluso tan tarde como de los siglos IV-V, Agustín dijo que, "En la antigüedad, fue ungido solamente un Sumo Sacerdote, pero ahora todos los cristianos son ungidos". Agustín, Sermón 198a. Ambos encontrados en Gerald Bray, ed., *James, 1-2 Peter, 1-3 John, Jude*, ACCS 11 (Downers Grove, IL: InterVarsity, 2000), 87, nuestra traducción.

[10] Ignacio *Filadelfienses* 9.1, *Lo mejor de los padres apostólicos*, ed. A. Ropero (Barcelona: Clie, 2004), 208 – "Los sacerdotes (de Israel) también eran buenos, pero mejor es el Sumo Sacerdote al cual se encomienda el lugar santísimo; porque solo a Él son encomendadas las cosas escondidas de Dios; siendo Él mismo la puerta del Padre, por la cual entraron Abraham e Isaac y Jacob, y los profetas y los apóstoles y toda la iglesia", http://www.clerus.org/bibliaclerusonline/es/gln.htm. Se encuentra el término "sacerdote" de pastores en la recensión larga de *Filadelfienses* 4 (siglo IV), donde habla de los presbíteros como "sumos sacerdotes"; también el espurio *A Herón* 3 (del siglo III o más allá).

[11] Cipriano de Cartago, Carta 43.2, de *Cartas* (Madrid: Editorial Gredos, 1998), 186, https://archive.org/stream/SANCIPRIANOCartas/SAN%20CIPRIANO%20Cartas_djvu.txt.

Es esta idea, que hay sacerdotes y hay sacerdotes, y la exaltación del sacerdocio externo, de los ordenados, que según los reformadores era una desviación de las Escrituras y también de los padres de la iglesia más primitiva, y fecha del siglo III, no de los apóstoles.

II. LA REFORMA Y MÁS ALLÁ

Hemos dicho que un *sine qua non*, requisito imprescindible de la Reforma y la iglesia protestante, es el sacerdocio de todos los creyentes. Algunos reclaman que los reformadores rechazaron toda la tradición y que usaron solamente la Biblia. No es exactamente la verdad, puesto que Lutero dijo que, los padres más antiguos con frecuencia están de acuerdo conmigo y con la Biblia, y en contra de la teología romana medieval. Y en el caso de nuestro tema, Lutero y los demás señalaron a los padres de la iglesia para probar que no era una doctrina novedosa.

Martín Lutero

En el período medieval tardío, muchos buenos católicos se quejaron de la corrupción eclesiástica: por ejemplo, los sacerdotes cobraron por cada servicio: la misa, los rezos, los bautismos, los matrimonios, los funerales, las famosas indulgencias, una multitud de transacciones. Entonces, el contemporáneo de Lutero, Erasmo de Róterdam, el gran pensador y el editor del Nuevo Testamento griego, enseñó que los sacerdotes deben estudiar la Biblia y regresar al evangelio primitivo. Sin embargo, Erasmo no buscó una revolución –él explícitamente rechazó la Reforma– sino una purificación.

El otro planteamiento, en el siglo XIV y más allá, fomentado por Wyclif y Huss, fue, que la avaricia sacerdotal no fue la causa raíz del problema, sino que una doctrina corrupta. Y la doctrina falsa del sacerdocio inevitablemente resultaría en corrupción. En gran parte fue Martín Lutero quien desarrolló este abordaje en dos de sus primeros libros, *A la nobleza cristiana de la nación alemana* (1520) y luego en el mismo año, *La cautividad babilónica de la iglesia*. Y fue Lutero quien introdujo cambios innovadores.

Según Lutero, el sacerdocio romano medieval no sirvió para reconciliar al mundo con Dios, sino para bloquear su camino. Para:

promover discordia, con el fin de que entre sacerdotes y laicos mediara una distinción más abismal que la existente entre el cielo y la tierra, a costa de injuriar de forma increíble la gracia bautismal y para confusión de la comunión evangélica. De ahí, arranca la detestable tiranía con que los clérigos oprimen a los laicos… no solo se consideran superiores a los laicos cristianos –que están ungidos por el Espíritu Santo–, sino que tratan poco menos que como perros a quienes juntamente con ellos integran la iglesia. De aquí sacan su audacia para mandar, exigir, amenazar, oprimir en todo lo que se les ocurra… En suma: que el sacramento del orden fue –y es– la máquina más hermosa para justificar todas las monstruosidades que se hicieron hasta ahora y se siguen perpetrando en la iglesia. Ahí está el origen de que haya perecido la fraternidad cristiana, de que los pastores se hayan convertido en lobos, los siervos en tiranos y los eclesiásticos en los más mundanos.[12]

Es decir, no es fundamentalmente un problema de actitud, sino de teología. Entonces, hay que regresar a la verdad apostólica. Lutero pidió, ¿quién es un sacerdote? Cada creyente, todos los bautizados. En su *Cautividad Babilónica de la Iglesia*, él empieza criticando la práctica de los sacramentos católicos, y de repente hace esta declaración revolucionaria:

Si se les pudiese obligar a reconocer que **todos los bautizados somos sacerdotes de igual grado que los clérigos (como en realidad somos)** y que su ministerio (de los sacerdotes) les ha sido encomendado sólo por consentimiento nuestro, inmediatamente se darían cuenta de que no gozan de ningún dominio jurídico sobre nosotros, a no ser el que espontáneamente les queramos otorgar. Este es el sentido de lo que se dice en la primera carta de Pedro (2:9): "Sois una estirpe elegida, sacerdocio real, reino sacerdotal".[13]

Y en su *A la nobleza cristiana de la nación alemana* Lutero dijo algo similar:

…**todos los cristianos pertenecen en verdad al mismo orden y no hay entre ellos ninguna diferencia excepto la del cargo**, como dice

---

[12] Martín Lutero, *La cautividad babilónica de la iglesia* 7.8, http://www.luisjovel. com/wp-content/uploads/2015/11/La-cautividad-babilonica-de-la-Iglesia-Martin -Lutero.pdf.

[13] Lutero, *Cautividad babilónica* 7.9, énfasis agregado.

Pablo (1 Corintios 12:12 y s.): todos juntos somos un cuerpo, pero cada miembro tiene su propia función con la que sirve a los otros; esto resulta del hecho de que tenemos un solo bautismo, un solo Evangelio, una sola fe y somos cristianos iguales, pues **el bautismo, el Evangelio y la fe son los únicos que convierten a los hombres en eclesiásticos y cristianos.**[14]

Es decir, como Pedro anunció en el Día de Pentecostés, "Arrepentíos, y bautícese cada uno de vosotros en el nombre de Jesucristo para perdón de los pecados; y recibiréis el don del Espíritu Santo", haciéndonos todos sacerdotes ungidos (Hch 2:38). Entonces, "cada cristiano es el sacerdote de alguna otra persona, y somos todos sacerdotes unos a los otros".[15] Y esta verdad trae consigo muchas implicaciones, por ejemplo: si cada creyente es un sacerdote, también es verdad que todo el mundo debe conocer la Biblia, traducida en su propio idioma; también, si cada creyente es un sacerdote, cada uno tiene la obligación no sencillamente de recibir perdón por los pecados, sino también de vivir en santidad, para poder ministrar a los demás.

Se debe mencionar que, Lutero siempre distinguió entre predicadores de la Palabra y los demás, que sí es un llamado especial; y también, que ninguna mujer puede enseñar a la iglesia.

Juan Calvino

Calvino desarrolló más allá la doctrina, y como Lutero creyó (en sus palabras) que los sacerdotes romanos en la práctica obstruyen, no facilitan, el camino a Dios.

---

[14] Martín Lutero, *A la nobleza cristiana de la nación alemana*, énfasis agregado. Lutero se refiere a Mateo 18:15-17 y dice que, uno puede llevar a dos o tres miembros de la iglesia y reprimir a cualquier creyente, incluyendo al Papa. https://www.scribd.com/doc/6547550/Lutero-A-La-Nobleza-Cristiana-de-La-Nacion-Alemana-1%C2%AA-Parte.

[15] Timothy George, *Theology of the Reformers* (ed. rev.; Nashville, TN: Broadman & Holman, 2013), 96, nuestra traducción. Ver también el ensayo por Lesslie Newbigin, "Can a modern society be Christian?", la ponencia de Gospel and Culture Lecture, 1995, King's College, London – "The priesthood of the whole membership is not primarily executed by sitting on church committees or in church assemblies. It is exercised in the life of the world... The sacrifices acceptable to God are to be made in all the acts of loving obedience, small or great, which a believer is called up to make in the course of daily work in the world".

Él empieza con la verdad que, solo Cristo es el verdadero Sumo Sacerdote, porque solamente él puede abrir el camino a Dios por su sangre y porque es el único intercesor que necesitamos. Calvino rechaza la doctrina católica de que el sacerdote actúa *in persona Christi*, pues según Hebreos, ahora tenemos un sacerdote según el orden de Melquisedec, y él ofreció el único sacrificio; entonces, no hay necesidad para un sacrificio en la misa:

> Ahora bien, si la ofrenda de Melquisedec hubiera sido figura del sacrificio de la misa, ¿iba el Apóstol a omitir una cosa tan profunda, tan grave, y tan preciosa, cuando él trata por menudo cosas que no son de tanta importancia? Pero por más que ellos charlen, nunca podrán invalidar la razón que aduce el apóstol, que el derecho y el honor del sacerdocio ya no pertenece a hombres mortales, pues ha sido transferido a Jesucristo, que es inmortal y único y eterno sacerdote.[16]

Positivamente, Calvino dijo que Israel había perdido la promesa de que, "Y vosotros me seréis un reino de sacerdotes, y gente santa" (Éx 19:6) Entonces, Pedro reclama este honor para los miembros de Cristo, que "vosotros sois linaje escogido, real sacerdocio, nación santa" (1 P 2:9).[17]

Así que cada creyente tiene un solo sumo sacerdocio en Cristo, y es en Cristo un sacerdote:

> Cristo tiene además el nombre de sacerdote, no solamente para hacer que el Padre nos sea favorable y propicio, en cuanto que con su propia muerte nos ha reconciliado con Él para siempre, sino también para hacernos compañeros y partícipes con Él de tan grande honor. Porque aunque por nosotros mismos estamos manchados, empero, siendo sacerdotes en él (Ap 1:6), nos ofrecemos a nosotros mismos y todo cuanto tenemos a Dios, y libremente entramos en el Santuario celestial, para que los sacrificios de oraciones y alabanza que le tributamos sean de buen olor y aceptables ante el acatamiento divino. Y lo que dice Cristo, que Él se santifica a si mismo por nosotros (Jn 17:19), alcanza también a esto; porque estando bañados en su santidad, en cuanto que nos ha consagrado a Dios su Padre, bien que por otra parte seamos infectos y

---

[16] Juan Calvino, *Institución de la religión cristiana* 4.18, tr. Cipriano de Valera, http://www.iglesiareformada.com/Calvino_Institucion_4_18.html.

[17] Juan Calvino, *Comentario sobre Éxodo* 19:6, nuestra traducción del inglés, https://www.ccel.org/ccel/calvin/commentaries.i.html.

malolientes, sin embargo le agradamos como puros y limpios, e incluso como santos y sagrados.[18]

Los anabaptistas

El movimiento luterano y el reformado preservaron la idea de ordenar ministros de la Palabra. Al mismo tiempo, otros grupos dijeron que los reformadores no habían llevado la doctrina del sacerdocio universal a su lógico fin, el anticlericalismo. Algunos anabaptistas, los cuáqueros, los menonitas, los hermanos y otros grupos –uno podría buscar más allá y mencionar los mormones– van más allá y enseñan que, no debe existir el clérigo y punto. Así que, el apóstol había reconocido que hay *muchos* líderes en el culto: "Asimismo, los profetas hablen dos o tres, y los demás juzguen. Y si algo le fuere revelado a otro que estuviere sentado, calle el primero. Porque podéis profetizar todos uno por uno, para que todos aprendan, y todos sean exhortados" (1 Cor 14:29-31).

Durante la Reforma, los protestantes creyeron en la libertad, pero solamente para su propio grupo. Luego, el sacerdocio universal de los creyentes empezó a formar parte del desarrollo del concepto de la libertad de conciencia para todos, no solamente para las religiones "aceptables", y la doctrina del sacerdocio universal fue parte de esta mezcla.[19] Por ejemplo,

---

[18] Calvino, *Instituciones*, 2.15.6, http://www.iglesiareformada.com/Calvino_Institucion_2_15.html. También 4.18.17 – "No es posible que este sacrificio no se halle en la Cena de nuestro Señor, en la cual, cuando anunciamos y recordamos la muerte del Señor, y le damos gracias, no hacemos otra cosa sino ofrecer sacrificios de alabanza. A causa de este oficio de sacrificar, todos los cristianos somos llamados 'real sacerdocio' (1 P 2:9); porque por Jesucristo ofrecemos sacrificios de alabanza a Dios; es decir, el fruto de los labios que honran su nombre, como lo acabamos de oír por boca del Apóstol. Porque nosotros no podríamos presentarnos con nuestros dones y presentes delante de Dios sin intercesor. Este intercesor es Jesucristo, quien intercede por nosotros, por el cual nos ofrecemos a nosotros y todo cuanto es nuestro al Padre. Él es nuestro Pontífice, quien, habiendo entrado en el santuario del cielo, nos abre la puerta y da acceso; Él es nuestro altar sobre el cual depositamos nuestras ofrendas; en Él nos atrevemos a todo cuanto nos atrevemos. En suma, Él es quien nos ha hecho reyes y sacerdotes para Dios su Padre (Ap 1:6)". http://www.iglesiareformada.com/Calvino_Institucion_4_18.html.

[19] Pero ver la Confesión de Fe de Westminster 23.3, "(the civil magistrate) has authority, and it is his duty, to take order that unity and peace be preserved in the Church, that the truth of God be kept pure and entire, that all blasphemies and heresies be suppressed, all corruptions and abuses in worship and discipline prevented or reformed, and all the ordinances of God duly settled, administered,

en mi propia región de las colonias norteamericanas una cristiana cuáquera, llamada Mary Dyer, denunció al clero puritano-reformado de Boston y argumentó que el gobierno no tenía ninguna autoridad sobre la conciencia del individuo. Cien años después de ella, y en parte por los esfuerzos de ella y otros, la nueva Constitución de los EE. UU. incluirá la declaración, "El Congreso no podrá hacer ninguna ley con respecto al establecimiento de la religión, ni prohibiendo la libre práctica de la misma". Desafortunadamente para Mary Dyer, esto llegó demasiado tarde para ayudarla: en 1660 se la llevó a la horca, pues fue una amenaza para el clero. Mary Dyer fue mi nonagésima tatarabuela.

Los wesleyanos

Siglos después de la Reforma, contribuyendo mucho a la doctrina, Juan Wesley en el siglo XVIII desarrolló el sacerdocio de todos los creyentes en aun más direcciones. No fue anticlerical como tal, sin embargo, percibió que cada cristiano debe participar en el trabajo sacerdotal, y más allá que Lutero y Calvino lo habían hecho anteriormente. Por un lado, él dijo que los predicadores laicos pueden y deben extender el reino:

> Denme cien predicadores que no le tengan miedo a nada, solamente al pecado y que deseen solamente a Dios, y a mí no me importa si son clérigos o laicos. Solamente ellos podrían sacudir las puertas del infierno y establecer el reino de los cielos en la tierra.[20]

---

and observed…". http://www.reformed.org/documents/wcf_with_proofs/index.html. La versión castellana disponible en línea es la edición adoptada por La Iglesia Presbiteriana en el siglo XIX. Se ha cambiado este párrafo controversial a favor de: "Los magistrados… (2) ni se entremeterán en lo más mínimo en asuntos de la fe. (3) Sin embargo, como padres cuidadosos es el deber de los magistrados civiles proteger la iglesia de nuestro Señor común, sin dar preferencia a alguna denominación de cristianos sobre las demás, de tal modo, que todas las personas eclesiásticas, cualesquiera que sean, gocen de completa, gratuita e incuestionable libertad, para desempeñar cada parte de sus funciones sagradas, sin violencia ni peligro. (4) Y como Jesucristo ha designado un gobierno regular y una disciplina en su iglesia, ninguna ley de estado alguno debe interferir con ella, estorbar o limitar los ejercicios debidos entre los miembros voluntarios de alguna denominación de cristianos conforme a su propia confesión y creencia". http://www. iglesiareformada.com/Confesion_Westminster.html#anchor_47.
[20] Juan Wesley, "Carta a Alexander Mather (6 agosto 1777)", de *Obras de Wesley*, ed. Justo González, 15 tomos (Franklin, TN: Providence House, 1996), 14:143,

Estos predicadores "laicos" incluyeron las "laicas"; Wesley entrenó y envió predicadoras del evangelio.

La otra contribución de Wesley es, para mí, una de las expresiones más notables del sacerdocio universal: las así llamadas "Sociedades de Bandas" (Class Meetings). Los doce miembros de cada sociedad se reunían semanalmente por una hora y media; podían rendir cuentas unos a otros, confesar sus pecados y orar. Hacían preguntas unos a otros, especialmente estas cinco:

1. ¿Qué pecados conocidos has cometido desde nuestra última reunión?
2. ¿Con qué tentaciones te has enfrentado?
3. ¿Cómo fuiste liberado?
4. ¿Has pensado, dicho o hecho cosa alguna que haya provocado en ti la duda de haber pecado?
5. ¿Tienes algún secreto que deseas guardar para ti?

Wesley dijo: "El propósito de reunirnos es obedecer el mandato de Dios: 'Confesaos vuestras ofensas unos a otros, y orad unos por otros, para que seáis sanados.' (St 5.16)". Es decir, que, en vez de confesar sus pecados a un sacerdote en un confesionario, cada uno confiesa sus pecados a los demás sacerdotes presentes.[21]

La influencia del movimiento wesleyano se encuentra no solamente en la iglesia metodista, sino también en la Alianza Cristiana y Misionera, los nazarenos, los pentecostales, las Asambleas de Dios, y más remotamente, el neo-pentecostalismo, es decir, entre millones de creyentes que quizás nunca han escuchado el nombre de Wesley. Sin embargo, algunos de sus descendientes han, en efecto, rechazado su enseñanza sobre el sacerdocio universal.

III. TERGIVERSACIONES MODERNAS DE LA DOCTRINA

Para cada verdad cristiana, existe su mutación, o hasta su perversión. Pues Satanás no siempre inventa nuevas ideas, cuando es posible dar un giro a

---

https://www.whdl.org/sites/default/files/publications/tomo14.pdf; obras completas https://www.whdl.org/las-obras-de-wesley?language=es. En el inglés original: "Give me one hundred preachers who fear nothing but sin, and desire nothing but God, and I care not a straw whether they be clergy or laymen, such alone will shake the gates of hell and set up the kingdom of heaven upon earth".

[21] Wesley, "Reglamento de las Sociedades de Bandas", de *Obras completas*, 5:57-58. Ver el documento entero en el apéndice de este capítulo.

la verdad antigua. Y el sacerdocio universal de los creyentes hoy en día se encuentra en formas que escandalizarían a los apóstoles, a los padres de la iglesia primitiva y a los reformadores.

Anti-intelectualismo

Enfrentamos una receta rara, donde se combinan la idea del sacerdocio universal con un versículo mal aplicado, que "la letra mata, pero el Espíritu da vida" (2 Cor 3:6). Entonces, algunos menosprecian la vida de la mente. Los reformadores no habrían tenido paciencia con este misticismo, incluso a Wesley: tenía un bachillerato y una maestría de Oxford, también fue maestro allí. Su "Club Santo" (Holy Club) consistió, entre otras cosas, de reunirse por tres horas cada tarde para oración, salmos y la lectura del Nuevo Testamento Griego. Wesley leía varios idiomas antiguos, y escribió gramáticas del hebreo, del griego, del latín, del francés, y del inglés; escribió un tomo sobre las propiedades de la electricidad; una historia de Inglaterra; una de Roma. Sus predicadores laicos no fueron clérigos, sin embargo, recibieron una profunda formación en la fe antes de salir a predicar. Con todo, podríamos aplicar el gran mandamiento en esta dirección, "que cada creyente, siendo sacerdote, ame al Señor su Dios con todo el corazón, con toda el alma, *y sí, con toda la mente*".

Liderazgo "súper-ungido"

Si yo tuviera que identificar, cuál es el área más obvia donde la iglesia ignora la doctrina del sacerdocio universal, sería en el ascenso del *Líder Súper-Ungido,* sea un apóstol, patriarca, o sencillamente pastor. Un versículo mal aplicado en esta dinámica es el famoso, "No toques al ungido de Dios" (1 S 24:6), no cuestione sus opiniones, no ponga a prueba sus profecías.[22] Y así que el ungido es el "sacerdote", a él le entregan sus diezmos y ofrendas. Es decir, es una vuelta al sistema del Antiguo Pacto.

Este culto a la personalidad ha producido una generación de líderes de la iglesia, quienes *de facto* reclaman más autoridad que un sacerdote

---

[22] Ver Guillermo Maldonado, "¡No toquen a mis ungidos! ¡No maltraten a mis profetas! 1 Crónicas 16:22", https://www.youtube.com/watch?v=VievyJD-cUE; en contra, ver Juan Stam, "No toques al ungido de Dios", http://protestantedigital.com/magacin/35649/No_toques_al_ungido_de_Dios.

católico local, que el arzobispo católico Quirós de San José, que el Papa Francisco. Y usan este poder sacerdotal, no para bendecir y edificar, sino para robar y aplastar. Para parafrasear las palabras de Lutero: *De aquí sacan su audacia para mandar, exigir, amenazar, oprimir en todo lo que se les ocurra. Que los súper-pastores se hayan convertido en lobos, los siervos en tiranos y los nuevos apóstoles en los más mundanos.*[23]

En el neo-pentecostalismo, hay un fenómeno sociológico tan interesante como lo es contradictorio. Es decir, por un lado, la teología pentecostal "clásica" prometió liberación para todos, pues todos pueden experimentar al Espíritu Santo y sus dones. Entonces, abrió la puerta a aquellos sin educación, a las mujeres, a los pobres, y a los privados, en iglesias relativamente pequeñas y marginalizadas. Sin embargo, luego creció una jerarquía dentro del mismo movimiento, en subsiguientes generaciones de la iglesia y en las mega-iglesias. Ahora, una vez más, los privados son pasados por alto, los súper-pastores son varones (o quizás también la esposa del pastor, o de vez en cuando una mujer en liderazgo), dentro del contexto del Evangelio de Prosperidad, los pobres no son bienaventurados; mejor, la pobreza es una evidencia de "poca fe" y descalifica la persona de liderazgo.[24]

Híper-individualismo

Quizás esta tentación es la que nosotros vamos a encontrar, entonces pensaremos más en ella. Es la idea de que, no necesito papa, obispo, o sacerdote, ni pastor ni apóstol, y tengo todo lo que necesito para vivir y florecer en el Señor.

Soy bloguero, y por eso tengo mucha interacción con otra gente que escribe blogs. Y he notado que existe un cierto tipo de personalidad: el cristiano que insiste –o mejor, *se jacta* de que– no tiene que rendir cuentas a nadie en la iglesia, o en ninguna estructura cristiana. Y la idea aparentemente es que, "Solamente soy yo y la Biblia abierta, y ya". Creo que no es una coincidencia, que son la misma gente que fija fechas para la

---

[23] Parafraseando a Lutero, *Cautividad babilónica* 7.8.

[24] Juan Sepúlveda, "El desafío de la educación teológica desde una perspectiva Pentecostal", *Ministerial formation* 87 (Oct. 1999): 35-41. También, Gary S. Shogren, "Los 'Ultracarismáticos' de Corinto y los Pentecostales de América Latina como la religión de los marginados", el capítulo 14 en esta colección.

segunda venida. Y cuando les he escrito, a veces responden con una completa falta de cortesía, porque, me dicen, no hay nadie que pueda reprimirlos.

De esa manera, hay gente evangélica, que se volvería loca si uno sugiere que deba obedecer al Papa, pero que, en un sentido muy real, son sus propios Papas. Y algunos quienes dicen, "¡Solamente somos nosotros, yo y Dios!", en buena práctica se han convertido a sus propias deidades: son *como Dios, sabiendo el bien y el mal.*

Esta nunca fue la visión de la Reforma, donde el sacerdocio universal solamente puede funcionar cuando somos partes de una congregación de santos. Donde los demás santos no son "metiches" sino el cuerpo de Cristo para nosotros. De hecho, es una contradicción en términos, esta idea de un sacerdocio individualista.

Mi propia experiencia ha demostrado la importancia de rechazar este "hiper-individualismo" a favor de una postura más bíblica. En varias ocasiones, he pasado por momentos cuando me impusieron las manos o me dieron algún puesto nuevo. Me ordenaron en 1983; me hicieron pastor en 1986; profesor en el '88; otra vez profesor en el '90; y de nuevo en el '99. Llegué a ser misionero en el 98.

Desde una cierta perspectiva, me imagino, alguien podría sacar la conclusión: *Bueno, Gary ahora es ordenado, entonces ha recibido más autoridad, etc.* Mas yo lo veo desde el otro ángulo: que, desde la ordenación, he andado con menos, no más, autoridad. En mi caso, con cada paso, cada comisión, he entregado cada vez más independencia personal y he aceptado que tengo que rendir cuentas a otros. Entonces, en este momento del 2017 soy responsable ante: la iglesia que me ordenó; mi denominación actual en los Estados; mi iglesia local en los Estados; mi congregación aquí; mi denominación aquí; dos agencias misioneras; una asociación de teólogos evangélicos, cuya declaración de fe tengo que firmar cada año; Asociados Wycliffe, para quienes trabajo tiempo parcial; la junta de ESEPA; la administración de ESEPA; su decano académico; mis colegas; los alumnos; los egresados. ¡Rindo cuentas en, 15 direcciones diferentes, y ¡probablemente me he olvidado algo! Y esto, por supuesto, sin mencionar los amigos, la esposa, la familia. Cada uno con un ministerio sacerdotal hacia mí. Y cada uno con el derecho y la responsabilidad de decirme: *¿Y qué está haciendo?* "A todo aquel a quien se haya dado mucho, mucho se le demandará" (Lucas 12:48), no solamente en el siglo venidero, sino también ahora mismo. Con más autorización, hay menos individualismo, menos autonomía, y es como debe ser. No hay campo para los lobos solitarios. Los reformadores entendieron esto.

CONCLUSIÓN

Su pastor no es su sacerdote; su súper-apóstol tampoco;[25] los líderes de la iglesia son la gente que moldea y apoya y dirige a una congregación de sacerdotes.

Entonces: como sacerdote, usted representa a Dios delante del mundo, principalmente por evangelización, y de hecho, por todo lo que haga en el nombre de Cristo.

Y su ministerio sagrado dentro del pueblo de Dios es ofrecer los sacrificios de alabanza y oración; representar a los demás delante de Dios; edificar, instruir, perdonar, animar y de toda manera bendecir a los demás sacerdotes. Un buen lugar para empezar es sencillamente leer la lista de versículos de "los unos a los otros" en Pablo y tantos más:

- Rm 12:10 – Ámense los unos a los otros con amor fraternal, respetándose y honrándose mutuamente.
- Es la misma palabra en el original de Rm 15:5 – vivir juntos en armonía;
- Rm 15:7 – Acéptense mutuamente, así como Cristo los aceptó a ustedes para gloria de Dios.
- Rm 15:14 – Están capacitados para instruirse unos a otros.
- 1 Cor 12:25 – A fin de que no haya división en el cuerpo, sino que sus miembros se preocupen por igual unos por otros.
- Ef 5:19 – Anímense unos a otros con salmos, himnos y canciones espirituales;
- Col 3:13 – De modo que se toleren unos a otros y se perdonen si alguno tiene queja contra otro. Así como el Señor los perdonó, perdonen también ustedes,

En un sermón para el Día de Todos los Santos, Lutero se quejó de que, la gente invertía montones de dinero para adorar a los santos en el cielo. En vez de eso, "lo que quisieran hacer para los santos, quiten los ojos de los muertos, y presten atención a los vivientes. Sus prójimos son los santos vivos: los sin ropa, los hambrientos, los sedientos, los pobres quienes tienen

---

[25] Gary S. Shogren, "'Papi, ¿eres tú mi sacerdote?' El rol de padre en el hogar cristiano". https://razondelaesperanza.com/2012/07/21/papi-eres-tu-mi-sacerdote-el-rol-de-padre-en-el-hogar-cristiano/.

familias y sufren vergüenza. Dirijan su atención a ellos, empiecen la obra aquí".[26]

Quiero cerrar con una oración de Juan Calvino:

Concédenos, Dios Todopoderoso, que puesto que Tú te has complacido en escogernos como sacerdotes para Ti mismo, no para que te ofrezcamos bestias a Ti sino que nos consagremos a Ti con todo lo que tenemos. Concédenos que con toda disposición nos esforcemos para apartarnos de todo tipo de impureza para purificarnos a nosotros mismos de toda corrupción, para que podamos cumplir debidamente con el sagrado oficio del sacerdocio y así conducirnos hacia Ti con castidad y pureza. Que también nos abstengamos de toda obra malvada, de todo fraude y toda crueldad hacia nuestros hermanos, y así nos tratemos unos a otros para que podamos testificar con toda nuestra vida que Tú eres verdaderamente nuestro Padre, que nos gobiernas por Tu Espíritu, y que una verdadera y santa hermandad existe entre nosotros. Que vivamos justamente unos hacia otros a fin de dar a cada uno su propio derecho, y así demostrar que somos miembros de tu hijo unigénito, para que él nos reconozca cuando Él aparezca para la redención de Su pueblo y nos reúna en Su reino celestial. Amén.[27]

---

[26] Primer Sermón para 1 noviembre, Día de Todos los Santos. En *Festival sermons of Martin Luther*, ed. Joel R. Baseley (Dearborn, MI: Mark V Publications, 2005), nuestra traducción. También WA 10/3:407). En inglés es, "Whatever it is that you want to do for the saints, turn your attention away from the dead toward the living. The living saints are your neighbors, the naked, the hungry, the thirsty, the poor people who have wives and children and suffer shame. Direct your help toward them, begin your work here".

[27] John Calvin, de su Lectura 10 sobre Mal 3:4–8, en *John Calvin: writings on pastoral piety*, eds. Elsie Anne McKee and Bernard McGinn, The Classics of Western Spirituality (New York; Mahwah, NJ: Paulist, 2001), 245. Nuestra traducción del inglés: "Grant, Almighty God, that since You have been pleased to choose us as priests to Yourself, not that we may offer beasts to You but consecrate to You ourselves with all that we have. Grant that we may with all readiness strive to depart from every kind of uncleanness to purify ourselves from all defilements, so that we may duly perform the sacred office of priesthood and thus conduct ourselves toward You with chasteness and purity. May we also abstain from every evil work, from all fraud and all cruelty toward our brethren, and so deal with one another that we may testify with our whole life that You are really our Father, ruling us by Your Spirit, and that true and holy brotherhood exists among us. May we live justly toward one another so as to render to each his own right, and thus show that we are members of Your only begotten Son, so that He may acknowledge us when He shall appear for the redemption of His people and shall gather us into His celestial kingdom. Amen".

APÉNDICE. "Reglamento de las Sociedades de Bandas" de Juan Wesley[28]

El propósito de reunirnos es obedecer el mandato de Dios: «Confesaos vuestras ofensas unos a otros, y orad unos por otros, para que seáis sanados» (St 5:16).

Con esta finalidad nos proponemos:

1. Reunirnos por lo menos una vez por semana.
2. Asistir puntualmente a la hora designada, salvo una razón extraordinaria.
3. Comenzar (los que estemos presentes) exactamente a la hora, cantando u orando.
4. Hablar cada uno en orden, libre y claramente, acerca del verdadero estado de nuestras almas, de las faltas que hemos cometido de pensamiento, palabra u obra, y de las tentaciones que hemos experimentado desde nuestra última reunión.
5. Terminar cada reunión con una oración de acuerdo a las necesidades de cada persona presente.
6. Solicitar a alguno de entre nosotros que hable de su propia situación espiritual y luego pedir a los demás que, de manera ordenada, planteen en profundidad cuantas preguntas tengan concernientes a su estado, a sus pecados y a sus tentaciones.

Algunas de las preguntas propuestas a cada uno antes de ser admitido a nuestro grupo pueden ser las siguientes:

1. ¿Tienes el perdón de tus pecados?
2. ¿Estás en paz con Dios por medio de nuestro Señor Jesucristo?
3. ¿Posees el testimonio que el Espíritu mismo da a tu espíritu de que eres hijo de Dios?
4. ¿Se derrama el amor de Dios en tu corazón?
5. ¿Hay algún pecado, interior o exterior, que te domina?
6. ¿Deseas que te señalen tus faltas?
7. ¿Deseas que se te señalen todas tus faltas clara y llanamente?

---

[28] De Juan Wesley, *Obras completas*, ed. Justo L. González, 14 tomos (Franklin, TN: Providence House Publishers, 1996), 5:57-58. Redactado el 25 de diciembre de 1738. http://ccrosariosurweb.com/?p=215.

8. ¿Deseas que cada uno de nosotros comparta, de vez en cuando, lo que siente en su corazón respecto a ti?

9. ¡Considera lo siguiente! ¿Deseas que te digamos todo lo que pensamos, lo que tememos, lo que escuchamos, sobre ti?

10. ¿Deseas que al hacer esto indaguemos a fondo, llegando hasta lo más profundo de tu corazón?

11. ¿Es tu deseo y propósito ser, tanto en esto como en toda otra ocasión, completamente sincero para expresar lo que sientas en tu corazón, sin excepciones, sin engaños y sin reservas?

Cualquiera de las preguntas precedentes puede plantearse con la frecuencia que ofrezca la ocasión. Pero las cinco siguientes en cada reunión:

1. ¿Qué pecados conocidos has cometido desde nuestra última reunión?

2. ¿Con qué tentaciones te has enfrentado?

3. ¿Cómo fuiste liberado?

4. ¿Has pensado, dicho o hecho cosa alguna que haya provocado en ti la duda de haber pecado?

5. ¿Tienes algún secreto que deseas guardar para ti?

LOS "ULTRACARISMÁTICOS" DE CORINTO Y LOS PENTECOSTALES DE AMÉRICA LATINA COMO LA RELIGIÓN DE LOS MARGINADOS[1]

RESUMEN

Este documento surge de la investigación sobre 1 Corintios desde un medio ambiente latinoamericano. Muestra el valor de estudiar la palabra de Dios desde perspectivas del mundo diferentes al Primer Mundo, particularmente con respecto a los temas de estatus social y los jarismata *en la iglesia del primer siglo. La opinión de la mayoría es que 1 Corintios fue escrita para corregir un "entusiasmo neumático", con diversos componentes tales como la negación de la resurrección, igualitarismo y triunfalismo. De ello se deduce que la enseñanza acerca de los* jarismata *en los capítulos 12-14 es dirigida contra esa misma perspectiva. Nosotros argumentaremos que la mayor parte de la carta está dirigida a cristianos quienes incursionaron en la filosofía como una señal de su ascenso social. Pero luego, usando apreciaciones sociológicas del Corinto romano y de la iglesia contemporánea latinoamericana, nosotros propondremos que los capítulos 12-14 hablan a los marginados de la iglesia. Ellos se habían vuelto a los* jarismata *más llamativos como un medio de crear una identidad*

---

[1] Originalmente publicado como "The 'ultracharismatics' of Corinth and the pentecostals of Latin America as the religion of the disaffected" por *Tyndale Bulletin* 56.2 (2005): 91-110. Citado con permiso del editor.

para sí mismos en una iglesia donde los elitistas recibían toda la atención. Así mientras que la gran parte de la carta es una fuerte reprimenda a los arrogantes elitistas, los capítulos 12-14 están dirigidos a los marginados ultracarismáticos, mostrándoles que todos los dones de Dios deben ser usados en el servicio amoroso del cuerpo.

I. INTRODUCCIÓN: 1 CORINTIOS 12-14 EN EL ÁMBITO DE LA CARTA

En 12:1 Pablo responde a una pregunta escrita con respecto a los dones del Espíritu.[2] El asunto principal era que algunos estaban ignorando la costumbre apostólica, la cual el apóstol reafirma en el capítulo 14. Ante la falta de una mejor etiqueta, nos referiremos a ellos como "ultracarismáticos". Dada la respuesta de Pablo, nosotros argumentaremos más adelante que las lenguas estaban causando que algunos –ya sea que fuera su intención o no– se retiraran de la dinámica de grupo de la asamblea hacia el interior. Lo que es más obvio del texto es que el ruido e ininteligibilidad tendía a abrumar a los que querían unir al grupo mediante la enseñanza, canto, o revelación profética (14:26). John Hurd no da completamente en el blanco, en cuanto a, que los capítulos 12-14 son "un largo ataque sobre la noción que el hablar en lenguas era la única o mejor manifestación del Espíritu trabajando en la iglesia".[3] Esto puede haber sido un asunto específico en la carta de 1 Corintos, pero la crítica mayor de Pablo tiene que ver con usar cualquier *jarisma* sin el debido cuidado a la necesidad de la iglesia de la edificación corporativa.

Mucha confusión se ha causado en esta coyuntura por la introducción de la palabra "extático", un término de definición resbalosa. Nada en el capítulo 14 necesariamente demanda la experiencia de consciencia más

---

[2] El adjetivo πνευματικῶν/*pneumatikōn* puede ser masculino o neutro. Si se toma como el género *neutro*, se traduce tal como en la RVC ("Hermanos, no quiero que ignoren lo relacionado con los *dones espirituales*") o "las cosas espirituales" o aun mejor, "las cosas del Espíritu"; así la mayoría de las versiones en inglés, alemán, francés y español, mayoría comentarios. El neutro está indicado por el paralelismo en 1 Cor 14:1.

[3] John C. Hurd, Jr., *The origin of 1 Corinthians* (2a edición; Macon, GA: Mercer, 1983), 192. Hurd correctamente rechaza (186-87) que la iglesia hubiera preguntado acerca del discernimiento de las manifestaciones espirituales, como opina Crisóstomo, *Homilías sobre 1 Corintios* 29.1-3; también Wolfgang Schrage, *Der erste Brief an die Korinther* (EKKNT 7/3; Neukirchen-Vluyn: Neukirchener, 1991-2001), 3:117-26.

elevada. Ni vemos evidencia que los corintios estuvieran tomando su estímulo de la conducta frenética de la profecía pagana.[4]

Lenguas en Corinto databan más bien de la fundación de la iglesia, siendo Pablo mismo un enérgico practicante de ese *jarisma* (14:18). Pero ¿cuál era la fuente de esta nueva onda ultracarismática que surgió en los siguientes tres, o más, años desde su primera obra en esa ciudad, y cómo se relacionaba con las otras fallas corintias? Y ¿cómo calzan los capítulos 12-14 con el resto de la carta de Pablo?

1. ¿Era uno de los partidos de 1 Corintios 1:12 ultracarismático?

Sería genial hipotetizar una única causa para todos los problemas corintios si esto se considerara viable. En ese caso, los ultracarismáticos serían una manifestación de una aberración de raíz teológica.

Un acercamiento es verlos como un partido teológico. Hace un siglo y medio, la "teoría de Tubinga" de F. C. Baur (o el criticismo *Tendenz*) vio en los cuatro nombres de 1:12 una prueba de su comprensión de la epístola y de hecho de todo el cristianismo primitivo.[5] Él usó la filosofía hegeliana para enfrentar los reaccionarios judaizantes devotos de Pedro contra los universalistas, los adherentes progresistas de Pablo. Es decir, la lucha histórica de la tesis y antítesis en Corinto y otros lugares era conscientemente doctrinal. Desde Baur ha habido muchas teorías, aunque

---

[4] Véase el tratamiento completo y convincente por Christopher Forbes, *Prophecy and inspired speech in early Christianity and its Hellenistic environment* (Peabody, MA: Hendrickson, 1997). Para una perspectiva diferente véase Luke Timothy Johnson, "Tongues, gift of", en *Anchor Bible Dictionary* (New York: Doubleday, 1992), 6:596-600. Como un ejemplo de la confusión moderna de la profecía, lenguas, glosolalia, y discurso extático, véase Richard A. Horsley, "Spiritual elitism in Corinth", *NovT* 20 (1978): 203-312. En la página 228 él se dispone a demostrar que el "éxtasis profético es una experiencia climática, posiblemente la más alta experiencia espiritual en la religión de Filón". Sin lugar a dudas, en *Heredero* 264-65, Filón representa a Abraham como si estuviera en un trance en Gn 15:12: "cuando (el alma) llega a su ocaso, nos sobreviene, como es de esperar, un éxtasis y la Divina posesión y locura, ya que, cuando la luz Divina ilumina, ocúltase la humana; y, cuando aquélla se oculta, ésta surge y se eleva" (versión Triviño). Pero en el contexto literario y religioso esto no tiene nada que ver con la glosolalia, como Horsley desearía.

[5] Véase Stephen Neill, *La interpretación del Nuevo Testamento*, 1861-1986 (Madrid: Ediciones Península, 1967), *in loc.*

generalmente con un rechazo de su entramado hegeliano, en cuanto a qué doctrina estos dos, tres, o cuatro grupos teológicos promovían y cuál puede haber sido el partido de los ultracarismáticos.[6]

Otro punto de vista, uno que algunas veces se corre de la opinión de la mayoría de hoy (véase abajo) es que Corinto estaba infectado con un único competidor del evangelio de Pablo, la *Tendenz* del gnosticismo.[7] Esto asume que el gnosticismo era –por lo menos en forma de semilla– contemporáneo con el naciente cristianismo, no solo una herejía tardía. Por consiguiente, los corintios rechazaban la resurrección corporal de los santos y eran buscadores devotos de la γνῶσις/*gnōsis* (véase 1:5, 8:1, 13:8). Walter Schmithals ha sido el proponente clave de este punto de vista, pero su intento de correlacionar una supuesta herejía corintia con lo que conocemos del gnosticismo levanta serias preguntas metodológicas acerca de la existencia del gnosticismo en el primer siglo y acerca de la evidencia de la epístola que no calza con un modelo gnóstico.[8] Esta es la razón por la que algunos hoy en día prefieren vincular esta γνῶσις/*gnōsis* con una tradición mística de sabiduría derivada del judaísmo.[9]

2. ¿Estaba el ultracarismaticismo relacionado a la escatología realizada?

Que esta es ahora la explicación convencional es indicado cuando Jerome Neyrey pudo hacer el comentario improvisado: "Como todo el mundo sabe, algunos miembros de la iglesia corintia afirmaban compartir ya en el poder

[6] Véanse los intentos de Archibald Robertson y Alfred Plummer, *First epistle of St. Paul to the Corinthians*, ICC (2da edn; Edinburgh: T. & T. Clark, 1914), 11-13; Otto Kuss, *Die Briefe an die Römer, Korinther und Galater*, RNT (Regensburg: Pustet, 1940), 114, 120-21; T. W. Manson, "The Corinthian correspondence (I) [1941]". en *Studies in the Gospels and Epistles*, ed. M. Black (Manchester: Manchester University Press, 1962), 190-209; C. K. Barrett, "Christianity at Corinth (1964)", en *Essays on Paul* (Philadelphia, PA: Westminster, 1982), 1-27 – de definir precisamente las inclinaciones de cada uno de los cuatro grupos. Aplaudimos que los estudios recientes han tendido a tener cuidado con exceso de confianza en las reconstrucciones históricas, especialmente en casos como este, donde la evidencia es escasa o inexistente.

[7] Walter Schmithals, *Gnosticism in Corinth: an investigation of the letters to the Corinthians*, tr. J. E. Steely (Nashville, TN: Abingdon, 1971).

[8] Véase por ejemplo la respuesta por R. McLachlan Wilson, "How Gnostic were the Corinthians?" *NTS* 19 (1972-73): 65-74.

[9] Por ej., Birger Pearson, "Hellenistic Jewish wisdom speculation and Paul", en R. L. Wilken, ed., *Aspects of wisdom in Judaism and early Christianity* (Notre Dame: Notre Dame University Press, 1975), 43-66.

de la resurrección de Jesús".[10] Estos análisis disciernen en Corinto una ola de "entusiasmo carismático", "escatología sobre-realizada" o "neumaticismo".[11] Gordon Fee en su *Primera epístola a los Corintios* da un claro ejemplo:

- Para empezar, el asunto clave entre Pablo y los corintios es un problema teológico básico, "lo que significa ser 'espiritual'" (*pneumatikos*) (Fee, 9).

- Así los corintios afirman que nosotros reinamos como reyes ahora; nosotros no deberíamos sufrir ahora: "Pablo, pues, considera que la actual jactancia de ellos por su condición espiritual (en 4:8) es equivalente a la suposición de que el reinado final de Dios ha comenzado ya" (197).

- La santidad tiene que ver con la persona interior, no con el cuerpo físico: los corintios excusaron sus visitas a prostitutas porque ellos aguardaban "una salvación 'espiritual' que por fin se despojaría del cuerpo" (292).

- El matrimonio es un anacronismo: "ellos creen estar por encima de la existencia meramente terrenal de los demás; el matrimonio pertenece a la edad presente que está caducando" (306).

- Las distinciones de género ya no aplican; las mujeres deben poner a un lado su velo: "la escatología espiritualizada de ellas incluyera también algún tipo de eliminación de la distinción entre los sexos" (564).

---

[10] Jerome H. Neyrey, *Paul, in other words: a cultural reading of his letters* (Louisville, KY: Westminster John Knox, 1990), 34, nuestra traducción. Note especialmente los principales comentarios por Wolfgang Schrage; Anthony C. Thiselton, *The first epistle to the Corinthians*, NIGNT (Grand Rapids, MI: Eerdmans, 2000); también el influyente artículo de Thiselton, "Realized eschatology at Corinth", *NTS* 24 (1978): 510-26. Véase también Gordon D. Fee, *Primera epístola a los Corintios*, tr. C. A. Vargas (Grand Rapids, MI: Nueva Creación, 1994); Hans Conzelmann, *1 Corinthians*, Hermeneia (Philadelphia, PA: Fortress, 1975), 14-16; D. A. Carson, *Manifestaciones del Espíritu: una exposición teológica de 1 Corintios 12-14* (Barcelona: Andamio, 2000).

[11] Hay una "confusión de lenguas" con respecto a estas etiquetas. Algunos proponentes de la perspectiva del "entusiasmo" lo perciben como un rechazo de la teoría gnóstica de Schmithals; otros lo entienden como siendo la misma teoría; otros todavía una modificación de ella. Un importante paralelo entre gnóstico, "neumático", "carismático" o cualquier otro modelo es que ellos tienden a enfatizar los mismos datos e interpretar aquellos datos en direcciones similares: por ejemplo, que "ustedes ya reinan" en 1 Cor 4:8 es una afirmación teológica-escatológica y no principalmente sociológica o actitudinal. Nosotros pensamos que los proponentes del "entusiasmo carismático" deberían ir aún más atrás para examinar lo que descansa detrás de las conclusiones exegéticas de la escuela "gnóstica" y ver si no hay mejores explicaciones de los textos específicos.

- Ellos afirman hablar en las lenguas de los ángeles como una completa dotación escatológica del Espíritu: "consideraran las lenguas como el idioma o los idiomas de los ángeles" (714).
- No hay (futura) resurrección, sino que la resurrección es espiritual o es escatología realizada: "Según ellos, mediante la recepción del Espíritu, y especialmente mediante el don de lenguas, habían ingresado ya en la verdadera 'espiritualidad' que ha de venir (4:8); ya habían iniciado una forma de existencia angélica... en la cual el cuerpo era innecesario y no se deseaba, y finalmente sería destruido..." (811).

Es decir, los corintios habían exagerado la propia enseñanza de Pablo sobre escatología realizada y dones carismáticos, y esto explica su triunfalismo y su uso peculiar de las lenguas. Aquellos que interrumpían las reuniones con las lenguas eran los mismos individuos quienes se gloriaban en su sabiduría, se jactaban de ser reyes y pensaban que estaban más allá de la pureza sexual. Pablo los contradice al subrayar el "todavía no" de su mensaje escatológico (especialmente en 4:8; 13:8-12; 15:23-28).

Una teoría unificada tal como el gnosticismo y/o el punto de vista del entusiasmo tienen el atractivo de la simplicidad. Pero esto no puede en sí mismo incitarnos a sobre simplificar o al uso selectivo de la evidencia, la debilidad que muchos ven en el acercamiento de Walter Schmithals. Yo encuentro aún la teoría "pneumática-entusiasta" poco convincente, sobre todo cuando vamos a los capítulos 12-14, donde hay poca evidencia de desacuerdo doctrinal entre Pablo y los ultracarismáticos. Su objeción como la encontramos en el texto es social y doxológica: tiene que ver con la práctica de los *jarismata* dentro del culto. Por lo que en los últimos tiempos ha surgido la explicación que el abuso de lenguas no es el fruto de una escatología diferente, sino de factores sociológicos, especialmente competencia de estatus dentro de las iglesias caseras.

3. ¿Eran las facciones en 1 Corintios 1:12 parte de una búsqueda de estatus social?

a. La búsqueda de estatus en Corinto romano

Nosotros somos ricos en nuevas apreciaciones sociológicas en el Corinto romano, nutridas por un siglo de trabajo arqueológico que solo se ha hecho más fructífero en las últimas décadas.[12] Corinto era una ciudad en la que el ascenso social era relativamente fácil. La adquisición y demostración de conocimiento era un indicador poderoso de estatus. Si "no muchos eran sabios" (1:26) cuando ellos se convirtieron, esto no los previno de escalar socialmente a través de (como vio el apóstol) la exhibición seudo-intelectual.

Sorprendentemente, esta apreciación corrobora una interpretación más antigua (véase Juan Crisóstomo, la Introducción a su *Homilías sobre 1 Corintios*; también 4.4): que los Corintios se había desviado a través de un ansia por la sabiduría filosófica. Ellos buscaban a través de la especulación racional una verdad más profunda que la que era ofrecida en la cruz, y desde ella un estatus más alto. Ellos competían en el cortejo de poderosos amigos al invitarlos a banquetes y al patrocinar maestros populares como clientes. Estos cristianos estaban abiertos a la influencia de las tendencias filosóficas predominantes, tales como el estoicismo, llevándolos a rechazar la resurrección de los santos mientras que al mismo tiempo confesaban la resurrección de Jesús. Su atracción por Apolos, Cefas y Pablo (¿y a un partido de Cristo?) estaba basada en el estatus que sus personas comunicaban. Y la incomodidad de Pablo de recibir apoyo financiero surgía de su indisposición de ser adoptado por un patrón que obtiene beneficios por tener un famoso apóstol como cliente.[13]

---

[12] Véase especialmente Gerd Theissen, *Estudios de sociología del cristianismo primitive*, BEB 51 (Salamanca: Sígueme, 1985); Andrew D. Clarke, *Secular and Christian leadership in Corinth: a socio-historical and exegetical study of 1 Corinthians 1-6*, AGJU, 18 (Leiden: Brill, 1993); Ben Witherington III, *Conflict and community in Corinth* (Grand Rapids, MI: Eerdmans, 1995); Bruce W. Winter, *After Paul left Corinth: the influence of secular ethics and social change* (Grand Rapids, MI: Eerdmans, 2001); los comentarios por Anthony C. Thiselton y Wolfgang Schrage. Una mención especial debe ir a los artículos regulares en el *Tyndale Bulletin*, particularmente – David W. J Gill, "The importance of Roman portraiture for head-coverings in 1 Corinthians 11:2-16", *TynBul* 41 (1990): 245-60; "The meat market at Corinth (1 Corinthians 10:25)", *TynBul* 43.2 (1992): 389-93; Dirk Jongkind, Dirk, "Corinth in the first century AD: the search for another class", *TynBul* 52.1 (2001): 139-48; G. W. Peterman, "Marriage and sexual fidelity in the papyri, Plutarch and Paul", *TynBul* 50.2 (1999): 163-72; David Instone-Brewer, "1 Corinthians 7 in the light of the Graeco-Roman marriage and divorce papyri", *TynBul* 52.1 (2001): 101-15; "1 Corinthians 7 in the light of the Jewish Greek and Aramaic marriage and divorce papyri", *TynBul* 52.2 (2001): 225-43.

[13] Véase el buen resumen del padrinazgo por Janet M. Everts, "Financial support", en *Dictionary of Paul and his letters* (Downers Grove, IL: IVP, 1993), 295-300.

b. Pablo responde, "teologizando" problemas que los corintios no necesariamente ven como teológicos

Podemos ir un paso más allá: no es evidente a partir del texto que había consciente faccionalismo doctrinal en Corinto. Pablo está en desacuerdo con los partidarios de 1:12, no por algún enfoque peculiar doctrinal, sino debido al partidismo mismo. Él resuelve el problema al mostrar a todos los partidarios en los capítulos 1-4 que ellos han malinterpretado el recién revelado (y por su misma naturaleza, unificador) evangelio de la cruz. Él así pretende "teologizar" –descubrir las raíces teológicas de– algo que ellos hicieron, algo que ellos no entendieron que fuera un asunto doctrinal.[14]

c. ¿Qué tiene esto que ver con los ultracarismáticos?

Exploremos si el abuso de lenguas era principalmente un fenómeno sociológico.

¿Eran las lenguas una búsqueda de la élite social?

¿Y si el "ascenso social" es la clave para su seudo-filosofar, su desdén por la moralidad convencional y sus banquetes? Algunos eruditos se preguntan si una demostración de lenguas también era parte de esta misma bolsa de trucos para acumular estatus. En esta lectura, los ultracarismáticos tenderían a venir de exitosos en la iglesia. John K. Chow afirma que "el hablar en lenguas podría haber sido usado por los poderosos para denigrar a las personas menos espirituales en la iglesia".[15] Richard A. Horsley ("Spiritual Elitism") desea echar la culpa a Apolos por introducir el pensamiento filónico en Corinto, haciendo su elitismo, negación de la resurrección, y la búsqueda de la profecía y las lenguas un producto de la devoción a Sofía.

---

[14] Algunos otros ejemplos de su "teologizar sobre lo social" pueden encontrarse en 1 Cor 11:17-34; Flp 4:2 en el contexto de la carta; 2 Ts 3:6-12; St 2:1-26; 3 Jn 9-11. Ni siquiera empezamos a catalogar los ejemplos en los evangelios, Hechos y el Apocalipsis.

[15] John K. Chow, *Patronage and power: a study of social networks in Corinth*, JSNTSS 75 (Sheffield: Sheffield Academic Press, 1992), 184-85.

Dale B. Martin se esfuerza mucho al argumentar que las lenguas eran ya un símbolo aceptado de estatus para los poderosos de la sociedad, dentro o fuera de la iglesia cristiana.[16] Él escribe que "en la ausencia de la perspectiva crítica provista por la 'racionalidad' moderna, la glosolalia en la cultura grecorromana –como el discurso esotérico en otras culturas premodernas– generalmente hubiera sido percibido como connotando alto estatus" ("Tongues", 558). Esta "parece casi siempre ser la característica de líderes entre grupos" (561). Por lo tanto, Martin se distancia de la moderna suposición que las lenguas están asociadas con la clase baja, a algunos datos debatibles que ellas pueden haber sido aceptables dentro de la élite, y luego a la conclusión que las lenguas eran un indicador de estatus. Sin embargo, esto es precipitado razonamiento *a priori* que resulta ser inadecuadamente apoyado por los datos. El único paralelo judío concreto ocurre en el *Testamento de Job*, donde las hijas de Job hablan en lenguas angélicas. Los paralelos grecorromanos sugieren una interpretación diferente.

Enfrentados con tan escasos datos, algunos eruditos, particularmente Martin, funden glosolalia y profecía en una única categoría de discurso extático. Es decir, si la profecía daba estatus, entonces las lenguas producían el mismo estatus. Pero como Christopher Forbes deja claro en su meticuloso estudio *Prophecy and inspired speech in early Christianity and its Hellenistic environment* (lanzado el mismo año que el de Martin *The Corinthian body*, 1995), la señal de espiritualidad, especialmente en el judaísmo, era la profecía, y no las lenguas ni la glosolalia; de hecho, el hablar en lenguas era sin duda una categoría desconocida.[17] Esto armoniza con el análisis de Pablo en 1 Corintios 12 y 14 donde él claramente distingue entre los dos *jarismata*.

---

[16] Dale B. Martin, *The Corinthian body* (New Haven, CT: Yale University Press, 1995), 88-92; pero especialmente su artículo, "Tongues of angels and other status indicators", *JAAR* 59 (1991): 547-89. En esta misma línea véase también Roy A. Harrisville, "Speaking in tongues: a lexicographical study", *CBQ* 38 (1976): 35-48; David E. Garland, *1 Corinthians*, BEC (Grand Rapids, MI: Baker, 2003), 586.

[17] Forbes, 262-63. Véase especialmente, Filón, *Gigantes* 61: Filón alegoriza Gn 6:4 para referirse a que hay tres tipos de humanos: aquellos nacidos de la tierra (los carnales), aquellos nacidos del cielo (los intelectuales), y aquellos nacidos de Dios (sacerdotes y profetas). Los profetas no son eufóricos, sino intelectuales quienes han fijado sus mentes en ideas incorpóreas. En esto Orígenes, *Celso* 7.4-7, hace eco de Filón quien contrasta al verdadero profeta con la pitonisa; el verdadero profeta es instruido, la pitonisa "sin letras"; el profeta es un hombre recto, la pitonisa una mujer pecadora; cuando es iluminado, el profeta recibe una mente clara (7.4), la pitonisa, una mente nublada.

¿Transmiten las lenguas un aura apostólica?

Nuevamente, volvemos a Crisóstomo para obtener perspectiva: él rastrea la fascinación con lenguas no al judaísmo o la sociedad grecorromana sino al precedente apostólico. Puesto que era el *jarisma* pentecostal original, y era practicado por el mismo Pablo (como eran bien conscientes los corintios, 14:18), entonces las lenguas consagran a alguien como más auténticamente apostólico.[18] Esto aparece dos siglos antes en Ireneo:

> Por eso dice el apóstol: "Entre los perfectos predicamos la sabiduría" (1 Cor 2:6). Con el nombre de "perfectos" designa a los que han recibido el Espíritu de Dios y hablan todas las lenguas gracias a ese Espíritu, como él (Pablo) mismo las hablaba.[19]

Este pasaje es citado por Martin (*Corinthian body*, 90-91), quien extrae la conclusión que las lenguas estaban asociadas con la élite de la sociedad

---

[18] Crisóstomo, *Homilías sobre 1 Corintios* 29.5, hace mención de la perspectiva corintia con el fin de refutarla; siendo la traducción *NPNF* poco clara en este pasaje, ofrecemos la nuestra propia – "Ahora supuestamente este don (de lenguas) era uno grande: en primer lugar, porque los apóstoles lo recibieron, y también porque muchos corintios lo obtuvieron. Pero esta no es la enseñanza de la Palabra". Nuestra perspectiva de Crisóstomo es apoyada por Forbes, 12; Hurd, 281; Wayne A. Meeks, *Los primeros cristianos urbanos: el mundo social del apóstol Pablo* (Salamanca: Sígueme, 1988), 201 – "(Un) medio de ganar prestigio e influencia" era "la conducta que los cristianos paulinos consideraban como manifestación directa del Espíritu de Dios"; también Margaret M. Mitchell, *The heavenly trumpet: John Chrysostom and the art of pauline interpretation*, HUT 40 (Louisville, KY: Westminster John Knox, 2002), 295 n. 451. En aras de la exhaustividad, debemos mencionar de paso la propuesta de Antoinette C. Wire, *The Corinthian women prophets: a reconstruction through Paul's rhetoric* (Minneapolis, MN: Fortress, 1990), a través de su mayor participación en el culto las mujeres estaban obteniendo estatus, provocando que Pablo restringiera su libertad.

[19] *Contra las herejías* 5.6.1, 566. Nuestra paráfrasis del pasaje por *ANF*, la cual aparentemente considera la última cláusula como una referencia al Espíritu. La sección es existente solo en latín (PG 7:1137) – "Propter quod et Apostolus ait: 'Sapientiam loquimur inter perfectos'; perfectos dicens eos qui perceperunt Spiritum Dei, et omnibus linguis loquuntur per Spiritum Dei, quemadmodum et ipse loquebatur". Que Pablo es el sujeto es igualmente permitido por el latín y calza mejor en el contexto. La iglesia primitiva dio mucha atención al *jarisma* de lenguas de Pablo; véase Juan Crisóstomo, *In principium Actorum apostolorum* 3.4 (PG 51:93; esta no es la misma que su mejor conocida serie de sermones *Homiliae in Acta apostolorum*, PG 60), quien argumenta que Pablo habló no con una lengua carismática, sino con muchas: "*lenguas más* que todos ustedes" (1 Cor 14:18) tomado como "*más lenguas* que todos ustedes" (nuestra traducción del griego).

grecorromana. Pero esto es absolutamente ajeno al punto de Ireneo, el cual es mostrar que la espiritualidad tiene que ver con poseer el Espíritu, no en negar el cuerpo carnal.

Si el apóstol ha instado anteriormente a la élite poderosa a buscar la verdadera sabiduría del Espíritu, no de la filosofía, entonces quien mejor que los ultracarismáticos para explorar los misterios divinos (cp. el uso de μυστήριον/*mustērion* en 2:1 [NA²⁷], 2:7 y 4:1 con 13:2 y 14:2)? Los ultracarismáticos podrían buscar estatus en lo que ellos percibían que era un valor apostólico, no uno de la sociedad.

¿Permitían las lenguas a algunos miembros recluirse en sí mismos en el cultus?

Pablo subraya que mientras los ultracarismáticos estaban siendo edificados como individuos, este no podía ser el propósito de cualquier *jarisma*. Por definición la iglesia es corporativa (12:19), y ninguna parte del cuerpo puede funcionar sola en la administración de Dios.

El principal pecado de algunos corintios era actuar en el *cultus* como si "Yo no tengo necesidad de ustedes" (12:21) y "Yo no soy responsable por su edificación" (cf. 12:7, 14:3-6, 12, 17-19, 26, 31). Ellos pueden no haber declarado esto en voz alta o haberlo desarrollado teológicamente; pero *de facto* ellos adoraban como si pudieran interactuar con Dios (14:2) sin necesidad de interactuar con el cuerpo y su sentimiento de euforia psicológica personal solo confirmaba sus instintos. El apóstol ve su dependencia de las lenguas para el estatus como arrogante en 12:15-21, pero sería comúnmente paulino si esto fuera su propio *análisis* de lo que significaba su auto-suficiencia más que un *informe literal* de lo que estaban haciendo realmente.[20] Nosotros podríamos, sin embargo, legítimamente aplicar la categoría de "estatus" a este fenómeno, los ultracarismáticos se conocían a sí mismos como agentes independientes mientras que otros cristianos no lo eran, y su discurso resultante era ruidoso y confuso.

Veamos hacia atrás a los siglos XX y XXI para ver quién pudo haber sido atraído a las lenguas en Corinto.

---

[20] Por consiguiente, no nos persuadimos por la orientación de Teodoreto de Ciro, citado en Gerald Bray y Marcelo Merino Rodríguez, eds., *1-2 Corintios*, La Biblia comentada por los padres de la iglesia 7 (Madrid: Ciudad Nueva, 1999), 176, que eran principalmente interesados en hacer alarde.

II. PROPUESTA DESDE UNA PERSPECTIVA DEL PENTECOSTALISMO LATINOAMERICANO

1. *La fricción entre clases es un factor en los problemas de los corintios*

Una vez que se pone en duda que la teoría de que la atracción por lenguas era para los que están en ascenso social o la clase élite, otra posibilidad se sugiere a sí misma, una que ha tenido fuertes ecos en el cristianismo de América Latina (sin mencionar en otras subculturas globales cristianas) desde la segunda mitad del siglo XX. Es decir, que la ola ultracarismática en Corinto era un derivado de la brecha entre ricos y pobres, entre el fuerte y el débil, entre los informados y la plebe supersticiosa.

Es probable que existiera tensión socioeconómica en Corinto, como se muestra en 1 Cor 11:17-34.[21] Pablo ha escuchado acerca de lo que está sucediendo previo a la Cena del Señor; él habla a la élite, pero en nombre de los desposeídos de la iglesia, representados tal vez por "la gente de Cloé". En una relevante obra, Gerd Theissen argumenta convincentemente que "el conflicto en la celebración de la cena del Señor es un conflicto entre cristianos pobres y ricos". Corintios con pretensiones a la sociedad estaban ofreciendo cenas privadas antes de la reunión cristiana con el fin de impresionar a sus poderosos amigos; más adelante en la tarde, "...la cena del Señor, en vez de fundamentar y representar la unidad del cuerpo de Cristo, fuera aprovechada como ocasión para demostrar las diferencias sociales".[22]

---

[21] Debemos reconocer el punto de vista fresco de Justin Meggitt, *Paul, poverty, and survival*, SNTW (Edinburgh: T. & T. Clark, 1998), de que había pocos cristianos de clase media o alta en las iglesias paulinas. Él argumenta que las afirmaciones de Pablo "¿Acaso no tienen casas donde puedan comer y beber?" (1 Cor 11:22) y "Si alguno tiene hambre, que coma en su casa" (11:34) no exigen que sus destinatarios poseyeran sus propios hogares magníficos peristilos. Esto podría ser así, pero nosotros argumentamos que las referencias de Pablo a personas tales como Febe, Filemón, y Aquila y Priscila necesitaban que por lo menos algunos de los discípulos poseyeran propiedades. Véase también la interacción con Meggitt por Dale B. Martin, "Review Essay: Justin J. Meggitt, Paul, Poverty and Survival", *JSNT* 24 (2001): 51-64; Gerd Theissen, "The social structure of Pauline communities: some critical remarks on J.J. Meggitt, Paul, Poverty and Survival", *JSNT* 24 (2001): 65-84; David L. Balch, "Rich Pompeiian houses, shops for rent, and the huge apartment building in Herculaneum as typical spaces for Pauline house churches", *JSNT* 27.1 (2004): 27-46.

[22] Páginas 264, 274 del ensayo "Integración social y acción sacramental: un análisis de 1 Cor 11, 17-34", capítulo 8 en Gerd Theissen, *Estudios de sociología*, 237-83. Véase también su "Los fuertes y los débiles en Corinto: Análisis socio-

A los otros creyentes se les hacía esperar afuera mientras que la élite disfrutaba de una cena tranquila en el *triclinium* y recibían el beneficio de ser incluidos.[23] En otra época, el príncipe Hamlet bromeó acerca de ese mismo viejo axioma: "¿Habrá quien adule al pobre? No". (*Hamlet*, Acto III, escena 2). Por su parte, Pablo teologiza su patrón de cenar y muestra que el evangelio debe ser aplicado aún a las fiestas de gala. Con la percepción profética él relaciona la alta tasa de muerte en la iglesia con avergonzar a los que no tienen riquezas.

2. Las divisiones entre clases pueden explicar la existencia de un grupo ultracarismático

Es una característica de la iglesia latinoamericana que el fervor pentecostal pueda ser correlacionado con bajo estatus social y económico. Cuando a mediados del siglo XX se convirtió en un movimiento de base comunitaria más que una importación del norte, el pentecostalismo se disparó entre los pobres.[24]

---

lógico de una disputa teológica", capítulo 7 en el mismo volumen. El caso de Meggitt (190) es débil aquí, que el comer sea del sacramento mismo: "La comunidad trataba los elementos de la cena del Señor (v. 20) como si fueran elementos de una comida normal (v. 21) con la consecuencia de que cuando la iglesia se reunía para comer (vv. 20, 33) algunos consumían todo el pan y el vino rápidamente (v. 33), dejando a otros, quienes eran menos rápidos en la captación, sin nada (v. 22)". Meggitt tiene que admitir que el atiborrarse de comida y las borracheras de los cuales Pablo los acusa son sumamente hiperbólicos. Él argumenta que a menos que esto fuera una fiesta de amor que se fue a los extremos, entonces la única explicación es que es el sacramento mismo.

[23] Theissen ("Los fuertes y los débiles en Corinto", 239-44) nos ha recordado también que el pobre de Corinto habría comido carne solo rara vez, y tal vez solo en combinación con días festivos paganos. Esto da a entender que el fuerte que come carne sin escrúpulos en los capítulos 8-10 coincide con aquellos que dan fiestas en el capítulo 11, donde exquisiteces de carne, ave y pescado serían servidas. Este enfoque podría de la misma forma ayudarnos a entender a los hermanos débiles: ellos estaban fuera del círculo de los educados y no compartían el "conocimiento" que los demonios que infectaban la carne no los dañarían. Esto tiene claros paralelos en el pentecostalismo de América Latina, el cual tiende a promover un dualismo maniqueo entre Dios y lo demoniaco. Véase Juan Sepúlveda, "Pentecostal theology in the context of the struggle for life", en *Faith born in the struggle for life*, ed. D. Kirkpatrick (Grand Rapids, MI: Eerdmans, 1988), 298-318, quien atribuye este dualismo a "una experiencia real de la negatividad y brutalidad mundo".

[24] Esta es la misma observación que Celso hizo, aunque sarcásticamente, contra los cristianos en general en la segunda mitad del siglo segundo, que su supuesta absurdidad lo hacía atractivo solo a las clases no educadas. Véase Orígenes, *Celso*

Entre otras bendiciones les dio un sentido de identidad del que ellos carecían. Juan Sepúlvada escribe de la iglesia brasileña en tanto que en la sociedad y en la iglesia ellos eran marginalizados, "en el pentecostalismo cada creyente es un directo y legítimo productor de su mundo religioso. Ellos por tanto desafían no solo la forma tradicional de hacer religión, sino la misma estructura de una sociedad clasista", aunque en formas no políticas.[25]

Bryan Wilson en su estudio paradigmático *Magic and the millennium* describe algunas sectas americanas (y otras) tribales como "aislacionistas", es decir, que llevan al "establecimiento de una comunidad separada preocupada con su propia santidad y sus medios de aislamiento de la sociedad más amplia".[26] Nosotros no debemos llevar esto demasiado lejos, puesto que los pentecostales se congregan con cristianos que piensan parecido y forman iglesias, denominaciones y cuasi-denominaciones. Sin embargo, Wilson sí nos provee con una legítima mitad de la imagen: "Al adoptar el modelo denominacional de las misiones protestantes, los movimientos taumatúrgicos han transformado la demanda protestante por "cada hombre un sacerdote" a por "cada hombre un taumaturgo"… (sin embargo) el *jarisma* individual debe ser validado en una comunidad carismática, en la cual los dones sean manifestados en algún sentido para el beneficio corporativo" (170). Debemos agregar a esto la otra verdad, que, dentro de tales comunidades, individuos a veces practican sus *jarismata* en aislamiento uno del otro.

En América Latina, la clase socioeconómica es solo relativamente estática: la conversión al evangelio, por ejemplo, tiene probables beneficios para el marginalizado. Estos vienen casi inmediatamente cuando hay libertad del abuso del alcohol y la desintegración familiar y la introducción de una nueva ética de trabajo. En la siguiente generación podría haber educación universitaria y creciente estatus social. Esto puede llevar a un viraje, no solo en estatus, sino también en teología, tan extremo como parece ser el pentecostalismo parece cada vez menos relevante a los creyentes de segunda y tercera generación.[27]

3.44; 7.4-7 y el cuidadoso análisis de la opinión de Celso por Thomas W. Gillespie, "A pattern of prophetic speech in First Corinthians", *JBL* 97/1 (1978): 74-95.

[25] Juan Sepúlveda, "Religion and poverty in Brazil: a comparison of Catholic and Pentecostal communities", en *New face of the Church in Latin America: between tradition and change*, ed. G. Cook (Maryknoll, NY: Orbis, 1994), 72, nuestra traducción.

[26] Bryan R. Wilson, *Magic and the millennium: a sociological study of religious movements of protest among tribal and third-world peoples* (New York: Harper & Row, 1973), 24, nuestra traducción.

[27] José Míguez Bonino, "The Pentecostal face of Latin American Protestantism" en *Faces of Latin American Protestantism*, tr. E. L. Stockwell (Grand Rapids, MI:

Además del ascenso social para cristianos, hay una reorganización de estatus interno. Después de décadas de crecimiento el pentecostalismo de América Latina ha desarrollado su propia jerarquía, usualmente en desacuerdo con previos arreglos de estatus.[28] Pero aquí debemos recordar que Corinto está lejos de esta situación. Los ultracarismáticos de Corinto están redefiniendo su estatus, pero no tienen oportunidad –tal vez ni deseo– de tomar el poder. Seremos cautos al referirnos a su actividad como subversión directa. Su objetivo es afirmarse a sí mismos y a los demás su propio valor, de este modo socavando los valores de la clase más alta a través una posición ventajosa mística con Dios.[29]

En Corinto, los pobres y los sin conexiones no tenían ninguna posibilidad de impresionar a otros con libros y filósofos contratados ni conversación

---

Eerdmans, 1997), 69, nuestra traducción, afirma que "puede ser que muchos pentecostales son pobres o marginados, pero como un todo ellos representan ahora una fuerza social y política". Él se pregunta si el pentecostalismo es ahora "amenazado por los mismos factores sociales que hicieron posible su desarrollo". Véase también Manuel J. Gaxiola, "The Pentecostal ministry", *International Review of Missions* 66 (1977): 57. Para una útil reseña de lo que sucede cuando los que una vez fueron marginados se vuelven parte de la élite, véase W. J. Hollenweger, "The Pentecostal elites and the Pentecostal poor: a missed dialogue?", capítulo 9 en *Charismatic Christianity as a global culture*, ed. Karla Poewe (Columbia, SC: University of South Carolina Press, 1994); también Paul Freston, "Charismatic Evangelicals in Latin America: mission and politics on the frontiers of Protestant growth", en *Charismatic Christianity: sociological perspectives*, ed. S. Hunt, M. Hamilton and T. Walter (Basingstoke: MacMillan, 1997), quien grafica el crecimiento del pentecostalismo de clase media.

[28] André Droogers, *Algo más que opio* (San José, CR: DEI, 1991), 26; R. Andrew Chesnut, *Born again in Brazil: the Pentecostal boom and the pathogens of poverty* (New Brunswick, NJ: Rutgers, 1997), particularmente el capítulo 6: "Authoritarian assembly: Church organization". Chesnut muestra cómo la iglesia pentecostal (en este caso, las Asambleas de Dios en Brasil) podría moverse hacia una estructura de liderazgo sumamente autoritaria. Aquellos que obedecen a la cabeza reciben favores y aquellos que no lo hacen dejan de avanzar. "En realidad, la cabeza de la iglesia decide sobre asuntos importantes a puerta cerrada con una camarilla de pastores". (130) Esto tiene un paralelo histórico en el montanismo. Si Tertuliano (*Jejuniis* 11) solicita una versión más democrática del cristianismo con su "(nosotros) somos todos sacerdotes de un solo Dios el Creador y de Su Cristo", entonces su movimiento estaba rápidamente moviéndose hacia una jerarquía tan rígida como cualquiera: véase William Tabbernee, "Montanist regional bishops: new evidence from ancient inscriptions", *JECS* 1 (1993): 249-80. Para tomar un ejemplo: aunque el montanismo y algunos pentecostales contemporáneos formalmente abogan un lugar para las mujeres carismáticas en la estructura de liderazgo, con la organización en curso ellos podrían una vez más dejar a las mujeres y otros grupos alienados al margen.

[29] Meeks, 202, especula que había dos "diversos modos de poder" en Corinto. Así, con respecto a lenguas, "no es extraño que surja el conflicto entre la conducta posesa y otras formas más estructuradas de poder".

inteligente de banquete. En lugar de esto, estos cristianos se distinguirían en áreas donde el estatus mundano no importaba, de hecho, era un impedimento: ellos estaban "hablando no a seres humanos sino a Dios" y "hablando misterios en el Espíritu" (14:2). En el *cultus*, los ultracarismáticos no solo experimentaban contacto directo con Dios, sino también eran liberados de su dependencia de sus "superiores" para enseñanza y administración.

3. *1 Corintios 11 y 12-14 son dos lados de una sola ruptura social*

El περὶ δὲ/*peri de* en 12:1 ("en cuanto a") muestra que los corintios habían preguntado acerca de πνευμάτικα/*pneumatika*.[30] A pesar de la ausencia de περὶ δὲ/*peri de* en 11:2-16, es probable que los corintios también hubieran escrito acerca de los velos para las mujeres. 11:17-34 trata con la Cena del Señor: ¿ los corintios habían preguntado a Pablo sobre esto, que el apóstol tampoco se molesta en marcar con περὶ δὲ/*peri de*? En este caso, no. Es más probable que su información hubiera llegado extraoficialmente, de los alienados. Nadie estaba abusando del rito en sí (contra Conzelmann, 14; Meggitt, 190), pero un crimen sale a la luz si uno lo examina, como lo hace Pablo, en conexión con la fiesta ofrecida de antemano (así Lietzmann; Thiselton; Garland). Así, él interrumpa sus respuestas a las preguntas escritas y responde a una cuestión no oficial:

- Los corintios habían escrito: Con respecto a las reuniones de la iglesia (no περὶ δὲ/*peri de*) ¿Qué tan serio hablaba cuando usted dijo que las mujeres debían usar velos en la reunión?
- Pablo responde que él había hablado en serio. 11:2-16.
- Pablo entonces interrumpe, extrayendo de otras fuentes de información de Corinto (de nuevo, sin περὶ δὲ/*peri de*). Y, por cierto, ya que estamos hablando de sus reuniones: ¿no saben ustedes que la Cena del Señor debería mostrar la iglesia en su forma más unificada en amor? 11:17-34.
- Los corintios habían escrito: En cuanto a (περὶ δὲ/*peri de*) los dones espirituales. ¿Es verdaderamente cierto que esta nueva manera de hablar en lenguas es una señal de profundidad espiritual? 12:1-14:39.

---

[30] Contra Margaret M. Mitchell, "Concerning PERI DE in 1 Corinthians", *NovT* 31, 3 (1989): 229-56.

En otras palabras, el apóstol mismo escogió 11:17 como la localización para su enseñanza sobre la Cena del Señor. Los lectores pueden bien preguntarse por qué esta sección no sigue inmediatamente en el capítulo 10, el cual después de todo había tenido que ver con comidas sacramentales, la unidad del cuerpo de Cristo, el principio de rendir los propios derechos (ἐξουσία/*exousia*) para edificar a los compañeros cristianos y el crimen de ofender a la iglesia de Dios (10:32). Si quitamos 11:2-16 y el texto fluiría muy bien.

Podría ser que 11:17-34 está aquí simplemente para proveer balance para la epidíctica, la fórmula "Te alabo en X, No te alabo en Y", Pero nosotros proponemos mejor que esta sección es colocada intencionalmente aquí, y que hay una conexión más fuerte entre 11:17-34 y los capítulos 12-14 de lo que es obvio en la superficie. La sección termina con la élite y los marginados comiendo aparte. Es en este punto que Pablo se vuelve a su pregunta sobre los dones espirituales. Él entra en una larga discusión donde una vez más él toca sobre la unidad del cuerpo y el supremo valor del amor. Él finalmente deja en claro en el capítulo 14 lo que es insinuado en retrospectiva en 12:28-31, esto es el *jarisma* de lenguas que algunos han estado usando mal.

¿Es posible que 12:1 siga a 11:34 porque hay dos caras de un único asunto, es decir, fallas en la asamblea que se derivan de la tensión entre clases en Corinto? Por un lado, un grupo elitista dividía la iglesia con sus exclusivas invitaciones a cenar, una convención social que hubiera transcurrido sin cuestionar por la mayoría. Sin embargo, Pablo lo ve por extensión como una violación de la Cena del Señor y sancionable con enfermedad o incluso muerte (11:30). Por otro lado, algunos (¿otros?) estaban sobre utilizando las lenguas en la asamblea y encerrándose en sí mismos. Aunque ellos también estaban en error, los ultracarismáticos por lo menos compartían la apreciación de Pablo de la centralidad del Espíritu. El apóstol simplemente canaliza su energía hacia un valor más alto, que la verdadera persona del Espíritu usa su *jarisma* para otros. Ellos erraron solo al ser "niños" (14:20; cp. esto con el lenguaje más rígido en 3:17, 4:8, 4:21; o aun 11:18-19, el cual yo considero irónico y dirigido a los elitistas[31]), pero nadie sería herido de muerte por hablar demasiado en lenguas.

---

[31] Como lo hace Richard A. Horsley, *1 Corinthians*, ANTC (Nashville: Abingdon, 1998), 159.

4. El abuso de las lenguas era un "símbolo de anti-estatus" y un medio de retraerse

Las facciones en 1:12 estaban peleándose unos con otros por estatus. Al mismo tiempo, las lenguas llegaron a ser un símbolo –mejor un símbolo de anti-estatus– una reacción contra la competencia de estatus en curso. Estos ultracarismáticos tal vez no eran partidarios de ninguno de los grupos de 1:12; ellos estaban excluidos o se retiraron de esa competencia, y tal vez la encontraron desagradablemente opuesta al evangelio que les habían enseñado.

Es probable que, mientras la epístola completa está dirigida a toda la iglesia, ciertas porciones son para individuos particulares o grupos. Naturalmente, cualquier teoría debe ser tentativa: uno podría pensar, por ejemplo, de la noción que las dos cartas tesalónicas fueron escritas, una a los judíos y una a los gentiles. Sin embargo, en 1 Corintios especialmente, hay fuertes indicadores internos que Pablo está dirigiéndose ahora a uno, ahora a otro grupo. Primero, él señala que *algunos* corintios estaban siguiendo el error griego de buscar "sabiduría" (1:22); presumiblemente otros no lo estaban, pero todos los corintios escucharían los capítulos 1-4. *Algunos* construyeron sabiamente sobre el fundamento apostólico de la iglesia, pero todos los "constructores" escucharían las advertencias a los constructores imprudentes en 3:10-15. *Una persona* demandó a un hermano, pero ahora todos tendrán que permanecer sentados durante el sermón (6:1-8). *Algunos* iban donde prostitutas, pero todos serán advertidos (6:15-20). La iglesia completa escucha en el capítulo 7 enseñanzas dadas a personas de estatus civil específico; los "instruidos", los débiles y aquellos en medio de todos prestan atención a todas las enseñanzas de los capítulos 8-10. En el capítulo 11, él habla ahora a *mujeres*, ahora a toda la iglesia; él principalmente corrige a *algunos* que abusaron de las lenguas, pero también a *algunos* que abusan de la profecía, o (capítulo 12) cualquier *jarisma*. Luego, "*algunos* de ustedes dicen que no hay resurrección de los muertos", pero todos ellos escucharán las pruebas de la doctrina apostólica. Por lo tanto, existe un precedente para una hipótesis de que un sub-grupo abordado en una sección de la carta no es idéntico a otro abordado en otro lugar.

1:10-4:21 y 11:17-34 reprueban a los trepadores sociales. Pero en los capítulos 12-14 Pablo señala que otros también están tratando de competir, no obstante, en una forma poco común. Solo era en la reunión de la iglesia que ellos se podían liberar y ser especiales: nadie les podría prohibir ya fuera el estar centrados en sí mismos o el ser el ruidoso centro de atención, ya que era la obra del Espíritu. Y por último sería el elitista, el menos probable de querer verse extraño o tonto, quien se sentiría como un "extranjero" (βάρβαρος/*bárbaros*, 14:11). Pablo, por su parte, lanza a todos los miembros de la iglesia en esa categoría social reprobable, porque ya sea que un miembro sea dotado con lenguas o no, todos los miembros están escuchando a otros miembros hablar idiomas extraños; irónicamente, aún los ultracarismáticos están siendo alienados en algún nivel por el *jarisma*. Pero al final, nosotros debemos modificar el pensamiento de Thiselton, quien dice que a "los 'dotados' difícilmente parece importarles si los creyentes menos 'dotados' de alguna manera se sienten separados o de segunda-clase".[32] Esto es leerlo al revés: antes bien, los dotados estaban haciendo un mal uso de sus dones porque *ya* los habían hecho sentir de segunda-clase, al ser privados del *triclinium*.

Existen paralelos de esto a lo largo de la historia de la iglesia, aunque nuestros ejemplos tienen que ver con profecía en lugar de lenguas:

1. Estatus y jerarquía: Montano provee algunas comparaciones útiles a los corintios. Él era visto como el malo en parte porque él ignora la jerarquía de Frigia, continuó profetizando después de ser excomulgado, y dependió de su don profético y personalidad magnética para mandar a sus seguidores.[33] Existía también una tradición que él era un recién convertido (Eusebio, *Historia de la iglesia* 5.16) y que había sido un sacerdote pagano antes de su conversión (Dídimo el Ciego, *Sobre la trinidad* 3.41). Sus dones carismáticos probablemente le ayudaron a hacer el salto lateral de sacerdote a profeta sin una pérdida de estatus.

2. Estatus urbano: Puesto que el montanismo era principalmente un movimiento rural, sufría del prejuicio de los moradores de la ciudad. Además, no calzaba fácilmente dentro de órbita de la jerarquía de la iglesia, cuyos obispos estaban situados en ciudades.[34]

---

[32] Thiselton, *1 Corinthians*, 799, nuestra traducción.

[33] Martin, *Corinthian body*, 89, usa a Montano para probar que las lenguas conferían un estatus más alto en el movimiento, y que los montanistas de menor estatus lo eran porque carecían del don. Nosotros respondemos que el hablar en lenguas no era parte de una experiencia montanista única, y que cualquier suposición acerca de cuáles *jarismata* poseían los montanistas de clase baja es pura especulación.

[34] Véase D. H. Williams, "The origins of the Montanist movement: a sociological analysis", *Religion* 19 (1989): 331-51.

3. Estatus y género: Ireneo no era enemigo del discurso carismático por hombres o mujeres (*Contra las herejías* 3.11.9; véase también Justino Mártir, *Diálogo con Trifón* 87-88). Sin embargo, él estaba totalmente anuente a archivar su igualitarismo cuando sus oponentes encontraron apoyo entre las mujeres, a quienes él consideró crédulas y emocionales. En 1.13.1-3 él se queja de un cierto Marcos, quien se dedicó especialmente a mujeres; él hace a una mujer profetizar jugando con sus emociones, "su corazón se pone a palpitar fuertemente". Los polemistas Hipólito (siglo III) y Epifanio (s. IV) también objetaron a las mujeres carismáticas, pero otra vez, solo cuando ellas profetizaban para la oposición.[35]

Así los nuevos convertidos, rústicos, mujeres y los que generalmente eran relegados encontraron nuevo estatus y auto-afirmación esquivando la estructura eclesiástica e involucrándose en actividad no tradicional, marginal, carismática. Asimismo, los ultracarismáticos en Corinto estaban despreciando el sistema de estatus romano que había fascinado a algunos de la iglesia. Así que, ¿qué si los *arribistas* en Corinto valoraban la capacidad de enseñar con habilidades retóricas? El pobre podría retraerse en las lenguas, adorando a Dios en el Espíritu y al mismo tiempo escondiendo su falta de sofisticación detrás del manto del discurso indescifrable.

5. La respuesta de Pablo con respecto a los jarismata

La refutación de Pablo opera como sigue:

1. Sí, el hablar en lenguas un verdadero *jarisma*. Sin embargo, lenguas aisladas y sin traducir en ninguna forma edifican la iglesia; en algunas formas la dañan.

---

[35] Cf. Hipólito, *Refutación de todas las herejías* 7.26; 8.12; Epifanio, *Panarion* 49. Véase Gary S. Shogren, "Christian prophecy and canon in the second century: a response to B. B. Warfield", *JETS* 40/4 (Dec 1997): 609-26 (disponible como el capítulo 10 en este tomo). Véase también Christine Trevett, *Montanism – gender, authority and the new prophecy* (Cambridge: Cambridge University Press, 1996), quien en mi opinión deja insuficientemente explorados algunos de los fascinantes asuntos de género insinuados en el título.

2. El propósito de cualquier *jarisma* es edificar la iglesia, no al individuo dotado. Cualquiera que es espiritual también –principalmente– se destacará en ἀγαπή/*agapē* y por ende tendrá la edificación como su propósito. Además, la oración individual puede hacerse en otro momento y lugar.
3. Por lo tanto: los que hablan en lenguas deberían orar por un *jarisma* adicional, por ejemplo, interpretación o profecía.

Todo esto aclara lo clave que es el peán al amor cristiano en el medio de este conjunto de tres capítulos.[36] Retóricamente, Pablo da un paso atrás y dicta un *egressio*, una exhortación generalizadora. Él muestra en el capítulo 13 como lo hizo en 8:1-3 que el origen de sus problemas es la falta dc ἀγαπή/*agapē*.

Existen implicaciones pastorales al método de Pablo en la epístola. Él desnuda a los elitistas de sus chucherías mundanas; pero él también toma de los marginados su única ficha de estatus, la cual de igual manera está distrayéndolos del verdadero servicio. Por el bien del amor cristiano, se les dice que cesen de "abandonar" el cuerpo de Cristo para tener una experiencia individualista. Su lengua es propiedad de la comunidad, y debe ser traducida para todos; o ellos deben profetizar y entregar su mensaje para el discernimiento de los otros; o quizás ellos deben enseñar, pero estar limitados a su estilo rudo, sin modales; pcro todo esto y más es posible con el poder del Espíritu.[37] La solución del evangelio no es retraerse, ni huir, ni la subversión, ni la conformidad al orden existente establecido por los "fuertes", sino el servicio intencional, voluntario, espiritual (Espiritual) en ἀγαπή/*agapē*.

CONCLUSIÓN

Los ultracarismáticos fueron extraídos de los socialmente marginados de la iglesia corintia. Ellos se aferraron a lenguas como un medio de ensimismarse y volverse hacia a Dios pero apartándose del cuerpo de Cristo, especialmente durante las reuniones. Al hacer esto ellos desdeñaban los

---

[36] Véase James Patrick, "Insights from Cicero on Paul's reasoning in 1 Corinthians 12-14: love sandwich or five course meal?", *TynBul* 55.1 (2004): 43-64.
[37] Así el comentario de Calvino sobre 1 Cor 14:1, https://ccel.org/ccel/calvin/calcom39/calcom39.xxi.i.html.

valores de sus "mejores" sociales al enfatizar su conexión con el Espíritu de Dios y su desconexión de la tontería de la sabiduría del mundo, adulación y estatus.

América Latina ha tenido décadas de desarrollo desde un punto de partida similar. Hoy en día uno podría señalar otras características que han crecido desde esa matriz:

- El rechazo de los valores "mundanos" puede tomar la forma de anti-intelectualismo. Mientras que por un lado muchos cristianos valoran la educación o la ven como una bendición divina, otros la ven dualísticamente como una herramienta del mal. Ellos contrastan el poder carismático del pentecostalismo con la supuesta esterilidad de grupos que (también) valoran el intelecto.[38]

- Batallas regularmente brotan entre individuos, líderes y grupos pentecostales acerca de quién es más carismáticamente dotado.

- El liderazgo carismático de mujeres o los crónicamente pobres, mientras que está afirmado formalmente, es desalentado en la práctica por una estructura jerárquica emergente. En el caso de la pobreza, puede ser asumido tácitamente que una verdadera persona del Espíritu hubiera dejado la pobreza atrás.

- La prosperidad material es reinterpretada no como una señal de estatus mundano de clase (elitismo) sino como una señal de estatus espiritual (fe inusual que lleva a la prosperidad).

Quizás nosotros vemos en América Latina como se vería una iglesia paulina si no se hubiera controlado a los ultracarismáticos. Pero seamos cautos de leer una situación desarrollada en una iglesia de Corinto que solo había tenido un puñado de años para evolucionar.

---

[38] Con respecto al reto de la educación teológica dentro del ámbito de la anti-educación de la iglesia pentecostal de Chile, véase Juan Sepúlveda, "El desafío de la educación teológica desde una perspectiva Pentecostal", *Ministerial formation* 87 (Oct 1999): 35-41.

Capítulo 15

LA IGLESIA DEL 'BASTÓN DE LA PALABRA': CÓMO EL CONTROL DEL MICRÓFONO REEMPLAZA LA OBRA DEL ESPÍRITU EN EL CULTO

Pablo les recuerda a los corintios que "ustedes son templo de Dios y que el Espíritu de Dios habita en ustedes" (1 Cor 3:16); Pedro lo reafirma con otras palabras, "ustedes son como piedras vivas, con las cuales se está edificando una casa espiritual. De este modo llegan a ser un sacerdocio santo, para ofrecer sacrificios espirituales que Dios acepta por medio de Jesucristo" (1 P 2:5). O, como escuchamos tan frecuentemente: "La iglesia no es el edificio, sino la congregación". Esa no es solo alguna verdad abstracta, sino una a la que Dios espera que honremos y celebremos, especialmente en nuestros servicios de adoración. Eso podría aún afectar nuestra gramática espiritual: la oración "En el día del Señor, *adoramos* a Dios" es la forma adecuada de expresarlo. Adorar es un verbo en plural de la primera persona, y el referente implícito "nosotros" significa *todos nosotros que estamos presentes*, quienes en conjunto hacemos el verbo "adorar".[1] Como alguien dijo, el domingo en la mañana, todos somos los adoradores y Dios es una audiencia de Uno.

Pero eso levanta una pregunta: ¿Qué hay de esas iglesias que usan otro modelo de pensamiento y de discurso? En sus casos, la gramática espiritual

---

[1] La frase "adorar es un verbo" ha sido muy popular en inglés y es el título de un libro de Robert E. Webber. En español, bajo la influencia de Webber yo creo, es "adorar es un verbo".

ha cambiado de la primera persona a la *tercera:* "En el día del Señor, ELLOS (los pocos o quizá lo muy pocos) adoran, y NOSOTROS (los muchos en la audiencia) miramos y mostramos nuestra apreciación sobre cómo ELLOS adoran". Además, esto podría resultar en una situación en que alguien en la plataforma nos reprenda, diciendo que NOSOTROS (los que somos más) no estamos mostrando suficiente entusiasmo para lo que ELLOS (los pocos) están haciendo, y concluyendo que, la explicación debe ser que NOSOTROS, al contrario de ELLOS, ¡no tenemos el espíritu de adoración!

¿Existen otros eventos en la vida que use la modalidad de "¿En el día X, *ellos*, los relativamente pocos harán (el verbo), y *nosotros* con un gran número miraremos y apreciaremos cómo *ellos* hacen (el verbo)?".

I. ¡VAMOS A UN *ESPECTÁCULO*!

Compré un par de tiquetes para un concierto de la Orquesta Sinfónica de Costa Rica. Iba a ser una presentación de algunas piezas favoritas de Brahms, y entonces el viernes por la noche fuimos al Teatro Nacional.

Sabía qué se esperaba de mí: pagué el dinero para comprar los tiquetes; llegué puntualmente porque quería estar en mi asiento antes que empezara el espectáculo y para mirar el programa impreso; traté de no distraer a la gente que se sentaba a mi alrededor; miré a los músicos, que eran profesionales en su campo; escuché calladamente y no hice conversación con mi esposa ni usé mi teléfono; y aplaudí cada pieza.

También sabía lo que *no* tenía libertad para hacer: No tenía la libertad para interrumpir la orquesta. El piano para el concierto de Brahms estaba cerca de nuestro lado en el auditorio, pero no tenía derecho a subir al escenario y decir: "Muévete, amigo, me gustaría tocar una canción"; yo no tenía la libertad para cantar junto a la música, ni incluso tararear. Cuando el presentador para el evento usaba el micrófono antes del concierto para hacer algunos anuncios, ni los músicos ni la audiencia lo hubieran apreciado si yo me pusiera de pie para decir: "¡Deseo compartir algunas palabras sobre el porqué me gusta tanto Brahms!". Ni siquiera si usaba las palabras mágicas: *por favor, gracias, perdón.*

Existe un "contrato social" involucrado en el concierto, esto es: para asegurar el derecho de cada persona a disfrutar el espectáculo, yo voluntariamente modifico mi comportamiento, cediendo una parte de mis derechos individuales. Lo hago, con la suposición de que los demás en la audiencia sigan las mismas reglas. La orquesta concuerda en entretenerme con buena música. Yo concuerdo en pagar dinero para escucharlo, y punto. El "mensaje" va solo en una dirección, del escenario a la audiencia.

Qué llamativo, entonces, cuando escucho a algunos cristianos comentar, gente que ha asistido a iglesias por no pocos años, que las reuniones de la iglesia hoy se parecen a este segundo modelo, a un "espectáculo", y que cada vez se parecen menos a algo en lo cual toda la congregación se desempeña completamente.

¿Está en lo correcto? Veamos si has experimentado algo parecido:

Voy, no a mi propia congregación, sino una hipotética. Llego a tiempo, al menos eso es lo que se supone que debo hacer. Entrego mi dinero, no por un tiquete, sino como un regalo o porcentaje de mis ingresos. Se me pide que adore, pero no soy libre de decirle al que toca el teclado: "Yo quisiera compartir una pieza", no estoy en libertad de caminar a la plataforma y tomar el micrófono para decir: "Me gustaría compartir algunas palabras sobre un pasaje de la Biblia que me bendijo mucho esta semana". Los hechos de adoración parecen ser una presentación por unas relativamente pocas personas que –y esta es la clave– son los que tienen acceso al sistema de sonido. Y en algunas iglesias, la adoración hecha por aquellos pocos se amplifica muy altamente de tal forma que no puedo escuchar a la persona de al lado adorar, a pesar de que como compañeros sacerdotes se supone que debemos "anímense *unos a otros* con salmos, himnos y canciones espirituales" (Ef 5:19). Incluso podría no ser capaz de oírme a *mí mismo*, esto es, si trato de cantar. En Norte América al menos, muchos adultos han dejado de cantar durante el servicio de adoración; permanecen allí incómodamente y miran a los músicos tocar. En parte es porque en esa cultura, las personas son cada vez menos cómodas para cantar en frente de otros. Sospecho que otra razón es que se han dado cuenta de que están ahí para ser meros testigos de una presentación montada por otros.[2]

---

[2] Si buscas en Google en inglés "men not singing in church" un montón de artículos aparecen, es una preocupación de muchos. Un artículo útil de Scott Connell es "Diez cosas que no hago que= (para ¿?) mejorar el canto en mi congregación". Sus tips incluyen: "No intento sonar como YouTube"; "No apago las luces"; "No le subo al sonido". Nuestra traducción de https://www.thegospelcoalition.org/article/10-things-i-did-not-do-that-improved-my-congregations-singing/. Kenny Lamm igualmente escribe sobre "Nueve razones por las que la gente no está cantando en la adoración", nuestra traducción de https://churchleaders.com/worship/worship-articles/322497-nine-reasons-people-arent-singing-worship-kenny-lamm.html. Entre otros puntos, él dice: "La congregación no puede escuchar a las personas

Así como con un concierto de la orquesta, existe un contrato social implícito allí también, un contrato que tiene paralelo cerca al modelo del "espectáculo". Y sí, yo creo que los líderes de adoración deben tener un nivel de profesionalismo, esto es, que ellos practiquen duro y se esfuercen por la excelencia en todo lo que hacen. Pero su profesionalismo debe ser un profesionalismo en *liderar la adoración*, en vez de presentar una obra. Si no, parece que nuestro contrato social actual estipula que, si el Espíritu está presente, es en el líder o líderes "ungidos" en la plataforma, desde y a través de quienes la bendición del Espíritu se canaliza a los espectadores.

II. EL "BASTÓN DE LA PALABRA"

En la costa noroeste de los Estados Unidos, algunos indígenas usaban la tradición de un "bastón de la palabra" (o "palo de la palabra" o "bastón de habla"). Era entre 30 cm y 2 metros de largo. Algunos eran escuetos, otros ornamentados con plumas y adornos.

El bastón de la palabra podría ser usado de una o dos formas, dependiendo de la estructura tribal de cada uno. En un sistema más democrático, podría ser pasado de hombre a hombre. Solo uno podría hablar a la vez, y solo cuando él tenía el bastón de la palabra en la mano; cuando finalizaba, se lo pasaría al siguiente. Todos estarían en silencio mientras el hombre con el bastón compartiera lo que estaba en su mente; así él podría ser escuchado y todos los demás estaban atentos.

El otro sistema del bastón de la palabra, en estructuras más autoritarias, era que un líder de la tribu sostenía el bastón todas las veces, como símbolo de su autoridad; no era pasado de un lado al otro.

Hoy día existe un bastón de la palabra de alta tecnología. Usualmente mide cerca de 25 cm de largo, pero puede también ser muy pequeño y se puede sujetar directamente a una sola persona solamente. En general, no es compartido libremente de persona a persona en la "tribu". ¡Y este bastón de la palabra tiene una gran magia!, porque no solo le da a un individuo el derecho a hablar, sino que también aumenta el volumen y el alcance de su voz, así que puede hablar a cientos o miles. Por su parte, ellos escuchan y afirman lo que el líder dice, pero no tienen la oportunidad de responder o compartir.

---

cantar". "Hemos creado servicios de adoración que son eventos de espectadores, edificios con ambiente escénico". "La congregación siente que no se *espera* que ellos canten".

Esta concentración de autoridad en las manos de pocos es sorprendente en una región –yo hablo aquí de América Latina– donde el pentecostalismo ha hechos muchas incursiones, donde al menos en teoría es posible que "Si alguien que está sentado recibe una revelación, el que esté hablando ceda la palabra" (1 Cor 14:30), y no importa quién sea ese "alguien". Hace un siglo, este movimiento "restauracionista" desafió a un modelo protestante común de un solo hombre de Dios por cada púlpito, y renovó un énfasis en la verdad del sacerdocio del creyente. Esto significó que si la participación, ya sea en el día a día, o en el servicio de adoración, podría ser imaginada como una pirámide, entonces esa pirámide era ancha y achaparrada, no completamente plana, pero notablemente *aplanada*, con un fácil ángulo de inclinación. Aquí mostramos un ejemplo de esa estructura en Caithness (Escocia):

Pirámide aplanada en la cima de una colina en Caithness, Escocia.

Algunas nuevas versiones del pentecostalismo han olvidado estos valores, con un gran daño a lo que Cristo pretende para la iglesia; eso porque los pentecostales son muy numerosos, pero más allá, no están proveyendo un modelo bíblica e históricamente pentecostal. Hoy se asume que un Líder Súper-Ungido es el instrumento divinamente elegido para mediar entre Dios y los hombres. Para continuar con la analogía: en este modelo, la pirámide se vuelve angosta en la base y muy alta. Esto nos recuerda a las Pirámides de Meroe en Sudán, que son literalmente imposibles de escalar:

Pirámides de Meroe, Sudán

O, ¡quizás es un obelisco casi vertical!, como la Aguja de Cleopatra en Nueva York:

La Aguja de Cleopatra, Nueva York

No es de extrañar, entonces, que el líder junto con su pequeño círculo al que asigna son los que tienen el único acceso al bastón de habla electrónico. Después de todo, ¿quién quiere escuchar otros guerreros del círculo tribal hablar uno tras otro, cuando es el cacique a través del cual el Espíritu hablará?

Wolfgang Vondey nos da alguna idea sobre este asunto. En su obra magistral *Teología Pentecostal*, él usa el altar del frente de la iglesia como un símbolo (o hermenéutica) controlador de la doctrina y la experiencia. El "altar" es una re-creación del Día de Pentecostés, donde el pueblo de Dios experimenta el patrón quíntuple: la salvación, la santificación, el bautismo del Espíritu, la sanidad divina y el reino venidero. Esta es una metáfora útil, en teoría y a veces en la práctica de hoy. Pero ¿qué pasa si el altar deja de ser el punto de encuentro para todos los creyentes igualmente? ¿Qué pasaría si se vuelve una propiedad personal de un "sacerdote", que afirma directa o indirectamente que solo él, el guardián y portero, puede controlar el acceso al altar?[3]

Dichos súper-apóstoles y predicadores ungidos constantemente hablan del "Espíritu Santo", "dones", "unción", "derramamiento", pero su práctica está lejos de un modelo bíblico en estos términos. A pesar de que el Día del Pentecostés está en sus labios, la realidad es que ellos están tratando con todas sus fuerzas de volver el calendario al día *antes* de Pentecostés, para devolver al cielo el don universal del Espíritu, poniendo un paraguas para evitar ese "derramaré mi Espíritu sobre *toda carne*". Ellos no pueden creer que estamos en "los últimos días", no en la era de los sacerdotes y levitas; o que, bajo el Nuevo Pacto escatológico, el Espíritu es para *todo el pueblo de Dios* y no para *un solo hombre de Dios*.

La historia tiene una forma de sorprendernos con coincidencias. En 1906 –el mismo año que el pentecostalismo nació en la Calle Azusa– el nuevo invento del sonido amplificado hizo posible una pirámide más empinada de lo que había sido concebida en la historia humana. Es difícil para nosotros hoy imaginar que Jesús habló a miles de personas sin un micrófono.

---

[3] Ver Wolfgang Vondey, *Teologia Pentecostal: viviendo el evangelio completo* (Salem, OR: Publicaciones Kerigma, 2019), 267 – "...el evangelio completa apunta a la adoración de Dios como el principio y el fin de la teología pentecostal. La metáfora del altar adoptada a lo largo de ese libro especifica el significado de la adoración en la vida y doctrina pentecostal en términos de un movimiento espiritual y encuentro místico con Dios en Cristo a través del Espíritu Santa que da poder y transforma el mundo".

De hecho, cuando visitamos el sitio tradicional del Sermón del Monte, nuestro guía nos dio una charla sobre la acústica de la predicación en una ladera. Y además, sea Pedro en Pentecostés, o Juan Wesley, o Charles Spurgeon, cada heraldo del evangelio tuvo que contar con sus propios pulmones, y esta limitación significó que ningún individuo humano podría ahogar miles de otras voces.[4] En el siglo XX, con la incorporación del sistema de sonido en las iglesias, se hizo posible para una persona hablar, cantar, o tocar música, y ser escuchado claramente por la multitud. (Para aquellos interesados en cifras, el académico Larry Hurtado ha estimado que en el año 100 d. C. existió un máximo número de 10.000 cristianos en el planeta. En otras palabras, en nuestros días, toda la iglesia primitiva podría fácilmente caber en una mega iglesia y el cuerpo de Cristo podría escuchar a un predicador[5]).

La otra cara de la nueva tecnología es que, al subir el volumen, una persona puede asegurarse de que todos los demás tengan poca o nada de voz. Para algunos en la audiencia, la única conclusión lógica es que el orador ungido es el único que *debería* ser escuchado. Si ellos hubieran vivido en los tiempos de Elías, por analogía, los 400 profetas de Baal serían medidos como el tener 400 veces el poder divino de uno solo hombre, Elías (1 R 18:26-28). Actualmente, las personas subconscientemente hacen las cuentas de que una persona que habla a 100 decibeles es el doble de ungido que la persona que sin amplificación produce solo 50 decibeles. Por tanto, sucede que el "bastón de la palabra", no el Espíritu Santo, es lo que da a la iglesia la señal de dónde Dios, supuestamente, está obrando: el sistema de sonido, no el Espíritu, dirige el curso del servicio de adoración.

Así que, ayudados por la tecnología, hemos tomado el ideal del Pentecostés– y, para estar seguros, ¡de todos los evangélicos de mente correcta desde la reforma!– y retornando a un modelo en el que la multitud se acerca a la deidad solo a través del sacerdote elegido. Y mientras este

---

[4] Existe una presentación fascinante sobre cómo el sistema de sonido ha revolucionado la cultura humana, en Steven Johnson, *How we got to now: six innovations that made the modern world* (New York: Riverhead Books, 2014), el capítulo 3 – "Sound". Por ejemplo, la tecnología permitió a Adolf Hitler hablar a 700.000 partidarios en el Congreso de Núremberg de 1934; es la misma tecnología que hizo posible que Billy Graham hablara en vivo a 1.1 millón de personas simultáneamente, en Seoul, South Korea, en 1973.

[5] Larry Hurtado, *Destroyer of the gods: early Christian distinctiveness in the Roman world* (Waco, TX: Baylor University Press, 2016).

modelo de "iglesia" está presente en Norte América, uno supone que las iglesias evangélicas/pentecostales en Latinoamérica son movidas por otra fuerza histórica: está regresando a su pasado católico. En la iglesia romana, la ordenación "confiere un don del Espíritu Santo que permite ejercer un 'poder sagrado' ('sacra potestas') que solo puede venir de Cristo, a través de su Iglesia".[6] Yo siento una gran ironía de que, puedo mirar por la puerta de una *misa* católica hoy y ver un número de personas en la plataforma: cantando, dirigiendo la adoración, leyendo las Escrituras, entre otros actos. La pirámide de la adoración católica ha sido lentamente aplastada en la dirección de un liderazgo más amplio, mientras tanto, nosotros los protestantes nos parecemos más y más al paradigma tradicional católico romano. O incluso uno del Antiguo Testamento (varios "músicos levitas" más un solo sacerdote); uno piensa en Zacarías, quien, de millones de judíos y miles de sacerdotes, fue la única persona en entrar a la presencia de Dios: "le tocó en suerte, según la costumbre del sacerdocio, entrar en el santuario del Señor para quemar incienso" (Lc 1:9).

Nos será útil comparar la iglesia de hoy con la primitiva. La iglesia romana, como la ortodoxa, afirma que las raíces de su litúrgica descansan profundamente en la iglesia apostólica, y que a pesar de que la adoración es más formalizada hoy que en el primer siglo, existe una similitud entre la misa en ambas épocas. Por el contrario, nosotros los evangélicos –y a partir de aquí incluiremos a los pentecostales– tendemos a asumir que la iglesia primitiva *no* se parecía en nada a la misa romana, teniendo en cuenta el estilo de música, debió haberse parecido mucho a nuestros servicios de adoración en la América Latina moderna.

Para probar esa premisa, te invito a ti, lector, a "Venir conmigo a mi máquina del tiempo. Vamos a una reunión de la iglesia en los días de los apóstoles". Nuestra descripción de esa reunión estará basada en la información disponible más reciente de la investigación académica.

Llegamos a la gran ciudad de Corinto. El domingo no es un día libre, en esta cultura no hay fines de semana en el calendario, así que es un día de trabajo. Son las 10 am y las calles ya están llenas de gente, andan hombro a hombro, y las tiendas están abiertas.

No hay templos cristianos. Entonces una reunión se da en un apartamento o casita, y una iglesia casera puede acomodar quizás a unas 20 o

---

[6] Catequismo de la Iglesia Católica (1992) §1538, http://www.vatican.va/archive/catechism_sp/p2s2c3a6_sp.html.

40 personas. Pero ¡un momento!, no hemos determinado *dónde* está la reunión de la iglesia, digamos en el apartamento pequeño de Aquila y Priscilla en el segundo piso. Sin embargo, cuando llegamos, ¡el culto ya ha terminado! Sí, es porque es un día de trabajo, entonces ya se reunieron a las 6 am.[7] Entonces, usamos la máquina del tiempo de nuevo, llegamos a las 6 am, y entramos. La gente está sentada en el suelo, o quizás un banco. Están vestidos con túnicas. Las mujeres adultas tienen el pelo cubierto con una bufanda. Y no solo no existe el micrófono todavía, sino que sería innecesario incluso incorporarlo.

Así es, ¡es una iglesia auténticamente apostólica y Espiritual, o sea, del Espíritu Santo!

Bueno, regresamos a nuestro lugar y tiempo, y nos hacemos la pregunta: ¿Cómo llegamos *nosotros* a ser una iglesia auténtica y apostólica? Es decir, ¿cómo ser una iglesia con reuniones que siguen la instrucción y el modelo de los apóstoles en el Nuevo Testamento? Qué, ¿debemos reunirnos a las 6 am? ¿En un apartamento demasiado lleno? ¿Nos sentamos en el suelo? ¿Llegamos vestidos con túnicas, con cierto peinado y bufanda para las mujeres? ¿Desconectamos el micrófono?

Por intuición, entendemos que debemos separar lo esencial de lo incidental en una reunión apostólica. Y así, luego de dejar a un lado los pequeños detalles, según lo que leemos en la Biblia, un culto es auténtico, si contiene cierta *dinámica* y ciertos *elementos*. Y tanto la *dinámica* como los *elementos* son "del Espíritu Santo".

III. *DINÁMICA* DE UNA REUNIÓN AUTÉNTICAMENTE APOSTÓLICA

Deducimos una imagen de la vida de la iglesia a partir de cartas dirigidas a contextos y circunstancias específicos. Ningún escritor del Nuevo

---

[7] Según un informe de principios de siglo II, la práctica de los cristianos fue "reunirse en un día fijo antes del alba y cantar a coros alternativos un himno a Cristo como a un dios y en obligarse bajo juramento no ya a perpetrar delito alguno, antes a no cometer hurtos, fechorías o adulterios, a no faltar a la palabra dada, ni a negarse, en caso de que se lo pidan, a hacer un préstamo. Terminados los susodichos ritos, tienen por costumbre el separarse y el volverse a reunir para tomar alimento común e inocentemente". Vea Plinio el Joven, Carta 10.96, http://textoshistoriadelaiglesia.blogspot.com/2009/06/correspondencia-entre-plinio-el-joven-y.html.

Testamento alguna vez escribió una descripción de lo que era una reunión del primer siglo o en qué orden se llevaba a cabo.[8] Por esto, a propósito, acepto solo una interpretación relativizada del llamado "Principio Regulativo de Adoración", la regla de que, si algo no aparece en la Escritura no tenemos permiso de incluirlo en nuestros servicios. Yo no comparto una interpretación absolutista, ya que el Nuevo Testamento deja una imagen completa no vista y nuestros servicios reflejarían solo unos pedazos de sus reuniones.

1 de Corintios nos da una imagen fragmentada, ya que fue, para *corregir el desorden* en el culto, no *para dar orden* a un culto, que Pablo escribió 1 de Corintios 12-14. Sin embargo, en 1 Cor 14:26 (casi casualmente) se refiere a lo que el culto contenía: "cada vez que se congregan en un culto, cada uno comparte un salmo, cado uno comparte una enseñanza, cada uno comparta una revelación directa de Dios, cada uno habla en una lengua, cada uno comparta una interpretación de esas palabras dichas en una lengua".[9] Si una persona hace uno de estos actos, tal y como Dios quiere, o por implicación contribuye con alguna otra cosa edificante lo que no aparece en la lista, esto se debe atribuir a la presencia del Espíritu, ya que "hay diversos dones, pero un mismo Espíritu" (1 Cor 12:4); y "todo esto lo hace un mismo y único Espíritu, quien reparte a cada uno según él lo determina" (12:11). Hablaremos de un "principio de adoración"; es un culto dirigido por el Espíritu; es un culto con amplia participación de las personas, quienes tienen los dones. "Cada uno" en 14:26 es *jekastos*/ ἕκαστος, lo que es gramaticalmente masculino, no porque se limite a los varones, sino porque es el uso genérico, y puede ser traducido como "cada uno/cada una tiene…" o como unas versiones tienen, "cada cual". Este estribillo del "cada uno/una", no repetido en el griego sino implícito con cada cláusula, es el paralelo de otra metáfora, en la que "cada parte tiene una función en el cuerpo". Pablo seguirá matizando 14:26 –él pone un límite con las lenguas y la profecía– aun así, en principio, cada cual con estos dones *podría* profetizar o contribuir de otras formas cualquier

---

[8] D. A. Carson afirma que "no tenemos evidencia *detallada* de un servicio completo cristiano del primer siglo". Ver *Worship by the Book* (Grand Rapids: Zondervan, 2002), 21, nuestra traducción, énfasis agregado. Este es una infravaloración, y podría ser mejorado así: "No tenemos casi ninguna evidencia de un servicio cristiano del primer siglo".

[9] Mi propia traducción; la NVI tiene "cada uno *puede* tener", lo que es un parafraseo justificable, dado el resto del contexto; sin embargo, el original es simplemente "cada uno tiene".

domingo. Su mayor preocupación es que "todo esto debe hacerse para la edificación de la iglesia" (14:26), y su significado implícito es que "cada uno" está equipado por el Espíritu para hacer esa clase de ministerio espiritual.[10] Y lo que es asombroso, él habla solamente de la participación *visible* en el culto, no de las decenas de actos de ministerio fuera del culto. Como *una nota aparte:* Dado que todos están preocupados sobre cómo los jóvenes adultos están apartándose de la iglesia, ¿podría uno preguntarse si han tropezado con la realidad, de que ellos son innecesarios en términos prácticos para el cuerpo de Cristo? Mi experiencia no fue así: incluso cuando era un joven adolescente, mucho antes de que se me permitiera estar en el púlpito, me pusieron a trabajar: enseñando a niños, limpiando, cantando en el coro, trabajando en el sistema de sonido, ocasionalmente enseñando al grupo de jóvenes. Yo fui parte de "cada uno de ustedes" en mis primeros días en Cristo.

Las observaciones de Pablo acerca un culto basado en "cada uno/una" son destacables, dado que el liderazgo en el templo de Jerusalén era altamente restringido (solo sacerdotes y levitas llevaban a cabo el culto), e incluso en la sinagoga solo varones judíos *bona fide* podían participar oralmente. De ahí que el modelo de Pablo podría haber impactado a los no-cristianos como osadamente populista. Pero, por supuesto, Pablo está en contra de una pérdida de control, ya que eso estaría en contra de la voluntad del Espíritu, por ejemplo: "El don de profecía está bajo el control de los profetas" (1 Cor 14:32). La iglesia debería hacer oídos sordos a aquellos que dan falsas profecías (1 Cor 14:29b, también su punto en 1 Ts 5:19-22) y, por extensión, a las contribuciones carnales de cualquier clase en el culto.

No obstante, si tuviéramos que medir lo que está pasando la iglesia de hoy, ¡su error *no* sería que "cada cual" tiene un *exceso* de oportunidad! Así que nos asombraría si trasladamos la regla de Pablo a nuestra metáfora anterior: "Todos tienen el Espíritu, entonces cuando vengan juntos a una iglesia, todos tienen el derecho de pedir el 'bastón de la palabra', y cuando él o ella esté hablando, los otros deben prestar atención para obtener la

---

[10] Debo dejar sin explorar aquí un análisis del papel de la mujer en el culto. El lector puede encontrar más información en mi *Primera de Corintios* de la editorial Clie. Mis conclusiones son que, las mujeres estaban permitidas –¡animadas!– a orar y profetizar junto con los hombres del culto; Pablo les dijo que no participaran en el discernimiento de las profecías dadas por otras personas, para evitar "avergonzar" a los hombres, tal vez a sus propios maridos. Creo que hay evidencia de que las mujeres enseñaron no solo a otras mujeres sino también a los hombres en la iglesia apostólica.

bendición completa de su contribución". Si Pablo afirma que el desorden es objetable porque Dios es un Dios de orden, también se centra en el tema subyacente de toda la epístola: ¡si se interrumpen unos a otros, sus hermanos no oirán los mensajes de Dios! ¡No oirán el salmo ni la lectura de las Escrituras! Por ello, a usted le faltará el amor y no será nada.

Por eso, en muchas iglesias que ponen bastante énfasis en la enseñanza de Pablo sobre los dones, uno a veces detecta un rasgo asombrosamente no paulino, el culto del Único Líder, y un servicio que no está basado en el "cada cual de ustedes" no es un servicio auténticamente apostólico ni bíblico. En el peor de los casos es un espectáculo, un concierto, con un jefe que tiene un control estricto del bastón.

IV. *ELEMENTOS* DE UNA REUNIÓN AUTÉNTICAMENTE APOSTÓLICA

En ninguna parte el apóstol dice cómo es un culto, pero podemos inferir estos elementos a partir de varios textos:

- Adoración – Ef 5:19, "Anímense unos a otros con salmos, himnos y canciones espirituales". Y notamos aquí inmediatamente que esta es una reunión del Nuevo Pacto y no es idéntica al Antiguo. En esta era del Espíritu Santo, cada creyente canta alabanzas a Dios y anima a otros creyentes. Esto no encaja bien con un modelo en el que, digamos, cinco creyentes cantan y tocan música, y los otros creyentes miran y (¡quizás!) canten juntos. En el Nuevo Pacto, si hay "líderes de adoración", entonces la gramática de la adoración los interpreta como "ELLOS quienes NOS ayudan mientras NOSOTROS adoramos", en vez de "ELLOS quienes adoran mientras NOSOTROS los vemos A ELLOS". Regresando a Ef 5:19: con "unos a otros", Pablo usa el término griego que es su código para lo mutuo en el servicio cristiano (*jeautoís*/ἑαυτοις, en esta y otras formas, siempre en el plural en este tipo de contexto). Por consiguiente, "salúdense unos a otros con un beso santo" (Rm 16:16); "ayúdense unos a otros" (Gá 6:2); "anímense unos a otros con estas palabras" (1 Ts 4:18). Pablo no tiene en mente algún tipo de "súper-ungido" que era el que ayudaba a todos los otros, ni a una persona que iba de ciudad en ciudad dando besos santos a las multitudes, ni uno que animaba a los demás, mientras ellos estaban en silencio.

- Lectura de la Escritura – 1 Tm 4:13, "dedícate a la lectura pública de las Escrituras". La Palabra también es un regalo del Espíritu, que inspiró el Antiguo Testamento y que estaba en proceso o dando a la iglesia nuevos libros. Timoteo, al menos, debía leer la Biblia en voz alta en el servicio; no sabemos si otros también hicieron lo mismo. Ahora bien, en el siglo primero, la lectura de la Escritura en el servicio era un imperativo más grande que en la actualidad: probablemente menos de un 10% de cristianos podían leer, y costaba una fortuna comprar una copia (escrita a mano) de las Escrituras. Así que, si los creyentes iban a "leer la Biblia", tenía que ser porque un miembro letrado del servicio la leía para ellos o la recitaba de memoria.[11] Por otro lado, un creyente podría recitar un salmo. Aun así, incluso cuando tenemos en cuenta las necesidades culturales antiguas, cuán árida de Escritura parece el culto moderno: quizá se leen unos pocos textos favoritos una y otra vez: un salmo aquí, un himno del Apocalipsis por allá. Y, de todos modos, ¿por qué se hacen las lecturas *por aquellos que ya están liderando la adoración*?

- Oración – Ef 6:18, "Oren en el Espíritu en todo momento, con peticiones y ruegos". También, "por medio de él tenemos acceso al Padre por un mismo Espíritu" (Ef 2:18). Orar en el Espíritu significa orar como lo hace una persona del Nuevo Pacto, una experiencia que estaba fuera de alcance para las personas antes de Cristo (ver por ejemplo Rm 8:26; Ef 2:18; Jd 20).[12] El llamado de Pablo a la oración es un mandamiento para toda la vida cristiana, pero cuánto más en el culto. Y una vez más, ¿por qué tanta hambre de oración grupal en el culto de hoy? Y *¿por qué se presentan u ofrecen las oraciones por aquellos que ya están en la plataforma?*

- Edificación – en 1 Cor 14:26, "Todo esto debe hacerse para la edificación de la iglesia"; y 14:12, "ya que tanto ambicionan dones espirituales, procuren que estos abunden para la edificación de la iglesia". Y si alguien puede edificar a alguien más, es por la obra del Espíritu. Pablo usa las lenguas, la interpretación, y las profecías como sus ejemplos, porque esto era lo que los corintios estaban pidiendo;

[11] Por eso la fórmula de la bendición de Ap 1:3: "Dichoso el (singular) que *lee* y dichosos los (plural) que *escuchan* las palabras de este mensaje profético y hacen caso de lo que aquí está escrito". Uno lee en voz alta, el resto escucha.

[12] Jesús dijo: "El espíritu está dispuesto, pero el cuerpo es débil" en Mt 26:41, pero él se refería al espíritu humano; él no decía "oren en el Espíritu Santo", ya que no estaban en capacidad de hacerlo aún.

otros dones podrían haber ilustrado el mismo principio. Asimismo, en Ef 4:11-12, los líderes de la iglesia capacitan "al pueblo de Dios para la obra de servicio, para edificar el cuerpo de Cristo". Los líderes son vitalmente importantes, pero su trabajo es asegurarse de que la gente de Dios lleve a cabo el ministerio sacerdotal, no seguir recordándole que se enfoque su atención en el líder. Y no es suficiente que el pastor se queje de que la gente no haga voluntariado para ayudar, o que todo lo que ellos tengan que hacer es pedir y para que les encuentre algo que hacer. Su ministerio principal consiste en mostrarles lo que hay que hacer y abrirles el espacio para que lo hagan.

- Enseñanza – según 1 Tm 4:13, Timoteo debe "enseñar y animar a los hermanos". Pero al mismo tiempo, es normal en el culto apostólico animar a una participación más amplia en el ministerio de la enseñanza: según 1 Cor 14:26, "cada uno" tiene enseñanza.

- Contribución, la ofrenda – en 1 Cor 16:2 las palabras clave "cada uno" aparecen una vez más: "cada uno de ustedes aparte y guarde algún dinero"; Pablo les pide una participación universal en esta ofrenda. *Sin embargo,* esta única referencia en el NT de una ofrenda semanal tuvo que ver, no con el diezmar, pero sí con una ofrenda especial para los santos pobres en Jerusalén. La ofrenda rara vez falta en un culto moderno; ¡y menos en el mensaje de aquellos predicadores en la radio o la televisión!

- Santa Cena – en 1 Cor 11:17-33, Pablo insinúa que ellos celebran la Santa Cena cada semana. Yo he visto pocas iglesias evangélicas que hagan eso, pero la celebración frecuente tiene un efecto secundario saludable, para mostrar que no es el predicador o los líderes en la plataforma, sino el completo cuerpo de Cristo, comprado y unido por el Espíritu: "Todos fuimos bautizados por un solo Espíritu para constituir un solo cuerpo" (1 Cor 12:13); además, "ustedes son edificados juntamente para ser morada de Dios por su Espíritu" (Ef 2:22). Aquí también, la razón por la cual Pablo habla de la Santa Cena en 1 Corintios es circunstancial, es por el pecado que ellos "menosprecian a la iglesia de Dios y quieren avergonzar a los que no tienen nada" (1 Cor 11:22).

- "Beso santo" o saludos – "Salúdense unos a otros con un beso santo" en 2 Cor 13:12 y en varios otros pasajes. Como parte del culto, se detienen para saludarse unos a otros, con un beso en la mejilla. Otra vez, el culto requiere participación *mutua,* con acciones que vayan dirigidas de unos a otros.

Estos elementos al menos podrían aparecer regularmente en un culto apostólico. Pero ya que el Nuevo Testamento no nos deja una descripción completa, creo que vale la pena mirar el testimonio existente más antiguo de un culto cristiano, escrito alrededor de los 150 d. C.; la fecha es un siglo después de las cartas de Pablo, pero seguramente aplica a las décadas intermedias. Fue Justino Mártir quien escribió para defender la fe ante el gobierno romano y demostrar que los cristianos no se estaban reuniendo para hacer algo ilegal. (Por curiosidad, hice una búsqueda digital de sus escritos existentes, pero él no cita a 1 Cor 14:26 por ninguna parte). Nosotros citamos la sección completa y notamos una vez más cuántas cosas se hacen por parte de muchos (plural) y no solo por parte de uno (líder singular):

> Después de esta primera iniciación (de bautismo) siempre hacemos conmemoración de estas cosas, y los que tenemos socorremos a todos los necesitados y siempre estamos unidos los unos con los otros. Y en todas las ofrendas alabamos al Creador de todas las cosas por su Hijo Jesucristo y por el Espíritu Santo. Y en el día que se llama del sol se reúnen en un mismo lugar los que habitan tanto las ciudades como los campos y se leen, en cuanto el tiempo lo permite, las Memorias de los apóstoles o los escritos de los profetas. Después, cuando ha terminado el lector, el que preside toma la palabra para amonestar y exhortar a la imitación de cosas tan insignes. Seguidamente nos levantamos todos a una y elevamos nuestras preces; y, como ya hemos dicho, en cuanto dejamos de orar se traen el pan, el vino y el agua, y el que preside hace con todas sus fuerzas las preces y las acciones de gracias, y el pueblo aclama amén. Luego viene la distribución y participación de los dones (el pan y el vino) sobre los cuales han recaído las acciones de gracias, se hace por los diáconos a cada uno de los presentes y a los ausentes. Los que tienen y quieren dar a su arbitrio lo que cada uno quiere, y lo que se recoge se deposita en manos del que preside, y él socorre a los huérfanos y a las viudas y a aquellos que, por enfermedad o por otro motivo, se hallan necesitados, como también a los que se encuentran en las cárceles y a los huéspedes que vienen de lejos; en una palabra, toma el cuidado de todos los necesitados.[13]

---

[13] Justino Mártir, *Primera apología 67, en Lo mejor de Justino Mártir*, ed. A. Ropero (Barcelona: Clie, 2004), 147-48. Aunque él no menciona los dones milagrosos en este pasaje, él en otra parte deja claro que estaban presentes durante la iglesia de la mitad del siglo segundo: "Porque entre nosotros se dan hasta el

Comparemos lo que Justino dice con el NT:

- Adoración – es plural, a pesar de que él presta atención especial a aquellos que son financieramente capaces de dar ayuda al necesitado.
- Lectura de la Escritura – lectura de "las Memorias de los apóstoles (es decir, los evangelios) o los escritos de los profetas". Como en 1 Tm 4:13, esta es una parte honorable del culto, llevada a cabo "en cuanto el tiempo lo permite".
- Oración, acciones de gracias, edificación, y enseñanza – al contrario de Pablo, Justino menciona el rol de liderazgo de "el que preside" en guiar a la congregación.
- Contribución, la ofrenda – "socorremos a todos los necesitados", y "él socorre a los huérfanos y a las viudas y a aquellos que, por enfermedad o por otro motivo, se hallan necesitados". Como en las cartas de Pablo, esta es una ofrenda específicamente de aquellos que tenían dinero para los que no tenían dinero; aquí no tiene nada que ver con el sostenimiento de la iglesia.
- Santa Cena – en la iglesia de Justino, la Cena del Señor semanal –la cual él cataloga como *eujaristía*/εὐχαριστία, o sea, acción de gracias– desempeña una gran parte en el culto. Y otra vez, hay un énfasis en la participación y consolidación de cada individuo, una creencia tan fuerte que obliga a los diáconos a llevar la comunión a aquellos que están ausentes.
- "Beso santo" o saludos – unos capítulos antes, Justino dijo que justo antes de la Cena del Señor, "mutuamente nos saludamos con el beso de paz".[14]

Pablo insinúa que, en sus iglesias, hay una gran participación en todas las partes del servicio, aunque cuando él se dirige a un líder principal, él le dice a Timoteo que debe tener un rol especial en la enseñanza de las Escrituras. En el modelo de Justino, hay menos énfasis en el liderazgo congregacional y más en el rol del "presidente", título que él no define.

---

presente carismas proféticos". Justino Mártir, *Diálogo con Trifón* 82; de A. Ropero, ed. *Lo mejor de Justino Mártir* (Barcelona: Clie, 2004), 319. También: "...entre nosotros pueden verse hombres y mujeres que poseen dones (*jarismata* de revelación, según el contexto) del Espíritu de Dios". *Diál.* 87, 329.

[14] *Primera apología 65, 145.*

V. UN EJEMPLO POSITIVO MODERNO DE UN CULTO GUIADO POR EL ESPÍRITU

Antes de cerrar este capítulo, y este libro, me gustaría terminar con una nota *positiva* y describir dos cultos a los que he asistido, y que se asocian bien con 1 Corintios 14. No digo que esta es la *única* o *mejor* forma de hacer iglesia, pero es una mejoría de mucho de lo que vemos hoy.

Déjenme llevarlos a Cuba: ¡para este viaje, la máquina del tiempo no se forzará tanto! En mi última visita allá fui invitado a predicar en una iglesia pequeña escondida en un camino secundario. Como mi experiencia con ellos fue tan maravillosa, saqué un cuadernillo y anoté todo lo que sucedió durante el culto.

El santuario era una pequeña estructura de bloques; tenía espacio para 50 personas, una plataforma, una cortina en la parte trasera de la plataforma, una cruz de madera hecha a mano de casi 2 metros de alto. Había dos secciones de cinco bancas de metal o madera.

Ese domingo estuvieron como 30 adultos –24 mujeres, 6 hombres– más 10 niños de varias edades; creo que me dijeron que algunos adultos estaban en un viaje. No había teclado, pero ellos tenían grandes parlantes para poner la música y también un proyector. El servicio empezó a las 10 am y duró 2 horas. Mientras entrábamos, estaba sonando una música grabada con un vídeo.

Después de sentarme, un perro callejero entró como por su casa bajo mi banca.

El servicio empezó:

- Cantamos un coro.
- Luego, una mujer laica se levanta para dar un "testimonio" acerca de lo que Dios está haciendo en su vida. Ella lo lee de un cuaderno y luego se sienta.
- Después, la esposa del pastor dirige una canción.
- Pero ¿qué es esto? *Otra* hermana se levanta y da un testimonio.
- Alguien nos dirige un canto de un himnario deteriorado que se sostiene con una cinta.
- Luego, un devocional, por un hombre, esta vez leyendo y comentando el Salmo 121.
- Luego una presentación de un vídeo, uno que ya he visto antes, el que habla sobre una subasta de una pintura que nadie compra, y luego un

anciano pobre da todo lo que tiene porque su hijo muerto la había pintado.

- Alguien dirige dos coros más.
- Un hombre se levanta y le pregunta a la congregación si otra persona quisiera dar testimonios: cuatro personas se levantan para hablar, uno tras otro.
- Ahora, otra mujer con un devocional. *Yo estoy cuidadosamente anotando todo esto en mi cuaderno.*
- Luego otro dirige una oración.
- Después otro dirige un coro con una guitarra, esta es la única música en vivo de la mañana, y otro toca las *maracas.*
- Otro coro.
- Luego cinco niños de la escuela dominical se levantan para cantar y dirigir una canción.
- Después una dedicación de un bebé. El pastor lee varios pasajes e invita a su co-pastor y a mí para ir y poner las manos sobre el niño, que tal vez tiene tres meses de edad.
- Finalmente, me invitan a predicar. Hablo por 45 minutos sobre el tema del Nuevo Pacto y ellos eran muy receptivos.
- El pastor se levanta para dar unas cuantas palabras finales.
- Cantamos y salimos.

Afuera, con un café, busqué al pastor para decirle cuán alegre estaba de ver que muchas personas habían participado en la dirección de la adoración. Él estaba encantado de que yo lo había notado: "Eso es *precisamente* lo que tratamos de lograr aquí", dijo. Hablamos de la relevancia de 1 Cor 14:26 en el culto.

¿Mi conteo final? En las dos horas, mi mejor suposición es:

- De 30 adultos, 18 se pusieron de pie, en un rol sacerdotal, para dirigir la adoración.
- De 10 niños, 5 lo hicieron.
- Yo, el orador invitado, estuve dirigiendo el culto por un poco más de un tercio de lo que duró.

Para ponerlo en términos matemáticos –y ¡no incluyendo al bebé o a sus padres!– el 60% de los adultos dirigieron la adoración y el 50% de los niños; es decir que la *mayoría* de los adoradores esa mañana eran no solo "la audiencia", diezmadores, o los espectadores de los músicos; "cada uno, una" de ellos contribuyó de alguna forma específica. Mujeres y hombres se pusieron de pie para dirigir en una proporción aproximada a su número.[15] Habían más "sacerdotes" que "no sacerdotes" trabajando esa mañana, una sólida encarnación del "derramaré mi Espíritu sobre *toda* carne". Y tal como en 1 Corintios, mis observaciones sobre la participación sacerdotal en Cuba tuvieron que ver solamente con los actos visibles, no los de tras bastidores.

El domingo siguiente en Cuba, prediqué en otra iglesia de la misma denominación; ellos claramente siguieron la política que había visto en su iglesia hermana. La participación fue igualmente amplia, tal vez 20 personas de las 35 asistentes dirigieron la adoración en algún punto.

Por el contrario, en este momento yo estoy viendo una foto de una iglesia de miles de personas, una que es capaz de existir solo gracias a un sistema de sonido moderno. Parece que –¿Qué, el 1%? No, seguramente solo una *pequeñísima fracción* del 1%– de la congregación activamente "dirigirá" la adoración. Aunque quizá cuando se pase la bandeja de las ofrendas, alguien anunciará que "ahora es *tú* momento de servir a Dios".

Honrando la obra que el Espíritu lleva a cabo en cada cristiano es, en términos prácticos, más fácil hacerlo con un pequeño grupo (en la iglesia de Corinto se contaban docenas y no miles), pero también es posible en una gran congregación o una mega iglesia. Es fácil decir las palabras correctas, pero contracultural hacer las acciones. Pero, bueno, digamos esto sobre el poderoso Espíritu de Dios: cualquier iglesia que declare que ese es el terreno del Espíritu debe ser capaz de recurrir al *poder del Espíritu* para hacer las cosas a la *manera del Espíritu*.

Hay muchas formas de implementar la observación de Pablo de que "cuando se reúnan, cada uno puede tener…". Escuchamos a gente ofrecer un modelo u otro, por ejemplo: "Debemos volver a las iglesias caseras, eso resolverá todos nuestros problemas", o "¡A los grupos pequeños!" o "Debemos tener congregaciones más pequeñas", un modelo del que yo mismo

---

[15] Mis amigos de los Hermanos de Plymouth, que enfatizan nuestro texto clave 1 Cor 14:26, a menudo lo restringen a adoradores masculinos adultos. Pero Pablo incluye mujeres explícitamente en la oración y profecía en 1 Cor 11:5 – "toda mujer que ora o profetiza". Esto debe significar que "guarden las mujeres silencio en la iglesia, pues no les está permitido hablar" (1 Cor 14:34) debe tomarse como un silencio relativo (como en Hch 15:12, que usa lenguaje similar), y *no silencio absoluto*.

estoy a favor, pero no creo que ese ni otros modelos curarán todos los males. ¿Por qué?

Porque:

Así como no creo que el Espíritu inevitablemente descienda sobre una iglesia si todas las mujeres se visten con el cabello recogido y cubierto con una bufanda, o si nos apiñamos en un espacio en el segundo piso, o nos reunimos a las 6 am, o desconectamos el sistema de sonido….

…igualmente, no creo que el Espíritu inevitablemente se derrame sobre un grupo solo porque se reúna en casa o como una pequeña congregación o en pequeños grupos.

En el Nuevo Pacto del Espíritu, no hay trucos, modelos, o fórmulas para hacer un culto apostólicamente auténtico. Es el todopoderoso Espíritu Santo, no la magia ni el ingenio, el que hará de su pueblo como él quiera que sean. Pero para honrar la obra del Espíritu, debemos insistir que cualquier iglesia que aspire a ser apostólica debe tener a los que tienen dones –los muchos– como sus ministros y sacerdotes, no solo a los pocos, y mucho menos al único.

APÉNDICE

CRAIG KEENER: "Una reseña a *Fuego extraño: el peligro de ofender al Espíritu Santo con adoración falsa,* de John MacArthur".[1]

El Dr. Keener es profesor de Nuevo Testamento en Asbury Theological Seminary (www.craigkeener.com).

Mientras que ofrece algunos puntos muy necesarios, *Fuego extraño* de John MacArthur desafortunadamente extrapola de esos puntos a un "movimiento" completo. Como señalo más adelante, también creo que MacArthur suprime algo de la verdad bíblica sobre la base de una doctrina posbíblica, el mismo delito del que acusa a otros.

Sin embargo, hay mucho que se puede aprender de sus críticas; él ha traído de nuevo a nuestra atención algunos errores serios contra los cuales deben estar en guardia las iglesias carismáticas.[2] Yo empiezo con algunos puntos de coincidencia en el libro y luego paso a puntos donde creo que MacArthur ha sobrepasado claramente los límites de la razón y civismo cristianos; ahí mi tono no puede ser tan conciliatorio.

---

[1] Cuando el *Strange fire* de John MacArthur salió en 2013 (versión en inglés; la versión en español *Fuego extraño: el peligro de ofender al Espíritu Santo con adoración falsa* salió en 2014), esta reseña de Craig del libro fue incluida en la refutación, *Strangers to fire: when tradition trumps Scripture*, ed. Robert W. Graves (2016). La versión en español ha circulado informalmente durante algunos años, pero nunca ha sido incluida en ningún libro. Muchas gracias a Craig Keener y al editor Robert W. Graves por permitirme incluirla.

[2] En América Latina, por lo general, usamos el término "carismático" para denominar a los católicos que tienen una orientación pentecostal. Keener y MacArthur lo usan con su sentido en inglés, de gente de cualquier ente con una orientación pentecostal.

I. INTRODUCCIÓN

En el lado positivo, abordado primero en esta reseña, *Fuego Extraño* critica enérgicamente algunos puntos que han requerido censura muy pública. En este sentido, incluye algunos elementos que podríamos incluso llamar proféticos (aunque MacArthur mismo aborrecería la etiqueta). De hecho, aquellos que han abusado groseramente de la etiqueta carismática nos han intimidado a veces a nosotros los carismáticos acerca de la etiqueta, aunque afirmamos y practicamos los dones espirituales, algo que la Escritura enseña. (Cada etiqueta eventualmente es desviada, incluyendo "cristiano" y "evangélico"; quizá "continuacioncita" le iría mejor.) Entonces de nuevo, como un carismático evangélico bautista, hay momentos cuando las actividades de ciertos bautistas o evangélicos me llevan a estremecerme también.

Si la crítica de MacArthur puede alertar a más carismáticos hacia la importancia vital de prestar atención a las críticas que los eruditos carismáticos han estado planteando por un largo tiempo, habrá cumplido un propósito beneficioso. Sin embargo, porque muestra tan poco discernimiento al condenar todo lo carismático, podría en cambio polarizar aún más a dos grupos de creyentes que necesitan mucho del aporte el uno del otro. Al redefinir dónde está el medio, puede hacer más cautelosos a algunos evangélicos acerca de los dones de lo que son actualmente, y puede hacer a algunos carismáticos más cautelosos acerca de los evangélicos de lo que ya son.

II. ALCANZANDO GRANDES OBJETIVOS

Muchos de los objetivos específicos de MacArthur necesitaban ser alcanzados. Por ejemplo, aunque los escándalos sexuales han sacudido todo desde la Iglesia Católica hasta algunas iglesias conservadoras reformadas, no se puede negar que los carismáticos muy públicos han traído a menudo gran vergüenza no solo a los carismáticos sino al cristianismo en general (p. xiv). Debido a que los carismáticos carecen de alguna estructura de autoridad dominante, es difícil para cualquiera controlar lo que sucede entre algunos carismáticos. Pero los carismáticos sin duda no son inmunes al escándalo, y las celebridades (así como los objetivos de movimientos políticos rivales) son particularmente vulnerables a él (véase más comentarios sobre escándalos más adelante).

Aunque MacArthur exagera extremadamente, algunos carismáticos tristemente sí calzan con el estereotipo que él pinta de hablar "incesantemente acerca de los fenómenos" y no mucho acerca de Cristo (p. xii). Los Evangelios y Hechos, por supuesto, enfatizan las señales, pero estas señales siempre honran a Jesús y buscan llamar la atención hacia Él. La adoración cristiana y la enseñanza deben atraer la atención más que todo hacia Jesús y su muerte por nosotros y su resurrección.

Además, a pesar de las advertencias de muchos líderes, hay círculos donde la gente cultiva particularmente la emoción y las respuestas físicas (cf. pp. 3-4). Ellos vienen de una tradición que ha venido a sustituir ese sentimiento por el Espíritu que una vez lo generó, en lugar de la actividad del Espíritu mismo. MacArthur se queja de que muchos carismáticos "parecen reducir al Espíritu de Dios a una fuerza o un sentimiento" (p. 5). Como Jonathan Edwards notó, las reacciones emocionales o físicas podrían acompañar la obra de Dios, pero en otras ocasiones podrían ser falsas (p. 41); uno debería evaluar el avivamiento por otros criterios bíblicos. Aun así, MacArthur bota mucho más que Edwards. El contexto de su argumento sugiere que él tiene más que extremos en mente cuando él acusa (p. xiv) que "muchos pentecostales y carismáticos... han lanzado su teología a los fuegos de la experiencia humana y adorado al falso espíritu que resultó…". Más sobre este tema más adelante.

Aunque la emoción y la celebración son bíblicas (en un mayor grado, yo creo, del que MacArthur hallaría confortable), muchos de nosotros hemos sido testigos de abusos a lo largo de los años a veces, gente tratando de reproducir los efectos del Espíritu más que sirviendo y adorando al Señor. La experiencia de una generación (o algunas veces los caprichos) se convierte en la tradición de la siguiente generación y el legalismo de la siguiente generación. No todo legado heredado de nuestros antecesores en el avivamiento (ya sean tradiciones carismáticas o el cesacionismo de MacArthur) es útil; es la palabra y el Espíritu lo que necesitamos.

¿Dioses cristianos?

Más sustancialmente, algunos maestros extremos de la Palabra de Fe sí promulgan enseñanzas que, por lo menos en apariencia, no pueden más que ser vistas como herejías, especialmente que los creyentes son dioses (correctamente notado en pp. 11-12). Pero ¿es que esas creencias de hecho "se han convertido en la regla" entre los carismáticos (p. 12)? Aquí yo creo que mi tamaño de la muestra debería ser suficiente para ofrecer un decisivo "No". En mis treinta y ocho años como carismático, yo no pienso que haya escuchado a algún carismático que conozca personalmente repetir esta enseñanza extrema, incluyendo aquellos que han absorbido las enseñanzas de la Palabra de Fe.

Una herejía con la que yo me encontré, la cual tomaba asuntos más literalmente que lo que mencionó MacArthur, fue la doctrina de Los Manifiestos Hijos de Dios (o por lo menos su versión extrema con la que me encontré). Sus proponentes enseñaban que los vencedores por fe lograrían la inmortalidad antes del regreso de Cristo, convirtiéndose en "el Cristo de muchos miembros" en la tierra.

Una cosa yo sí sé y es que el Espíritu carismático que yo he experimentado no era compatible con esta enseñanza. En una ocasión yo retrocedí en mi interior cuando escuché a un orador invitado en una congregación no carismática enseñar sobre un tema completamente diferente. Sentí que él era portador del mismo espíritu que los maestros de Los Hijos Manifiestos. Luego le pregunté si él había conocido a un cierto maestro de Los Manifiestos Hijos de Dios. "Sí", él contestó, sorprendido. "Nosotros éramos buenos amigos". Él mismo era un maestro de Los Manifiestos Hijos de Dios. El Espíritu que yo experimento regularmente en círculos carismáticos más sensatos claramente testifica contra esta falsa enseñanza. Las enseñanzas falsas existen, pero ellas no provienen del mismo Espíritu que ha abanicado la mayoría de los avivamientos de los dones espirituales.

Estudiando la Biblia

MacArthur con razón insiste que la base primaria para nuestra enseñanza debería ser la Escritura, y advierte contra el reemplazarla con tradición, cultura, o, como en algunos círculos carismáticos, experiencia. En algunos lugares, los carismáticos son entre los cristianos, los más fieles a las Escrituras; a menudo ellos también buscan volver a la Biblia mucho más que lo que el propio cesacionismo rígido de MacArthur lo permitiría. Sin embargo, muchos de nosotros estamos familiarizados con círculos carismáticos donde los testimonios y supuestas revelaciones suplantan la enseñanza bíblica más que apoyarla. Una carismática (aunque, en el transcurso de los años, *solo* una) me dijo que ella recibía sus propias revelaciones, así que ella no estaba muy interesada en las que ya estaban en la Biblia. (Como era de esperar y dolorosamente, este acercamiento pronto se vino abajo para ella).

En casos como este, la advertencia de MacArthur es importante. De hecho, mucho más ampliamente (y no solo en círculos carismáticos), mayor comprensión y exposición más fiel de la Escritura es esencial. Pablo exhorta a Timoteo a no descuidar el don que él recibió a través de la profecía cuando los ancianos impusieron manos sobre él (1 Tm 4:14). Pero él también insta a Timoteo a dedicarse a la lectura pública y exposición de la Escritura (4:13), porque su enseñanza sería algo de vida o muerte para sus oyentes (4:16). El descuido de la enseñanza bíblica sólida en algunos círculos no excusa la reacción exagerada de aquellos que rechazan la profecía legítima en otros (véase discusión más adelante). Sin embargo, hay una razón por la cual Dios nos diera una Biblia como canon, una "vara de medir", por la cual todas las otras afirmaciones puedan ser evaluadas.

MacArthur nota que el pentecostalismo ha sido a menudo anti-intelectual (pp. 73-75). Como mucho del cristianismo americano asociado originalmente con los avivamientos fronterizos, sin embargo, surgió entre la gente menos educada quienes experimentan un aspecto de la actividad de Dios menos apreciada entre la élite intelectual. Quizás si los cristianos más intelectuales se humillaran ellos podrían aprender algo de la experiencia carismática, y ganar más audiencia entre aquellos a los que pueda servir su entrenamiento. Necesitamos la Palabra y el Espíritu juntos, y apagar cualquiera de los dos —ya sea como el pentecostalismo tradicional algunas veces ha hecho o como los intelectuales cesacionistas rígidos hacen ahora— no es útil.

MacArthur dice que los creyentes deberían renovar sus mentes, no pasarlas por alto (p. 244). Los carismáticos (y otros) sí necesitan un gran énfasis en renovar la mente (uno de mis proyectos exegéticos planeados para pronto aborda esto), pero MacArthur insta a una elección forzada; también hay una dimensión afectiva de nuestra personalidad. Al criticar el culto no inteligente, MacArthur menciona en una cita al pie la explicación de Gordon Fee que el Espíritu algunas veces pasa por alto la mente. Sin embargo, Fee simplemente sigue la enseñanza de Pablo aquí (1 Cor 14:14-15), y Fee, un cuidadoso y honesto erudito, no es ciertamente la persona a citar en apoyo de la irreflexión.

Sin embargo, las enseñanzas no bíblicas sí proliferan. Por supuesto, que la Biblia no tiene que dirigirse a algo directamente para que los cristianos hoy lo consideren; no menciona explícitamente el aborto, armas nucleares, e ingeniería genética, por ejemplo. Pero muchas enseñanzas populares en la actualidad sobre la guerra espiritual, el gobierno de la iglesia y así sucesivamente descansan en "revelaciones" extrabíblicas que deben ser examinadas más cuidadosamente. Por lo menos algunas de estas enseñanzas van en contra de la Biblia, y muchas de las otras parecen en el mejor de los casos irrelevantes al ministerio práctico para el reino.

Para bien o para mal, como alguien cuyo don público primario es enseñar, confieso que usualmente me siento más cómodo entre cesacionistas, con los cuales yo comparto una base común para discusión, a saber la Escritura, que entre los carismáticos extremos quienes la descuidan. Yo conozco muchos maestros carismáticos, sin embargo, quienes no son extremos, e incluso muchos influenciados por enseñanzas extremas a menudo están dedicados humildemente a Cristo. En un lugar la necesidad me forzó a hacer mi evangelismo y oración con carismáticos, mi defensa intelectual por la fe evangélica junto a un cesacionista, y mi otro ministerio con quien me diera la bienvenida.

¿Prosperidad, prosperando?

Usualmente he estado más preocupado acerca, y enseñé más vigorosamente contra, los peligros de la enseñanza de la Prosperidad que los peligros del cesacionismo rígido. Así como muchos evangélicos necesitan más experiencia espiritual, los carismáticos están creciendo rápido y necesitan más enseñanza, así que mi propio don en la enseñanza tiende a tirar de mí en esa dirección. Si MacArthur no hizo uso de la enseñanza de la Prosperidad para tratar de desacreditar más generalmente la experiencia carismática yo probablemente no pausaría para comentar mucho aquí.

La enseñanza de la Prosperidad no es históricamente parte del ADN del pentecostalismo; los primeros pentecostales se hubieran opuesto en gran medida a ella, así que si uno extrapola de ese período (como a MacArthur le gusta hacer con figuras tempranas más cuestionables) las conclusiones de uno serían diferentes. Si la enseñanza de la Prosperidad se ha extendido, no ha sido porque el pentecostalismo abrace los dones espirituales y la dependencia del Espíritu para la misión sino a pesar de ello. El materialismo no apela a aquellos que abrazan los dones de Dios sino más generalmente a la naturaleza humana básica. Si la enseñanza sana florece (o la realidad sacude a los proponentes), quizá la enseñanza de la Prosperidad se desvanecerá en la próxima generación. La enseñanza reaccionaria como la de MacArthur, sin embargo, es más probable que polarice a que invite.

¿Será cierto que "los maestros de la Palabra de Fe representen la tendencia actual más grande del movimiento" (p. 9)? Evidencia estadística sólida debe ser recolectada, pero lo cierto es que está enormemente extendida, y en algunos lugares tipos de esta enseñanza pueden ser mayoría. Sin embargo, es sabio reconocer un rango de puntos de vista más que agrupar a todos los maestros de "fe" juntos; ciertamente algunos que se aferran a unos elementos de la enseñanza de "fe" rechazarían el tipo de elemento notado anteriormente "nosotros somos dioses".

He escuchado varias versiones de la enseñanza de confesión positiva y de la Prosperidad, pero algunas veces de cristianos que estaban sin embargo tan comprometidos con Cristo y su obra que ellos vivían sacrificialmente. Danny McCain, un amigo no-pentecostal que ha dedicado décadas de ministerio evangélico a Nigeria para ayudar a dirigir un estudio del pentecostalismo africano, me dice que, a pesar de muchos problemas serios en el pentecostalismo allá, los pentecostales tienden a estar entre los más devotos cristianos y predican muy claramente la salvación. Como un no-pentecostal él concluye que: "si yo tuviera que escoger la fe de uno sobre la del otro, yo tomaría la versión pentecostal".

Muchos afirman que la mayoría de carismáticos africanos (o más ampliamente cristianos africanos) enseñan la Prosperidad; ya sea que esta afirmación sea precisa o no, la evidencia de la encuesta en la que descansa no es tan clara como algunos suponen. Ciertamente la enseñanza extrema está muy extendida en África, incluyendo en la televisión, y muchos jóvenes cristianos creen con entusiasmo cualquier cosa que les enseñen. Sin embargo, muchos africanos no leen la pregunta de la encuesta acerca de la conexión entre la fe y la Prosperidad de la misma forma que los evangélicos occidentales suponen, esto es, en el contexto de la enseñanza materialista. (La pregunta, reportada en la p. 30 del Pew Survey, se lee: "Dios dará prosperidad material a todos los creyentes que tengan suficiente fe". La encuesta entonces resume: "En nueve de los países la mayoría de los pentecostales dice que Dios dará prosperidad material a todos los creyentes que tengan suficiente fe").

Mi esposa, por ejemplo, no es carismática, y ella y otros cristianos africanos que rechazan firmemente la enseñanza de la Prosperidad me dicen que ellos hubieran visto ambigua la pregunta y la hubieran respondido positivamente. Su comprensión de la pregunta es simplemente que nosotros debemos depender de Dios para que provea nuestras necesidades, un concepto bíblico incuestionable. Es cuestionable si la "mayor parte" de carismáticos (p. 15) apoya la enseñanza de la Prosperidad en el sentido en el cual nosotros normalmente usamos la frase.

Existen grados de "enseñanza de la Prosperidad", de simple fe en la provisión de Dios a los tipos de extremos que MacArthur justamente denuncia. Por otra parte, yo sospecho que la mayoría de evangélicos norteamericanos no carismáticos gastan más recursos en ellos mismos que los que Jesús aprobaría; que ellos, a diferencia de los maestros de la prosperidad, no busquen justificación teológica para sus prácticas no las hace menos antibíblicas.

Usar las características de algunos o incluso muchos o la mayoría de los miembros para caracterizar un grupo como un todo puede ser un ejemplo de la "falacia de composición" en lógica. El razonamiento de MacArthur en contra de los carismáticos no es muy diferente del razonamiento de algunos secularistas contra los evangélicos. Algunos protestan alarmados, por ejemplo, que los "dominionistas" cristianos extremistas planean tomar los Estados Unidos; ellos mezclan su punto de vista de estos dominionistas con todo lo de los "Derechistas Religiosos"; ellos notan que tres cuartos de los evangélicos blancos votaron por los Republicanos en la última elección; y luego ellos concluyen que los evangélicos son una amenaza a la democracia. Ejemplos de esa extralimitación podrían multiplicarse: tanto Lutero como muchos padres de la iglesia pronunciaron fuertes afirmaciones antisemíticas; entonces los cristianos son antisemitas; uno podría entonces razonar más allá, aunque obviamente sin mucha lógica, que la gente religiosa (incluso judíos ortodoxos) son todos antisemitas. Muchos pastores de mega-iglesias u otras principales figuras cristianas han mostrado ser corruptas; entonces MacArthur debe ser corrupto. Y así sucesivamente.

¿Por qué usaría Dios a MacArthur para retarnos?

Cuando fallamos en la autocrítica Dios algunas veces levanta foráneos para ayudarnos (gentilmente o no). Mientras que es cierto que muchos (¿la mayoría?) evangélicos necesitan desesperadamente el énfasis carismático para vivir la enseñanza bíblica acerca del Espíritu, también es cierto que muchos (¿la mayoría?) carismáticos necesitan desesperadamente el énfasis evangélico de entender y explicar cuidadosamente la Escritura. (Divulgación completa: como un evangélico carismático, yo podría tener alguna parcialidad aquí).

Por supuesto, "algunos pensadores carismáticos" (como llama correctamente MacArthur a Michael Brown y J. Lee Grady) han criticado correctamente los abusos, y MacArthur fácilmente los cita en apoyo de su argumento (pp. 202-3). (En subsecuentes críticas, uno debería notar, que ni Brown ni Grady han considerado la polémica de MacArthur justa). Las preocupaciones también se han generalizado, por ejemplo, entre muchos maestros en escuelas carismáticas y pentecostales. Como uno de los reseñadores ha señalado, sin embargo, aquellos que dependen de lo que ellos escuchan en la televisión no han escuchado a los críticos de los carismáticos y no escucharán tampoco a MacArthur. (Aquellos que toman sus ideas acerca de los evangélicos principalmente de lo que ven en televisión o escuchan en la radio, ya sea de la variedad religiosa o secular, son a menudo del mismo modo acríticos).

Aunque muchos carismáticos no son culpables de las genuinas ofensas con las cuales los culpan, ha habido una tendencia reciente a hacer alarde de los números y el respeto creciente de los carismáticos. Yo sospecho que cuando nosotros citamos las cifras más altas por el número de carismáticos en el mundo, nosotros reconocemos que no nos sentiríamos confortables abrazando como iguales espiritual y teológicamente a todos ellos. No obstante, algunos de nosotros hemos estado ansiosos de presumir por los números. Los cristianos de la mayoría del mundo se han sacrificado para expandir el evangelio, pero muchos carismáticos occidentales están viviendo menos sacrificialmente que en el pasado. Si nosotros somos triunfalistas, nos estamos jactando por la labor de otra gente. Deberíamos estar agradecidos si Dios usa a los cesacionistas para reprendernos antes de que nos volvamos más arrogantes; el uso que hizo Dios de Babilonia para juzgar la arrogancia de Judá fue mucho menos gentil.

III. LA BROCHA GORDA

Aunque yo nunca veo películas de terror, por primera vez pienso que puedo identificarme con la emoción que obtiene la gente al verlas. Leer la asombrosamente generalizada condena de MacArthur de toda la experiencia carismática fue tan exagerada, que yo podría estar tentado a encontrarla entretenida si no hubiera sido por la posibilidad trágica que algunos lectores la aceptaran sin crítica. (Como se señala más adelante, él sí hace excepciones para algunos de sus amigos, los trata como idiosincrásicos y aparentemente como excepciones que prueban la regla; por ejemplo, p. 231ss.).

El objetivo de MacArthur es tan disperso que él sin saberlo ataca de exceso aun a muchos de sus compañeros críticos. Él practica la culpa-por-asociación en una forma tan indiscriminada, y algunas veces con tan poca investigación, que algunos estarían tentados de acusarlo de linchar compañeros creyentes. Las bases bíblicas para su defensa del cesacionismo rígido son tan frágiles que ellas apenas merecen desperdiciar espacio para criticarlas en esta reseña; yo también me he dirigido a éstas en otro lugar. Por ende, me enfoco *principalmente* en esta crítica generalizada.

La condena indiscriminada de MacArthur de cualquier asunto carismático es poco diferente de algunas condenas seculares intolerantes de todos los evangélicos por la conducta de algunos. Alguien propenso a generalizar podría incluso usar las ofensas en el libro para poner en la lista negra a todos los evangélicos, o todos los cristianos, usando la misma lógica que MacArthur usa contra el movimiento carismático completo. MacArthur se queja cuando foráneos extrapolan de escándalos que incluyen a muchos carismáticos a los evangélicos (p. 6), sin embargo, él hace lo mismo al agrupar al "movimiento" carismático completo junto.

Mientras que MacArthur está feliz de citar el estudio de Pew Forum acerca de los pentecostales y los carismáticos que aceptan la enseñanza de la Prosperidad, él por alguna razón ignora que el mismo estudio afirma que estos grupos tienen mayor probabilidad que otros de afirmar que Jesús es el único camino de salvación y compartir su fe cristiana con no creyentes. Esto es, MacArthur quiere enfatizar un evangelio falso, pero no que los carismáticos están entre los más evangélicos de los evangélicos en muchos lugares.

Ejemplos de la brocha gorda

Especialmente (aunque no exclusivamente) en su introducción, MacArthur trata al movimiento carismático como satánico y dañino para la iglesia como un todo. Que él pretende que su crítica aplique al movimiento como un todo, en todas sus formas, es aclarado en la segunda nota del libro (p. 263 n. 2): "A lo largo de este libro, las tres olas del movimiento moderno pentecostal y carismático generalmente se tratan en conjunto con el término amplio *carismático*, como una forma de referirse a la totalidad del pentecostalismo clásico, la renovación carismática y la Tercera Ola".

Él afirma que (p. xi): "Es por eso que las muchas payasadas irreverentes y las doctrinas torcidas que se han infiltrado en la iglesia por el movimiento carismático contemporáneo son igual (o incluso peor) al fuego extraño de Nadab y Abiú". Él también afirma (p. xiii) que: "El movimiento carismático moderno" atribuye "la obra del diablo al Espíritu Santo". Él habla con un poco más de restricción meramente de (p. xvi) "millones de carismáticos" quienes adoran a un falso espíritu; a estos él los compara con los israelitas idólatras que Dios mató en Éxodo 32.

MacArthur condena no simplemente ciertos movimientos teológicos; él atribuye el ejercicio de dones espirituales sobrenaturales a Satanás (p. xiii). Además, él vincula la práctica carismática de las lenguas con la de "médicos vudús" y grupos heréticos (p. 137), habiendo tratado de descartar cualquier vínculo entre las lenguas carismáticas y el Nuevo Testamento. Sin embargo, esas lenguas sectarias no están bien testimoniadas en el primer siglo, cuando surgieron las lenguas bíblicas, y MacArthur descuida la ocurrencia de las lenguas en la historia posterior de la iglesia antes del pentecostalismo moderno (por ejemplo, en un avivamiento cristiano autóctono en India en los 1860s), excepto por aquellos (tales como los jansenistas) que considera herejes (p. 137).

Su tratamiento de las lenguas como demoníacas es lamentable. Puesto que él descarta como subjetivas las afirmaciones carismáticas que dicha oración les ayuda a sentirse más cerca de Dios, él descartaría mi propia afirmación a este efecto también, pero yo sí creo que la renovación espiritual interna que experimento cuando oro en lenguas me fortalece en mi trabajo para el reino.

Yo primero experimenté las lenguas dos días después de mi conversión del ateísmo, mientras adoraba al Dios que me salvó; yo no había recibido ninguna enseñanza acerca de las lenguas y no sabía que había un nombre para ello. Fui ordenado después como un ministro bautista en 1990 y predico mucho más a menudo en círculos no-carismáticos que en los carismáticos. Sin embargo, en esos círculos, yo encuentro que muchos de mis colegas (bautistas, metodistas, presbiterianos y similares) oran en lenguas, tienen testimonios de sanidades sobrenaturales, y similares. Un amigo erudito cercano que no ha tenido esas experiencias, un colega en otro seminario, me dijo que a él le gusta contratar carismáticos como colegas de facultad porque ellos tienden a ser más ortodoxos y con más celo. Ninguno de nosotros a los cuales me he estado refiriendo calza con las características que MacArthur atribuye al "Movimiento carismático".

En la opinión de MacArthur, el espíritu detrás del movimiento "representa una enorme piedra de tropiezo en lo que concierne al verdadero crecimiento espiritual, el ministerio y el hecho de ser útiles" (p. 82). No puedo más que ver estas afirmaciones como seriamente desinformadas; la guía directa del Espíritu e incluso la sanidad en respuesta a la oración me han ayudado a guiar a la gente a Cristo. Si el evangelio que yo predico –salvación del pecado a través de la fe en el Señor Jesucristo crucificado y levantado– no es el evangelio verdadero, yo no sé cómo se llamaría.

¿Carismáticos una secta?

MacArthur sí reconoce (p. 81) que "hay personas sinceras en el movimiento carismático que, a pesar de la corrupción sistémica y la confusión, han llegado a comprender las verdades necesarias del evangelio". Sin embargo, apelando al respeto por nuestros antecesores evangélicos, él nota (p. xv) que a principios de 1900s, los conservadores en su mayoría vieron a los pentecostales como una secta, y que (p. xiv): "En generaciones anteriores, el movimiento carismático pentecostal habría sido etiquetado como herejía". (MacArthur está indudablemente infeliz porque Billy Graham dio la bienvenida a los pentecostales en el redil evangélico, porque la mayoría de los miembros en la Asociación Nacional de Evangélicos son pentecostales, porque alrededor de la mitad de los evangelistas itinerantes en la conferencia de Billy Graham de 1983 en Ámsterdam eran carismáticos, porque los pentecostales han servido como presidentes y decanos en seminarios evangélicos, y así sucesivamente).

Uno tiene la impresión de que MacArthur prefería la anterior visión conservadora acerca de los pentecostales. Aunque uno podría esperar que MacArthur apreciara el ferviente evangelismo pentecostal en la Mayoría del Mundo, él niega que estén propagando el evangelio genuino, salvador. Por lo tanto (p. xvii): "el evangelio que está conduciendo a esos números no es el verdadero evangelio y el espíritu detrás de ellos no es el Espíritu Santo. Lo que estamos viendo es, *en realidad*, el crecimiento explosivo de una iglesia falsa, tan peligrosa como cualquier secta o herejía que haya atacado al cristianismo. El movimiento carismático fue una farsa y un engaño desde el principio y no ha cambiado a algo bueno".

Al explicar qué tan propensos son los carismáticos a la herejía, MacArthur nota que los católicos carismáticos, pentecostales unicitarios, y creyentes de la Prosperidad en conjunto hacen "una gran mayoría dentro del movimiento carismático moderno" (pp. 52-53). MacArthur descarta automáticamente como herejes un quinto de carismáticos que son católicos, porque él condena la misa y la veneración de María por idolátrica y argumenta que los católicos niegan la justificación por la fe (p. 49).

Otros evangélicos han debatido estos asuntos más a fondo de lo que yo puedo aquí, pero por supuesto no hace falta decir que muchos líderes evangélicos actuales difieren de las conclusiones de MacArthur. Con el interés de evitar desviarnos, yo no debería ni siquiera alborotar el avispero. Sin embargo, nosotros somos justificados por la fe en Cristo, no por fe en la justificación por la fe; por lo tanto, debería de ser posible para mucha gente confiar en Cristo como su salvador sin entender la doctrina de su iglesia o incluso la explicación de Pablo. Yo sospecho que si el Espíritu de Dios se moviera sólo entre aquellos cuya teología reflejara perfectamente la suya, para empezar ninguno de nosotros podría ser llevado a su verdad. Si porque nosotros dependemos solamente en Jesús como salvador, es hereje creer que uno debe pertenecer a la iglesia católica para ser salvo, entonces creer que uno debe pertenecer a la iglesia Protestante para ser salvo es también hereje.

Él también rechaza la fe de la minoría de pentecostales unicitarios o "unitarios", quienes él estima como 24 millones en todo el mundo (un cuarto de los pentecostales de EE.UU.; pp. 49-50), quizás 5 por ciento de los carismáticos globales. Sin embargo, los grupos pentecostales trinitarios como las Asambleas de Dios enfatizan la trinidad en su declaración doctrinal de una forma más elaborada que lo que lo hacen la mayoría de otros evangélicos, parcialmente en reacción contra los modalistas. Mi experiencia en las escuelas de las Asambleas de Dios fue que los bautistas eran vistos como los aliados más cercanos que los más sospechosos modalistas. No obstante, yo sé de muchas conversaciones con ambos pentecostales unicitarios y cristianos trinitarios que, en la práctica, la mayoría de los cristianos ordinarios desafortunadamente no están educados lo suficiente teológicamente para saber la diferencia entre tres personas y tres "modos". Además, si uno quisiera manchar a todos los pentecostales por descuido teológico porque algunos pentecostales (para consternación de otros pentecostales) son modalistas, uno podría también ser tentado a manchar a todos los cesacionistas debido a los arianos, aunque firmemente inerrantistas, cesacionistas Testigos de Jehová.

Teólogos carismáticos/continuacionistas

MacArthur se queja (p. xv) que "En la historia reciente, ningún otro movimiento le ha hecho más daño a la causa del evangelio, distorsionado la verdad y sofocado la expresión de la sana doctrina". Aunque, nosotros mismos carismáticos, no todos estamos de acuerdo en cómo se ve "la teología carismática", aparte de no ser nosotros cesacionistas, MacArthur acusa (p. xv) que "La teología carismática ha convertido a la iglesia evangélica en un pozo negro de errores y un caldo de cultivo para los falsos maestros".

Razonando circularmente –donde cualquier contribución carismática es descartada como error– él argumenta (p. xvi) que "la teología carismática no ha hecho ninguna contribución a la verdadera teología o la interpretación bíblica…". "La interpretación bíblica verdadera, la sana doctrina y la teología histórica", él advierte (p. 113) "no le deben nada al movimiento, a menos que una afluencia de errores y falsedades pueda ser considerada una contribución".

MacArthur no está diciendo que nadie carismático haga esas contribuciones, sino que las contribuciones no son porque ellos sean carismáticos. Yo no puedo hablar por todos los eruditos carismáticos, pero mi experiencia carismática ciertamente me ha ayudado y ha fortalecido mi fe en tiempos de retos intelectuales, posiblemente en algunas formas que pueden haber hecho una diferencia decisiva en por qué todavía soy creyente. También me ha ayudado a apreciar con mayor sensibilidad algunas descripciones de experiencia espiritual en la Biblia, al igual que la experiencia con las iglesias en casas, los creyentes en la Mayoría del Mundo, judíos mesiánicos (y otros círculos judíos) y demás me han ayudado a escuchar aspectos de los textos con mayor sensibilidad.

En cuanto a la experiencia carismática que ha contribuido a mi trabajo erudito, ha habido tiempos cuando he sentido que Dios me habló acerca de cuál debería ser mi siguiente proyecto académico. En un caso, antes de que pudiera contactar con la editorial a la que me sentí guiado a dirigirme, ellos me contactaron a mí y me pidieron escribir un comentario acerca del mismo libro que yo me había sentido guiado a escribir en oración. De otra manera, probablemente hubiera rechazado esa propuesta de proyecto por lo ocupado que estaba. Ciertamente los intereses carismáticos de Gordon Fee, Michael Brown, y muchos otros eruditos carismáticos han dado forma al enfoque de su trabajo. (Nuestras conclusiones, basadas en sólida exégesis, sin duda podrían haber sido alcanzadas por otros, pero los intereses se formaron donde hemos hecho algunas contribuciones).

Pese a las fuertes afirmaciones, MacArthur se enfoca en los ejemplos más extremos o cuestionables, y evita condenar explícitamente algunas de las voces más balanceadas; él incluso cita en apoyo de su crítica a algunos "pensadores carismáticos". Yo aprecio su selectividad en esta forma; los maestros más balanceados usualmente escapan a su nombrada crítica. El problema es que los lectores, y aparentemente MacArthur mismo, ve los ejemplos extremos y cuestionables como representativos, basados en estadísticas (discutidas anteriormente) acerca de lo que se cree que la mayoría de los carismáticos creen.

Escándalos *versus* los amigos de MacArthur

MacArthur trata de encontrar el justo balance entre reconocer la ortodoxia de sus amigos reformados continuacionistas (él parece menos dispuesto a eximir a los continuacionistas no-reformados) y condenar a la mayoría de los carismáticos debido a escándalos visibles. MacArthur tiene la información correcta, pero yo creo que tiene el balance incorrecto: la inmoralidad no caracteriza a la mayoría de los pentecostales.

MacArthur correctamente admite (p. 59) que "las irregularidades financieras y los fracasos morales pueden surgir de vez en cuando incluso en las más sólidas de las iglesias". No obstante, él acusa, aquellos que afirman tener el Espíritu deberían tener menos de éstas, sin embargo, tienen más. Personalmente, yo sospecho que lo que los pentecostales quieren decir por el empoderamiento del Espíritu es especialmente para el ministerio (evangelismo y dones), y que el poder espiritual para la pureza está igualmente disponible entre todos los creyentes. No obstante, los escándalos son naturalmente más públicos entre las figuras más públicas, quizás especialmente entre muchos televangelistas sin una base apropiada. La mayoría de televangelistas ha sido carismática, y la inclinación anti-intelectual mencionada anteriormente, a menudo ha mantenido la formación bíblica y algunas veces la consejería lejos de ser apropiadamente valorada. Aquellos que se enfocan en la autopromoción rara vez tienen mucho tiempo para la exégesis cuidadosa, aun si ellos tienen la formación para hacerlo. En su libro *Yo Estaba Equivocado* (*I Was Wrong*), Jim Bakker admitió que a la altura de PTL, él no tenía mucho tiempo para leer su Biblia, y luego reconoció que su enseñanza anterior acerca de la prosperidad contradecía el mensaje de Jesús.

En las pp. 60-64 MacArthur ofrece una larga lista de escándalos de figuras carismáticas y pentecostales a lo largo de los años. Algunas de estas afirmaciones representan alegatos que nunca fueron probados, por lo que su inclusión es algo así como un chisme. La mayoría, sin embargo, son genuinas, y algunas representan pecado de largo plazo, racionalizado. Nuevamente, la mayoría de estos son de ministros muy visibles sin supervisión; las cifras de los escándalos serían diferentes para el pastor promedio en, digamos, las Asambleas de Dios, donde la infidelidad sexual es tratada muy estrictamente.

Estas figuras deberían servir como advertencia para todos los que estamos en el ministerio (cf. Mt 24:45-51), pero MacArthur desafortunadamente extrae la moraleja equivocada. Él acusa (p. 65) que el comportamiento escandaloso está enraizado en la enseñanza falsa acerca del Espíritu Santo. Las creencias falsas acerca de lo que significa la "unción" puede jugar un papel en algunos casos, pero ese comportamiento está mucho más generalizado que en los carismáticos prominentes y está enraizado más plenamente en la pecaminosidad humana. Las tentaciones nos afligen a todos nosotros, y la Biblia nos da ejemplos de fallas morales no relacionadas con la enseñanza acerca del Espíritu Santo, incluyendo a Jefté, Sansón, y David, la negación de Pedro, y semejantes.

Pese a pintar el espíritu carismático y por ende a la mayoría de los carismáticos con la brocha de estos escándalos, MacArthur explica (p. 231) que "no considero a mis amigos continuacionistas como individuos de la misma clase que estos charlatanes espirituales...". Él reconoce (p. 232) que "muchos continuacionistas evangélicos han condenado con valentía" la enseñanza de la Prosperidad. Aquí hay una salvedad muy importante, una que no es realmente consistente con la condenación de todo el "Movimiento carismático". Sin embargo, hay muchos más carismáticos como los amigos continuacionistas de MacArthur que los que él reconoce.

Uso selectivo de la historia

El acercamiento selectivo de MacArthur a la historia pretende fundamentar su enfoque. Sin embargo, su apéndice sobre la historia de la iglesia, si intentaba ser representativa, selecciona solo afirmaciones que concuerdan con él. Sí, los cesacionistas existieron; pero no todos los creyentes ortodoxos han sido cesacionistas. Ireneo, Orígenes y Tertuliano todos declararon testimonios de sanidades y exorcismos. El historiador Ramsay MacMullen muestra que estos tipos de experiencias constituyeron la principal causa de conversión cristiana en el tercer y cuarto siglo.

MacArthur cita a Agustín como defensor del cesacionismo (pp. 252-53) sin señalar que más tarde cambio de opinión e informó de numerosos milagros, incluyendo levantamientos de muertos y algunas sanidades de las que él presenció personalmente. John Wesley valoró pesar la profecía más que rechazarla, informa de sanidades, y ofrece su propio informe de primera mano de lo que él creyó que era un levantamiento de entre los muertos. Líderes evangélicos de finales del siglo XIX como el Bautista A. J. Gordon (por quien el seminario teológico Gordon-Conwell es nombrado) y A. B. Simpson, fundador de la Alianza Cristiana y Misionera, fueron continuacionistas y relataron informes de curación.

Como fue señalado anteriormente, MacArthur enfatiza (p. xv) que a principios de los 1900s los conservadores en su mayoría veían a los pentecostales como una secta. Conforme los evangélicos no carismáticos comenzaron a conocer a los pentecostales, sin embargo, sus opiniones comenzaron a cambiar, y por buenas razones. En este punto, sin embargo, MacArthur desea volver atrás el reloj.

Dando a entender compromiso con la teología liberal, él señala (p. xv) que en los 1960s los carismáticos se propagaron en las principales denominaciones "que habían abrazado el liberalismo teológico y ya estaban muertas espiritualmente". De hecho, esto es una caricatura, porque muchos cristianos comprometidos se mantuvieron en algunas de estas denominaciones (había algunos en el prototipo de la iglesia "muerta" en Ap 3:1); una década más tarde, yo discutí el evangelio con muchos de ellos. Muchos pentecostales de esa era, sin embargo, compartieron el prejuicio de MacArthur; David du Plessis, quien en última instancia salvó la brecha, él mismo inicialmente fue reacio a acercarse.

MacArthur denuncia (p. xv) que "el experiencialismo emocional del pentecostalismo" desató el crecimiento en estas iglesias. De hecho, un énfasis renovado en el evangelio y el evangelismo tuvo mucho más que ver con esto. En la mayoría de estas denominaciones, los carismáticos han estado entre las fuerzas evangélicas más fuertes, por lo menos en los casos donde se han sentido bienvenidos a permanecer.

MacArthur se queja que Parham fue el fundador del pentecostalismo, señalando que esta es una fuente dudosa para el movimiento (pp. 26-27). Los cargos morales contra Parham, nunca probados, pueden surgir de la enemistad de W.G. Voliva, conocido por haber planteado cargos semejantes contra otros rivales. Muchas de las perspectivas de Parham, por el contrario, fueron bastante problemáticas, y hay razones por las cuales los pentecostales hoy en día a menudo recurren a otras figuras tempranas en el movimiento (tales como William Seymour o William Durham) más representativas. Parham jugó un papel fundamental en el punto de vista que las lenguas eran la evidencia del bautismo en el Espíritu, pero el énfasis mayor del movimiento en las misiones empoderadas por el Espíritu pertenecía a

la corriente radical del evangelicalismo del cual surgió. Su rápido crecimiento entre las Iglesias de Santidad también calza con su búsqueda más
amplia del derramamiento espiritual de la época.

"*Si el Espíritu Santo quiso recrear el día de Pentecostés*", MacArthur
desafía (p. 27, énfasis en el original), "*¿sería esta realmente la forma en
que lo haría?*". ¿Por qué no? Jesús no escogió escribas teológicamente
astutos como discípulos; Pedro era un pecador (Lc 5:8) y Pablo era un
perseguidor (Hch 9:4). ¿Qué tipos de vasos falibles usó Dios en el AT? No
solo personas moralmente exitosas tales como José y Daniel, sino también
personas que fallaron después de su llamado, tales como Jefté, Sansón y
un rey llamado David. Líderes principales y figuras iniciales en algunos
avivamientos, tales como el Avivamiento en Gales (Evan Robert aparentemente sufrió crisis emocionales) el avivamiento de 1960s en Indonesia,
tuvo algunos serios problemas personales. Whitefield y los Wesleys se
diferenciaban en puntos de doctrina sin embargo Dios usó a ambos para
traer avivamiento fructífero en los 1700s.

Aunque señala el valor de los reformadores, MacArthur también correctamente enfatiza (p. 213) que el avivamiento no fluyó de ellos sino de la
palabra de Dios. Los movimientos del Espíritu no están limitados a la
fragilidad de sus recipientes. Lutero se convirtió en un virulento antisemi-
ta cuya retórica más tarde proveyó leña para el Tercer Reich, pero esto no
disminuyó lo que Dios logró a través de él. A Dios a menudo le gusta
recordarnos que lo que él hace no es acerca de nosotros sino acerca de Él
mismo. Aparte del único humano quien es también el Dios encarnado, los
humanos no son los héroes del relato de los hechos de Dios en la historia.

MacArthur puede estar en lo correcto al enfatizar (pp. 28-30) las ideas
del muy citado trasfondo en el Nuevo Pensamiento de la Palabra de Fe a
través del maestro no-carismático E. W. Kenyon. (Que Kenyon fue la
fuente para algunas de las enseñanzas de Palabra de Fe está fuera de discusión.) Pero mientras que yo no deseo arriesgarme a ser visto como defensor de la teología de la Palabra de Fe, investigación más reciente ha
subrayado algunas otras, fuentes históricas más directas de las enseñanzas.
Pese al acercamiento más balanceado de A. J. Gordon, algunas perspectivas
evangélicas sobre la sanidad en la expiación a finales del siglo XIX lleva-
ron a "afirmar" la sanidad por fe (construyendo en el acercamiento de
Phoebe Palmer y otros quienes enfatizaban la aceptación de la obra terminada de Cristo espiritualmente por fe). La enseñanza de la Prosperidad
tomó de corrientes culturales más amplias, como fue la del ateo Andrew
Carnegie *El Evangelio de la Riqueza* (1889) así como del más positivo

modelo de misiones de fe que confiaba en Dios para su provisión (modelado por George Mueller, Hudson Taylor y otros). La enseñanza de la Prosperidad distorsiona antecedentes positivos tal como Mueller, pero no debemos ignorar antecedentes históricos que no son negativos.

La afirmación, entonces, que (p. 31) Parham y Kenyon "son los responsables de las bases teológicas sobre las que el sistema carismático completo está construido", es cuestionable. Lo que muchos verían como elementos más importantes de la teología carismática, especialmente el no practicar el cesacionismo, muestra la influencia histórica de evangélicos radicales tales como A. J. Gordon y especialmente A. B. Simpson, e influencias tempranas tales como la de Johann Christoph Blumhardt.

IV. CESACIONISMO DE MacARTHUR

Como yo me he dirigido a la continuación de los dones espirituales en mucho más completo detalle en mi libro *Don & Dador* (*Gift & Giver*, publicado por Baker, 2001), aquí me enfocaré en solo unos pocos puntos planteados por MacArthur, sin elaborar en la abundante evidencia bíblica para los dones.

Sanidades

Los cesacionistas flexibles no tienen ningún problema con el que Dios haga milagros hoy cuando él escoja hacerlo, y dichos milagros no ocurren solo en círculos carismáticos. (Contrario a cierta prensa que ha recibido, mi libro acerca de milagros desafió el anti-sobrenaturalismo, no el cesacionismo. La documentación para muchos casos que yo cito más adelante, sin embargo, aparece en ese libro). Aquí yo no estoy desafiando el cesacionismo flexible sino lo que parece ser el cesacionismo más rígido de MacArthur.

Contrastando informes modernos de sanidades, MacArthur afirma (pp. 170-71) que las sanidades genuinas, aquellas de la Biblia, eran "innegables". De hecho, mientras algunas curas, tales como sanidad de la ceguera o parálisis o levantamiento de los muertos, puedan ser obvias, otras, tales como la sanidad de un flujo de sangre, pueden no ser tan obvias a espectadores. Los evangelios detallan algunos de los casos más obvios, pero indudablemente muchos que vinieron a Jesús vinieron por el rango de condiciones por las que la gente viene hoy en muchas partes del mundo.

La mayoría de los innegables y obvios casos en los evangelios tienen muchos paralelos hoy, si los observadores están dispuestos a aceptar los mismos estándares de evidencia. Testigos cristianos de conocida integridad aseguran sanidades instantáneas de ceguera y levantamiento de los muertos; yo he entrevistado a muchos de estos testigos, y conozco a una cantidad de ellos muy de cerca. Estas sanidades en el nombre de Jesús también a menudo entre no-cristianos (es decir, no solo en las reuniones de sanidad públicas que MacArthur critica).

Si MacArthur niega las afirmaciones de los testigos, él también apoya los desafíos muy epistémicos que hacen los escépticos contra el confiar en la base de las afirmaciones de milagros en la Biblia. Hoy, de hecho, nosotros algunas veces tenemos documentación médica, la cual estaba naturalmente ausente en los casos bíblicos. Nosotros también tenemos informes sólidos de millones de personas quienes se han convertido al cristianismo de contextos completamente no-cristianos, en China y en otros lugares, porque ellos estaban convencidos que ellos o alguien cercano a ellos fue sanado a través de la oración en el nombre de Jesús.

Si uno argumenta que aquellos levantados en la actualidad quienes estaban fríos, tiesos, no respiraban durante muchas horas, y tenían sus ojos en blanco no estaban genuinamente muertos, ¿cómo sabe uno que la hija de Jairo, que no respiraba solo por un corto tiempo, estaba genuinamente muerta? Nosotros podemos decir: "Porque la Biblia lo dice", pero mi punto es que el tipo de escepticismo que se aplica contra las fuertes afirmaciones de milagros hoy es precisamente el mismo acercamiento usado para desafiar la Biblia. Hume usó el descarte temprano de evidencia de testigos oculares de milagros del cesacionismo rígido para desestimar los milagros bíblicos también, y otros escépticos han seguido inmediatamente. El acercamiento evangélico continuacionista de finales del siglo diecinueve reconoció la importancia de la consistencia al manejar evidencia. Un cesacionista rígido quien no quiere que otros descarten el testimonio de testigos oculares del primer siglo no deberían descartarlo *a priori* hoy, siempre buscando maneras de evitar toda la evidencia.

Si por cesacionismo uno quiere decir simplemente que Dios no siempre hace las cosas de la forma que lo hizo en los evangelios y Hechos, yo supongo que yo (y muchos otros continuacionistas) seríamos considerados cesacionistas. Yo no creo que Jesús sane a todos quienes oran por sanidad en todas partes. Sin embargo, Dios tampoco hizo las cosas de la misma manera a lo largo de la historia bíblica, pero era más generoso con señales que rodeaban ciertos acontecimientos que otros. La venida de Jesús fue el evento clave, y en Hechos nosotros vemos que otro "acontecimiento" clave acompañado por señales es la predicación del evangelio. MacArthur señala que "las sanidades autenticaron un verdadero mensaje" (p. 173). Eso es correcto: y conforme ese mensaje verdadero continúa yendo hacia adelante, Dios a menudo continúa autenticándolo.

Lejos de ser Hechos un mero registro histórico de una autenticación anterior, este nos lleva a esperar que las sanidades puedan continuar, como lo hicieron aún en el capítulo final de Hechos (Hch 28:8-9). Relatos de testigos creíbles alrededor del mundo (no solo aquellos que MacArthur podría fácilmente descartar por extremos) sugieren que dichas sanidades de hecho continúan. Yo mismo he sido testigo algunas veces.

En mi opinión, MacArthur también confunde los "dones de sanidades" de Pablo para la iglesia, los cuales no están realmente descritos en la Escritura, con los signos más visibles en los contextos evangelísticos en Hechos (p. 245); pero no es prudente desviarse aún más lejos.

Profecía y revelación

MacArthur confunde profecía con canon, una confusión que distorsiona su tratamiento de la profecía. Él supone que "Si el Espíritu aún estuviera ofreciendo revelación divina, ¿por qué no habríamos de recogerla y agregar esas palabras a nuestras Biblias?" (p. 69). La creencia en nuevas revelaciones, él arguye, "niega tácitamente la doctrina de la *sola Scriptura*" (p. 242).

La confusión de MacArthur en este punto lo lleva a acusar a la gente de herejía a través de su propia incomprensión. Así cuando Jack Deere argumenta que Satanás desarrolló una doctrina "que enseña que Dios ya no nos habla excepto mediante de la Palabra escrita", MacArthur entiende que él llama "la suficiencia de la Escritura como una doctrina *demoníaca*" (p. 69), algo que Deere no dice, por lo menos donde MacArthur lo cita. Sin embargo, la Escritura en ninguna parte dice que Dios ha dejado de hablar, un acercamiento que en realidad contradice lo que esperaríamos del patrón en la Escritura. Por lo tanto, si MacArthur quiere atribuirse su propio punto de vista en este punto al Espíritu (en lugar que Satanás, como Deere sugiere), ¡MacArthur debe encontrarse en la curiosa situación de construir su teología en este punto en una revelación posbíblica!

Aunque la Escritura y la profecía se traslapan en algunos casos, estas no realizan de otra manera la misma función. La continuación de la profecía no está opuesta a un canon fijo, y la perspectiva de MacArthur de su oposición hace eco de la tradición posbíblica más que de la Escritura misma. La profecía, como la historia, canciones de alabanza, o leyes, es meramente un género en la Escritura, y no es en absoluto coextensiva con ella. La mayoría de las profecías en los tiempos bíblicos no aparecen en la Escritura: así, por ejemplo, leemos de un centenar de profetas cuyas profecías no están registradas en ninguna parte (1 R 18:13), y múltiples profecías en reuniones semanales de las iglesias en casas (1 Cor 14:29-31) que en las décadas iniciales del cristianismo temprano pueden haberse contado en las decenas de miles. La profecía, entonces, podría ocurrir independiente de la Escritura; la revelación en ese sentido más amplio nunca estuvo limitado a la Escritura.

El significado de "canon" no es todo lo que Dios haya dicho, sino la crítica vara de medir acordada para evaluar otra revelación. Además, cuando hablamos de Dios hablando hoy la mayoría de nosotros estamos hablando no de una nueva doctrina, sino de intimidad personal con Dios o guía personal de Él. El descubrir el llamado propio o dónde uno debería asentarse en el ministerio por lo menos algunas veces incluye estar abierto a la guía subjetiva por el Espíritu, incompleto como es esto.

El depender de Dios para dirección personal, algunas veces a través de sentir una guía interna, no es lo mismo que inventar una nueva doctrina posbíblica. En contraste, el cesacionismo es una doctrina posbíblica que debe explicar cómo el patrón completo de revelación bíblica es irrelevante para apoyar su perspectiva del estado presente, diferente, posbíblico, sin ninguna advertencia bíblica, del cambio posbíblico. ¿Cuál acercamiento, uno podría preguntarse, arriesga promover una enseñanza no-bíblica?

Desafortunadamente, en mi opinión el mejor argumento para el cesacionismo son los carismáticos extremos; ciertamente haría las cosas más ordenadas si pudiéramos rechazar todas las profecías. Al mismo tiempo, esto podría también ahorrarnos la necesidad de usar el discernimiento si pudiéramos rechazar toda enseñanza porque sabemos que algunas enseñanzas son falsas. MacArthur alega que la profecía posterior al cierre del canon niega la suficiencia de la Escritura (p. 116). ¿Es que la profecía antes del cierre del canon, no registrada específicamente en la Biblia, niega la suficiencia de la Escritura previa, puesto que no estaba agregando a ella? Esto es mezclar manzanas y naranjas, diferentes formas de la guía de Dios para diferentes propósitos. Más relevante al asunto de doctrina, y por ende a la suficiencia de la Escritura, sería si las explicaciones de la Escritura, tales como los comentarios, niegan que la Escritura es suficiente por sí misma sin ellas. Puesto que MacArthur y yo escribimos comentarios, yo asumo que nosotros ambos contestaríamos: No, pero debería estar claro que alguien dado a la polémica podría ampliar la gama de objetivos.

El modelo del Nuevo Testamento para creyentes no es rechazar toda la profecía sino discernir lo que es correcto de lo que es incorrecto (1 Cor 14:29; 1 Ts 5:20-22). Del contexto en 1 Corintios, esta práctica debe incluir que los creyentes dentro de la congregación sopesen las profecías. MacArthur aplica las exhortaciones de Pablo para probar la profecía para distinguir los profetas verdaderos de los falsos, los últimos siendo charlatanes y engañadores (pp. 124-25). Parece, sin embargo, inconcebible que las iglesias caseras rara vez tenían más de cuarenta personas necesitaran regularmente probar a los falsos profetas; ¿cuántos falsos profetas habrían permanecido después de varias semanas de quitar las malezas?

MacArthur también argumenta acerca de que juzgar la profecía ahora solo aplica para evaluar la enseñanza, puesto que él cree que la profecía ha cesado (p. 126). Por supuesto, si él permite tan poco margen para la enseñanza errónea como él permite para la profecía errónea, muy pocos pastores podrían permanecer en el ministerio. (Continuacionistas podrían incluso argumentar que este estándar podría excluir a los cesacionistas rígidos, pero que este es otro asunto.) ¿Por qué podría la profecía requerir evaluación?

Limitaciones proféticas

Muchos de los ejemplos modernos de MacArthur son evidentemente falsa profecía. Pero él está tan decidido a citar la norma perfecta en Dt 18:20-22 que él descuida algunos otros aspectos de la profecía del Antiguo Testamento que apoyan el modelo del Nuevo Testamento. En el Antiguo Testamento, los profetas mayores algunas veces mentoreaban a los jóvenes; los profetas también ejercían diferentes niveles de autoridad (por ejemplo, Moisés y Samuel versus los "hijos de los profetas"). Más aún, la profecía era algunas veces figurativa y usualmente condicional, un patrón especificado por Jeremías (Jr 18:7-10; véase, por ejemplo, Jon 3:4-10).

La profecía y la enseñanza están ambas limitadas en alcance; después de todo, nosotros tanto "conocemos en parte, y profetizamos en parte" (1 Cor 13:9). Así cuando Juan el Bautista escuchó de Jesús simplemente sanando en lugar de cumpliendo la profecía de Juan que Jesús bautizaría en el Espíritu y fuego, Juan cuestionó si Jesús era aquel que él había anunciado (Mt 11:3; Lc 7:19). Los profetas sabían suficiente para advertir a Eliseo que Elías estaba a punto de ser quitado de él, sin embargo, a diferencia de Eliseo malinterpretaron lo que esto implicaría (2 R 2:3, 5, 16-18). En Hch 21, los creyentes advirtieron a Pablo "a través del Espíritu" que no fuera a Jerusalén (Hch 21:4), sin embargo, Pablo conocía más plenamente que Dios quería que él fuera a Jerusalén (cf. 21:13-14). En otras palabras, los cristianos con genuina, aunque parcial visión del Espíritu la aplicaron erróneamente; el Espíritu estaba de hecho guiándolos, pero el entendimiento de Pablo era más completo. Aun los profetas bíblicos cuyos escritos se volvieron parte de las Escrituras no vieron todos los detalles concernientes al cumplimiento de sus profecías (1 P 1:10-11). Ninguna de estas advertencias justifica las profecías incorrectas que MacArthur relata, pero ellas son lo que quieren decir los continuacionistas cuando estos hablan de que la profecía está limitada por los vasos finitos que Dios usa.

MacArthur va tan lejos como para comparar la profecía a las cartas del tarot o las tablas Ouija (p. 115) Atribuir la obra del Espíritu al diablo es un asunto peligroso (Mc 3:22, 29-30); aunque algunos profetas errantes merecen una severa crítica, MacArthur parece extender la crítica incluso a las voces más moderadas de Dios hablando, ya que él acaba de mencionar al autor Bautista del Sur, Henry Blackaby.

MacArthur puede ser genuinamente desconocedor de profecías que probaron ser asombrosamente precisas, pero yo podría proveer muchos ejemplos. Uno de los primeros que siempre viene a mi mente es que al menos tres profetas en el Congo profetizaron independientemente a mi esposa que ella algún día se casaría con un ministro blanco con un gran ministerio. En una de estas ocasiones, ella y la persona que profetizaba estaban ambas refugiadas en la selva tropical. No hace falta decir que no había mucha gente blanca alrededor.

Inmediatamente después ella y yo decidimos casarnos, cuando era todavía un secreto, alguien que yo conocía me llevó a un lado y señaló que Dios le había dicho a ella que yo ahora había encontrado mi futura esposa, y que no me preocupara que nosotros fuéramos de diferentes culturas y continentes. Podría enumerar muchos ejemplos más, pero solo para decir: el discernimiento tiene más sentido que el rechazar todas las profecías porque algunas son falsas. Algunas enseñanzas son falsas, pero nosotros no rechazamos toda la enseñanza por esa razón; nosotros, por supuesto, no confiaríamos en un maestro cuya enseñanza es consistentemente falsa, pero tampoco rechazaríamos la enseñanza de otros cuya enseñanza es consistentemente precisa.

¿Cese de la profecía?

Pocos dudarían que el Espíritu puede hablar a nuestros corazones en el sentido general de recordarnos que nosotros somos hijos de Dios (Rm 8:16). Si uno no es un cesacionista en este punto básico, ¿por qué no aceptar que Dios pueda guiar a algunos a escuchar de Dios con mayor detalle? MacArthur acepta que Dios pueda guiar nuestros corazones, pero solo a través de iluminar la Escritura (p. 117). Él niega la guía del Espíritu conduciendo a creyentes individuales internamente y en p. 115 aun condena a *Mi experiencia con Dios* (*Experiencing God*) de Henry Blackaby, una fuente de gran renovación en la iglesia.

Si tratara de contestar todos los argumentos individuales de cesacionismo rígido de MacArthur aquí sería tedioso. Yo me he referido a la cuestión de la continuación de los dones en otros lugares (en mayor detalle, véase mi *Don y Dador* = *Gift & Giver*), aunque para lectores de la Biblia de mente abierta no se requiere mucho argumento. Nadie, a quien se le diera una Biblia sin instrucción contraria, encontraría el cesacionismo ahí, y en muchas partes del mundo, los lectores de la Biblia a quienes se les enseñó el cesacionismo lo rechazaron porque no calzaba con lo que ellos encontraron en la Escritura. MacArthur rápidamente descarta (p. 236) como falto de "base exegética" la posible hipótesis de D. A. Carson acerca de las lenguas. Las hipótesis acerca de asuntos a los que no se les da forma en la Escritura inevitablemente sí les falta una completa base exegética; no obstante, al cesacionismo no solo le falta una base exegética, sino que contradice las normas que la Escritura nos invita a esperar.

Aun si fuéramos atrás al nivel del Espíritu del Antiguo Testamento, existían profetas verdaderos, así como falsos. Desde la primera venida de Jesús, sin embargo, nosotros anticipamos un nivel aún más alto de la actividad del Espíritu. Hechos 2 declara que una nueva era empezó con la exaltación de Jesús; el Espíritu Santo es derramado, y el empoderamiento profético es parte de lo que nos marca como la comunidad de Dios. Esto marca el mismo período que invocar el nombre del Señor para salvación; negar que todavía estamos en esta era hoy requiere gimnasia hermenéutica, pues no es menos los "últimos días" ahora que lo que era entonces.

Además, pese a las protestas, 1 Cor 13:8-12 es claro acerca de cuándo los dones pasan, cuando veamos a Jesús cara a cara. MacArthur trata de hacer el pasaje ambiguo, argumentando que la sincronización no es el punto (p. 149). Desafortunadamente, afirmar simplemente que un pasaje claro es ambiguo no es un argumento, y ¡MacArthur no menciona que ciertamente no hay ningún pasaje el punto del cual sea el cese de los dones antes del final de la edad! De hecho, la Escritura no ofrece ninguna advertencia de esa supuesta nueva situación, que por lo tanto debería haber sido discutida, en el mejor de los casos, desde la historia de la iglesia. Sin embargo, los dones continuaron en la historia de la iglesia; e incluso aunque no lo hubieran hecho, el patrón en la Escritura nos invitaría a buscarlos de nuevo.

Pablo advirtió a los corintios buscar la profecía y no prohibir las lenguas (1 Cor 14:39). MacArthur sostiene que este versículo es inaplicable a la profecía carismática y lenguas modernas, porque él considera estas falsificaciones. Aun si todos los casos carismáticos modernos fueran falsos (y yo arguyo que no lo son), tomar este verso seriamente a la luz de la falta de evidencia bíblica que apoye el cesacionismo debería guiarnos a buscar el don *verdadero* de profecía en la actualidad. Del mismo modo, debería advertirnos a no suprimir las lenguas verdaderas cuando, como los no-cesacionistas nos guiarían a esperar, ocurrirían algunas veces. Esto es, aun si MacArthur estuviera en lo correcto de condenar a todos los carismáticos modernos (y yo arguyo que no lo está), él aún estaría equivocado al practicar el cesacionismo.

Si la Biblia es realmente nuestra única autoridad, entonces nosotros deberíamos seguir el modelo de experiencia personal con y escuchando de Dios que aparece regularmente a través de la Biblia. Eso no significa, contra algunos carismáticos, que estamos experimentando guía interna incesantemente; unas pocas, genuinas experiencias, clave a la par de la Escritura y sabiduría, puede ser suficiente para formar muchas de nuestras vidas en las direcciones correctas junto a la guía providencial de Dios. Pero la experiencia profética parece haber sido común en las iglesias de Pablo. Si alguna gente está haciendo esto en la manera equivocada hoy, esto no nos exime a nosotros de la responsabilidad de encontrar formas de hacerlo correctamente.

REFLEXIONES FINALES

MacArthur ofrece algunos puntos de vista válidos, pero la falta de balance impide que su acercamiento sea tan constructivo como debería ser.

Cuando hablamos de "carismático", nosotros estamos hablando de aquellos que abrazan los dones del Espíritu para la actualidad. Este elemento compartido no constituye técnicamente un movimiento o acuerdo común aun en puntos fundamentales, no más que la negación de los dones del Espíritu en la actualidad debe constituir un movimiento, puesto que esa es una creencia que MacArthur comparte con ateos y otros que niegan que el Espíritu existe. (Los Testigos de Jehová son cesacionistas en un sentido más estricto). Si algunos círculos carismáticos no practican los dones verdaderos del Espíritu, la respuesta bíblica no es descartar todos los dones del Espíritu sino discernir lo verdadero de lo falso.

MacArthur ha abandonado la tarea del discernimiento al condenar todos los dones. Sin embargo, en la era del Espíritu, la era desde el Pentecostés, esto no es así. Hechos 2 es bien claro que la era de la salvación es también la era cuando Jesús derrama su Espíritu en todo su pueblo para empoderarlo para profetizar. El círculo de MacArthur no puede y no afirma estar cumpliendo esta profecía. De hecho, sus interpretaciones eluden los mandatos bíblicos de "estar deseoso de profetizar" y no prohibir hablar en lenguas (1 Cor 14:39), así como de no rechazar las profecías sino probarlas (1 Ts 5:20-21).

Sus intentos de evadir la relevancia para la actualidad de estos mandamientos pertenecen a su sistema teológico más amplio de cesacionismo rígido. Este acercamiento socava el carácter dramático de la nueva era del Espíritu subrayado en el Nuevo Testamento para esta época entre las venidas de Jesús. Como tal, él defiende un sistema que va precisamente en contra de una evidencia primaria que los cristianos primitivos algunas veces citaban para sí mismos como el movimiento de los últimos tiempos del Mesías (por ejemplo, Hch 2:17, 33). Similarmente, como Robert Bruce Mullin ha mostrado, fue el cesacionismo rígido del cual tomaron los anti-sobrenaturalistas para descartar los milagros bíblicos, así como posbíblicos, puesto que el carácter epistémico de la evidencia no era diferente. Nos guste o no, la amplia reacción violenta de MacArthur contra todos los carismáticos juega en manos de los enemigos de la iglesia ansiosos de negar toda la evidencia de actividad divina y ansiosos de subrayar la desunión de la iglesia.

Fuego Extraño ofrece algunos puntos muy necesarios, y muchos de nosotros podemos aprender de estas advertencias. Sin embargo, debido a que mancha a todos los que practican los dones carismáticos con las críticas apropiadas solo a aquellos que abusan de ellos en última instancia se queda corto de traer corrección en una forma constructiva. Esperemos que otros asuman esta tarea en una forma más provechosa.